Auf der Suche nach den letzten Abenteuern dieser Welt? Vergessen Sie Freeclimbing, Marsausflüge und Samstags-bei-Ikea – alles Kinderkram. Der wahre »Ernst des Lebens« findet immer noch in der Schule statt. Der Journalist Thomas Stillbauer wagt eine Zeitreise zurück auf die Schulbank. Als der größte Erstklässler der Welt berichtete er ein Jahr lang wöchentlich in der Rubrik »Neues aus der 1b«. Nun bilden seine Berichte und Erfahrungen den Grundstock für einen witzig-humorvollen, aber doch auch oft nachdenklich stimmenden Elternratgeber der besonderen Art: Grundschule authentisch und hautnah erlebt – so geht's unseren Abc-Schützen heute.

Thomas Stillbauer ließ sich erstmals 1970 in Frankfurt am Main einschulen. Vor dem zweiten Versuch studierte er Germanistik, absolvierte die Deutsche Journalistenschule und wurde Redakteur der Frankfurter Rundschau.

Unsere Adresse im Internet: www.fischer-tb.de

Thomas Stillbauer
Neues aus der 1b

Was machen eigentlich
unsere Erstklässler?

Mit Zeichnungen
von Kai Georg Wujanz

Fischer Taschenbuch Verlag

Originalausgabe
Veröffentlicht im Fischer Taschenbuch Verlag,
einem Unternehmen der S. Fischer Verlags GmbH,
Frankfurt am Main, Mai 2003

Die Texte sind in kürzerer Form bereits
in der Frankfurter Rundschau erschienen.

Satz: Pinkuin Satz und Datentechnik, Berlin
Druck und Bindung: Clausen & Bosse, Leck
Printed in Germany
ISBN 3-596-15873-7

Hrvoje: »Ich bin erwachsen geworden.«
Frau Mußmann: »Gestern?«
Hrvoje: »Nein, vorgestern.«

Inhalt

Neues aus der 1b

KLEINE FISCHE

Anpirschen
Ein paar Vorworte für den Schulweg

Es waren einmal viele Mütter und Väter. Gemeinsam nannten sie sich Eltern. Dann kamen ihre Kinder in die erste Grundschulklasse, und plötzlich wurden diese Kinder in rasendem Tempo größer und größer, schlauer und schlauer. Und die Eltern staunten: Was ging da vor sich? Aber immer, wenn die Mütter und Väter nachmittags fragten, wie es heute in der Schule war, sagten ihre Töchter und Söhne nur: »Gut.« Oder: »Normal.« Und widmeten sich wieder ihren Gameboys. Die Eltern aber blieben ratlos zurück. Wann ist ein Schultag gut, fragten sie sich. Und was halten Grundschüler heutzutage eigentlich für »normal«?

Hier ist die Antwort. Lesen Sie mal.

Bekanntlich ist ein Erstklässler allein relativ unproblematisch in der Handhabe. Ein kleiner Fisch sozusagen. Da ähnelt er ein wenig dem Piranha draußen im Badesee: bisweilen bissig, aber durchaus zu bändigen, wenn die Taktik stimmt (Schlüsselwörter: »Süßigkeiten«, »länger aufbleiben«). Bitte? Sie behaupten, im Badesee gebe es keinen Piranha? Da fragen Sie mal einen Schwarm Erstklässler. Die werden Sie schon vom Gegenteil überzeugen. Gemeinsam sind sie nämlich ein ganz anderes Kaliber. Um mehr als zehn Erstklässler auf einmal im Zaum zu halten, wurde sogar ein eigener Berufszweig erfunden: die Grundschullehrerin. Und für mehr als 100 Erstklässler am selben Ort gibt es nur noch eine Instanz, der sie gehorchen: den Schulhausmeister.

Die Geschichten in diesem Buch beschreiben die Abenteuer einer deutschen Grundschulklasse auf der Suche nach Sinn und Unsinn. Gemeinsam entdecken wir unseren allerersten Buchstaben (das i), unsere allererste Zahl (die 1), unser allererstes Haustier (Mer Schwainchen) und unsere allererste Klassenlehrerin (Frau Mußmann). Wir reisen in eine Welt, in der rote und blaue Schnellhefter regieren, Radiergummis verschwinden, Affen Anton heißen und Giraffen Gabi.
In unserer Klasse besprechen wir Kinder auch, was uns außerhalb der Schule so begegnet. Schlangen in freier Wildbahn beispielsweise. Und Pferdeäppel. Zum Glück gibt es in dieser Klasse, wie auch sonst in Deutschland, Kinder aus vielen verschiedenen Ländern. So erzählen wir Erstklässler zum Beispiel manches aus Kroatien, Griechenland oder der Türkei. Am meisten aber erzählen wir über das Leben, wie es für Menschen ist, die noch nicht alles hundertprozentig genau wissen.
Wir sind zu der Zeit, da dieses Buch entsteht, zwischen sechs und acht Jahren alt. (Beziehungsweise zwischen sechs und achtunddreißig; aber das ist eine Ausnahme.) Und wir stammen aus ganz unterschiedlichen Familien – ein Vater macht nach Angaben seines Sohnes die Toiletten bei der Frankfurter Müllabfuhr sauber, cin anderer fährt Brot mit dem Auto zur Kundschaft, wieder andere Eltern sind Lehrer und Weltreisende. Außerdem gibt es in unserem näheren Umfeld einen Onkel, der unglaublich schnell rennen kann.
Wir Kinder sehen da erfreulicherweise überhaupt keinen Unterschied. Uns stört es auch gar nicht, dass einer aus unserer Klasse viel größer ist als die anderen. Und viel älter. Er arbeitet eigentlich als Zeitungsredakteur und hatte in den Sommerferien die merkwürdige Idee, mit ziemlicher Verspätung (30 Jahre) eine Schulklasse zu wiederholen, sich noch einmal ein-

schulen zu lassen – der größte Erstklässler der Welt zu werden. Er hat sich in den Kopf gesetzt, von jenem geheimnisvollen Ort zu berichten, den Eltern nicht kennen, obwohl ihre Kinder dort den größten Teil ihrer Zeit verbringen.
Während seiner Fortbildung stellte der Riesen-Schulanfänger fest: Am Anfang war die Schultüte. Dann kam Pisa. Und mittendrin wir armen Erstklässler. Von Leistungsstudien und ähnlich verschärften Bedingungen hatte uns vorher niemand etwas verraten. Aber nach einem Jahr Probezeit kann man sagen: Wir haben eigentlich alles ganz gut hingekriegt. Aus uns wird mal was. Was auch immer.
Wer mag, kann daraus Rückschlüsse auf die Ergebnisse der Pisa-Studien über Bildung und Einbildung ziehen und sich fragen: Wer, um alles, hat das politisch zu verantworten, was an dieser Schule vor sich geht? Viel Spaß dabei. In Deutschland regieren, während unsere Klasse 1b ihre ersten Buchstaben lernt, SPD und Bündnis 90/Die Grünen. Davor waren es CDU und FDP. Aber Bildungspolitik ist Landespolitik. Die Schwarzburgschule, die hier beispielhaft für viele Schulen in Deutschland beschrieben ist, liegt in Frankfurt am Main, Hessen – und Hessen wird zu 1b-Zeiten von CDU und FDP regiert. Davor machten es SPD und Grüne, davor wiederum schon einmal CDU/FDP, und traditionell galt Hessen stets als Bastion der Sozialdemokraten.
Alles klar?

Übrigens: Der größte Erstklässler der Welt hat die Schwarzburgschule nicht nach naturwissenschaftlichen Kriterien ausgewählt oder nach der Lesekompetenz, die wir seit Pisa so sehr fürchten und ehren. Nein, die Schwarzburgschule liegt praktisch vor seiner Haustür – das war das wichtigste Kriterium. Denn Erstklässler sollen doch sicher in die Schule kommen.

Beschnuppern
Eine Woche erster Klasse

Wer Kinder richtig verstehen will, sollte selbst eins sein. Also rein ins Klassenzimmer – den Betrieb von innen kennen lernen. Lassen Sie sich einschulen, seien Sie eine Woche am Stück Erstklässler. Dann klappt's auch mit dem neuen Job als Berater Ihres Nachwuchses auf dem Weg zu einer erfolgreichen Karriere als Schüler. Die erste Schulwoche ist eine der schönsten. Allein schon deshalb, weil sie erst am Dienstag richtig losgeht. Und so funktioniert es:

Montag

Ich bin ein Wunderkind. Morgen ist mein erster Schultag – und ich kann schon lesen und schreiben, Schnürsenkel allein zubinden, Fingernägel an der rechten Hand schneiden und eine Flasche Bier mit dem Feuerzeug öffnen. Das wird Frau Mußmann, meine Klassenlehrerin, sicher umhauen. Die Schultüte ist ge-

SINGENDE SCHULTÜTEN

packt, das Kinderzimmer verwüstet, der Wecker gestellt, um 10 Uhr bringt mich meine Mama hin. Darin hat sie Erfahrung. Schwarzburgschule, wir kommen.

Dienstag

So fühlt es sich also an, wenn man merkt: Das muss der größte Tag in meinem Leben sein. Ich werde eingeschult und bin einen Meter riesiger als meine Klassenkameraden. Allerdings gibt es eine erste Enttäuschung zu verkraften: Alle waren schon einmal in der Schule. Zum Spielvormittag. Nur ich nicht.

In der Turnhalle singen die Großen aus der zweiten Klasse das Schwarzburgschulenlied vor. Refrain: »Wir Schwarzburgschulenkinder, wir sind da-ha-ha.« So was schweißt natürlich unheimlich zusammen. Anschließend gehen wir Schwarzburgschulenkinder aus der 1b zum ersten Mal in unseren Klassenraum und kriegen Namensschilder. Aljoscha zeigt mir, was eine Harke ist, und liest meinen Namen (mit Nachnamen!) vor. Da fragt man sich: Was will so ein komplett gebildeter Mensch eigentlich noch in der Schule?

»Hab ich mich auch gefragt«, sagt Aljoscha. Aber in Mathematik, gesteht er, gebe es noch ungefähr zwei, drei Dinge, die er gern klären würde.

Ruhe jetzt, es folgt harter Schulalltag. Lektion eins: Bedienung eines Schnellhefters. Alle haben einen roten Schnellhefter dabei (nur ich nicht), in den ein Informationsblatt mit den Schulzeiten für diese Woche geheftet werden muss. Damit die Sache nicht so babyleicht ist, teilt Frau Mußmann noch Klarsichthüllen aus. Die Aufgabenstellung: Informationsblatt in die Klarsichthülle, Klarsichthülle anschließend in den Schnell-

hefter. Svenja erweist sich als Expertin in der Handhabung von Klarsichthüllen und mäandert durch den Klassenraum, ihr Fachwissen weiterzugeben. Einer von uns legt den ersten astreinen Mit-dem-Stuhl-Umkipper seiner Schullaufbahn hin. Anschließend noch einmal offiziell die Frage aller Fragen.
Frau Mußmann: »Warum seid ihr in der Schule?«
Alle: »Um zu lesen lernen!«
Sehr witzig – drei Minuten später ist klar: Heutzutage kann offenbar jeder Erstklässler längst lesen (sicherlich auch auf Englisch, Suaheli und Klingonisch), und jeder kann bereits ein i schreiben. Gut, für Eleni, David oder Adriana ist das ja auch kein Kunststück. Die haben schließlich ein i im Vornamen. Ich hingegen werde bereits gehänselt: »Hähäääää, du hast ja nur lauter die gleichen Bonbons in deiner Schultüte.« Voll fies.
Wie sich herausstellt, sieht ein großes I aus wie ein Baum, wenn es neben einem etwas kleineren Igel auftaucht. Beides kann man außerdem bunt anmalen, wenn man ein Mäppchen und tolle Buntstifte dabei hat, so wie alle in meiner Klasse – fast alle. Haldun hat ausgezeichnete, top-angespitzte Stifte, bemerkt aber trocken: »Ich hab keine Braun.«

Macht nichts, wer keine Braun hat, malt eben den Baum blau, den Igel rot und den Apfel grün. Ich male dem Igel mit meinem Kugelschreiber eine Brille und karierte Vordersocken. Tihi! Und gucke mir das Klassenzimmer an. Da entsteht an der Seitentafel ein prima Regenbogen, ein bisschen lila und blau ist er schon. Drei Fenster zum Schulhof. Drei Computer. Die kommen aber erst ein bisschen später dran. Überall Bücher, noch mehr Buchstaben an den Wänden. Zwei Rechenschieber, ein Gymnastikball. Und über meinem Kopf eine Europakarte, auf der Deutschland unter anderem mit einer Fabrik, Reagenzgläsern und einem Schwein charakterisiert ist. Weißrussland dagegen hat vier Schweine und drei Kartoffeln zu bieten, Dänemark eine Kuh und eine Nixe. Belgien: ein Bier.

So, wer mit dem Igelbild fertig ist, darf in der Bauecke spielen. Au weia, und ich habe erst Brille und Vordersocken. Es blinkt über der Tür. Frau Mußmann lässt uns gehen, genug für heute. Klarsichthüllenfachfrau Svenja hat ihren Igel auch noch nicht ganz fertig. Den kann sie ja morgen zu Ende malen, schlägt Frau Mußmann vor.

Svenja souverän: »Vielleicht.«

Tja, wir Schwarzburgschulenkinder, wir sind da-ha-ha.

Mittwoch

Irgendwann, wenn Magdalena Managerin des Jahres ist, Aljoscha den Grimme-Preis in der Sparte Alleinunterhalter erhält, wenn Ken eine Ausstellung seiner Werke im Museum of Modern Arts eröffnet und wenn Svenja im Fernsehen als Klarsichthüllen-Queen auftritt, dann werde ich auf den Fernsehapparat zeigen und rufen: »Schaut hin: Das sind meine Schulkameraden! Mit denen bin ich in die erste Klasse gegangen. Ich wusste doch, dass die was auf dem Kasten haben!« Und das Pflegepersonal wird mir den Mund abwischen, mich in mein Zimmer zurückrollen und sagen: »Is ja in Ordnung, Alterchen, sicher sind Sie mit diesen 30 Jahre jüngeren Menschen in die Schule gegangen, und jetzt Obacht, dass Sie nicht wieder Ihre Zähne in die Suppe von Herrn Radschuweit legen.«

Zurück in die Schule. Ken hat heute Geburtstag und schmeißt eine Runde Haribo für alle. Tommy ist mit einem Tag Verspätung neu in der Klasse und muss aus Gründen der Kurzsichtigkeit in der ersten Reihe sitzen, wodurch Eleni auf Halduns Platz rückt und Haldun sonstwohin umziehen muss, was er ausdrücklich missbilligt. Hrvoje fragt Frau Mußmann, ob der Lange da hinten (der ohne Mäppchen und roten Schnellhefter) jetzt etwa das ganze Jahr kommen wolle. Da bleibe ich vollkommen gelassen, bewundere insgeheim seinen coolen Vornamen und nehme mir vor, bei meiner nächsten Einschulung Dpzegmpft zu heißen oder so ähnlich.

Thema des Tages: Was war gestern in unseren Schultüten?

David: »... und ein Lineal und – und – und eine Schere und ein Faulenzermäppchen und ein Spinnenbuch ...«

Eleni: »... und ein Fußballbuch und ein Schulbuch und ein Lutscher und Stickers, die hab ich in den Kühlschrank gelegt ...«

Frau Mußmann: »Moment mal: Du hast die Stickers in den Kühlschrank gelegt?«

Eleni: »Neeeeee – an den Kühlschrank geklebt!«

Alle: »Pfffthuahuahua.«

Lukas: »... und Comics, Süßigkeiten ...«

Ich: »... und Socken und lauter die gleichen Bonbons ...«

Nico: »... und Süßigkeiten und eine Kassette, aber die Kassette war ganz unten drinne, und die war Bibi Blocksberg ...«

Tommy: »... und pau ... go ... te ... ren ...«

Alle: »Hä?«

Tommy (lauter): »Ich kann nicht lauter sprechen, weil ich

Halsweh habe, (noch lauter:) und ein Digimon war auch in meiner Schultüte.«
Hrvoje: »Welche Farbe hat das Digimon? Sind da auch Dinosaurier drauf?«
Ich: »?«
(Internet: »Digimon: Digital Monsters«)
Aljoscha: »... und Süßigkeiten und ein Stempel. Und zum Geburtstag hatte ich ...«
Frau Mußmann teilt Din-A4-Bögen aus, mit Schultüten drauf. Ausmalen. Alle haben Filzstifte dabei. Und Buntstifte. Wer mit Filzstift malen will, darf mit Filzstift malen, wer mit Buntstift malen will, malt mit Buntstift. Ich male mit Kuli.
Aljoscha: »Immer in der Schule« – heute ist wohlgemerkt unser zweiter Schultag – »gebe ich mir ganz besondere Mühe.«
David: »Die Schule ist der beste Platz, den man sich denken kann. Das ist mein Lieblingsplatz, die Schule.«
Ken: »Ich auch!«
(Den drei gelehrigen Schülern wachsen Engelsflügel, Chorgesang hebt an.)
Aljoscha: »Leise! Die Schultüten singen!«
Alle horchen an ihren Arbeitsblättern. Falscher Alarm – der Gesang kommt von nebenan. Die Nachbarklasse überholt uns offenbar in Sachen musische Bildung. Sofort dagegenhalten!
Ken: »Wann machen wir Rechnen? In der zweiten Klasse?«
Frau Mußmann: »Nein, in der ersten natürlich.«
Magdalena: »Erst mal muss man ja in der ersten Klasse was machen.«
Nenad: »Mann, bis zur zweiten Klasse, weißt du, wie lang das dauert?«
Das dauert eine Menge Schultüten. Weitermalen.

Lukas: »Mein Opa ist mal im Schlaf gestorben.«
Daniel: »Meine Lieblingskatze war auch tot.«
Ken hat bereits alle vier Schultüten fertig. Andere feilen immer noch am Dekor für Tüte Nummer eins. Da zeigt sich, wer schwätzt und wer arbeitet.
David: »Mein Radiergummi kann auch ...«
Aljoscha: »... Buntstifte wegradieren.«
David: »Ja.«
Frau Mußmann sieht sich die Schultütenbilder an und schreibt bei Ken »toll« drunter. Mir schreibt sie nichts drunter. Na ja. Ken hat ja auch heute Geburtstag.
Pause. Alles rennet, rettet, kicket, nur ich hänge verklemmt in der Ecke rum und finde den im Bayern-Trikot doof und werde von Ken als Klettergerüst missinterpretiert.
Anschließend Frühstück. Einige singen dazu locker das Alphabet rauf und runter. Streber.
Frau Mußmann (liest vor): »Der kleine Brüllbär geht zur Schule. Ihm gefällt am besten die Pause.«
Jakob: »Ich weiß schon, wie das heißt, wenn man nicht zur Schule geht: schwänzen.«
Das weiß er nämlich von Tick, Trick und Track. Was er noch nicht weiß: Mit dem Buchstaben i sind wir längst nicht fertig. Frau Mußmann schreibt lauter Wörter an die Tafel, in denen so ein frecher, kleiner Buchstabe ausfindig zu machen ist – und die ganze Klasse kräht die Wörter schon hinaus, noch ehe sie zu Ende geschrieben hat.
Frau Mußmann (resigniert): »Ich bin hier überflüssig. Die können alles schon.«
Logisch. Wir Schwarzburgschulenkinder, wir sind da-ha-ha.

Donnerstag

Mir träumte vergangene Nacht, 17 Digimons hätten meine Schultüte gefressen, und alle trugen gelbe Mützen. Nur ich nicht. Frau Mußmann schickte die Digimons zur Strafe in einen roten Schnellhefter, in den Svenja 17 Klarsichthüllen installiert hatte. Dann blinkte es.

Eines muss mal dazugeschrieben werden. Nicht nur in Frankfurt am Main, sondern auch in Gnotzheim, Ebernhahn, Zeulenroda und vielen weiteren bedeutenden Städten lässt die Zahl der Schulklassen insgesamt stark nach, weil es immer weniger Kinder gibt, um die Klassen zu füllen. Trotz allem hat die Schwarzburgschule, die ja eine der besten Schulen von der ganzen Welt ist, im letzten Moment beschlossen: Wir starten mit vier ersten Klassen statt dreien. Daher sind wir nur etwa 20 Kinder in der 1b, was das Lernen erleichtert, haben jedoch in der ersten Woche noch nicht die üblichen Fibeln und Rechenbücher zur Hand, was aber wurst ist; wahrscheinlich kennen meine Klassenkameraden sämtliche Standardwerke sowieso schon auswendig.

Gut. Kleine Erzählrunde zur Auflockerung: Was haben wir denn gestern Nachmittag gemacht? Jede Menge. Hrvoje sollte einen Drachen befreien, scheiterte daran, ergatterte ersatzweise jede Menge goldene Bananen. Das nennt man Nintendo. Nico naschte, Jakob spielte mit Papa Lego und Playmobil, Eleni machte gar nix, und ich besorgte mir einen leuchtend roten Schnellhefter sowie super-duper Filzstifte.

Hohohoho.

»So, holt eure Filzstifte raus«, sagt Frau Mußmann.

Hohohoho.

»Und diesmal nicht den roten Schnellhefter, sondern den blauen, bitte.«

Schönen Dank auch.
Heute lernen wir drei Dinge: erstens Einsen schreiben, zweitens die Klasse 2a kennen, drittens wo rechts und links ist.
Erstens. Eine Eins zeichnet sich dadurch aus, dass man Stift beziehungsweise Tafelkreide zunächst kurz nach oben führt und dann lang nach unten. Das sehen einige von uns im Prinzip ganz anders, lassen sich aber von Frau Mußmann anhand eindeutiger Beweise auf einem Arbeitsblatt flugs überzeugen. Schließlich ist Frau Mußmann seit 28 Jahren in dieser Schule, und wir haben erst vor drei Tagen hier angefangen. Selbstverständlich gibt es trotzdem bei uns in der Klasse bereits die besten Einser-Schreiber landauf, landab. »Nenad hat das super gemacht«, lobt Frau Mußmann. »Und Nico: eine Eins schöner als die andere.« Und Magdalena: »Tolle Eins!«
Ich bekomme kein Lob. Ich hatte kein Arbeitsblatt.
Zweitens. Wir dürfen zum Zeitvertreib zweimal den Flur rauf- und runterrennen (Goldmedaille: David), dann kommt auch schon die Klasse 2a zu Besuch. Und hier kommt ihre Lehrerin – hoppla: Frau Füssel. Die war auch mal meine Lehrerin, in meinem ersten Leben als Grundschüler, damals, Heinrich-Seliger-Schule. Sie hat sich in den vergangenen 30 Jahren praktisch nicht verändert und behauptet, von mir ließe sich das so nicht sagen.
Drittens. Natürlich wissen wir alle schon, wo rechts ist. Gern heben wir zum Beweis die rechte Hand. Okay, rechts und links ist auch immer Ansichtssache. Wenn Frau Füssel unbedingt will, dann heben wir halt die andere rechte Hand. Na gut, die aus der Zweiten dürfen uns ein rotes Bändchen um das angeblich rechte Handgelenk binden. Wir werden das später überprüfen. Nur so zur Sicherheit.
In der Pause auf dem Schulhof erleidet eine Fußballspielerin beim fairen Zweikampf um den Ball eine schmerzhafte, aber

nicht lebensgefährliche Blessur. Der beteiligte Gegenspieler kümmert sich rührend um sie. Nachdem er das entscheidende Tor geschossen hat.

Überhaupt muss die Pause unbedingt mal gewürdigt werden. In anderen Schulen ein absolutes Wurst-Käse-Szenario. Bei uns nicht. Wir lustwandeln über den Schulhof, erörtern das Leben in all seinen Facetten, tanken Energie und Inspiration. Mit anderen Worten: Es geht drunter und drüber. Aber ohne Butterbrot, Knoppers, Bifi und Milchschnitte – die gibt's hinterher ganz gemütlich im Sitzen. Frau Mußmann liest uns dazu was vor.

Nach der Pause wieder oben im Klassenraum angekommen, fehlt uns einer. Frau Mußmann geht ihn suchen – und ich darf so lang das Vorlesen übernehmen! Mit Geschichten vom kleinen Brüllbär und Susi Säbelzahn! Aber bei der Gelegenheit müssten mal zwei Fragen geklärt werden. Wo wir doch jetzt unter uns Grundschülern sind.

Aljoscha: »Warum gehst du immer noch in die erste Klasse und wie alt bist du?«

Ich: »Weil ich was für die Zeitung über uns Erstklässler schreiben will und 37.«

Aljoscha: »Ach, du bist Reporter? Das hätt ich nie gedacht.«

Hm. Wie muss ein Reporter aussehen?

Zum Schluss für heute malen wir noch einmal, was in unseren Schultüten war.

Aljoscha: »Hattest du auch was drin in der Tüte?«

Ich: »Ja. Socken.«

Aljoscha: »So-ho-ho-hocken!« (Lacht sich kaputt.)

Ich: »Und Kaubonbons.«

Aljoscha: »Gut.«

Ich: »Uff.«

Aljoscha: »In meiner Schultüte hätte ich gern ein echtes Eich-

hörnchen gehabt, eine echte Schlange, einen echten Hasen, eine echte Schildkröte ...«
David: »... und ein echtes Digimon.«
Na, da wär aber mal was los in der Schultüte.
Daniel: »Frau Mußmann, ich muss ma.«
Ja, auch wir Schwarzburgschulenkinder müssen ma-ha-ha.

Freitag

Eine kurze Geschichte über das Leben.
Von Thomas Stillbauer, Klasse 1b.
Wenn man ungefähr sooo groß ist, darf man in die Schule gehen. Das ist cool.
Dann, wenn man schon soooo groß ist oder sogar sooooo, darf man wieder raus. Das ist ziemlich cool.
Wenn man 37 ist, muss man sich ganz schön anstrengen, um noch einmal eine Woche in die erste Schulklasse gehen zu dürfen. Und wenn die Woche vorbei ist, dann ist das total uncool. Schluchz. Fast wie eines dieser Unhappy-Ends in amerikanischen Filmen, die einen zwingen, die Telefonnummer des Regisseurs zu recherchieren und ihm einmal deutlich die Meinung zu sagen: »Hören Sie mal, warum können die am Schluss nicht glücklich und zufrieden zusammenleben, wenn sie nicht gestorben sind, you unromantic man, you?!«
Aljoscha: »Warum kommst du am Montag nicht mehr?«
Ich (mit brüchiger Stimme): »Weil ich ja schließlich arbeiten gehen muss.«
Aljoscha: »Aber besuchst du uns mal?«
Ich (mit gebrochenem Herzen): »Ja! Ganz bestimmt, (leiser:) jeden Tag.«
Hrvoje schenkt mir eine Waffel. Zum Abschied, und weil alle

Frühstück dabeihaben, nur ich nicht. Ich falle ihm weinend um den Hals. (Falle ich natürlich nicht, aber in einem amerikanischen Spielfilm würde ich ihm um den Hals fallen, weinend, und die Lehrerin würde sagen: »Thomas, du darfst am Montag wieder kommen«, und die Schultüten würden dazu im Chor singen. Nämlich.)

Jetzt aber an die Arbeit. Gestern war Elternabend, und deshalb haben heute alle Kinder Trinkbecher dabei (außer einem, aber der braucht von morgen an sowieso keiiiinen meeheehr, Verzeihung, schneuz), und Magdalena heißt ab sofort Megi. In den roten Schnellhefter, der ebenfalls einen neuen Namen hat (»Elternbriefkasten«), muss ein Blatt hinein, auf dem steht, wer nächste Woche in die Frühgruppe geht und wer in die Spät-. Eleni hilft David beim Schnellheften, besteht aber grundsätzlich auf einer Tatsache: »Ich bin keine Mama.«

Ein roter Schnellhefter lässt sich übrigens auf zwei verschiedene Arten schließen:

Möglichkeit a): Metallklammern nach außen biegen, Hefter zuklappen und 24-mal mit dem Ellenbogen drüberfahren, wenn noch was nach oben absteht, oder

Möglichkeit b): Metallklammern nach innen biegen, zuklappen und 114-mal mit den Fingerspitzen drüberfahren, dazu aber rhythmisch di-di-di-di singen.

Anschließend entscheidet Frau Mußmann, weil wir Kinder heute früh noch so besonders müde sind: einmal den Flur hoch und runter auf einem Bein hüpfen. Der Zieleinlauf diesmal: Ken (Gold), Hrvoje (Silber), Jörg (Bronze).

Haldun: »Mein Onkel kann so schnell rennen wie ein gelber Ferrari.«

Das heutige Pausen-Highlight: Hrvoje stellt mir einen sympathischen Jungen aus der Nachbarklasse vor: »Das ist Alexander – mein allerbester Freund.«

Alexander (feixend): »Gehst du wirklich bei dem in die Klasse?«
Exakt dieselbe Szene mit denselben Hauptdarstellern hat sich bereits gestern in der großen Pause zugetragen, heute aber vor deutlich größerem Publikum.
Ich: »Ja.«
Das Publikum rennt kreischend und sich die Bäuche haltend weg.
Anschließend dürfen die zwei Tagesstärksten aus der Klasse (Ken und Daniel) mit Frau Mußmann eine Kiste Mineralwasser die Treppe hochtragen. Ich lese wieder eine Geschichte vor: »Rot ist die Liebe«.
Aljoscha: »Hihihihi.«
Der kleine Brüllbär und Susi Säbelzahn reden über das Heiraten und die Liebe, und Susi Säbelzahn findet, zu einer Hochzeit gehören auch viele Gäste, denn ...
Aljoscha: »Hihi.«
Ich: »Warum lachst du?«
Aljoscha: »Hihihihi.«
Ich: »Wegen Hochzeit und so?«
Aljoscha: »Hihihihihi.«
Dann ist die Schule aus, wir gehn nach Haus, rabimmel, rabammel, rabum, und am Montag werden alle Kinder rote und blaue Schnellhefter dabeihaben, Mäppchen, Filzstifte und Frühstück. Und später werden sich einige in Frau Mußmann verlieben, wie sich das für Grundschüler gehört, und zum Fußball in der Pause werden immer mehr Jungen Bayern-Trikots tragen, was eigentlich verboten gehört.
Auf dem Heimweg winkt mir Haldun noch 27-mal zu, denn wir Schwarzburgschulenkinder, wir bleiben Freunde und sind immer füreinander da-ha-ha.

Und anschließend die gute Nachricht: Der größte Erstklässler der Welt darf weiter zur Schule gehen – Frau Mußmann macht's möglich. Das wird vermutlich nicht bei allen Interessenten gehobenen Alters so ohne weiteres klappen. Nehmen Sie's nicht allzu schwer. Spätestens in der zwölften Klasse werden Ihre Kinder ganz froh sein, wenn Mama und Papa nicht überall dabei sind.

Chaosforschen
Ein Blick in den Schulranzen

Viele Familien denken heutzutage, für die Grundausstattung ihres Erstklässlers müssten sie aus finanziellen Erwägungen auf den Sommerurlaub verzichten. Ganz falsch! Machen Sie so etwas bloß nicht – Ihr Erstklässler wird bis zu den Herbstferien nicht mehr mit Ihnen sprechen! Verkaufen Sie lieber das Auto und stellen Sie geplante Einkäufe ein paar Jahre zurück. Die Schuhe, die Sie sich 1988 geleistet haben, sind doch noch vollkommen in Ordnung, oder?

Früher war die Sache noch ziemlich schwierig. Da gab es 957 verschiedene Schulranzenformen in 786 Farben. Die Suche nach dem geeigneten Ranzenmodell, das dem künftigen Ranzenträger in jedem Detail zusagte, dauerte fast die kompletten Sommerferien. Lieber diesen helleren Braunton? Oder Grün? Glattleder oder genoppt? Drei schmale Fächer im Inneren oder nur zwei? Zahlenschloss an den Schnallen? Wer merkt sich die Kombination? Oder verschließbar mit einem Schlüs-

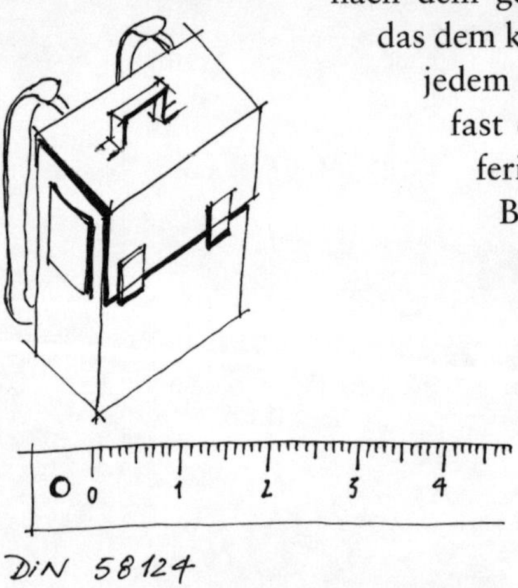

sel, der selbstverständlich nach fünf Minuten weg ist und außerdem so klein, dass Papa mit einem Mikroskop den Schulweg absuchen muss. Namensschild außen, innen oder – aus Gründen des Persönlichkeitsschutzes – gar nicht? Beheizbare Trageriemen? Batteriebetrieb oder solar?

Egal, was dabei herauskam, spätestens am zweiten Schultag mussten Mütter und Väter erneut zum Warenhaus losziehen, weil sich der Ranzen des Nachbarsjungen Horst als so überlegen in allen Belangen herausgestellt hatte, dass das eigene Kind drohte, seine Lernkarriere sofort zu beenden, falls ihm nicht nachträglich das gleiche Modell angeschnallt würde. Auch war häufig von Schulranzen zu hören, die bereits in der ersten Unterrichtswoche verschwanden. Spurlos. Oder in einen zufällig vorbeirauschenden Fluss sprangen. Oder unerwartet in einem fremden Fernreisezug davonfuhren, Ziel unbekannt. Erstklässler erklärten das Phänomen etwa mit den Worten: »Ich hab doch gesagt, das Teil taugt nix.«

Dieses Problem hat sich erledigt. Heute sehen alle Schulranzen genau gleich aus und haben zur allgemeinen Beruhigung die DIN-Nummer 58124. Dass sie größer und – spätestens im gefüllten Zustand – schwerer sind als ein herkömmlicher Erstklässler, sollte niemanden beunruhigen. Im ersten Schuljahr wird die Schultasche ohnehin meist von den Eltern zur Schule getragen.

Den Ranzen hätten wir also. Aber was tun wir hinein?

Glücklicherweise versorgen die meisten Grundschulen ihre künftigen Schüler mit Listen, auf denen alles steht, was für den Anfang benötigt wird. Gewissenhafte Eltern sollten jedoch darauf achten, dass sie die Liste höchstpersönlich und von offizieller Seite in Empfang nehmen. Es soll schon vorgekommen sein, dass Söhne und Töchter sich als zuvorkommende Listenboten ausgaben. In ihren Ranzen befanden sich dann am ersten Schultag weder Lineal noch Radiergummi, sondern Bonbons, Schokoriegel, Digimons, Gameboys, Inline-Skater, Mountainbikes, junge Hunde, Katzen und Elefanten.

Daraufhin wurde die Schultüte erfunden. Sie entzerrt seither den naturgegebenen Interessenkonflikt zwischen Vätern, Müttern und Erstklässlern. In die Schultüte kommen Bonbons und junge Elefanten; der Ranzen ist ausschließlich für ernsthafte Ausrüstungsgegenstände zu verwenden. Wo kämen wir denn sonst hin.

Eine echte Inventarliste für Schulanfängerranzen sieht ungefähr so aus:

– fünf Schnellhefter in verschiedenen Farben
– 25 Klarsichthüllen, abheftbar
– ein Mäppchen mit zwei Bleistiften, einem Radiergummi, einem Lineal, einem Spitzer und etwa zehn Buntstiften
– eine Schere für Kinder, nicht für Vampirjäger
– ein Farbkasten mit Deckweiß, Pinseln und Wasserbecher
– zwei Zeichenblöcke (DIN A4 und DIN A3)
– ein Klebestift
– fünf Rechenhefte (DIN A5)
– fünf Schreibhefte (DIN A5)
– zwei Hefte DIN A4 mit Erstklässlerzeilen
– zwei unlinierte Hefte DIN A5
– Turnkleidung und -schuhe
– Trinkflasche und Vesperdose für Pausenbrot
– Foto von Mama, Papa, Oma und Opa (optional).

Das geht ja noch, wie? Aber nicht so eilig. Zunächst muss das Zeug ja gekauft werden. Das wissen auch Schreibwarenhändler und Schreibwarenabteilungsleiter. Vier Wochen vor Schuljahresbeginn fangen sie an, das ganze Land mit Erstklässler-

zubehörprospekten zu tapezieren. Das bleibt auch Erstklässlerinnen und Erstklässlern nicht verborgen. Eines Tages werden Sie Ihren Noch-nicht-ganz-Schüler am Küchentisch antreffen, in einen Prospekt versunken, die Augen entschlossen auf das Wesentliche gerichtet: den »Klebestift Rakete«.
Sie ahnen bereits, was dann passiert.
Es gibt Klebestifte. Die kosten ein paar Cent. Es gibt hervorragende, mehrfach preisgekrönte Marken-Klebestifte. Mit Herzchen drauf. Leicht zu öffnen und zu verschließen. Kleben Papier und nicht die Finger. Die kosten ein paar Cent mehr. Und es gibt den »Klebestift Rakete«, ein sagenhaftes Ding, mit dem man nicht nur echt cool kleben kann, sondern auch noch zum Mond fliegen und wahrscheinlich sogar zum Mars. Der kostet entweder drei Tage Diskussion und Tränen und Türenknallen – oder ein Vermögen.

KLEBESTIFT "RAKETE"

Dabei hätte der Markendiscounter im benachbarten Stadtviertel Ihnen ein Topangebot zu machen: einen Klebestift, zehn Gramm; einen Vielzweckkleber, 50-Gramm-Flasche, lösungsmittelfrei; Powerstrips, Acht-Stück-Packung; und eine Klebefilmrolle inklusive Handabroller, alles zusammen im rot-blauen Design des renommierten Pappmittelproduzenten, das vierteilige Klebe-Mix-Set für 2,49 Euro – also 80 Cent billiger als der »Klebestift Rakete« im Soloflug.

Was will das preisbewusste Erstklässlerherz mehr? Ganz recht: einen »Klebestift Rakete« natürlich. Und wenn wir schon dabei sind: einen »Tintenkiller Super-Pirat«. Was schert es den Schulanfänger, dass er im ersten Jahr noch gar keine Tinte zu killen hat, weil er mit allem Möglichen schreibt, aber nicht mit einem Füllfederhalter? Und dass es beim Markendiscounter acht »Tintenlöscher« zum Preis eines »Tintenkillers Super-Pirat« gibt, entringt ihm allenfalls ein gewinnendes Lächeln. »Tintenlöscher« – pah. Seit wann brennt's im Schulheft?

Wie ist die Lage auf dem Deckfarbenkastenmarkt? Bitte sehr: Der Markendiscounter bietet 24 hochdeckende Farben, eine Tube Deckweiß und einen Naturhaarpinsel für einsneunundneunzig – die Hälfte dessen, was der Schreibwarenfachprospekt für den »Deckfarbkasten K12« mit lediglich einem Dutzend Farben haben will. Okay, der »K12« trägt das Konterfei eines eleganten tropischen Vogels, hat »neuartige auswechselbare Farbtabletten mit Mulde zum schnelleren Anlösen der Farbe« und ein beschriftbares Namensfeld im Deckel. Das ist nicht von der Hand zu weisen. Aber würden Sie auch für Ihr neues Auto das Doppelte bezahlen, wenn es mit Mulde im Dach und beschriftbarer Kühlerhaube erhältlich wäre? Sehen Sie. Ihr künftiger Grundschüler würde es jederzeit tun. Und da ist er noch gnädig. Es gibt schließlich nicht nur den »Deckfarbkasten K12«, sondern auch – nein, nicht den »Everest«,

aber den »Pro Color 12« inklusive zwei Wasserboxen. Zum doppelten Preis.
So verhält es sich leider mit allen Schreibwaren für Erstklässler. Es gibt Buntstifte, die erfüllen ganz wunderbar den Zweck, zu dem sie produziert wurden: malen. Es gibt Buntstifte mit kleinen Nilpferden am oberen Ende. Es gibt aber auch Filzstifte. Es gibt sogar Fasermaler. Und es gibt Fasermaler mit Zebras und Zebrafohlen auf der Packung. Aber nicht umsonst. So ein Zebra will ja gefüttert werden. Das kostet.
Kluge Eltern könnten nun mit ihren Kindern reden und ihnen erklären: »Schau mal, wir verdienen ja nur famdribarimpumpzig Euro im Monat, und davon kann man nur die normalen Buntstifte kaufen und vielleicht noch die günstigen Fasermaler dazu. Mehr geht nicht. Sonst gibt's zum Frühstück nur noch Salz aufs Brot und zum Abendessen einen halben Rollmops. Ohne Gewürzgurke.«
Das ist eine lobenswerte und sozialpädagogisch hochwertige Strategie. Damit überzeugen Sie jedes Kind. Bis zum nächsten Morgen. Dann sitzt in der Schule neben dem Kind nämlich wieder dieses andere Kind, dessen Eltern offiziell auch nicht mehr verdienen als Hempels von gegenüber – und dieses Kind hat den »Klebestift Rakete«. Und gestern Abend sieben Rollmöpse gegessen. Mit Gurken. Und Erdbeeren zum Nachtisch.
Zur Veranschaulichung hier eine wahre Geschichte aus dem Leben. Eine annähernd wahre Geschichte. Aber auf jeden Fall aus dem Leben. Es waren einmal zwei Jungen, Fritz und Franz, die beide in dieselbe Klasse gingen. Beziehungsweise fuhren. Fritz mit dem alten schmutzig-weißen Klapprad seiner Mutter, der knapp ein Jahr ältere Franz mit einem windschnittigen, grünmetallic-lackierten Rennrad. Zehn Gänge. (Die Geschichte spielt in den frühen 70er Jahren. Heute hätte Franzens Fahrrad 27 Gänge. Wozu auch immer. Man braucht

eigentlich nur zehn. Höchstens.) So fuhren sie jahrein, jahraus gemeinsam zur Schule, und eines Tages sagte Fritz zu seiner Mutter: »Das alte Klapprad ist ja noch ganz in Ordnung, aber ich hätte sooo gern auch ein Rennrad. Muss ja nicht grünmetallic sein. Blau genügt, und mit fünf Gängen komme ich prima aus.«

Da antwortete die Mutter: »Fritz, ich verstehe deinen Wunsch sehr gut, aber das können wir uns einfach nicht leisten. Du weißt ja, die Miete ist schon wieder erhöht worden, und das Auto muss schon wieder in die Werkstatt. Fahr doch noch eine Zeit lang mit dem Klapprad zur Schule. Mit diesem Fahrrad bin ich schon in die Schule gefahren und davor deine Oma und davor die Oma von deiner Oma und davor – ach nein, die ritt ja noch auf dem Esel …«

Gut, Fritz hatte schon gelernt, die Nöte in seiner Familie zu verstehen, und Fahrrad war ja schließlich irgendwie auch gleich Fahrrad – jeder musste strampeln, um vorwärts zu kommen, egal ob im ersten Gang oder im neunten. (Und niemand kann mir erzählen, er wäre im sechsundzwanzigsten schneller.) Also radelten sie weiter wie gehabt: Franz in Grünmetallic, Fritz in Schmutzig-Weiß.

Zu seinem 14. Geburtstag aber erlebte Fritz eine riesengroße Überraschung: Da stand, als die Kerzen auf dem Kuchen ausgepackt und alle Geschenke eigentlich schon ausgepustet waren, auf dem Balkon noch ein ganz großes Paket. Und tatsächlich, es war ein Rennrad. Blau. Neundreiviertel Gänge. Die ganze Familie hatte zusammengelegt. Stolz wie Lance Armstrong fuhr Fritz am nächsten Morgen in der Schule vor. Alle bewunderten sein neues Fahrrad, feierten Fritz mit Sprechchören, zogen ihm ein gelbes Trikot über und küssten ihn links und rechts auf die Wangen. Das blaue Fahrrad war sogar ein bisschen größer als das seines besten Freundes.

Franz hatte eine Woche später Geburtstag. Er bekam ein Mofa.
So ging es die ganze Zeit weiter. Hatte Fritz etwa nach monatelangen Verhandlungen mit seinen Eltern endlich den gleichen Füller im Mäppchen wie Franz, dann hatte Franz garantiert nur wenige Tage später einen noch tolleren Füller. Verkaufte Fritz nach einem Jahr sein blaues Rennrad, um sich auch ein Mofa anzuschaffen (er arbeitete inzwischen nachmittags im Supermarkt und sparte eisern), dann machte Franz längst den Mokick-Führerschein und bekam vom Vater den passenden heißen Ofen geschenkt. Und als Fritz zwei Jahre später endlich auch das Geld für ein Mokick zusammengekratzt hatte, da fuhr Franz schon mit seinem eigenen Auto in der Schule vor.
Irgendwann sah Fritz ein, dass es überhaupt keinen Sinn hatte, dem Freund in allen materiellen Dingen hinterherzuhecheln, weil er doch immer zu spät kam, und so lebte er fortan einfach sein eigenes Leben, ohne dauernd zu vergleichen. Damit kam er bestens zurecht, denn langsam, aber stetig erreichte er auch seine Ziele. Und wenn er es sich genau überlegte: Bei Klassenarbeiten hatte Franz immer von ihm abgeschrieben.
Heute, wenn sie sich hin und wieder auf ein Bier treffen, um über die alten Zeiten zu lachen, dann hat Fritz den Eindruck, die Dinge seien eigentlich ganz gut für ihn gelaufen. Auch wenn Franz immer noch von allem mehr hat: mehr Autos, mehr Motorräder, mehr Zimmer im eigenen Haus, mehr Urlaubsflüge pro Jahr, mehr uneheliche Kinder, mehr Gläubiger, mehr Schulden bei der Bank …
Denken Sie also daran, wenn Sie im Prospekt des Schreibwarenhändlers blättern: Erstklässler brauchen nicht unbedingt einen sich selbst befeuchtenden Stempel, mit dem sie ihren

Namen überall hinstempeln können. Besser, sie lernen zuerst einmal, ihren Namen zu schreiben.
Aber: Der Stempel ist auch drin im Prospekt. Gar nicht teuer eigentlich. Allerdings nicht der einzige. Direkt daneben gibt es ja noch den Stempel-Kugelschreiber – ein unerhört praktisches Gerät. Vorne schreiben, hinten stempeln. Und: »Die innovative Clip-Release-Funktion sorgt für komfortable Einhandbedienung.« Das kann der Erstklässler zwar noch nicht lesen. Aber Papa will plötzlich auch einen haben. Und nebenan: der Handystempel! Sieht einem Handy verblüffend ähnlich und stempelt im Handy-Umdrehen die Handynummer auf handliche Zettelchen. Sagenhaft, was es alles gibt … Da braucht das Kind aber auch ein Handy dazu. Das findet man im Prospekt des Elektrowarenhauses. Aha – was? Kostet nur einen Euro. Mit Internetzugang. Soso. Interessant.
Aber zurück zum echten Erstklässlerbedarf. Schnellhefter müssen sein. Was wäre die erste Klasse ohne Schnellhefter? Und es gibt sie fast geschenkt. »Ri ra rutsch, kein Zettel geht mir futsch«, wirbt der Schreibwarenhändler: »Jetzt 7er Pack 1,29 Tiefpreisangebot.« Zugreifen! 30 Klarsichthüllen, alle zusammen für nur –,59. Her damit! Und da! Duftmappen! »Der besondere Angebots-Schnellhefter setzt durch sein Duftkonzept neue Maßstäbe, unterstützt Ihr Angebot durch die Dufteigenschaften, der Schnellhefter entspricht höchsten Erwartungen und gibt den Unterlagen den richtigen Rahmen.« Großartig. Da hat man doch als Schüler schon gewonnen, wenn man der Lehrerin die Hausaufgaben im Angebots-Schnellhefter mit den Worten überreicht: »Hier bitte, mein Angebot: drei akkurat gezeichnete Bananen mit dem passenden Duft. Ich hatte aber nur noch Erdbeer.«
Weiterblättern. Uiii – Taschenrechner. Mit 300 Funktionen, Zwei-Zeilen-Display, Cursorbutton, ergonomischem Design,

Stützbatterie und Solarzelle. Brauchen wir noch nicht. Aber bald. Und da kommen auch schon die Computerspiele. Aber womit spielen wir die? Genau: Seite 15 im Prospekt, endlich der passende PC. Oder lieber gleich den tragbaren für daheim und in der Schule. Farbdrucker dazu, 8000 Blatt Umweltpapier, und dann natürlich auch noch eine Bindemaschine (was will ein Erstklässler mit den ganzen losen Blättern?) und einen energiesparenden Aktenvernichter mit automatischer Start/Stop-Funktion (Datenschutz!).
Hat das Kind eigentlich schon einen anständigen Schreibtisch? Aber sicher nicht mit Monitor-Plattform. Na also. Und der alte Stuhl von Onkel Karl-Heinrich taugt ja wohl auch nichts mehr. Allein die Farbe jagt einem ja schon Schauer über den Rücken. Wie soll man denn darauf hochwertige Hausaufgaben machen? Hier: der Kinder-Bürostuhl »Britney«, drehbar, schwenkbar, höhenverstellbar, öldruckgefedert, dampfgestrahlt, hohlraumversiegelt, selbstredend, fertig.
Was macht das zusammen? Oha. Nun ja, Kinder sind halt nicht ganz billig. Und anständige Schreibwaren hat man ja auch ein Leben lang. Gut, den »Klebestift Rakete« vielleicht nicht unbedingt. Und der Kinderschreibtisch wird möglicherweise auch irgendwann ein bisschen eng. Aber man ist ja schließlich nur einmal Erstklässler. Jedenfalls normalerweise.

Experten raten übrigens dringend davon ab, Lernmittel für Grundschüler schon Monate oder gar Jahre im Voraus zu kaufen. Und Lehrerinnen empfehlen, sich vorerst strikt an die Ausstattungslisten zu halten, die sie den Eltern geben. Das nur zur Information.

Durchbeißen

Die Sache mit den Zähnen

Schule kann recht hart sein. Besonders in den ersten Jahren beißen sich praktisch alle Mädchen und Jungen die Zähne daran aus. Aber fast immer wächst adäquater Ersatz nach.

Zunächst scheint es ein Schultag wie jeder andere zu sein. Und dann das: Huch – die Schulzahnärztin steht vor der Tür. Die kommt uns aber ungelegen. So früh im Schuljahr. Und ausgerechnet heute. Wo wir doch sowieso kaum Zähne im Mund haben. Nico zum Beispiel hat gerade wieder einen verloren. Dafür gab's von der Zahnfee das Spiel »Blinde Kuh«, freilich ein paar Tage verspätet. Direkt in der Nacht, als Nicos Zahn ausfiel, erzählt er, »hatte die Zahnfee grad keine Zeit«. Seine Mitschüler haben bereits ähnliche Erfahrungen hinter sich.
Tommy: »Einmal, als ich morgens zu Hause war, da war's noch dunkel, da hab ich einen Zahn verloren. Der musste dann rausgezogen werden.«
Frau Mußmann: »Mit der Zange?«
Alle: »!«
Tommy: »Neee.«
Mit spitzen Fingern. Ganz sachte. Und was dann? Unters Kopfkissen, den Zahn. Am nächsten Morgen war er verschwunden. Von der Zahnfee weggeholt. Wahrscheinlich.
Megi: »Ich hatte schon drei Zähne unter mein Kopfkissen getan. Oder acht.«

Aljoscha: »Es gibt aber auch Zahnmäuse.«
Die arbeiten offenbar ebenfalls bei der Zahnabfuhr – so wie die allseits bekannten Zahnbiber. Ziemlich sicher hat es mit den Zahnbibern Folgendes auf sich: Biber sind ja exzellente Nager. Daher kennen sie sich auch bestens damit aus, wie man Zähne sauber und gesund hält. So ein Biber kann schon aus einem Meter Entfernung beurteilen, ob ein Zahn noch etwas taugt oder nicht. Wer von uns kennt nicht die Situation, wenn ein Biber im Vorbeigehen besonders freundlich lächelt? Damit will er uns dazu bringen, ebenfalls zu lächeln. Das klappt meistens, denn kaum jemand kann dem Lächeln eines Zahnbibers widerstehen. Und schon sieht er: »Aha, links oben, der Zahn ist ja ganz hervorragend in Schuss. Den könnte man noch gebrauchen.« Übrigens interessiert er sich nur für Milchzähne.
Anschließend bleibt der Biber diskret in der Nähe, knabbert mal hier am Käse, knuspert mal da an der Salzstange, nagt den Bettpfosten an und wartet. Zahnbiber sind sehr geduldige Tiere. Manchmal müssen sie wochenlang ausharren, ehe ein Erstklässler feststellt: Links oben – der Zahn wackelt. Dann dauert es nur noch ein paar Mahlzeiten, und er fällt aus. Kann sein, dass er in einem Apfel stecken bleibt. Oder er purzelt plötzlich im Mund herum. Jedenfalls muss der Zahn an dem Tag, an dem er ausgefallen ist, abends unters Kopfkissen gelegt werden. Dann kommt der Zahnbiber angeschlichen, krabbelt unters Kissen und nimmt den Milchzahn mit. Aber nicht einfach so. Nein, das wäre ja gestohlen. Er legt Geld hin, denn der Zahnbiber ist ein ehrlicher Zeitgenosse.

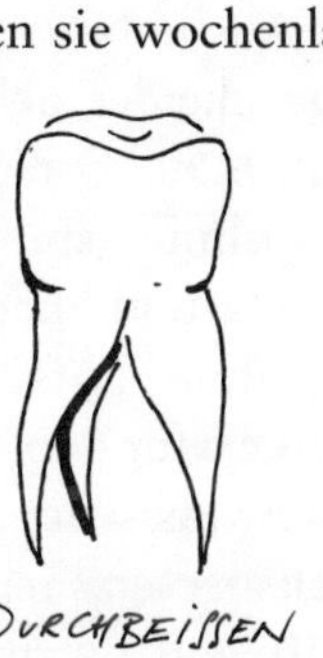

Aljoscha: »Ich hab mal einen Zahn unters Kopfkissen gelegt, der war am nächsten Tag noch da, aber es lag ein Geldstück daneben.«
Frau Mußmann: »Wie groß, das Geldstück?«
Aljoscha: »So groß wie eine Mark. Ich hab es natürlich in die Spardose getan. Aufs Konto hätte sich nicht gelohnt.«
Ein besonderer Fall, den Aljoscha schildert. Ganz selten kommt es vor, dass sich der Zahnbiber nachts unters Kopfkissen wurstelt und feststellt: »Oh, mit dem Zahn kann ich doch nichts anfangen.« Entweder ist dann an der Rückseite ein Problem, das der Biber von vorn beim Lächeln nicht sehen konnte, oder es handelt sich um einen so genannten Bleibezahn. Das lässt sich nur aus nächster Nähe entdecken. Und dann kann man nichts machen – ein Bleibezahn muss bei dem Menschen bleiben, dem er ausgefallen ist. Berufsrisiko des Zahnbibers. Er legt dann gewöhnlich trotzdem ein Geldstück hin. Obwohl er wochenlang umsonst gewartet hat. So anständig ist der Zahnbiber.
Und noch ein Wort zur Ausbildung des Zahnbibers: Schon in der frühen Kindheit entscheidet sich, ob der junge Biber in den Wohnungsbau geht, in die Forschung, ins Teppichwesen oder zur Zahnabfuhr. Wohnungsbiber errichten große Holzhaussiedlungen in Kanada und Skandinavien; sie haben die widerstandsfähigsten Zähne. Forschungsbiber untersuchen Holz auf seine Tauglichkeit für den Wohnungsbau und überprüfen ständig die nachwachsenden Bäume; sie haben die sensibelsten Geschmacksnerven. Teppichbiber klopfen, weil sie ganz besonders kräftige Schwänze haben, jeden Teppich sauber. Manche von ihnen reisen bis in den Orient; sie genießen dort hohes Ansehen. Und Zahnbiber begeistern seit Jahrhunderten mit ihrem großen Mut; sie müssen schließlich eine Zeit lang unerkannt in den Häusern der Menschen leben.

Außerdem sind Zahnbiber viel kleiner als ihre Artgenossen in den anderen Berufen.
Bleibt nur noch die Frage, was die Biber mit den Milchzähnen wollen. Eigentlich nichts Besonderes. Sie schenken sie zu Hause den Biber-Sportvereinen, die damit Fußball und Golf spielen. Es geht ihnen nämlich in erster Linie darum, Kinder zu loben, die ihre Zähne gut pflegen.
So viel zur praktischen Vorbildung der Erstklässler über das Thema Zähne und zu den finanziellen Vorteilen, die gewiefte Zahnverlierer in jungen Jahren aus dem Gebissverlust schlagen können. Später werden andere Leute einen Haufen Geld damit verdienen, dass wir das Beißwerkzeug wechseln, und dabei keine Gewissensbisse verspüren.
Nun aber zur Schulzahnärztin. Sie heißt Frau Borg und bringt eine Freundin mit: Hexe Irma. Offenbar ziemlich doof, diese Irma aus dem Hexenwald. War im Supermarkt, kaufte lauter Bürsten, und wir Grundschüler müssen ihr jetzt sagen, welche für die Zähne ist.
Und los geht's. Die erste Bürste ist etwas groß.
Tommy: »Damit kann man Teller sauber machen, wenn man nicht mit den Fingern spülen will.«
Mit Bürste Nummer zwei, einem etwas kleineren Exemplar, soll Hrvoje der Hexe die Fingernägel schrubben. Dabei lächelt Hrvoje Frau Borg nachsichtig an; er weiß, dass Irma eine Puppe ist, die überhaupt keine Fingernägel hat – aber weiß das auch die Schulzahnärztin?
Die nächste Bürste, eine lange, runde, taugt zur Reinigung von Gläsern, erläutert Svenja, und ihretwegen auch für Flaschen.
Dann Nico: »Hoffentlich kommt jetzt die Klobürste.«
Und tatsächlich: langer Griff, derbe Borsten: die Toilettenbürste. Damit bitte keine Zahnhygiene.

Warum muss geputzt werden, was in den Mündern der 1b hoffentlich noch zahnreich wächst?
Hrvoje: »Damit die Zähne gesund sind, und wenn sie ganz gesund sind, kriegt man eine Zahnspange.«
Diesen Zusammenhang bestreitet Frau Borg allerdings.
Als die richtige Bürstenform endlich ermittelt ist, werden Exemplare samt Wasserbechern verteilt – alle mal putzen, mit Anleitung: Von rot nach weiß, immer im Kreis, von unten nach oben, das müssen wir noch proben, und in der letzten Phase spritzt Nenad dem Nico auf die Nase.
Hier noch ein Livemitschnitt vom Bürstenkonzert der 1b: »Ritzeritze-kritzelkratzel-gurgelgargel.«
Solo Kristian: »Und wenn Tiger Zähne putzen: Broarrblbloarr!«
Zugabe Tommy: »Oder Elefanten: Blubbelüüblubbeleblubbelü!«
Fein, dann haben wir also alles Wissenswerte darüber erfahren, wie Menschen, Hexen, Tiger und auch Elefanten ihre Zähne am besten pflegen. Wozu aber braucht man die Beißerchen gewöhnlich? Ganz genau: zum Essen. Und was isst ein Erstklässler am liebsten? Schwieriges Thema. Kommt in der 1b kaum vor. Daher befragten wir dazu Mädchen und Jungen in einem Kinderhort und fühlten ihnen auf den Zahn. Büsra (7), Samanta (6), Lukas (8), Maxi (9), Jan (8) und Bruno (10) nahmen kein Blatt vor den Mund.
Größter Erstklässler der Welt (GEdW): »Was gab es bei euch im Hort heute zum Mittagessen?«
Büsra: »Klöße, Gulasch und Rotkohl.«
GEdW: »Wie hat das geschmeckt?«
Büsra: »Gut – na ja, der Rotkohl nicht so.«
Samanta: »Öääääh, Rotkohl!«
GEdW: »Mögt ihr alle keinen Rotkohl?«

Lukas: »Doch, lecker!«
Alle anderen: »Öääääh!«
GEdW: »Und Spinat?«
Büsra und Samanta: »Äääääh!«
Maxi: »Ich mag Spinat, aber am liebsten nur mit Blubb.«
GEdW: »Blubb?«
Maxi: »Blubb. Aus dem Fernsehen. Von Iglo.«
Lukas: »Da ist noch Sahne mit drin.«
Bruno: »Spinat bringt Muckis – hier so: Voll der Popeye.«
GEdW: »Du kennst Popeye?«
Bruno: »Klar. Der mit dem Spinat aus der Dose. Der hat sooo Arme!« (Beeindruckende Pose.)
Büsra: »Mädchen brauchen aber keine Muckis.« (Geringschätzende Geste.)
Jan: »Spinat sieht genau aus wie Babykacke. Das stimmt wirklich. Aber mir schmeckt eigentlich alles. Außer diese einzelnen Sachen.«
Lukas: »Was für einzelne Sachen?«
Jan: »Steine.«
Maxi: »Kuhfladen.«
GEdW: »Mögt ihr Rosenkohl?«
Samanta: »Nee, eklig.«
GEdW: »Fisch?«
Lukas: »Ich esse manchmal sehr gern Fisch. Früher habe ich auch gern Salat gegessen, aber heute nicht mehr.«
Jan: »Ich auch nicht. Aber warum? Ich kann das selber nicht verstehen.«
Maxi: »Ich habe früher überhaupt kein Gemüse gegessen, aber jetzt sehr gern. Ich mag aber keine Bohnen. Zum Glück gibt es im Hort keine.«
Alle: »Doch!«
Bruno: »Es gibt einen Professor in Amerika, glaube ich, der

isst alle möglichen Insekten. Die sind gesund und nährstoffreich. Aber hier in Europa ist das nicht angebracht. Meine Mutter und meine Oma kommen aus Brasilien. Die kochen manchmal so ein gutes Essen, da könnte ich mich reinsetzen.«
Alle: »Wo rein?«
Bruno: »In das Essen.«
Maxi: »Was? Dann würde ich es aber nicht mehr essen.«
Samanta: »Uääääh!«
Bruno: »Das sagt man doch so: ›Da könnte ich mich reinsetzen, so gut schmeckt das.‹«
Maxi: »Sagt man das so?«
GEdW: »Esst ihr gern Erbsensuppe?«
Alle: »Nein!«
GEdW: »Oder Grießbrei?«
Alle: »Neiiiin!«

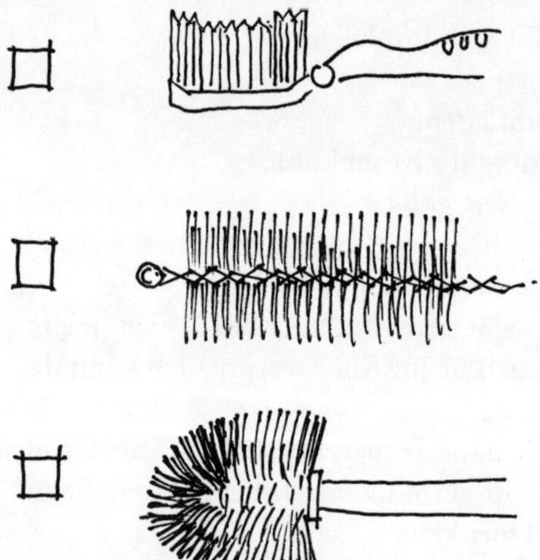

WELCHE BÜRSTE?

GEdW: »Und Milchreis?«
Alle: »Ja!«
GEdW: »Was glaubt ihr, woran liegt das, wenn Kinder eine Speise gern essen und die andere nicht?«
Jan: »Am Geschmack.«
Bruno: »Am Geruch.«
Samanta: »Jeder Mensch hat einen anderen Geschmack. So ist das eben.«
GEdW: »Dann vielen Dank für das geschmackvolle Gespräch.«

Zähne sind also zum Beißen da. Und bei uns Schwarzburgschulenkindern wurde überhaupt nicht gebohrt. Damit das so bleibt, sollten gewissenhafte Eltern schon frühzeitig einen Versicherungsvertrag mit ihrer zuständigen Zahnfee abschließen. Für nähere Auskünfte wenden Sie sich bitte an die Hexe Irma.

Einkalkulieren
Vom Umgang mit Zahlen

So, »mal endlich wieder in der Schule sein«, wie Ken zu sagen pflegt. Die ersten Schritte sind geschafft, wir sind angekommen in der Schule. Sämtlichen Kindern hat es bisher so gut gefallen, dass sie jetzt regelmäßig kommen wollen. Und es geht gleich richtig ran an die Arbeit. Wer lernen will, muss zählen. Das funktionierte bisher mit den eigenen Fingern ganz gut – wie viele waren es doch gleich? Aber wir Erstklässler merken schon recht bald: In der Schule reicht das vorn und hinten nicht. Da ist bisweilen mit Händen und Füßen zu rechnen.

Montagmorgen: gemeinsame Erzählrunde der Klasse 1b vor dem Start in den Unterricht. Alle im Kreis, damit man sich angucken kann. Wir befinden uns noch im D-Mark-Zeitalter, aber an der Schwelle zu einer neuen Epoche in der europäischen Währungsgemeinschaft. Unser Klassenkamerad Nico, ein blonder Junge mit großem Gerechtigkeitsempfinden, hat eine unbestimmte Summe Geldes im Hort auf dem Fußboden gefunden.
Und jetzt?
Megi: »Was ist, wenn das Geld jemandem gehört?«
Nico: »Geld kann man ja nicht wiedererkennen.«
Ken: »Na ja, wenn das 30 Pfennig sind, und jemand hat 30 Pfennig verloren, dann sind es vielleicht die.«
Wie viel ist es? Sind es die 30 Pfennig, die vielleicht ein

Mensch an der Supermarktkasse oder im Reisebüro genau in diesem Moment vermisst? Oder vielleicht hat jemand seit über 20 Jahren gespart, um sich ein Auto zu kaufen. Jeden Tag hat er nur zehn Pfennig zurücklegen können, weil er in seinem Beruf nicht so furchtbar viel verdient. Der Mann ist Blätterzähler beim Forstamt und muss morgens früh raus in den Wald, Blätter zählen für die Statistik. Ahornblätter, Birkenblätter, im Winter Tannennadeln. Manche Bäume haben viele hunderttausend Blätter. Und die Nadelbäume erst.

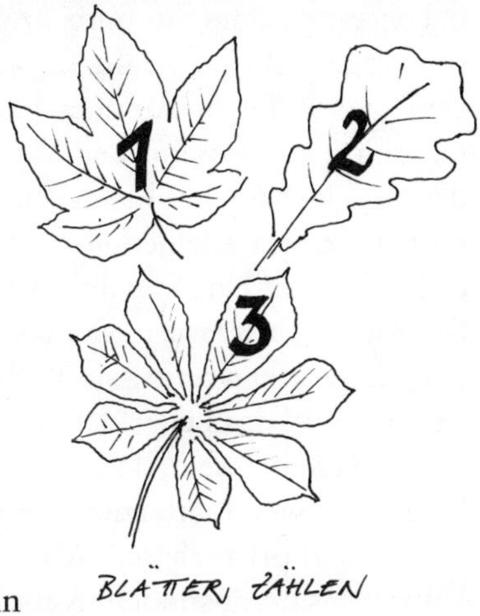

Wenn der Mann so auf der Leiter steht und zählt, denkt er immer daran, dass er auch einmal die Bäume in anderen Ländern kennen lernen möchte. Zum Beispiel in Spanien oder in Frankreich. Wie da die Bäume so aussehen. Und wie viele Blätter die haben, im Durchschnitt. Um das herauszufinden, wünscht er sich ein kleines Auto, mit dem er in die fernen Länder fahren kann. Dann würde er seine Leiter auf das Autodach binden und losfahren, an die Leiter müsste er hinten ein rotes Tuch knoten, weil sie länger wäre als das kleine Auto, und wenn er einen ganz besonders interessanten Baum sähe, dann hielte er an und beobachtete ihn genau und sagte: »Na so was« und »Oho« und »Schau mal einer an!«
Schon vor langer Zeit hat der Mann genau ausgerechnet, an welchem Tag er das Geld für sein kleines Auto fertig gespart

haben wird, denn zusammenzählen, das kann er ja von Berufs wegen sehr gut. Dann hat er das Auto just für diesen ausgerechneten Tag im Autogeschäft vorbestellt. Der Tag ist heute. Und heute kommt der Mann ins Autogeschäft und will den neuen Wagen abholen – und da stellt sich heraus: »Ach du liebe Zeit, da fehlen ja 30 Pfennig, am Sonntag waren sie doch noch da! Hab ich die etwa verloren?« Und dann muss er das Auto stehen lassen, weitersparen, wieder ein Auto bestellen. Ein bisschen traurig ist er darüber schon, denn der Mann ist schon alt, das Leiterklettern fällt ihm jeden Tag schwerer.
Kann aber auch sein, dass das Geld gar nicht dem Blätterzähler gehört, weil Blätterzähler normalerweise kein Geld in Nicos Kinderhort verlieren. Aber wie, um Himmels willen, sollen wir das herausfinden? Versuchen wir es mit Zählen. Nico zeigt die Münzen vor, und nach einigen Minuten intensiven Abwägens glauben alle mit ziemlicher Sicherheit: Na, es sind wohl ungefähr so um die 13 Pfennig. Hat einer der Anwesenden vielleicht 13 Pfennig verloren? Niemand. Und wenn doch, wüsste er es wahrscheinlich nicht, weil wir leider noch nicht allein bis 13 zählen können.
13 Pfennig also. Ein respektabler Betrag, aber ins Fundbüro bringen lohnt sich trotzdem nicht, entscheidet die Klassengemeinschaft – der ehrliche Finder soll die gesamte Summe also behalten dürfen.
Frau Mußmann: »Was könnte Nico damit machen?«
Nico: »In die Spardose tun und später was Tolles dafür kaufen.«
Ken: »Ich würde es für eine Flugkarte nach Hongkong sammeln. Ich habe schon über 100 Mark.«
David: »Ich spare für ein ferngesteuertes Flugzeug. Dann lass ich es auf dem Balkon starten und lass es fliegen in der Freiheit, und wenn es Essen gibt, lass ich es auf dem Sofa landen.«

Hrvoje: »Aber dann ist die Batterie alle, und dann fällt das Flugzeug runter.«
David: »Ich denk nochmal drüber nach.«
Ein anderes Beispiel aus dem Rechenunterricht: Frau Mußmann hat einen Haufen Bauklötze vor sich aufgeschichtet. Rote Bauklötze, blaue, gelbe. Das ist cool, aber Besitz allein macht auch nicht glücklich – Frau Mußmann fragt sich, wie viele es genau sind, denn was will man mit den schönsten Bauklötzen anfangen, wenn man ihre genaue Zahl nicht kennt? Nun, kein Problem. Wir sind schließlich Erstklässler – wir können rechnen – wir helfen ihr. Es sind eindeutig vier Klötze. Sagen die einen. Kann sein, aber genau genommen sind es eher acht, behaupten die anderen. Auch nicht schlecht, lobt eine dritte Schülergruppe, kommt freilich zu einem ganz anderen Ergebnis: 16 Bauklötze, gar kein Zweifel. Über ihre jeweilige Rechenmethode schweigen sich die jungen Zahlenkünstler aus. Und wenn man noch so frisch in der Schule ist, klingt jedes einzelne Resultat auch ganz plausibel: Tja, so ist halt die Mathematik in der ersten Klasse – reine Ansichtssache. Nichts zu danken, Frau Mußmann, gern geschehen.
Diese unbekümmerte Sicht der Dinge verliert sich jedoch leider mit fortschreitender Schulzeit, und darauf müssen Eltern eingestellt sein: Es kommen immer weitere bisher unbekannte Fakten hinzu, so mancher Verdacht wird Gewissheit: Ein Auto hat vier Räder – nicht, wie von manchen Nachwuchskalkulatoren zunächst erwartet, sieben. Auch wenn es sicherlich Autos gibt, die sieben Räder haben. Aber die eignen sich nicht besonders gut zur Grundlagenforschung in der ersten Klasse.
Unaufhaltsam schreitet der Lernfortschritt voran. Schon nach einigen Wochen können Ihre Kinder zum Beispiel in der Reihe zählen und dabei immer den Kopf drehen und den Nächs-

ten angucken. Das geht so: Nach links schauen, eine Zahl vom Nachbarn hören, intellektuell verarbeiten, Kopf nach rechts drehen und die logisch sich anschließende nächste Zahl sagen. Ein Spektakel, das die ganze Aufmerksamkeit erfordert.

»Zuerst von 1 bis 20«, gibt Frau Mußmann die Rahmenbedingungen vor. Profis lockern jetzt die Nackenmuskulatur. Und los. Einmal durch die ganze Klasse, die Zahlen purzeln wie reife Früchtchen, 3, 7, und da: die 13. Schon sind wir bei Daniel angekommen: »19«, sagt er ganz treffend und übergibt routiniert an Jörg: »20.«

Fertig. Keine Verletzten.

Frau Mußmann: »Und jetzt das Ganze rückwärts.«

Lukas fängt an: »23.«

Frau Mußmann: »Nee, rückwärts.«

Lukas: »Ach so.«

Frau Mußmann: »20 hatten wir gerade.«

Lukas: »Ja.«

Frau Mußmann: »Was kommt dann?«

Lukas: »19.«

Frau Mußmann: »Genau. Und weiter.«

Haldun: »18.«

Eleni: »17.«

Adriana: »18.«

Frau Mußmann: »Nee, rückwärts.«

Adriana: »Ach so.«

Frau Mußmann: »Und weiter.«

Adriana: »16.«

Frau Mußmann: »Und was hab ich gesagt? Immer den Nächsten dabei angucken.«

Aljoscha und Adriana starren einander an. Minuten scheinen zu verrinnen. Mucksmäuschen bevölkern das Klassenzimmer.

Schon rechnet das Publikum mit der Einblendung einer Werbepause, da greift die Lehrerin ein.
Frau Mußmann: »Hallo! Und nochmal.«
Adriana: »Ach so.«
Frau Mußmann: »Und bitte.«
Adriana: »16.«
Aljoscha: »15.«
Na also, geht doch. Und auf der Gegengeraden in unserem Klassenzimmer (Svenja–Samantha–Jakob–Ken–Doris–Megi–Kristian–Tommy) kommen die Zahlen geradezu in Überschallgeschwindigkeit aus der Pistole geschossen: »Dreizehnzwölfelf – knall – zehneunachsiebsechs – peng!«
Noch ein paar Wochen später wird auch dem kühlsten Rechner klar: Hier in der ersten Klasse wird ernsthaft gelernt. Raten Sie doch zum Beispiel mal, wie lang Aljoscha mittlerweile braucht, um aus den handelsüblichen Zahlen 1, 2, 3, 5, 7 und 10 ein dreistöckiges Zauberdreieck zu bauen, in dem immer zwei nebeneinander stehende Zahlen zusammen so viel ergeben wie die direkt darüber stehende. Na? Fünf Minuten? Pah! Sekundenschnell geht das.
Hier bitte, die Lösung. Untere Reihe von links nach rechts: 5, 2, 1. Mittlere Reihe: 7, 3. Und ganz oben die 10. Ausgezeichnet, lobt Frau Mußmann. »Und welche Möglichkeit gibt es noch?«, möchte sie fragen, kommt aber nur bis »Und welche Mö…«, denn schon flitzt ihr aus allen Ecken die korrekte Lösung um die Ohren: untere Reihe 1, 2, 5, mittlere Reihe 3, 7, oben behauptet sich die 10.

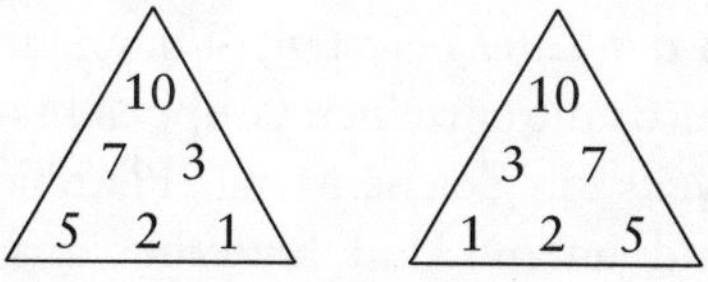

Wir sind ja nicht blöd.

Und noch eine Zusatzfrage an alle, denen es beim Rechnen nicht zu bunt wird: Auf unserer großen Einmaleinstafel, wie heißt da diese helle Farbe?

Megi: »Beige.«

Frau Mußmann: »Ausgezeichnet.«

David: »Wie heißt die Farbe? Billich?«

Nein, »billich« kommen wir hier nicht an gute Zensuren. Wir sind ja schließlich nicht zum Spaß hier. Oder sagen wir: nicht nur zum Spaß.

Mathematik ist also eine ausgesprochen seriöse Angelegenheit. Das ist uns klar. Aber was ist halbieren? Fragt Frau Mußmann.

David: »Das ist, wenn, also – man schneidet einmal durch.«

Frau Mußmann: »Das hast du sehr schön gesagt. Nehmen wir einmal an, du und dein Freund, ihr wollt euch einen Kuchen teilen.«

David: »Nein, eine Pizza.«

Frau Mußmann: »Okay. Das hier ist eure Pizza.«

Sie nimmt ein Blatt Papier und reißt es so auseinander, dass ein großes und ein kleines Stück übrig bleiben.

Frau Mußmann: »Ist das so in Ordnung? Richtig halbiert?«

Alle: »Jaaaaaa.«

Frau Mußmann: »David, welches Stück möchtest du?«

David: »Das große.«

Frau Mußmann: »Aha.«

So halbieren wir in der 1b. Wie andere Leute halbieren, verdeutlicht die Lehrerin anhand einiger Magnetplättchen-Gruppen, die sie an der Tafel befestigt. Wir müssen kerzengerade Kreidelinien durch die einzelnen Gruppen malen, sodass links und rechts jeweils die gleiche Menge Plättchen zurückbleibt. Oder oben und unten. Und hinterher zusammenrechnen.

3 + 3 = 6. Oder: 5 + 5 = 10. Oder: 776 + 776 = total viel. Höhö. So viele Magnetplättchen gibt's ja gar nicht.

Exkurs: Mit Geld kalkulieren

Mitten in die beste Mathematikphase kann, je nach Epoche der Weltgeschichte, ein Währungswechsel platzen und alles komplizieren. Plötzlich stellt man als angehendes Algebra-Genie fest: Siebzehnmal werden wir noch wach – weia, dann ist Euro-Tach. Das erschüttert bis in die Mark, wenn man nicht sehr gut vorbereitet ist. Stellen Sie sich vor, Sie haben Ihr ganzes Leben saure Pommes für eine Mark am Kiosk gekauft, und Sie erhielten eine Menge, die Sie anfangs nicht mit beiden Händen zu greifen bekamen, später gerade so ohne fremde Hilfe nach Hause schleppen konnten. Plötzlich heißt das Geldstück, das Sie über Kopfhöhe auf den Kiosk-Tresen wuchten, »Euro«, und der freundliche Mann hinter den Süßigkeiten schüttet eine Lawine saurer Pommes über Ihnen aus, für die Sie erst einmal Ihren Ranzen von zu Hause holen müssen oder Papa und Mama als Transportunternehmen.
So geht das nicht. Jetzt also schnell umrechnen lernen. Umrechner des Jahres ist Haldun: »Ich hab auf meiner Bank 250 Geld!« Cleveres Kerlchen; mit solchen Angaben kann man nichts falsch machen. Unter uns: Es sind 250 Euro, alles schon zukunftskompatibel. So was regelt Haldun mit seiner Anlageberaterin: »Ich hab mit meiner Mama drauf gesprochen.«
Frau Mußmann: »Drüber.«
Haldun: »Genau. Und auf dem Computer kann ich das neue Geld lernen, da hab ich ein Spiel mit Euro drüber.«
Perfekt vorbereitet. Natürlich ist sich die 1b auch durchaus der Probleme bewusst, die das neue Geld unweigerlich bringt.

»Euro – Teuro«, haben einige Erstklässler bereits gelernt. Sie legen eine gesunde Skepsis an den Tag.
Ken: »Man muss das Doppelte bezahlen und hat fünf Mark weniger in der Tasche.«
Tja, Ihr Finanz- und Bildungsminister in Berlin und Pisa, die Schulleistungsstudie irrt. Wenn's um Geld geht, blicken wir voll durch. David zum Beispiel besitzt schon sage und schreibe fünfzigtausend Mark – circa.
David: »Jedenfalls irgendwas mit tausend.«
Die Summe bewahrt er sicherheitshalber in seiner Spardose auf, man kann nie wissen, sonst kommt noch Frau Mußmann und raubt die Bank aus.
Wie bitte? Unsere Lehrerin soll eine Bankräuberin sein? Wer hat das behauptet? Frau Mußmann höchstpersönlich. Tatsache.
Frau Mußmann: »Ich habe am Wochenende eine Bank für euch überfallen und diese zwei Geldkoffer gestohlen.«
Alle: »Neiiiin.«
Frau Mußmann: »Doch. Ich schwör's.«
Sie zeigt uns die Beute – jede Menge Euro. Angeblich. Zweifel in der Klasse.
Inspektor Kristian: »Nein, die Euro sind zu groß.«
Kommissarin Adriana: »Das Geld ist viel zu unecht.«
Wachtmeister Tommy: »Geld kann nicht so gelb aussehen, weil das so dings ist, so magnet.«
Sicherheitsexperte Haldun: »Man kann keine Bank überfallen, weil dann Alarm ist.«
Andererseits – Spardosenbefürworter David: »Ich glaube dir, dass du die Bank überfallen hast, du hast geschworen.«
Zeugin Megi: »Stimmt.«
Hoppla. Frau Mußmann räumt ein: Doch keine Bank ausgeräumt. Die Polizei muss nicht kommen.

Sie merken schon, verehrte Eltern: Das Zählen und Rechnen hält Leib und Seele zusammen. Sorgen Sie also stets für lockere Nackenmuskulatur ihrer Lieben. Halten Sie Pizza, Messer und eine Tube Sportsalbe für die Folgen mathematischer Übungen bereit, vor allem aber 30 Pfennig – pardon, 15 Cent. Man weiß ja nie, ob man zufällig einen verzweifelten Blätterzähler trifft. Und rechnen Sie mit allem.

Festschreiben
Viele Buchstaben, wenig Ahnung

Wie wir seit dem zweiten Kapitel wissen, gehen wir alle in die Schule, »um zu lesen lernen«. Aber im Leben treten oft Zusatzbedingungen in Kraft, von denen vorher überhaupt nicht die Rede war – schreiben sollen wir plötzlich auch noch. Na gut, wenn es der Bildung dient.

So, alle mal an die Tafel, vorlesen. Das ist immer ein herausragendes Ereignis. Auf dem weiten Weg vom eigenen Stuhl zur Tafel gibt es in einer modernen Schulklasse zahlreiche Abenteuer zu bestehen. Nicht, dass an jeder Tischecke ein Dinosaurier lauerte, aber hier ein Stuhl, da ein Schulranzen – Sie glauben ja nicht, wie viele Erstklässler nacheinander über ein und denselben Schulranzen stolpern können, der zehn Zentimeter zu weit in den Weg ragt. Außerdem haben wir die Tische, die ursprünglich als großes Hufeisen im Klassenzimmer zusammenstanden, mittlerweile zu Sechser-Gruppen arrangiert. Da muss man erst einmal dran vorbei.
Am Ende haben es aber alle zur Tafel geschafft. Kann losgehen. Und vorlesen: Mami. Ali. Lila. Limo. Lisa. Was ist da überall drin? Unser alter Freund, das i. Das schreiben wir auf unser Arbeitsblatt, lachen die Banane aus, weil sie keins hat, und markieren dann jedes i in dem Satz »Lisa malt mit Liane alles lila an«. Stopp: Seit wann kann man mit der armen Liane malen?
Das kam so: Liane war ein ganz normales Mädchen und lebte

in einer kleinen Stadt. Da ging sie zur Schule und nachmittags in den Turnverein, sie hatte auch ein paar gute Freunde, alles war in Ordnung. Aber eines Tages saß Liane morgens am Frühstückstisch und dachte: »Puh, jeden Tag dasselbe, immer Müsli zum Frühstück, dann in die Schule, Buchstaben und Zahlen lernen, anschließend im Turnverein auf der blauen Matte herumhampeln, Hausaufgaben, Abendbrot – puh!«
Irgendetwas sollte sich ändern in Lianes Leben. Und schon hatte sie die passende Idee: Sie wollte sich die Haare färben. Lila. Gedacht, getan. Sie lief zum Friseur in der kleinen Stadt und bat ihn um lila Farbe für ihre Haare. Doch der Friseur hatte keine Farbe mehr; alles ausverkauft.
»Tut mir Leid, Liane«, sagte der Friseur. »Die nächste Lieferung lila Haarfarbe kommt erst in zwei Wochen.«
So lang wollte sie auf keinen Fall warten, und sie lief gleich los in die nächste Stadt. Aber das war ein weiter, weiter Weg. Am Abend hatte Liane noch nicht einmal die Hälfte der Strecke geschafft und musste sich im Wald ein Plätzchen zum Schlafen suchen. Am Eingang einer großen Höhle legte sie sich in ihren Schlafsack. Ein bisschen gruselig fand sie die Stelle ja schon, aber Liane war so müde, dass sie sich nicht besonders darum kümmerte.
Kurz darauf – oder waren schon Stunden vergangen? – erwachte Liane, weil jemand schnarchte. Zunächst dachte sie schlaftrunken, das Geräusch käme wie üblich von ihrem Papa aus dem Zimmer nebenan. Aber dann bemerkte sie, dass es viel lauter klang als sonst – und sie war ja auch mitten im Wald, fiel ihr wieder ein. Vorsichtshalber packte sie ihre Sachen und wollte verschwinden, aber in der Eile stolperte sie und ließ eine Flasche fallen: Klirr! Schon verstummte das Schnarchen, und Liane hörte eine weibliche, sehr laute Stimme.

»Hallo?«, rief die Stimme, »wer ist da in meiner Höhle?«
Und bevor Liane weglaufen konnte, stand sie schon vor ihr: Lisa, die berüchtigte Riesin aus dem Hügelwald. Sie hatte schon oft von ihr gehört.
»Ich heiße Li-Li-Liane«, stotterte Liane ängstlich.
»Aha, Liane. Aber was machst du hier mitten in der Nacht?«, fragte die Riesin.
Und Liane erzählte ihr alles: dass sie sich die Haare färben wollte, und dass der Frisör keine Farbe mehr gehabt hatte, und dass sie jetzt unterwegs in die nächste Stadt war.
»Hmmm, ein weiter Weg«, sagte Lisa, die Riesin. »Ich könnte dich morgen früh hinbringen, denn ich kann viel schneller laufen als du, weil ich sehr lange Beine habe.«
»Ja, das wäre sehr gut«, sagte Liane erfreut.
»Aber du musst mir dafür auch einen Gefallen tun«, verlangte Lisa. »Du musst mir beibringen, wie man malt.«
Liane war einverstanden, und so machten sie sich am nächsten Morgen auf den Weg. Die Riesin nahm das Mädchen in die Hand und rannte blitzschnell in die nächste Stadt. Dort kaufte Liane gleich ihre lila Farbe und trug sie auch sofort auf die Haare auf. Mit dem Ergebnis war sie sehr zufrieden. So eine Haarfarbe hatte sonst niemand in ihrer Schule.
»Ich habe meinen Teil der Abmachung erfüllt«, sagte Lisa, die Riesin. »Jetzt bist du dran – los, bring mir das Malen bei.«
Tja, aber womit, fragte sich Liane. Es gab ja keine Buntstifte, die groß genug für so eine riesinnengroße Hand waren. Da hatte sie eine Idee. Ihre Haare waren ja noch nicht trocken – Lisa konnte ja einfach damit malen. Und so geschah es auch. Die Riesin nahm Liane in ihre Hand und malte mit ihren frisch gefärbten Haaren alle Häuser lila.
Seither heißt die Stadt Lilahausen.
Das also steckt hinter dem Satz »Lisa malt mit Liane alles lila

an«. Vielleicht. Es kann aber auch sein, dass Lisa und Liane einfach zwei Schulkinder sind und nebeneinander am Tisch sitzen und mit lila Buntstiften auf ein Arbeitsblatt malen. Na ja, in der ersten Klasse muss man noch nicht alles verstehen. Lustig wird's demnächst beim Buchstaben a, denn: »Da angeln acht Affen Ananas.«

Und die 1b macht in kürzester Zeit gigantische Fortschritte. Zum Beispiel das L wie Liebe (hihihi) und das M wie Frau Mußmann. Wir lernen, nach einem so genannten Tagesarbeitsplan ans Werk zu gehen. Das strukturiert unser Schaffen. Wir gestalten Schnellhefter mit gestempelten Vornamen drauf, schreiben schmunzelnde Einsen und Zweien. Mit Papier und Watte basteln wir auch Zweier-Schwäne. Das geht so: Erst eine große Zwei malen, dann ausschneiden. Auf blaues Papier (blaues Papier = Wasser) kleben. Oben einen Schnabel dran, unten den Wattebausch drauf, fertig. Ein Schwan.

Wir lernen, mit dem Computer umzugehen, und wir können Bildern schon die passenden Wörter zuordnen, wenn uns die Maus hilft. Ein Dutzend Buchstaben wird von uns im Handumdrehen verwurstet, und ein überraschend angesetzter Lesetest ergibt: Von elf möglichen Punkten erreichen wir im Durchschnitt zehn. Hohoho.

Aber keine Zeit, sich auf den Lorbeeren auszuruhen. Schon am nächsten Tag heißt es in der Schule wieder: Friiiische Buchstabeeeennn! Gerade eingetroffeeennn! Klasse 1b begrüßt in ihrer Runde: E, R und D.

Jakob hat kürzlich den europäischen Hausaufgaben-Fleiß-Rekord pulverisiert, als es galt, Wörter mit H zu notieren. Wie viele Wörter fand Jakob? 32! So viele Wörter mit H gibt's eigentlich gar nicht, sollte man meinen. Und doch: Jeder Begriff ergab einen Sinn. Starke Leistung. Wahrscheinlich wird Jakob später Leseminister oder zumindest Pisa-Beauftragter der Bundesregierung, lesekompetent, wie er nun mal ist. Das spornt an, etwa für das »Laufdiktat«, wenn es darum geht, Schilder mit Wörtern zu entdecken, die Frau Mußmann im Klassenzimmer und in der näheren Umgebung verteilt hat. Unsere Aufgabe: die Wörter in eine vernünftige Reihenfolge bringen. Es handelt sich um Schilder mit der Aufschrift »eine«, »Lisa«, »ist« und so weiter. »Aufstehen, rumlaufen, Wörter entdecken und aufschreiben«, gibt Frau Mußmann als Aufgabenpaket vor. Ein paar Wörter hängen direkt vor uns an der Wand. Wir könnten sie auch im Sitzen lesen. Aber Frau Mußmann hat gesagt: aufstehen. Also erheben wir uns, gucken möglichst auffällig und mit angestrengtem Blick an die Wand, entdecken mit der passenden Mimik ein Wort, setzen uns wieder und schreiben es auf. Dann nach draußen, weitere Begriffe jagen.

Gut, so ganz hundertprozentig vernünftig sind am Ende nicht alle unsere Sammlungen. Aber das liegt daran, dass die Lehrerin der Nachbarklasse ihre eigenen Wörter auf dem Flur verteilt hat. Die passen nicht so richtig zu unseren. Stellen Sie sich einmal vor, Sie haben den fast schon literaturpreiswürdigen Satz »Lisa ist eine« zusammengesammelt, warten nur noch auf den erlösenden Abschluss, um würdevoll, aber doch innerlich außer Rand und Band das Resultat hinauszukrähen, und dann entdecken Sie in der Bauecke auf dem Flur das Wort »Stefan«. Was soll das denn für einen Satz geben? Oder »Milch«. Oder noch was Blöderes.

Trotzdem: Was wir schon alles gelernt haben! Geheimsprache zum Beispiel. Hier – ganz unter uns – mal ein paar Geheimsymbole: Der Pilz ist das P. Esel: E. Und der Igel, unser alter Kumpel: I. Die kann man kombinieren, und dann werden geheime Wörter draus. Kapiert? Versuchen Sie es doch einfach selbst einmal: Pilz-Igel-Pilz-Igel. Hahaha. Geheimsprache.

Toni haben wir auch kennen gelernt. Er ist ein Affe. Seine Hose ist blau, seine Jacke gelb, sein Hut rot, und das alles wissen wir nur, weil wir es im Malbuch lesen können. Darin behaupten übrigens ein Fisch, ein Huhn und ein Zebra, ihr Fell habe Streifen. Zwei von ihnen schwindeln ganz offensichtlich. Genau wie der Hund, der uns weismachen will, er habe Flossen. Oder der Vogel, der uns mit den Worten angrinst: »Mein Rüssel ist lang.«
Weil die 1b inzwischen so toll lesen und schreiben kann, weiß sie selbstverständlich auch, wie das Wort Lott ... weitergehen muss, damit ein Frauenname dabei herauskommt.
Nico: »Ganz einfach – Lottofee!«

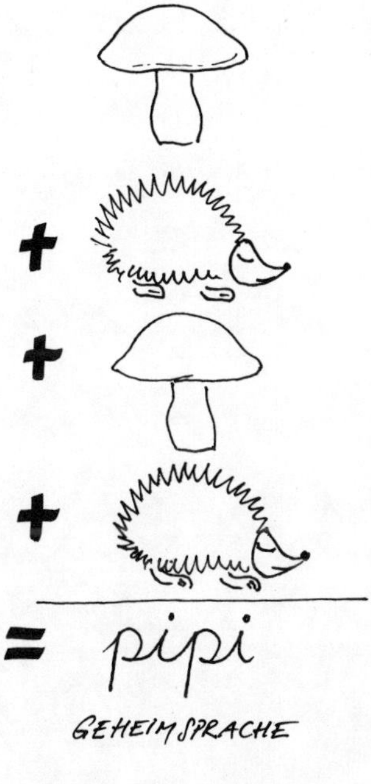

Frau Mußmann findet jedenfalls: »Ihr habt große Fortschritte gemacht – ich bin ganz begeistert von meinen Kindern.« Dazu David: »Sie sind aber auch eine tolle Lehrerin.«

Wer schreibt, der bleibt auch nicht sitzen. Gut, so richtig unglaublich viel haben wir bisher noch nicht geschrieben, aber ein paar Wörter müssen wir uns ja für das zweite Schuljahr aufheben. Und die anderen Kinder brauchen ja auch noch den einen oder anderen Buchstaben. Sonst heißt es wieder:
»Wo sind denn die ganzen Ypsilons hin?«
»Die hat alle die Klasse 1b weggeschrieben.«
Und das wollen wir ja schließlich nicht.

Glauben machen
Mein Gott – Religion!

Rechnen, Lesen, Schreiben: Das sind Dinge, die jede Erstklässlerin und jeder Erstklässler in einer anständigen Schule zu lernen wünscht. Oder sagen wir: Man macht's eben mit. Doch da ist noch etwas zwischen Himmel und Erde: Religion. Der Einstieg in dieses Thema ist eine Aufgabe, die von uns besonders viel Geist verlangt.

Tschuldigung, zurzeit sind wir alle ein bisschen durch den Wind. Muss an der immensen Arbeitsbelastung liegen, unsere Unaufmerksamkeit, sogar dem lieben Gott gegenüber, beziehungsweise seiner Mitarbeiterin Frau Bartsch. Das ist unsere Religionslehrerin.
Religion geht so: Alle Kinder legen den Kopf auf die Arme, auch der gelbe Bär namens Josip, den Megi zu ihrer persönlichen Sicherheit mitgebracht hat. Und Ruhe. Frau Bartsch will nichts mehr hören. Ein Moment der inneren Einkehr. Erwachsene würden vielleicht sagen: Kontemplation. Oder Chill-out. Leider ist es einer dieser Momente, in denen die ganze Klasse plötzlich husten muss. Also gut, in Gottes Namen: Alle mal husten, gestattet die Lehrerin.
Dann aber bitte wieder leise, unser Bauch geht langsam raus und rein, sagt Frau Bartsch, wie bei einem Igel, der unterm Heuhaufen sitzt und an die Sonne denkt. Wir Igel aus der 1b denken nicht so intensiv an die Sonne, eher an Digimons und an Klassenkameradenbeine, die man unterm Tisch treten

kann. Als die Köpfe wieder hochdürfen: kleiner Erfahrungsaustausch. Wie war das jetzt, wie haben wir sie empfunden, diese kleine Ruhephase? Haldun fand's voll geil, Lukas geht es auf Nachfrage gut, Svenja und Nico schlecht, Nenad super und Hrvoje supergenial. David ist angeblich eingeschlafen und muss von vier Mitschülern gerüttelt werden.

Anschließend liest Frau Bartsch die Geschichte von dem Jungen vor, der beteuert, er habe die Fahrradreifen vom Nachbarn nicht zerschnitten, aber der Papa sperrt ihn trotzdem ein, weil er ihm nicht glaubt. Eindeutige Indizien gibt es nicht. Was kann man da machen? Kristian findet Einsperren grundsätzlich nicht gut, Hrvoje erörtert Fluchtmöglichkeiten: »Der Junge kann eine Abkürzung nehmen.« David wendet ein, es sei überhaupt nicht bewiesen, dass der Sohn der Fahrradfrev-

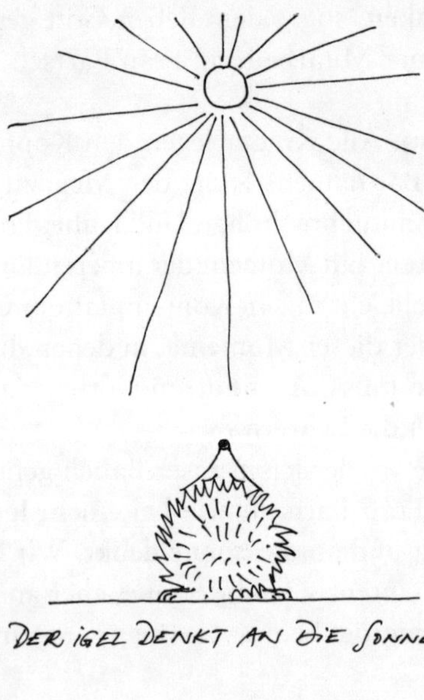

DER IGEL DENKT AN DIE SONNE

ler war. David ist nämlich ein sehr aufgeweckter Junge, nicht nur wenn er kurz zuvor angeblich eingeschlafen ist.
Um der Sache auf den Grund zu kommen, schlägt die Religionslehrerin vor, kleben wir ein Fahrrad ins Heft und malen einen Jungen dazu. Wir wissen zwar nicht so genau, was das bringen soll, aber bitte, wenn es zur Religion dazugehört – vielleicht hilft es uns ja auf die Sprünge. Zwischenfall bei Nico: »Mein Ratze ist tot!« Haldun kippt vom Stuhl (Übermut), Nenad fliegt raus (nicht zu bändigen), Adriana weint (will nach dem Unterricht nicht in den Schülerladen), Nico fällt beinahe in den Mülleimer (beim Bleistift-Anspitzen verunglückt).
Am Ende der Schulstunde möchte Frau Bartsch die Geschichte noch einmal vorlesen, damit wir unsere ersten Eindrücke vergleichen können mit den Erkenntnissen, die das Gespräch und das Fahrrad-ins-Heft-Kleben gebracht haben. Wer ist dafür? Kristian: »Ich nicht.« Lukas, Daniel und Tommy: »Ich ja.« Kristian: »Ich nicht!« Lukas, Daniel, Tommy: »Ich ja!« Kris: »Ich nicht!« Lu-Da-To: »Ich ja!« (30-mal wiederholen, Lautstärke langsam steigern.) Der Himmel wird voraussichtlich noch ein bisschen Arbeit mit uns Erstklässlern haben.
Einige Wochen nach der gelungenen Einführung ins Thema Gott empfiehlt sich zur Vertiefung der gewonnenen Erkenntnisse ein Besuch in dessen Haus. Also alle zusammen durch die Stadt in die Kirche marschieren. Die ganze Schwarzburgschule. 120 Millionen Kinder, darunter unsere kleine 1b-Abteilung, angeführt von Frau Mußmann. Dahinter immer Zwei und Zwei: Nico mit Eleni, Svenja mit Adriana, Doris mit Megi, Jörg mit Ken und so weiter. Am Ende unserer Prozession geht der Riesenerstklässler, diesmal gar mit Aufsichtsauftrag. Dass uns ja niemand auf dem Weg zum Herrn abhanden kommt. Von einer vorsorglichen Sperrung der Innenstadt für

motorisierte Fahrzeuge hat die Polizei abgesehen. Wir kommen trotzdem ganz gut voran – im Gegensatz zum Berufsverkehr. Die Autofahrer haben aber vollstes Verständnis für die Unterbrechung. Wir machen das ja schließlich nicht zum Spaß, sondern zu unserer religiösen Weiterbildung.

Einer fehlt allerdings: Hrvoje. Er hat einen gebrochenen Fuß. Das wirft ein schwieriges Problem auf – wie kommt er zum Gotteshaus? Laufen geht verletzungsbedingt nicht. Fliegen hat er im ersten Schuljahr noch nicht gelernt. Da sollten sich deutsche Bildungseinrichtungen mal ein Beispiel an Hogwarts nehmen, der Schule von Harry Potter. Besenfliegen von Anfang an. Aber das löst unser aktuelles Transportproblem nicht. Hrvojes Mutter hätte da einen hervorragenden Plan: Da ist ja noch der Kinderwagen, in dem ihr Sohnemann einst fuhr. Der könnte doch für den weiten Weg zur Kirche ...

Es bedarf vermutlich keines Kinderpsychologen, die strikte Abneigung zu beschreiben, die ein Erstklässler – also ein gerade endgültig erwachsen gewordener Mensch – dagegen entwickelt, vor den Augen seiner Mit-Erwachsenen aus der Schule in einem Kinderwagen (!) transportiert zu werden. Überhaupt keine Chance. Da könnte er ja gleich wieder den Schnuller nehmen. Also wird Plan B in die Tat umgesetzt: Morgendliche Anfahrt zur Kirche mit Papas Auto. Das geht in Ordnung; geringer Peinlichkeitsfaktor. Rückweg nach Hause dann unter erheblichen Sicherheitsvorkehrungen, sprich: Abschirmung gegen die Augen der Umwelt, in der Babykutsche.

Teil eins des Plans klappt wunderbar. Hrvoje sitzt bereits in der Kirche, als unsere Prozession eintrifft. Er hat sich auch schon ein wenig umgesehen. Ganz coole Atmosphäre hier. Und da sind einige Fragen aufgetaucht: »Wer ist der Mann?« Mann? »Der da an der Wand. Mit dem Kreuz.« Ach *der*

Mann – Jesus. Interessiertes Betrachten: Das also ist dieser berühmte Jesus. Auch die anderen Kinder wollen jetzt mehr wissen. Wie lang hängt der Mann schon da? Wie? Zwei-tausend Jah-re! Und warum? Was? Der wurde an dem Kreuz festgenagelt? Von wem? Sind das echte Nägel gewesen? Und vor allem: Tut das denn nicht furchtbar weh? Abgesehen davon: Was steht da Kleines daneben, diese Hütte mit den Tieren und den merkwürdig gekleideten Menschen? Aha, die so genannte Krippe. Darin also ist der Mann geboren worden, der da jetzt am Kreuz hängt.

Lebensgeschichten gibt's …

So nah liegen Freud und Leid eben manchmal beieinander: Hier die Krippe – da das Kreuz. Die 1b akzeptiert das als historische Wahrheit, interessiert sich aber nicht wirklich brennend für die Worte des freundlichen Pfarrers, sondern will jetzt singen: »Zumba Zumba« zum Beispiel, ein Lied aus Spanien, zu dem man nach raffiniertem Rhythmus in die Hände klatscht. Anschließend ein englisches Lied, und fertig, danke, tschüs Herr Jesus, bis zum nächsten Mal.

Aber wo ist Hrvoje? In der Kirche ist er nicht mehr. Wird wohl schon vorgegangen sein. Taxi rufen wahrscheinlich. Und religiös fortbilden. Eine Woche später berichtet er nämlich, er war zu Gast bei einer kirchlichen Zeremonie. Es ging sehr feierlich zu, und es gab etwas Interessantes zu lernen: »Wenn man in der dritten Klasse ist«, gibt Hrvoje bekannt, »dann kriegt man so ein kleines Plättchen von Gott so rein.« In den Mund. Aha, sagt Frau Mußmann. Oblate. Kommunion.

Mit dem Religionsunterricht verhält es sich wie mit der Farbe der Turnschuhe: reine Geschmackssache. Und so lange wir Schuhgröße 29 tragen, müssen wir wohl noch dran glauben, dass alles Gute von oben kommt.

Hereinspazieren
Die neue Umgebung – eine Einführung erster Klasse

Erwachsene haben in der Grundschule nichts zu suchen. Es sei denn, sie sind Lehrer, Hausmeister oder aus einer anderen Ursache vom Leben begünstigt. Viele Erwachsene glauben, sie hätten am Elternabend den Raum gesehen, in dem Sohn oder Tochter ihre Tage verbringen. Eine Illusion; Klassenlehrerinnen lernen solche Tricks schon im Grundstudium. Häufig gibt es Tränen, wenn Kinder ihren Eltern am Schultor ein Küsschen geben und sagen: »Ihr müsst leider draußen bleiben.« Zum Trost hier ein exklusiver Blick hinter die Kulissen.

Der Schulhof – Ort des Wandels

Stehen Papa und Mama morgens noch hinter dem Zaun und beobachten den eigenen Erstklässler auf dem Weg zum Unterricht, bietet sich ihnen ein Bild des Friedens und der Ordnung. Die jungen Beschäftigten grüßen ihre Kollegen freundlich, plaudern übers Wetter, erörtern die befremdliche Zunahme des Fluglärms und wirken konzentriert auf die bevorstehenden Herausforderungen. Sobald die Eltern um die Ecke sind, nehmen sie einander in den Schwitzkasten, werfen die Ranzen der Kleineren über den benachbarten Gartenzaun von Herrn Kniesebroich, dessen Grundstück von einem drei Zentner schweren »Hund« bewacht wird, und reden über den Horrorfilm, den sie letzte Nacht heimlich ferngesehen haben.

In den großen Pausen prügeln sie sich mit Hockeyschlägern, kicken Bälle gezielt auf vorbeifahrende Autos, bereiten sich mit spektakulären Stürzen auf die angestrebte Karriere als Stuntman vor und schreiben die Hausaufgaben von Klassenkameraden ab. Nach der Schule gehen sie gesetzten Schrittes und optimistischen Blicks aufs Schultor zu und sagen: »Hallo Mama. Normal. Darf ich gleich auf den Spielplatz? Nö, Hausaufgaben ham wir keine auf.«
Nur einer kann den natürlichen Gang der Dinge auf dem Schulhof durch seine bloße Erscheinung für einen Moment verändern: der Schulhausmeister, der bereits als Autoritätsperson auf die Welt kommt. Er ist kräftig gebaut, heißt Herr Zimmer und trägt einen Blaumann oder Herr Burkhard und braucht keine extra Dienstbekleidung. Alle gehorchen ihm aufs Wort. Merkwürdig – dabei gibt der gar keine Noten.

Das Treppenhaus – Ort der Flucht

Im Treppenhaus darf sich kein Grundschüler länger als unbedingt nötig aufhalten. Sonst kommt das Treppenhausmonster und frisst alles auf, was nicht schnell genug rennen kann. Jeder Erstklässler weiß darüber vom ersten Schultag an Bescheid, ohne dass es ihm jemand sagen müsste. Sobald es auf dem Schulhof zum Ende der Pause blinkt – oder klingelt oder dingdongt, das variiert von Schule zu Schule –, müssen sämtliche Kinder sofort ins Schulhaus rasen. Unverzüglich. Mit maximaler Geschwindigkeit. Alle auf einmal.
Schulhaustüren sind vom Hersteller so konzipiert, dass fast zwei Schulranzen nebeneinander hindurchpassen. Fast. Damit wird gewährleistet, dass jeden Morgen zum Unterrichtsbeginn die ersten beiden Schüler in der Eingangstür stecken

bleiben und dahinter 400 bis 900 Mädchen und Jungen lernen, wie man Druck auf andere Menschen ausübt. Nach einigen Sekunden Gedränge und Geschiebe explodiert die Schülerschaft ins Haus und rast die Treppen hinauf, zwei bis drei Stufen auf einmal nehmend, Mützen und Schals und einzelne Handschuhe verlierend. Dabei muss aus Leibeskräften geschrien werden – auch das gehört zum seit Jahrhunderten gesetzlich festgelegten Verhalten in Schultreppenhäusern.
Ganz wichtig am Schultreppenhaus ist das Schultreppenhausgeländer. Es muss besonders stabil sein. Nicht umsonst zählen Schultreppenhausgeländer – neben Weltraumstationen

und Ministersesseln – zu den bruchsichersten Dingen unserer Zeit. Schultreppenhausgeländer überstehen auch Wassertiefen von mehr als zehntausend Metern und den Wiedereintritt in die Erdatmosphäre unbeschadet. Anders geht es nicht. Denn morgens müssen Grundschüler sich und ihre tonnenschweren Rucksäcke die Treppe hochschleppen – da zieht man sich natürlich ächzend am Geländer hinauf. In den Pausen müssen sie in höllischem Tempo hinunter, schließlich ist das Treppenhausmonster hinter ihnen her – da kratzt man natürlich die Kurven und würde unweigerlich aus selbigen getragen (Fliehkraft), gäbe es kein verlässliches Geländer. Und am Ende eines harten Schultages ist Erstklässern kein überflüssiger Schritt mehr zuzumuten – da bewegt man sich natürlich rutschend abwärts. Auf dem Treppenhausgeländer. Wo sonst?
Morgens geht es aber grundsätzlich erst einmal bergauf durchs Treppenhaus. Oben angekommen, müssen sich alle direkt vor die Klassenzimmertür stellen und raufen.

Das Klassenzimmer – Ort des Geschehens

Klassenzimmertüren gehen grundsätzlich nach außen auf. Das hat zwei plausible Gründe. Erstens soll der Lehrerin damit die Möglichkeit genommen werden, die Tür zu öffnen, denn es stehen ja immer mindestens 20 Kinder davor, die gerade dem Treppenhausmonster entkommen und folglich zu sehr aus der Puste sind, um sich auch nur einen Zentimeter zu bewegen. Zweitens sind sie gut gegen abstehende Ohren. Schließlich pflegen Schulkinder die alte Tradition, Klassenzimmertüren mit aller Kraft aufzustoßen, wenn sie den Raum verlassen. Meistens geht dann gerade ein anderes Kind drau-

ßen vor der Tür vorbei. Klassenzimmertürklinken sind serienmäßig auf Grundschüler-Ohrhöhe angebracht. In der Schwarzburgschule ist Frau Mußmann deshalb dazu übergegangen, morgens schon vor dem Blinken als Erste ins Zimmer zu kommen und die Tür während des Unterrichts offen zu lassen. Solange sie bei uns ist, traut sich das Treppenhausmonster nicht rein.
Im Inneren des Klassenzimmers stehen so genannte Möbel. Das muss besonders den Erwachsenen präzise geschildert werden, denn Grundschul-Klassenzimmermöbel kann man vom zwölften Lebensjahr an nicht mehr sehen. Sie werden von Uhrmachern angefertigt, die im Nebenberuf als Klassenzimmermöbelschreiner arbeiten – nur sie haben Werkzeug, das klein genug ist. Versucht ein Erwachsener, sich auf einen Erstklässlerstuhl zu setzen (ein Erstklässler muss ihm sagen, wo der Stuhl steht), dann wird er das Gefühl haben, er sitze auf einem besonders unbequemen Stück Fußboden. Auch das Märchen von der Prinzessin auf der Erbse ist so entstanden: Jemand, vermutlich ein Grundschüler, hat der Prinzessin einen Erstklässlerstuhl unter die Matratze gelegt, und die Prinzessin beschlich irgendwie das Gefühl, da sei etwas Störendes; sie konnte aber nichts entdecken. Später wurde zum besseren Verständnis eine Erbse draus gemacht, als die Menschen das Märchen weitererzählten. Das war auch ganz sinnvoll, denn unter einem Erstklässlerstuhl konnte sich ja kein Erwachsener etwas vorstellen. Da musste man schon eine Erbse nehmen, also einen Gegenstand, der wenigstens so groß ist, dass man ihn sehen kann.
Wichtig im Klassenzimmer ist auch die Tafel. An ihr halten nicht nur Kreidestriche, sondern auch Magnetplättchen. Rechts oben auf der Tafel steht immer das aktuelle Datum. Die Tafel ist so aufgehängt, dass Lehrerinnen bequem dran-

kommen, Erstklässler aber nicht. Das ist eine existenzsichernde Maßnahme der Bundesregierung für die Berufssparte der Holzschemelhersteller. Selbst unter Zuhilfenahme eines Holzschemels muss sich der Erstklässler immer noch extrem strecken, um ein Wort oder eine Zahl an die Tafel zu schreiben. Daher wachsen Kinder in der Grundschulphase sehr stark. Eine weitere existenzsichernde Maßnahme. Für die Textilindustrie.

In eine Wand des Klassenzimmers sind üblicherweise Fenster eingelassen. Sie erlauben es Schülern in heiklen Augenblicken (Lehrerin: »Wie viel ist sieben mal acht?«), ein weitaus wichtigeres Thema anzuschneiden (»Es regnet!«, »Es schneit!«, »Es hagelt!«, »Da ist Spiderman!«). Befindet sich das Klassenzimmer, wie im Fall der 1b, im dritten Stockwerk, dann lassen sich auch Phänomene wie der Einbau eines Dachfensters in der Nachbarschaft sehr gut beobachten. Da verblasst freilich der interessanteste Unterrichtsstoff, wenn der Dacharbeiter draußen schon vor der großen Pause sein drittes Bier leert, während er auf einem Holzbrett sitzt, das augenscheinlich mit aneinander geknoteten Schnürsenkeln am Schornstein befestigt ist.

Bestandteil des Klassenzimmers ist ferner die Garderobe. Ihre Handhabung fällt morgens relativ leicht: Jeder hängt seinen eigenen Mantel oder seine Jacke dran. Mittags wird's schwieriger – da bleibt dann manch Kleidungsstück hängen, und tags darauf kann sich kein kleiner Mensch mehr erinnern, das gute Stück jemals besessen zu haben. Oder jemand greift zum falschen Mäntelchen, was eine unentwirrbare Verkettung unklarer Besitzverhältnisse nach sich zieht. Es soll schon vorgekommen sein, dass Eltern zur Identifizierung von Schülerjacken ins Klassenzimmer (!) gebeten wurden. Selbstverständlich mit verbundenen Augen.

Und schließlich: Was wäre ein Klassenzimmer ohne den Fußboden? Er ist Sammelpunkt verschiedener Hilfsmittel, die unerklärlicherweise während der Schulstunde vom Tisch verschwinden. »Wo ist meine Blau?«, fragen täglich tausende Erstklässler bei der künstlerischen Gestaltung eines Himmels oder einer Nordsee auf einem Blatt Papier. Die umfangreiche Suchaktion ergibt: Beim Tischnachbarn ist die Blau nicht, an der Zimmerdecke fliegt sie auch nicht, der Dacharbeiter gegenüber ist zwar blau, hat allerdings keinen solchen Filzstift in der Hand. Aber auf dem Boden, sieh mal einer an, da liegt sie ja, die Blau. Und daneben liegt ja der gute, alte Ratzefummel. Und da! Das seit Stunden vermisste rechte Hinterrad des Spielzeugautos, um das es in der Pause eine annähernd militärische Auseinandersetzung mit dem vorübergehend ehemaligen Kumpel gab.
Auf dem Boden findet man auch regelmäßig Klassenkameraden, die ihre Fertigkeiten in der Disziplin Stuhlschaukeln überschätzt haben. Feine Sache, so ein Klassenzimmerfußboden. Was täten wir ohne ihn?

Die Turnhalle – Ort des Ausgleichs

Sicher, Pisa ist überall, besonders in aller Munde. Aber erinnern wir uns doch an die Schreckensnachrichten in der Vor-Pisa-Ära: Da ging es noch nicht in erster Linie darum, dass wir Schülerinnen und Schüler schlecht rechnen und lesen und verstehen. Nein, da war der größte Vorwurf, den man seinem Nachwuchs machen konnte: Ihr seid ja schon genauso faul wie wir Erwachsenen – hängt den ganzen Tag vorm Fernseher und vorm Computer rum. Da belegten Studien, dass moderne Erstklässler sich ungefähr so viel bewegen wie die eurasische

Kontinentalplatte und in puncto motorische Fertigkeiten so ähnliche Werte erreichen wie eine Portion Pommes. Ganz im Gegensatz zu ihren Eltern, die als Kinder noch täglich 32 Stunden Straßenfußball spielten, ehe sie durch eine chronische Hautunreinheit am linken Ohrläppchen gezwungen wurden, den Rest ihres Lebens im Sitzen zu verbringen.

Zur Stärkung der allgemeinen Fitness gibt es also die Turnhalle. Da gleichen wir unser Bewegungsdefizit aus. Da rennen wir rum, springen, klettern und legen den Grundstein für eine Karriere als Weltmeister, in welcher Disziplin auch immer. Manche werden in der Turnhalle den unwiderlegbaren Beweis dafür finden, dass ihre Stärken vermutlich im Schachspiel liegen oder beim Sportangeln. Na also – da hätten wir's ja schon.

In der Turnhalle gibt es den Geräteraum. Da werden Keulen aufbewahrt, gepolsterte Bänke, tonnenschwere Medizinbälle, in denen keine Medizin ist. Und blaue Matten, die kein Mensch auch nur einen Zentimeter fortbewegen kann und die den Aufprall auf den Turnhallenboden dämpfen, wenn man beispielsweise einen dreifachen Salto mit doppelter Schraube hingelegt hat. Natürlich hat noch nie ein Grundschüler einen dreifachen Salto mit doppelter Schraube hingelegt. Aber einen Purzelbaum schaffen manche. Und wenn die Turnlehrerin dann sagt: »Gut gemacht«, dann laufen sie mit einer Körperhaltung und einem Gesichtsausdruck weg, als hätten sie gerade einen dreifachen Salto mit doppelter Schraube hingelegt.

Ganz oben an der Decke der Turnhalle hängen außerdem zwei Ringe aus Holz an zwei Seilen. Keine Ahnung, wozu die gut sind. Wahrscheinlich ohne Funktion. Genau wie die Duschen in den Turnhallenumkleideräumen. Haben Sie jemals einen Erstklässler freiwillig duschen gesehen? Die meisten

Erstklässler gehen ohnehin ungern in die Umkleideräume, weil immer nach ihnen die Zweitklässler Turnunterricht haben und von außen die Umkleideraumtüren zuhalten. Jede Woche aufs Neue. Ein Kindheitstrauma. Aber keines, das lange nachwirkt. Im nächsten Jahr sind die Erstklässler nämlich selbst Zweitklässler und haben in der Stunde nach den Erstklässlern Turnen. Da gleicht sich so manches wieder aus.
Abgesehen davon dient die Turnhalle in den meisten Schulen als Standort der Einschulungszeremonie für die neuen Erstklässler. Da dürfen die Eltern ausnahmsweise mit rein. Und hinterher können sie jedem aufrichtig widersprechen, der behauptet, sie hätten zum letzten Mal vor 17 Jahren eine Sportstätte von innen gesehen.

Das Krankenzimmer – Ort der Legenden

Wie es im Krankenzimmer aussieht und was dort passiert, wird nie mit letzter Sicherheit zu ergründen sein. Denn es gibt nur zwei Gruppen von Grundschülern: Die einen müssen glücklicherweise nie ins Krankenzimmer und können daher nicht wissen, was drinnen vor sich geht. Die anderen waren drin und erzählen Geschichten, die sich irgendwie nicht so richtig plausibel anhören.
Da ist etwa die Zweitklässlerin Maria, die morgens nach dem Blinken im Treppenhaus stürzte (merkwürdig, wie konnte das denn passieren?) und sich dabei eine grauenhafte Hautabschürfung zuzog. Es soll sogar beinahe ein bisschen geblutet haben. Klarer Fall fürs Krankenzimmer. Dort, berichtet Maria, warteten fünf Ärzte in weißen Kitteln mit solchen Spritzen (ausladende Armbewegung; Länge einer noch fabrikneuen Packung Toastbrot). Nach den fünf Spritzen

musste sie operiert werden. Die Ärzte sägten mit solchen Sägen (zwei Toastbrote) ihren Arm ab und nähten ihn hinterher mit solchen Nadeln (zwei Toastbrote und ein Bauernbrot) wieder dran. Das alles weiß Maria nur, weil bei ihr die Narkose nicht wirkte. Sie konnte aber während der Operation nichts sagen, weil einer der fünf Ärzte ihren Mund mit einem Saugnapf zuhielt.
Die Mitschüler starren Maria fassungslos an. Was für Qualen! Und in so kurzer Zeit! Sie ist ja nur fünf Minuten nach den anderen zum Unterricht erschienen.
Alles erfunden, sage ich Ihnen. Aber wenn Sie wirklich wissen wollen, was hinter der Tür zum Krankenzimmer geschieht – also ich bin einmal auf dem Schulhof umgeknickt, und da haben sie meinen Knöchel in einen sooooo großen Schraubstock, und dann …

Das Sekretariat – Ort der unerfüllten Wünsche

Jeder Grundschüler muss einmal ins Schulsekretariat. Es gibt viele Anlässe dafür. Zum Beispiel möchte der Grundschüler seine Akte einsehen; das ist sein verfassungsmäßig festgelegtes Recht. Glaubt er. Oder er will sofort die Direktorin sprechen, weil ihm jemand den Ball weggenommen hat. Oder er möchte eine andere Lehrerin verlangen, weil seine ihn nicht versteht. Sobald er das Sekretariat betreten hat, wird er allerdings sehen, dass er nichts sieht. Vor ihm steht eine Empfangstheke, die ihn um einen halben Meter überragt. Rufen nützt auch nichts – die Schulsekretärin telefoniert nämlich grundsätzlich und immer. Also geht der Grundschüler wieder hinaus und kehrt nie zurück. Wenn er groß genug ist, um über die Theke zu lugen, ist er kein Grundschüler mehr.

Das Lehrerzimmer – Ort der Tugend und der Solidarität

Lehrer rauchen nicht. Lehrer streiten nicht. Lehrer gönnen einander öffentliche Aufmerksamkeit. Bitte? Das glauben Sie nicht? Aber woher wollen Sie das wissen? Ins Lehrerzimmer darf schließlich wirklich niemand hinein. Noch nicht einmal wir Erstklässler.

Aber wir haben natürlich eine realistische Vorstellung davon, was im Lehrerzimmer vermutlich passiert. Ganz früh morgens wursteln sich die Lehrerinnen und Lehrer aus ihren Schlafsäcken, die im Lehrerzimmer liegen, und setzen sich gemeinsam an einen langen Tisch. Obwohl: Lehrer gibt es ja gar nicht. Eigentlich gibt es nur Lehrerinnen. Jedenfalls in der Grundschule. An dem langen Tisch sprechen sie dann über uns Erstklässler – und ausschließlich über uns Erstklässler. Lehrerinnen sind nämlich nur für uns auf der Welt.

Danach warten sie auf uns, und wenn wir da sind, schließen sie die Klassenzimmertür auf und bringen uns was bei. Wenn wir wieder weg sind, gehen die Lehrerinnen zurück ins Lehrerinnenzimmer und reden weiter über Erstklässler. Dann essen sie an dem langen Tisch zu Abend und überlegen, was sie uns morgen beibringen können. Anschließend legen sie sich wieder in ihre Schlafsäcke und träumen. Raten Sie mal, von wem.

Innehalten
Freiheit und was man damit anfängt

Bei all den verständlichen Anforderungen an einen jungen Erstklässler – das Wichtigste an der Schule sind ja wohl Ferien und sonstige Vergnügungen abseits des Unterrichts. Die wollen gut vorbereitet sein, etwa mit der Wahl des passenden Reiseziels, aber auch mit einem kleinen Klassenausflug. Das ist ja fast so ähnlich wie Ferien.

Zunächst einmal: Herbstferien. Die allerersten Herbstferien, die es je gab. Ausgezeichnet, denn so eine Schule muss sich ja auch einmal erholen. Aber auch ein bisschen traurig, weil nach den Ferien Hakima nicht mehr da sein wird. Sie zieht um und geht dann ganz woanders in die Schule. Zum Abschied erzählt Hakima dem kleinen und dem großen Thomas, die beide nicht da waren, wie der Klassenausflug zum Erntedankmarkt war.
Hakima: »Gut.«
Und günstig, denn es gab alles umsonst. Popcorn, Milch, Pellkartoffeln, Sonnenschein, Äpfel, Kindertheater – alles gratis. Hakima hatte überhaupt keine Gelegenheit, ihr Geld auszugeben. Außerdem gab es zwei Kühe mit Hörnern, hessische Lamas, die nicht spucken (also Lamas mit Manieren, ergänzt David), und Schafe, die geschoren wurden (und dabei blöd rochen, präzisiert Aljoscha).
Ken wäre unheimlich gern Traktor gefahren, aber dafür, belehrt ihn Hrvoje, »dafür musst du ein Opa sein«. Bis dahin ist noch ein bisschen Zeit.

»Wie werde ich euch nach den Herbstferien antreffen?«, fragt Frau Mußmann uns, die wir fortwährend an unseren Zähnen wackeln: »Dann habt ihr alle keine Zähne mehr.« Also vielleicht doch Opas? Warten wir's ab.

Die Ferien ziehen ins Land, die Kinder kehren zurück, und sie sind immer noch Kinder. Keine Opas dabei. Nur einer, aber der auch nur annähernd.

Jung geblieben ist jedenfalls Hrvoje. Was hat er in den Ferien gemacht? »Wir haben Bowling gespielt. Ich war zweimal Letzter und zweimal Vierter. Dann sind wir in den Wald gegangen, da war so ein Drehteil. Wer runterfällt, hat verloren. Ich hab einmal verloren. Ein Freund von mir fällt die ganze Zeit runter. Und dann sind wir ...«

Hrvoje hat nämlich, wenn er frisch vom Frisör kommt, immer die kürzesten Haare in der Klasse. Aber er hat auch die mit Abstand längsten Geschichten zu erzählen. Sogar wenn er nicht frisch vom Frisör kommt. Wenn wir ihn lassen, erzählt er uns die kompletten Herbstferien und braucht dafür genau so lang, wie die Herbstferien waren. Außerdem kann er das R rrrollen wie sonst niemand von uns.

Wir wollen aber auch noch andere Ferienberichte hören.

David: »Ich bin zu meinem Opa gefahren, da ist so ein Freizeitpark mit Sommerrodelbahn und so ein Boot, da wird man hochgezogen, dann zischt man ab und dann spritzt es. Und: Zicklein gestreichelt.«

Megi: »Ich war da auch!«

Frau Mußmann: »Das hört sich ganz nach Lochmühle an.« Das ist ein Vergnügungspark im Taunus, mitten im Grünen. Sehr beliebt. Besonders bei Erstklässlern.

Megi: »Genau. Da kann man vorwärts und rückwärts drehen. Ich war mit meinem Cousin da, der hat immer vorwärts gedrückt, das war voll geil.«

David: »Da ist so ein Knüppel, den kann man in so Löcher machen, und dann kann man so vorwärts drücken.«
Nico: »Mein Papa hatte in den Ferien Geburtstag, aber ich weiß leider nicht, wie alt er geworden ist. Und ich hab eine Ziege gefüttert, und die hat dann den Karton weggeworfen.«
Umweltbewusste Ziege.
Lukas war mit seinem Zwillingsbruder Leo aus der Parallelklasse im so genannten Schlangenwald (der heißt Schlangenwald, weil die beiden tapferen Brüder da schon mal eine Blindschleiche gesehen haben, aber Papa wollte nicht, dass sie sie einfangen – noch nicht), und diesmal: »Haben wir fast einen toten Käfer gesehen«, beziehungsweise einen fast toten Käfer, »und der hat geglänzt.«
Jakob bestieg mit der ganzen Familie, Mann und Maus, zwei österreichische Berge. Haldun machte manchmal Hausaufgaben (in den Ferien!) und besuchte den Onkel, der so schnell rennen kann wie ein gelber Ferrari. Na ja, da hat er im Urlaub wohl drüber nachgedacht und ist zu der Erkenntnis gekommen: zumindest so schnell wie ein Fahrrad. Wahrscheinlich ein gelbes Fahrrad. Svenja hat im Kronberger Opel-Zoo Giraffen gesehen und Affen, Adriana erforschte Burg Falkenstein, Jörg sammelte im Wald Pilze. Was hat Nenad gemacht?
Nenad: »Nix.«
Frau Mußmann: »Überhaupt nix?«
Nenad: »Gar nix.«
Frau Mußmann: »Nicht weggefahren?«
Nenad: »Nix.«
Frau Mußmann: »Noch nicht mal mit dem Fahrrad gefahren?«
Nenad: »Doch, das schon.«
Frau Mußmann: »Und sonst noch was?«
Nenad: »Treppen gestiegen.«

Frau Mußmann: »Aha. Und was noch?«
Nenad: »Und Feuer gemacht.«
Frau Mußmann: »Wo denn?«
Nenad: »In Jugoslawien.«
Frau Mußmann: »Ach, du bist doch weggefahren.«
Nenad: »Ja.«
Frau Mußmann: »Und was hast du sonst noch erlebt?«
Nenad: »Nix.«
Frau Mußmann war ihrerseits in Spanien. Sie hat jedem eine Muschel mitgebracht, und wenn wir Schwarzburgschulenkinder ganz leise sind, dann rauscht darin das Meer.
Das waren die Herbstferien. Was kommt danach? Weihnachtsferien – schneller, als man denkt. Zack, sind sie alle schon wieder weg. Aber wo sind sie alle?
Aljoscha lernt Ski fahren: »Da mach ich einen Schneemann und eine Schneeballschlacht«, hat er angekündigt. Lukas zog es in die Schweiz. David war auch schon dort und hat festgestellt: »Es gibt da einen ganz schönen Zoo.« In der Schweiz. David selbst ist diesmal in Wächtersbach bei Opa, Oma, einem Baumhaus und einem ganz großen Vogelhaus.
Kristian wäre gern nach Kroatien gefahren, in die Stadt Osijek, wo seine Cousine wohnt. Ging aber nicht, denn die Oma muss in Frankfurt bleiben und arbeiten, und bei der Oma wohnt Kristian. Auch Haldun hatte vor dem geplanten Fahrtbeginn wenig Hoffnung auf eine Ferienreise. »Wir können nicht in die Türkei, weil da so viel Schnee liegt«, befürchtete er. Die Lage vor Ort ist ernst: »Mein Uraltopa kann nur mit dem Traktor fahren.« Wegen der Schneemassen. »Da fahren der Uraltopa und die Uraltoma mit dem Traktor in die nächste Stadt.« Obwohl: »Der Uraltopa ist schon tot«, fällt Haldun ein. Daher: »Der Cousin fährt mit der Oma zum Einkaufen in die nächste Stadt.« So stimmt's wieder. Und Halduns

Onkel, der schnelle Renner, hat gegen den Traktor sicher leichtes Spiel. Falls der Traktor gelb ist. Überhaupt findet Haldun die Türkei ausgezeichnet: »Wenn man eine Fünf kriegt«, in der türkischen Schule nämlich, »ist es eine Eins.«
Ken fährt – nein, noch nicht nach Hongkong, aber zu seiner Oma nach Marburg. Das ist ja auch nicht schlecht. Und Ken denkt an Frau Mußmann: Gut für sie, dass Ferien sind, findet er, »da haben sie auch mal eine Weile Ruhe«.
Wo ist Hrvoje? In Kroatien bei den Großeltern. »Ich hab da Freunde«, sagte er bei der Abreise aus Frankfurt, »und ich darf rausgehen zum Spielen, ohne vorher zu fragen.«
Auch Nenad ist gen Südosten gefahren, nach Jugoslawien. Sein Abschied in die Ferien war herzlich, aber herb:
»Wir werden uns wiedersehen. Irgendwann.«
Na, hoffen wir das Beste. Und es dauert nicht lang, da heißt es in der Schwarzburgschule schon wieder: Ende der Winterferien – verehrtes Publikum: die Rückkehr der Ferienritter. Mit derben Stiefeln schleppen sie sich in den dritten Stock hinauf, die dicken Gewänder, die sie gegen die unmenschlichen Temperaturen feien, reiben geräuschvoll aneinander. Der ganze Flur ist voller 1b. Sind es mehr geworden? Nein – als sie die Jacken ausziehen, passen sie wie durch ein Wunder alle in den Klassenraum. Ihre schweren Taschen, gefüllt mit überlebenswichtigen Utensilien, werfen sie ächzend von sich. Es ist die Ankunft in der Gipfelstation. Jetzt kann es wieder losgehen. Jetzt wird wieder in die Hände gespuckt.
Na, so mancher kleine Jäger hat aber eine Menge Süßigkeiten erlegt in den Weihnachtsferien, wie? Ganz schön rund geworden, die Gesichtchen. Hrvojes ehemals gebrochener Fuß ist vom Gipse befreit, war danach noch »ein bisschen krank«, der Fuß, aber genas zügig. Gesunder Körper, gesunder Geist – Hrvoje kann klar erkennen: »Unser Sitzkreis«, in dem die 1b

sich morgens die neuesten Sensationen erzählt, »sieht aus wie ein Ei.« Jakob, der Teufelskerl, beweist, dass er trotz Ferien das Plakat »Lesen schafft ungewöhnliche Freunde« einwandfrei lesen kann. Und seine neuen Freunde? Zeigt er stolz in der eiernden Runde herum: Briefmarken. Im Album. »Von meinem Opi.«

Denn Jakob sammelt Briefmarken für seinen Opi an der Bergstraße, und der Opi sammelt seinerseits für Jakob. Ungewöhnliche sind auch dabei.

Nenad, der irgendwann aus Jugoslawien zurückkehren wollte, ist diesmal gar nicht erst nach Jugoslawien gefahren. Da hätte es zwar mehr Schnee gegeben, resümiert er, »aber weniger Geschenke«. Und sicher keine ferngesteuerte Cyber-Spinne, wie er jetzt eine besitzt.

Nun aber – Trommelwirbel – zum Superhelden der Weihnachtsferien: Lukas! Hat zu Hause endlich die lang ersehnte echte Schlange! Mit Zustimmung und Unterstützung vom Papa gejagt. Lukas füttert sie mit Nahrung, die er draußen im finstren Wald besiegt, ganz allein im Kampf Mann gegen Käfer. Aber demnächst bringt er die Schlange wieder zurück in die Freiheit, denn da gehört sie hin. Außerdem ist in Lukas' Zimmer eine Ufo-Lampe gelandet. Die ist so hell, erzählt er, dass er die Augen zumachen muss, wenn er die Lampe einschaltet. Jetzt überlegt Lukas, ob das einen Sinn hat.

Denn wir Schwarzburgschulenkinder, wir sind helle.

Die vorletzten Ferien im Schuljahr gibt es zu Ostern. Und wissen Sie, wo Svenja in den Osterferien war? Tjaaaa … – in Ägypten! Das war vielleicht eine tolle Sache. Ägypten, das ist das Land, erläutert David, wo alle Leute so lustig schräg mit angewinkelten Armen herumlaufen. Er macht's vor: »Svenja – Ägypten!« (Schräg rumlauf)

Ägypten, das ist außerdem so weit weg, dass man mit dem

Flugzeug fliegen muss. Und es gab sogar eine Wüste. Aber wie kam man da rein, in die Wüste?, will die ganze 1b wissen.
Svenja: »Mit dem Bus.«
Ken (gleichzeitig): »Kamel?«
Aljoscha und David (im Chor): »Kamelbus!«
Allgemeine Erheiterung.
Neinnein, sagt Svenja und strahlt, weil Svenja überhaupt immer strahlt: Mit einem ganz normalen Kleinbus ging's in die ägyptische Wüste. Kein Kamelbus.
»Mit dem Bus fahren ist schlecht«, muss Tommy bei der Gelegenheit warnen, »weil, da ist auch Treibsand.« Schon, räumt Svenja ein: »Aber die Busfahrer hatten Erfahrung.« Auf einem Kamel ist sie übrigens auch geritten.

Hrvoje: »Und warst du auch in den Paramiten drin?«
Das sind diese spitzen Bauwerke in Ägypten. Leider nein, strahlt Svenja. »Aber ich hab eine Fata Morgana gesehen.« Was für eine Fata Morgana?
Svenja: »So Wasser.«
Ziemlich spannend. Nico war aber auch fein im Urlaub: »In der Schweiz. Da gab es so schöne Berge mit Liften.« Allerdings konnte sich Nicos Schwester an einem Tag nicht bewegen. Sie musste mit dem Motorschlitten abgeholt werden.
Frau Mußmann: »Aber wie konnte das denn passieren?«
Aljoscha kennt das Problem: »Das gibt's. Manchmal können sich Leute auch beim Schwimmen nicht mehr bewegen.« Ging aber dann doch noch alles gut bei Nicos Schwester. Und auch bei Haldun. Er verbrachte die Ferien mit einem Roboter, der sprechen kann.

Haldun: »Wenn man auf den Knopf drückt, dann sagt der Roboter das.«
Frau Mußmann: »Was sagt er?«
Haldun: »Der sagt aber auch nix.«
Die Klasse beschließt, dass Haldun den Roboter unbedingt einmal mitbringen soll.
Fast wie Ferien ist die Fastnachtszeit. Wir wissen ja nicht, was Sie da so anstellen – bei uns ist jedenfalls tüchtig was los. David zum Beispiel hat samstags zwei Euro verdient – und am Sonntag fast neun! Einfach so, als er mit seinem Kumpel Yves an der Ampel herumstand. Wie heißt das? »Faschingszeug«, sagt Hrvoje hilfsbereit: »Das ist, wenn die Autos manchmal so fährn.« Gnjaa, nicht ganz. Faschings*zoll* heißt es, und Frau Mußmann mag's nicht. Wieso?
Megi: »Teuer.«
Kristian: »Zu viele Bomben.«
David: »Die Leute hupen, wenn man an der Ampel nicht schnell genug losfährt.«
Stimmt schon alles, aber das ist es nicht, was die Lehrerin am meisten stört.
Frau Mußmann: »Ich finde das gefährlich, wenn die Kinder auf der Straße zwischen den Autos rumlaufen.«
Hmm – mag sein, drücken die 1b-Mienen aus. Aber irgendwo muss man sein Geld ja schließlich verdienen.
Svenja tauchte als Schneewittchen beim Fastnachtszug auf. Lukas war Mika Häkkinen.
Kristian: »Was ist das?«
Ein Mika Häkkinen ist ein Autorennfahrer. Oder er war ein Autorennfahrer. Meistens jedenfalls. Oft war er ja nur ein Werbeschauspieler. Aljoscha war ein Monster und sammelte (große Handbewegung) »so viele Bonbons« beim Fastnachtszug.
David: »Aber vor der Schule hast du noch gesagt (kleinere

Handbewegung): so viele.« Aljoscha: »Nein, (fulminante Handbewegung) soo viele.«
Kristian: »Diese Pferde haben da Kacke gemacht.« Beim Fastnachtszug.
Frau Mußmann: »Pferdeäppel.«
Kristian: »Ja, und dann haben die Männer mit ihren Besen die Kacke ...«
Frau Mußmann: »... die Pferdeäppel ...«
Kristian: »... weggefegt, damit die Bonbons nicht in die ... – damit die nicht da reinfliegen.«
Bei derselben Veranstaltung trafen sich zufällig Hrvoje und Nenad – beide als Polizisten verkleidet! So ein unglaublicher Zufall. Ken hingegen traf kein Double, denn Ken ging als Ken, und den gibt's nur einmal.
Duff-däääa!
Und am Aschermittwoch waren wir Schwarzburgschulenkinder wieder normal.
Bleibt noch das Megaereignis außerhalb der Schulmauern: die Geburtstagsparty. Früher funktionierte sie so: Zwei Wochen überlegen, wer lieb ist und wer doof. Dann der Mutter eine Einladungsliste mit 270 Namen vorlegen und eine weitere Liste mit den gewünschten Programmpunkten fürs Fest.
Programmpunkt Essen und Trinken: Hähnchen mit Pommes frites, Cola, Hamburger, Pizza, Cola, Kekse, Erdbeereis, Cola. Ach ja: und Cola.
Programmpunkt Unterhaltung: Zirkus, Kino, Fußballstadion, Schwimmbad, Spielplatz, nochmal Kino, Dinosaurier-Abteilung im Senckenberg-Museum, Flughafen, Fernsehturm, Disneyland, Raketenstart am Cape Canaveral.
Am nächsten Tag gab es von der Mutter eine Einladungsliste mit zehn Namen zurück. Auch das Programm war ein wenig zusammengeschrumpft.

Programmpunkt Essen: Eierpfannkuchen.
Programmpunkt Unterhaltung: Quiz im Kinderzimmer.
Dazu wurde eine kleine Auswahl praktischer Dinge aus Plastik angeschafft (Bleistiftspitzer in Fußballform, Flummis, kleine Figuren, die aus eigener Kraft laufen können, wenn man die Schnur mit Gewicht über die Tischkante hängen lässt). Wer eine Quizfrage richtig beantwortete, durfte in eine Schüssel greifen, die mit einem Küchenhandtuch abgedeckt war und all die kleinen Trophäen enthielt. Die Begeisterung der Gäste hielt sich in Grenzen. Der Grund wurde zwei Wochen später klar, als Berichte von der Geburtstagsparty des Klassenkameraden die Runde machten. Bei ihm gab es Hamburger. Und Pommes. Und einen Ausflug ins Schwimmbad.
Aber das war früher. Heute wird anders Geburtstag gefeiert. Hier stellvertretend ein Bericht über Jakobs Fest. Dazu muss man wissen: Wie die kleine Einheit in jeder anständigen Wertegemeinschaft das große Ganze spiegelt, so ist die 1b naturgemäß Abbild der Gesellschaft in diesem unserem Lande. Wenn wir das zugrunde legen, ergibt sich fast zwangsläufig, dass Jakob eine Art Richard von Weizsäcker in der Klasse verkörpert. Nicht vorlaut, meist kurz und präzise, beherrscht, aber locker und einem anspruchsvollen Scherz nicht abgeneigt. Aber mag sein, vielleicht stellen wir in ein, zwei Jahren fest: Na, Freund Jakob kommt doch mehr nach Friedrich Schiller – immerhin sind beide am gleichen Tag geboren: 10. November.
Zu Jakobs Party eines Samstags konnte Schiller nicht kommen, dafür waren diverse Gesellen aus der 1b frisch zur Hand (natürlich keine Mädchen; so weit sind wir noch nicht). Tommy beispielsweise feierte mit und ging leider auf dem Weg in den Park verloren, berichtet Jakob. Später tauchte er gottlob wieder auf: Stand hinter der Wohnungstür, und zwar wie von

Geisterhand. Zum Geburtstag gab's für Jakob ein Mountainbike.
Frau Mußmann: »Das ist ein Fahrrad, mit dem man über Stock und Stein fahren kann ...«
Ken: »... und das keine Bremsen hat (gickel).«
Jakob: »Hat doch Bremsen, Quatschkopp.«
Die Partygesellschaft musste als Rätselaufgabe einen Schulnamen rauskriegen. Die Schule liegt direkt vor Daniels Haustür, Nico kennt sie auch, Aljoscha hat am Samstag sogar den Namen gelesen. Wie sie heißt, weiß leider keiner mehr. Außerdem gab es eine Schatzsuche.
Nico: »Da mussten wir in so einen Laden gehen und die Frau fragen, wie sie die Männer bedient.«
Es soll sich um eine Gaststätte gehandelt haben.

Ferien und Freizeit sind also ein eminent wichtiger Abschnitt der frühen Bildungsphase. Wer sicherstellen möchte, dass seine Kinder hinterher in der Schule mit spannenden Geschichten glänzen können, sorgt rechtzeitig für die punktgenaue Landung von Ufo-Lampen, chartert einen Kamelbus und zahlt ausreichend Faschingszeug.

Kommunizieren
Lasst uns drüber reden

Die Schule ist ein ausgezeichneter Ort, um das Gesprächsverhalten zu verfeinern. Daran arbeiten Erstklässler ununterbrochen. In der 1b sogar manchmal, ohne dass Frau Mußmann dazu aufgefordert hätte.

Hallo Eltern, wissen Sie noch Bescheid? Worüber Ihre Kinder so reden, wenn Sie nicht dabei seid? Nicht dass Sie denken, wir würden in der 1b nur über Achterbahnen reden, pinkelnde Hunde und Roboter, die »Hallo« sagen können.
Na, hören wir mal rein. Da wäre zum Beispiel Tommys Aussage zum Thema Denkmal. Was ist das?
Tommy: »Da kann man sein Gedächtnis wiederfinden.«
Das kommt in unsere Rubrik »Die dollsten Definitionen«. Genau wie Davids Einlassungen zum Thema Kaktus:
David: »Jaaa, den Kaktus gibt's in der Wüste, wo die Cowboys alle sind. In der Wüste gibt es viele kleine Dörfer, und da gehen die Cowboys manchmal so spazieren mit ihren Pferden.«
Es kommt aber auch manchmal zu seltsamen Diskussionen in der Grundschule; die laufen außer Konkurrenz.
Svenja: »In den Dosen sammelt Lisa Knete.«
Hrvoje: »Damit will Lisa Dinos kneten.«
Tommy: »Dinos im Dino-Land.«
Eleni: »Niko ist ein Dino.«
Daniel: »Niko will mit Lisa ins Dino-Land.«

Nur die Ruhe – das ist nichts, was unserer Phantasie entspringt. Solche Gespräche schreibt der Lehrplan vor. Ja, sie stehen tatsächlich in Schulbüchern. Und die 1b hält sich an die Vorgaben, weil sie weiß, dass auch die Kreativsten in jungen Jahren gewissen Zwängen unterworfen sind. Anschließend sieht die Welt wieder anders aus, wenn es darum geht, wo Dino-Land eigentlich ist. Da gehen wir ganz ungezwungen aus uns heraus. Dino-Land – das liegt doch eindeutig …
Adriana: »Auf einem anderen Planeten.«
Svenja: »In Afrika.«
Megi: »Im Kino.«
Jakob: »In der Steinzeit.«
Aljoscha: »In der Schule.«
David: »Klasse 1b.«
Ja, so geht's bei uns zu, Eltern. Und glauben Sie bloß nicht, es ginge nicht um Mütter und Väter. Haldun etwa plauderte unlängst über den feinen weißen Ausgehanzug seines Papas. Beziehungsweise über den feinen, ehemals weißen Ausgehanzug. Und darüber, was mit dem Anzug passierte, als die Mama das dunkelblaue Hemd mit in die Waschmaschine steckte. Das kann man ja ruhig mal erzählen.
Unsere Klassenlehrerin berichtet ihrerseits, dass sie vorsichtshalber vor dem Waschen immer die Hosentaschen durchforstet. Und was sie da alles findet!
Frau Mußmann: »Tempotaschentücher, Handys …«
Auch Hrvoje teilt stets ganz ungezwungen mit, was sich zu Hause so tut. »Mein Vater hat vier Schränke gekauft«, erzählt er. »Meine Brüder tun ihre Kuscheltiere rein. Dann kauft mein Vater noch einen Schrank, und da kommt ein Aquarium rein, aber ganz unten, damit das nicht von oben kracht.«
Solche Geschichten hören wir recht häufig von ihm. Hrvoje wird einmal in die Lehrbücher eingehen als der Junge, dessen

Vater eine bis heute nicht restlos geklärte Zahl von Schränken und Regalen in der Wohnung aufbaute und ein Aquarium installierte, in das später Wasserschnecken einzogen, die niemand eingeladen hatte.
Ein anderes Mal lässt Hrvoje wissen, er habe vom Vater ein Hochbett bekommen, in das angeblich fünf Personen passen. Dazu gab's noch Schreibtisch und Stuhl, die Hrvoje eigenhändig die Treppen hochschleppte. Mal sehen, für wie viele Möbel noch Platz ist in der Wohnung.
Gern plaudert Hrvoje auch von seinem neuen Computer, »und da ist auch eine Maus dabei, und ich hab auch Spiele auf dem PC, und der Computer ist bunt, und der hat auch einen Schlüsselanhänger ...«
Frau Mußmann: »Wieso Schlüsselanhänger?«
Hrvoje: »Och, den tun die so da dran, und dann haben wir Fußball gespielt, und dann hat einer ganz weit geschossen, und dann haben wir den Ball da vom Dach wieder runtergeholt ...«
Megi: »Schnirch.«
Nico: »Pitschepüüüüüüh.«
Hrvoje: »Und dann haben wir ...«
Ja, eigentlich reden wir Schwarzburgschulenkinder recht viel. Jedenfalls manche von uns. Aber nicht alle sind so freigebig mit ihren Geistesblitzen. Eleni zum Beispiel hebt sich ihre guten Ideen auf für die zweite Klasse. Oder vielleicht für die Uni. Wenn wir so sitzen, und Eleni guckt hintergründig, dann wissen wir: Aha, da weiß sie wieder etwas ganz Schlaues. Aber sie sagt's uns nicht. Noch nicht. Vielleicht denkt Eleni gerade an den Sandkasten auf unserem Schulhof. Der ist nämlich so tief, dass niemand genau weiß, wie tief eigentlich. Keiner hat je bis auf den Grund gegraben. Jedenfalls keiner aus der 1b. Aber wenn es jemand schaffen würde, ganz bis nach unten,

dann sicher Eleni, denn sie ist die Stärkste aus der ganzen Klasse.
Kann aber auch sein, dass Eleni gerade über den Tschadsee nachdenkt. Tschadsee – das ist kein Kosename, sondern ein echter See, der erstaunlicherweise mitten in einer Wüste liegt: in der Sahara. Das wissen Schüler (normalerweise aber größere Schüler) spätestens seit den Leistungstests zur Pisa-Studie. An diesem See, so lernten sie, leben seit 10 000 Jahren Giraffe, Strauß und Gazelle. Einst waren dort noch ein paar Tiere mehr zu Hause, zum Beispiel Büffel, Nashorn, Nilpferd und Elefant. Aber die gingen dann irgendwann weg. Sie hatten einfach die Schnauzen und Rüssel voll von den Schwankungen beim Wasserstand des Sees: Mal war er über 60 Meter tief, dann wieder staubtrocken. Das nervte auch Rind und Hund, die mal am See vorbeischauten, so vor 8000 Jahren. Und als das Pferd ankam, circa 1500 Jahre vor Christus, war der Wasserspiegel wieder einmal am Sinken.
Tscha, dachten sich Giraffe, Strauß und Gazelle: »Früher war ja hier ziemlich was los. Aber in letzter Zeit wird's einsam. Wir müssen uns etwas einfallen lassen, womit wir uns die Zeit vertreiben können.« Das war so vor rund 2000 Jahren. Da war das Pferd noch bei ihnen, sprach aber schon eine ganze Weile davon, auch anderswohin gehen zu wollen. Blöde Situation für die übrigen drei. Sie hatten große Lust, ein Volleyballnetz zu kaufen und einen Ball, aber fürs Volleyballspielen braucht man schon mindestens vier Leute. Zu dritt hat das keinen großen Sinn. Das Pferd wollte durchaus mitmachen, konnte aber nicht ausschließen, irgendwann wegzugehen vom Tschadsee. Da sagten Giraffe, Strauß und Gazelle: »Also gut, Pferd, wir kaufen jetzt gemeinsam das Volleyballnetz. Und wenn du tatsächlich hier verschwinden willst, dann musst du eben einen Nachfolger auftreiben, der mit uns weiterspielt.«

Damit waren alle einverstanden. Das Netz wurde angeschafft, ein Ball auch, und die vier spielten ungefähr 250 Jahre lang zusammen. Die Giraffe hatte natürlich aufgrund ihrer Körpergröße gewisse Vorteile beim Volleyballspiel, aber das glich die Gazelle mit ihrer enormen Sprungkraft wieder aus. Irgendwann aber sagte das Pferd: »So Leute, ich glaube, jetzt habe ich genug. Ich muss weiterziehen, vielleicht Richtung Arabien oder Niedersachsen. Noch ein bisschen mehr von der Welt sehen.«

Da waren die anderen drei zwar traurig, weil der Freund weg wollte, aber sie hatten ja schon damit gerechnet. Ehe das Pferd allerdings gehen konnte, musste es – wie vereinbart – einen Nachfolger für das Volleyballspiel finden. Das ging aber ganz rasch. Nach nicht einmal 500 Jahren traf es in der Wüste das Kamel. Und weil das Kamel gerade nichts Wichtiges vorhatte, ging es mit zum Tschadsee. Dort waren Giraffe, Strauß und Gazelle mit dem neuen Spielkameraden zufrieden, schließlich ähneln Pferd und Kamel einander ja ziemlich, was ihre Begabung zum Volleyballspiel angeht. Und so leben sie heute noch zusammen am See.

Wie der Spielstand beim Volleyball zurzeit ist, verrät uns Eleni allerdings nicht. Muss sie ja auch nicht. Schließlich war das Tschadsee-Beispiel beim Pisa-Test für 15-Jährige gedacht, nicht für Erstklässler. Und wer weiß, vielleicht denkt sie ja auch gar nicht an Giraffe, Strauß, Gazelle und Kamel, sondern an den Deutschen Aktienindex.

Wie auch immer – die Kommunikation in der 1b macht deutlich: Botschaften, meine Damen und Herren, bestimmen unser Leben. Lernen wir also rechtzeitig, sie zu deuten, sonst ergeht es uns noch so wie dem kleinen Eisbären Lars, als er zum ersten Mal ein Nilpferd trifft: alles Mögliche erwartet, nur nicht das.

Jakob macht das mit den Botschaften schon ganz gut. Er kam unlängst mit einer super Ansichtskarte von seinem Patenonkel in die Schule. Sie zeigt die erstaunliche Stadt London, und dort insbesondere, erklärt Jakob: »Die Power, äh, Tower Bridge.« Das ist eine Brücke, die man hochklappen kann, wenn ein Schiff kommt, erklärt Frau Mußmann.
Allgemeiner Aufruhr. Brücke hochklappen. Nicht zu fassen. Und was steht hinten drauf, auf der Ansichtskarte? Weiß Jakob leider nicht. Schwer zu entziffern. Muss er noch lernen. Kann er aber bald.
Da hat es Haldun schon leichter mit seinem neuen Begleiter, dem kleinen Roboter. Der hat zwei Knöpfe: Rot und Grün. Man kann Rot drücken und »Hallo« zu dem Roboter sagen, und wenn man dann hinterher Grün drückt, sagt der Roboter mit derselben Stimme »Hallo«. Das dolle Ding wird in unserem kleinen Kreis weitergereicht, und circa 724 »Hallos« später fragt Megi: »Kann man da eigentlich nur ›Hallo‹ sagen?« Tja, das ist eben Megi. Immer mit einem ihrer sieben Sinne jenseits des Tellerrands.

Wo wir grade bei Botschaften sind: Hrvoje muss uns ganz dringend etwas mitteilen – das Neueste aus dem Leben eines Siebenjährigen.
Hrvoje: »Ich bin erwachsen geworden.«
Frau Mußmann: »Gestern?«
Hrvoje: »Nein, vorgestern.«
Nähere Einzelheiten verrät Hrvoje nicht.
Frau Mußmann möchte aber auch etwas mitteilen. Ihre Botschaft ist an Kristian adressiert.
Frau Mußmann: »Kristian, weißt du, was ich ganz toll fände?«
Kristian: »Meine neue Hose?«
Frau Mußmann: »Nein, ich fände es ganz toll, wenn du deine Kappe im Unterricht absetzen könntest.«
So kann man sich missverstehen. Haldun hat seinerseits eine ganz außergewöhnliche Botschaft bekommen: Er hat schon Fotos gesehen von seinem kleinen Cousin, den es noch gar nicht gibt. Die Fotos sind im Krankenhaus entstanden, mit einem ganz bestimmten Gerät. Wie heißt das?
David: »Babyfon?«
Nicht ganz. Aber so ist das eben mit Fremdwörtern. Und es gibt auch Fremdwörter, die sind nur fremd für uns, die wir zum Beispiel eingestehen müssen: Man ist ja so selten in Griechenland. So geht es auch Eleni, dabei kommt ihre ganze Familie aus diesem Land. Damit Eleni die Sprache nicht ganz vergisst, spricht die Mama Griechisch mit Eleni, und Eleni antwortet auf Deutsch. Das Verfahren ist gar nicht so ungewöhnlich in der 1b, sondern findet in vielen Familien Verwendung. Haldun etwa würde zu seiner Mutter sagen: »Aksam olmadan gün övülmez« und zu seinem Vater: »Man soll den Tag nicht vor dem Abend loben.« So haben sie es zu Hause ausgemacht: mit der Mama Türkisch, mit dem Papa Deutsch.

Jörg spricht mit dem Papa Tamilisch, mit Mama und Schwester Deutsch. Ken wiederum sagt »How do you do?«, wenn sein Papa eintrifft. Der ist auf der ganzen Welt berufstätig, kommt aber von Zeit zu Zeit heim. Im Herbst beispielsweise, erläutert Ken, und im Sommer. Und dann noch im Frühling. Vatersprachliche Antworten muss sich Ken aber übersetzen lassen, denn Chinesisch kann er noch nicht so gut.

Lukas' Mutter wiederum führt gerade den einen oder anderen Satz aus ihrer schwedischen Heimat in die Familie ein. Megi und Doris sprechen Kroatisch mit ihren Eltern. Und wenn sie mal ein Wort nicht wissen, fragen sie sich: »Kako se ovo kazxe na Hrvatskom?« (Wie heißt das auf Deutsch?) Und die Eltern antworten womöglich: »Ne razumijem.« (Ich verstehe nicht.) Aber nur selten. Oder sie sagen: »Stajalisxte podzemne zxeljeznice.« (U-Bahnhof.) Aber auch sehr selten.

Sie merken: Wir Schwarzburgschulenkinder sind international, und wir sind auch kulturell sehr interessiert.

Ganz großes Thema bei uns: Kino. Daniel kommt eines Morgens in die Schule und verkündet begeistert: Er war in dem Film »Das Sams«.

Jakob: »Was? Ich auch!«

Daniel: »Aber wo?«

Jakob: »Ich hab ganz vorne gesessen.«

Daniel: »Und ich ganz hinten.«

Jakob: »Oh!«

Frau Mußmann zeigt uns ein Foto von Daniel Radcliffe, sagt aber den Namen nicht dazu. Damit führt sie etwas Bestimmtes im Schilde. Also: Wer ist das?

Alle: »Harry Potter.«

Frau Mußmann: »Stimmt nicht.«

Alle: (gucken einander fragend an: Ist unsere Lehrerin verrückt geworden?)

Dann Aljoscha: »Ich weiß nicht, wie der heißt, aber er spielt den Harry Potter, aber er ist nicht der echte Harry Potter.«
Volltreffer – das wollte Frau Mußmann hören.
Denn es gibt mehr auf der Welt als nur Potter. Megi war zum Beispiel ein neues Auto kaufen: einen riesigen Mischibischi, erzählt sie, und dass den jetzt die Mama fährt und der Papa das kleine Auto.
Um die Verständigung zu erleichtern, ist es übrigens im Deutschen geboten und auch zweckmäßig, Buchstaben nacheinander auszusprechen. Morgens in der 1b geht das manchmal ein bisschen unter; da wollen die Kandidaten möglichst alle Vokale und Konsonanten auf einmal kundgeben. (Leider lässt sich das im modernen Druckverfahren nicht mehr darstellen. Nehmen Sie daher bitte eine Schreibmaschine, falls Sie noch eine übrig haben, und drücken Sie alle Tasten gleichzeitig. So hört sich das ungefähr an.) Angenehme Ausnahme: Adriana. Wenn sie freiwillig etwas sagt, darf als sicher gelten, dass es wohl überlegt und mit Sorgfalt vorgetragen ist. Adriana muss auch nicht – wie manch andere von uns – aufstehen und versuchen, unter Ächzen und Stöhnen den Zeigefinger an die Tafel zu werfen, wenn sie etwas ganz sicher weiß. Und unlängst war sie super drauf. Da ging es etwa darum, die Sätze »mit Timo kommt Kino ins«, »ist so satt Timo« und »kalt Kola so ist« schriftlich in die richtige Reihenfolge zu bringen. Adriana hatte alles richtig.
Megi ist aber auch sehr gut in der Schule. Da – gerade schreibt sie wieder einen prima Satz auf. Fast völlig richtig, bis auf das Wort »kino«.
Gut gemeinter Hinweis von Frau Mußmann: »Megi, das da muss ein großes K sein.«
Megi: »Und wie groß?«

Dann hätten wir das auch geklärt. Gespräche in der ersten Klasse übertreffen jene der Erwachsenen um ein Vielfaches, was Wahrheit und Klarheit angeht. Aber keine Angst – das verliert sich mit der Zeit.

Lottchen doppeln
Über Mädchen und Jungen

Liebe fanatische Anhängerinnen und Anhänger der 1b, bei Ihnen wächst womöglich bereits der Unmut, weil: Ständig stehen die Jungen im Vordergrund, Hrvoje vorn, David hinten, hier Aljoscha, da Haldun. Und die Mädchen in der Klasse – was ist eigentlich mit denen?, fragen Sie sich. Und wenn wir schon mal dabei sind: Was ist überhaupt der Unterschied zwischen den beiden Bevölkerungsgruppen?

Da müssen wir Ihnen gestehen: Es ist zwar toll, dass wir eine ganz kleine Klasse mit gerade mal 20 Auszubildchen sind, aber seit Hakimas Wegzug gestaltet sich das Ungleichgewicht der Geschlechter in der 1b dramatisch: 14 Jungen (wenn man den größten Erstklässler der Welt mitzählt) sitzen lediglich sechs junge Damen gegenüber (wenn man die Lehrerin Frau Mußmann nicht mitzählt).

Die Statistik sei geschönt, werden Sie jetzt einwenden, warum zählt der Große bei den Jungen mit, während die Lehrerin nicht als Mädchen anerkannt wird und überhaupt und pfui. Da sagen wir: Pffft. Viele Jungen kommen jedenfalls automatisch öfter vor als wenige Mädchen. So ist das eben. Wir können ja aus einer Megi nicht künstlich zwei machen. Und das wollten wir auch gar nicht. Selbst wenn wir könnten. Eine Megi ist schließlich ein Individuum und einmalig auf der Welt.

Außerdem muss man leider feststellen: In der 1b hat sich die alte Weisheit noch nicht herumgesprochen, der zufolge Mädchen in jungen Jahren den gleichaltrigen Baseballkappenträgern um Jahre voraus sind, was Lebensweisheit und Ausdrucksvermögen angeht. Stellt Frau Mußmann beispielsweise eine ganz einfache Frage – sagen wir: Wo endet das Universum und was kommt danach? –, dann reden sofort 90 Prozent unserer erstklassigen Wissenschaftler männlichen Geschlechts durcheinander und stellen Theorien auf, die es wert sind, unverzüglich von NASA-Expeditionen und astrophysischen Kongressen überprüft zu werden. Das Weltall endet demzufolge im Osten hinter der Friedberger Landstraße, westlich hinter der Eckenheimer und im Norden an der Glauburgstraße – innerhalb dieser Grenzen darf Jakob ohne erwachsene Begleitung allein die Welt erforschen, hat er mit seinem Papa vereinbart. Andere Jungen behaupten, das Universum knicke am Frankfurter Waldstadion, am östlichen Ende Kroatiens beziehungsweise »hinter dem Gehirn« ins Nichts ab.

Gegenprobe: Was behaupten die Mädchen in der 1b? Nichts. Sie denken noch nach. Sicher werden sie in wenigen Jahren zu revolutionären Ergebnissen kommen. Aber das kann man jetzt natürlich noch nicht aufschreiben.

Zum Glück gibt es eine Ausnahme: Megi, die bekanntlich in Wirklichkeit Magdalena heißt und zum Beispiel mit ihrem eleganten Minny-Maus-Sweatshirt entzückend aussieht. Megi steckt sie alle in die Tasche. Sie hält schon mal den Laden zusammen, wenn etwa ein paar Jungen vergessen haben, wie sie heißen, wo ihr Kopf ist, in welchen Hort sie gehören oder wie ihre Jacken aussehen. Dann greift Megi ein und managt die Angelegenheit. Außerdem kennt sie nach eigenen Angaben nicht nur den Anton aus Tirol: »Ich kenne auch Antonia.«

Und weil wir unlängst gerade beim Thema Handschellen waren (Kristian berichtete, er besitze welche und fessele damit manchmal Luft): Megi würde am liebsten ihre Schwester damit bändigen: »In der Nacht kann ich sie ganz gut fesseln, weil sie da anfängt, mich zu schlagen. Mit ihren Füßen.« Ähnliches plant Nico: »Ich hätte mit meinen Handschellen gern meine Schwester gefesselt und ihr auf den Popo gehauen.« (Klasse fliegt vor Lachen zum Mond.)
Solch frauenfeindlichen Tendenzen wirken wir in der 1b natürlich sofort entgegen. Jüngst erhielt Megi das exklusive 1b-Malbuch »Molly Monster mag Milch« in ihre Obhut, in das ständig neue Bilder und Begriffe aufgenommen werden, die Molly Monster mag: Maus, Meer, Mikrofon, Mimi und Mama. Sie merken: Die Megriffe haben ja alle was memeinsam – mauch mit Megi.
Apropos unterschiedliche Geschlechter. Da fragt doch der stets auf tadellose Umgangsformen bedachte Jörg den größten Erstklässler der Welt: »Entschuldige mal, bist du eigentlich ein Junge oder ein Mädchen?« Das ist unter uns Grundschülern im Prinzip nichts Ungewöhnliches. Wir alle kennen diese Frage ja. Wir kennen aber noch nicht den Leben spendenden Effekt der Zusammenarbeit zwischen Bienen und Blüten, und wir wissen auch noch nicht ganz genau, was das soll, wenn ein Hund den anderen offenbar über die Straße zu schieben versucht.
Fragt sich also: Wozu ist der Unterschied zwischen Mädchen und Jungen da? Und gibt

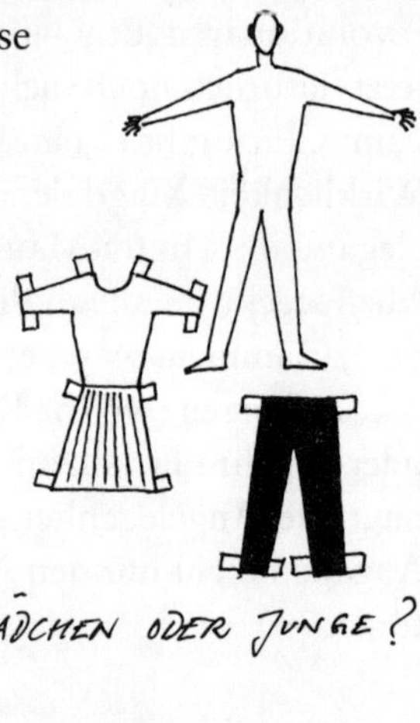

es ihn überhaupt? Wenden wir uns an Leute, die sich mit so was hoffentlich auskennen. Die SPD zum Beispiel teilt im Internet mit: Ja, es gibt ihn – und nicht nur das: »Auffallend ist der Unterschied zwischen Mädchen und Jungen«, heißt es da sogar. Das Lehrermagazin »Forum Schule« macht nähere Angaben: »Der Unterschied zwischen Mädchen und Jungen ist etwa genauso groß wie der Unterschied zwischen Deutschland und Schweden.« Allerhand. Was sagen Erziehungswissenschaftler von der Uni Hamburg? »Da der Unterschied zwischen Mädchen und Jungen kaum eine Rolle spielt, soll er hier vernachlässigt werden«, sagen sie.

Wenn das so ist, überprüfen wir die Forschungsergebnisse von Experten im deutschsprachigen Ausland. »Der Unterschied zwischen Mädchen und Jungen ist in allen Ländern ansatzweise zu verzeichnen, am stärksten in Tirol«, hat die Universität Innsbruck herausgefunden. Und in einem Schweizer Bericht an die Organisation für wirtschaftliche Zusammenarbeit heißt es: »Der Unterschied zwischen Mädchen und Jungen, der zu Beginn der achtziger Jahre noch sehr hoch war, hat sich deutlich verringert.« So ist das also. Zugegeben, die Zitate sind jeweils ein bisschen aus dem Zusammenhang gerissen. Aber trotzdem interessant, oder?

Wie auch immer, wir wissen nun: Okay, es gibt Jungen, es gibt Mädchen, das steht immerhin fest. Und es gibt den größten Erstklässler der Welt. Und der ist angesichts der Frage von Jörg ins Grübeln gekommen: Sollte von einer gewissen Körpergröße an, sagen wir: einsfünfundachtzig, nicht jedem Betrachter klar sein, ob da ein Junge oder ein Mädchen vor ihm steht? Schon, sagt Jörg. Nur: »Dein Ohrring ...«, gibt er irritiert zu verstehen. Ach soooo. Einen Ohrring trägt allerdings auch Klassenkamerad Aljoscha – warum hält den eigentlich keiner für ein Mädchen?

Aber gut, dass wir drüber gesprochen haben, denn wer nicht fragt, bleibt dumm. Oder er wird sein Leben lang Peter Maffay für ein Mädchen halten. Sie wissen schon: der Ohrring.

Mutmaßen
Elfte September und andere Katastrophen

Es gibt Tage in der Schule, da hört der Spaß auf. Echte US-amerikanische Hochhäuser stürzen im Fernsehen ein. In Erfurt schießt jemand viele Leute in einer Schule tot. Aber das Leben muss weitergehen. Die 1b spricht über den Krieg und über schlechte Vorbilder.

Ungewöhnlich viele Kinder aus unserer Klasse sind krank geworden. Vier Tage lang konnte Megi nichts essen.
Was ist passiert?
David: »Ich habe das gesehen, wo die Fetzen runtergeflogen sind. Ganz dicke Fetzen. Dann ist alles zusammengekracht.«
Nico: »Da musste ein Mensch so rausgeholt werden.«
Tommy: »Ein Feuerwehrmann ist von der Leiter gerutscht. Es war sehr tief, da lag er am Boden, und dann musste er ins Krankenhaus gebracht werden.«
Ken: »Einer hat am Fenster mit einem Tuch gewunken.«
Nenad: »Einer ist aus dem Fenster gesprungen.«
Frau Mußmann: »Was meint ihr, warum ist er aus dem Fenster gesprungen?«
Eleni: »Weil es gebrannt hat.«
David: »Die Menschen wollen ohne Schmerzen sterben. Nämlich wenn sie runterfliegen, werden sie ohnmächtig, weil man so große Angst hat.«
Ken: »Das war ihre einzige Chance, dass man aus dem Fenster springt. Weil das ihre letzte Hoffnung war.«

Nico: »Da hat ein Mann mit seiner Frau telefoniert, und er hat zweimal aufgelegt, und dann hat man nichts mehr gehört, weil er tot war.«
Hrvoje: »Ich glaube, es sind genauso viele Leute gestorben wie in der Titanic.«
Aljoscha: »Aber da waren doch nicht so viele Menschen drin, in der Titanic, wie in zwei Hochhäusern.«
Ken: »Das ist jetzt wie eine riesige Müllhalde.«
David: »Ich habe Angst, dass das jetzt auch beim Fernsehturm passiert hier in Frankfurt. Dann könnten wir keine Nachrichten mehr sehen. Manchen Leuten wird dann langweilig. Am Fernsehturm stehen zwei Panzer, drei Polizeiautos und ein Wasserwerfer.«
In Frankfurt ist dann zunächst einmal nichts Vergleichbares wie in New York passiert, und es gab auch weiterhin Nachrichten, und niemandem musste langweilig werden. Aber es ist auf jeden Fall gut, dass es die 1b gibt, denn da sprechen wir morgens über Sachen, die uns Angst gemacht haben. Oft stellt sich dabei heraus, dass die Dinge, die wir im Fernsehen erleben, nicht zwangsläufig auch bei uns passieren müssen. Einmal hat zum Beispiel jemand viele Menschen erschossen. David kann haargenau erzählen, wie der Mann in die Schule in Erfurt kam und mit einem Gewehr auf Lehrer schoss. Obwohl David zum Glück nicht selbst dabei war. Und wie dann ein sehr mutiger Lehrer auf den Mann zuging und sagte: »Du kannst mich auch erschießen, aber du musst mir dabei in die Augen sehen.« Und wie der Mann mit dem Gewehr dem Lehrer antwortete: »Nein, für heute reicht's.« Hat David alles im Fernsehen gesehen. Also nicht in echt, aber alle Leute im Fernsehen haben davon gesprochen und immer wieder alle Einzelheiten erzählt.
Hinterher konnte David aber nicht gut schlafen, erzählt er. In

seinem Traum war er mit der Mama in einem Laden: »Da lag so ein toter Kerl mit einem Messer im Bauch.« Vielleicht kommen solche Träume von den Berichten im Fernsehen.
Tommy weiß, dass der Mann im Schützenverein war und dass er sich deshalb Waffen kaufen durfte. Richtig, sagt Frau Mußmann, denn was braucht man, wenn man Waffen kaufen will?
Tommy: »Geld.«
Frau Mußmann: »Auch, aber was noch?«
David: »Einen Waffenschein.«
Hrvoje glaubt: »Der Lehrer da hat die ganze Welt gerettet. Sonst könnte der ja auch noch zu uns kommen, der Mörder.« Wenn der noch frei herumlaufen würde mit seinen Waffen, dann wären vielleicht alle Schwarzburgschüler zu Hause geblieben vor Angst, überlegt Hrvoje.
Haldun sagt traurig: »Der Mann hat auch den Bürgermeister erschossen.«
Den Bürgermeister?
Ja, sagt Haldun: »So wie bei uns der Herr Burkhard.«
Das ist der Hausmeister der Schwarzburgschule. Nein, beruhigt ihn Frau Mußmann, der Hausmeister in Erfurt ist noch am Leben, und der Herr Burkhard ebenfalls. Ken hat auch gehört, dass der Mörder brutale Videospiele zu Hause hatte.
Aljoschas Urteil: »Der, der das gemacht hat, war kein gutes Vorbild für die Kinder.«

Gegen schlechte Vorbilder helfen gute Gesprächsrunden. Und manchmal hilft es vielleicht auch, wenn man sich als Erstklässler nicht alles im Fernsehen anschaut.

Exkurs: Finger weg von Papas Streichhölzern!

Und hier, liebe Freunde der unbeschwerten Kindheit, noch eine kurze Abhandlung über das Thema: Warum man nicht mit dem Feuer spielt, und was dem armen Paulinchen vor vielen Jahren einmal passiert ist.

Krisensitzung in der 1b: Ein Junge aus unserer Klasse hat zu Hause heimlich eine Kerze angezündet. Als die Eltern einmal nicht da waren. Und dann, als plötzlich jemand kam, hat er die Kerze schnell hinter die Gardine gestellt. Wer das war, verraten wir natürlich nicht. Nur, dass sein Onkel mindestens so schnell rennen kann wie ein gelber Traktor. Aber das können wahrscheinlich viele Onkel. Jedenfalls wurde die Kerze zum Glück schnell entdeckt, und so ist nichts Schlimmes passiert. Frau Mußmann möchte von uns wissen, wie wir das finden mit der heimlich angezündeten Kerze.
David: »Scheiße. Weil die Gardine anbrennen kann.«
Tommys Bruder Floyd hat auch schon mal mit einer Kerze rumgemacht, und dann standen auf einmal Schrank und Teppich in Flammen. Feuerwehr sei allerdings keine gekommen. Aber wer hat dann die Bescherung gelöscht?, fragt sich die 1b:
»Du? Oder der Opa?«
Tommy: »Keine Ahnung.«
Plötzlich war halt alles wieder in Ordnung.
Hrvoje erinnert sich, wie es da war, wo seine Familie früher lebte: »In Kroatien haben ganz schön viele Häuser gebrannt. Als ich einmal wiederkam, war kein Haus mehr ganz.«
Kristian kommt auch aus diesem Land. »Da hat es nur gebrannt, weil Krieg war«, sagt er.
Jakob warnt: »Man darf als Kind nie Feuer anzünden. Das ist

gefährlich für die Gardinen und den Tisch. Und für das Haus.«
Frau Mußmann: »Nur für Gardinen und Tisch und Haus?«
Jakob: »Und Stühle. Und Betten.«
Frau Mußmann: »Und für wen sonst noch?«
Jakob: »Sofa.«
Frau Mußmann: »Und noch?«
Jakob: »Kühlschrank?«
Frau Mußmann: »Wer benutzt das alles?«
Jakob: »Ach ja: und für uns ist es gefährlich.«
Damit sich das alle einprägen, liest Frau Mußmann »Die gar traurige Geschichte mit dem Feuerzeug« aus dem Struwwelpeter-Buch von Heinrich Hoffmann vor: Paulinchen ist allein zu Haus, die Eltern sind aus. Im Kino oder in der Disco oder so, sagt Frau Mußmann. Dann zündet Paulinchen Feuer an. Zwar nicht mit dem Feuerzeug, das gab es damals nämlich noch gar nicht, in der Zeit, in der die Geschichte spielt. Aber es gab schon Streichhölzer. Paulinchen zündet also ein Streichholz an, obwohl ihre beiden Katzen sie eindringlich davor warnen; kurz darauf brennt das ganze Mädchen, und dann ist es am Ende nur noch ein Häuflein Asche.
Und die Katzen: »Miau! Mio!« Aber nichts mehr zu machen.
Wir Schüler sind bestürzt – besonders, als wir anschließend einen Ausflug auf den Frankfurter Haupt-

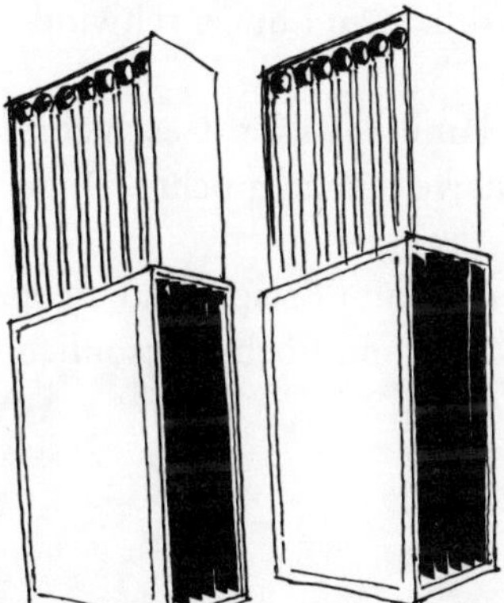

NICHT MIT DEM FEUER SPIELEN

friedhof machen. Dort ist Paulinchen begraben. Wirklich! Pauline Schmidt, geboren 1840, gestorben 1856. Weil Heinrich Hoffmanns Geschichten alle einen wahren Kern haben.

»Paulinchen hat sich verbrannt«, sagt Haldun.

»Die Pauline ist abgebrannt«, sagt Svenja leise.

Und das mit 16 Jahren, wundern wir uns. Da sind wir Schwarzburgschulenkinder noch nicht halb so alt, aber schon ein ganzes Stück vernünftiger, finden alle.

Aufklärung über den Fall liefert das Frankfurter Heinrich-Hoffmann-Museum. War Pauline aus dem Struwwelpeter-Buch tatsächlich noch mit 16 Jahren so unvernünftig, ein tödliches Feuer anzuzünden? Nein, sagt die Museumsleiterin, so war's nicht: Paulinchen zündelte in Wirklichkeit im Alter von sechs Jahren, und damals hatte sie genauso viel Glück wie der Junge aus der 1b: Sie überlebte die gefährliche Aktion. Der Zwischenfall inspirierte Heinrich Hoffmann aber trotzdem zu seiner Geschichte. Damit die Kinder ordentlich erschrecken und die Finger vom Feuer lassen, hat er einfach so getan, als wäre das Mädchen dabei ums Leben gekommen. Zehn Jahre später starb Pauline dann leider wirklich: an Lungenschwindsucht.

Im Heinrich-Hoffmann-Museum kann man die Geschichte aus dem Buch übrigens nachspielen, wenn man möchte. Ohne echtes Feuer natürlich.

Und wenn in der 1b ein Feuer brennt, zum Beispiel auf einer Kerze, dann wird das von Frau Mußmann höchstpersönlich angezündet und überwacht.

Nerven bündeln
Lieber, guter Weihnachtsmann

Kalt draußen. Das hat seine Vorteile. In dieser Jahreszeit gibt es Tage, da staunen wir Wetterfesten aus dem Fenster: Es schneit in der Wintersporthochburg Frankfurt am Main. Mindestens 0,07 Millimeter. Kaum blinkt es zur Pause, zischen wir ab. Schneemann bauen. Den kleinsten Schneemann der Welt. Aber das Allerwichtigste: Wir erwarten bärtigen Besuch. Dringend.

Verpennt, verpennt, die 1b rennt. Erster, zweiter, dritter Stock, zur Türe rein – und dann der Schock: Es brennt! Überall Kerzen. Kometen. Was ist bloß passiert? Ach ja: Advent. Coole Sache. Zeit für große Augen.
Und Haldun (zeigt auf einen zur Jahreszeit gebräuchlichen Kalender): »Ey, kuck ma: 1. Advent, 2. Advent, 3. Advent, 4. Advent, und dann nix mehr.«
Na ja, also nix mehr kann man eigentlich nicht sagen. Aber nur Geduld, jetzt war zunächst einmal der 1. Advent. Seither haben wir, nanu, offenbar drei Neue in der Klasse. Kaspar, Melchior, Balthasar? Die drei Weisen aus dem Morgenland? Nein – es sind die bereits hinreichend bekannten Nico, Jakob und Jörg. Sie tragen zum feierlichen Anlass brandneue Frisuren. Ken hat seinerseits dieselben Haare wie vorher, dafür aber am Sonntag viele Nüsse geknackt, darunter einige, erzählt er seinen staunenden Zuhörern, die mit »Flugschalen« ausgestattet waren, sodass sie durch das ganze Wohnzimmer zischten.

Ken kann das sehr anschaulich darstellen: »So geknackt – und dann zisch!«
Jörg sah den Nikolaus. Schon. Im Supermarkt. Und bekam von ihm eine Tüte mit zunächst unbekanntem Inhalt geschenkt. Als Jörg die Tüte öffnete, flog Harry Potter auf seinem Nimbus 2000 heraus und fing den goldenen Schnatz! Obwohl – es war gar nicht der goldene Schnatz, es war eine von Kens Flugschalen! Nein, stimmt ja gar nicht. Es waren Mandarinen in der Tüte und Nüsse, berichtet Jörg. Nüsse, die aber sicherlich Flugschalen haben. Wir werden sehen.

Womöglich war es auch keine Sternschnuppe, die den drei Weisen aus dem Morgenland einst den Weg zu Bethlehems Stall wies, sondern eine Flugschale. Ziemlich sicher sogar. Aljoscha und Aljoschas Mama bastelten zusammen einen Adventskranz. Wie war's bei den anderen?

Hrvoje: »Wir mussten so 'ne Kerze anzünden.«
Star der festlichen Zeit ist eindeutig Frau Mußmann, denn sie bändigt täglich eine vorweihnachtliche Horde, die sich praktisch ununterbrochen in einer Art Geheimsprache verständigt: »Nur noch humpfdi-mal schlafen, dann ...« – »... Gameboy ...« – »... Lego ...« – »... Playstation ...« – »... Hund ...« – »... Handy ...«
Außerdem hat Frau Mußmann mit ihren magischen Kräften das Klassenzimmer verzaubert, überall buntes Leuchten. Und lauter Päckchen, die über unseren Köpfen schweben. An Leinen, die quer durch den Raum gespannt sind. Zusammen ergeben die Päckchen riesengroße Adventskalender – gleich zwei Kalender, weil auch Kens Mama ein Geschenke-Ensemble gestiftet hat. Wie wollen wir damit verfahren?
Hrvoje: »Wir könnten auf Stühle klettern.«
Ganz recht, aber in welcher Reihenfolge? Das wird per Los geklärt. Glücksfee Svenja zieht die ersten Gewinner: Es sind Jörg, Haldun und Hrvoje.
Kommentar von Hrvoje: »Supergenial. Und nur noch viermal schlafen, dann ist Weihnachten – Mann, da freu ich mich so drauf.« Viermal? Am ersten Advent? Das mit dem Zählen kriegen wir Schwarzburgschulenkinder auch noch hin.
Schon schreiten die Tage der Ankunft des Christkinds unaufhaltsam entgegen. Die Wunschzettel nehmen Gestalt an. Da zeigt sich, was für eine hilfreiche Fähigkeit dieses Schreiben ist. Was muss unbedingt drauf auf den Wunschzettel? Da sind zum Beispiel die Digimons, über die bereits Sagenhaftes zu erfahren war. Es gibt sie. Sie heißen zum Beispiel Argemon oder Kotomon.
Megi: »Manche können sich digitieren.«
Das heißt offenbar: verwandeln. Doch bei Digimons muss man viel bedenken.

David: »Es gibt jetzt neue Digimon-Helden. Und es gibt auch neue Digimons. Zum Beispiel Dämon.«
Hrvoje: »Es gibt auch neue Pokémons – der eine ist voll stark, uaaah, der ist so stark, dass ...«
Daniel: »Vielleicht können die gar keine Musik machen. Ich hab eine Idee: Vielleicht könnte man die mit in die Badewanne nehmen, und dann könnte man da rumspritzen.«
Frau Mußmann: »Vielleicht könnte man damit jonglieren.«
Alle: »Mein Papa kann das.«
Frau Mußmann: »Eure Papas arbeiten alle beim Zirkus?«
Alle: »Neiiiin.«
Nenad: »Mein Vater ist Brotfahrer, der kann mit vier auf einmal jonglieren. Und mein Bruder mit drei.«
Mit drei Broten? Hmm ... – wahrscheinlich der Vater mit vier Broten und der Bruder mit drei Brötchen. Oder vielleicht mit drei Weihnachtsplätzchen.
Samantha freut sich laut Weihnachtswunschzettel auf neue Spielkameraden. Der eine kann fliegen, und der andere hat Stacheln. Ihre Namen: »Vokl« und »Ikl« – so bestellt beim Versandhaus Weihnachtsmann. Adriana räumt sicherlich gerade Möbel um, denn sie hat eine Immobilie geordert: »Pupnhus«. Megi war wie immer besonders einfallsreich und kann, wenn alles klappt, bald Musik hören (»CD fon Brusis«), malen (»Dikbuntstift«), fläzen (»Tepisch«), naschen (»Süsiskaiten«) und telefonieren (»Hendi«).
Jaja, die Mobiltelefone. Alle haben sie sich ein Handy gewünscht. »Und dann«, fragte Frau Mußmann, »sitzt ihr hier in der Schule, und die Handys bimmeln?«
Logische Antwort: »Jaaaaa.«
Frau Mußmann: »Und wer soll das alles bezahlen?«
Svenja: »Ich!«
Dabei sollte die Wunschzettelaktion in der Schule eigentlich

zeigen, dass es auch sehr interessante Wünsche gibt, die nichts kosten bzw. nur mit sehr viel Phantasie gemalt werden können. Da traf Eleni zum Beispiel voll ins Schwarze: Sie spielt auf ihrem Wunschzettelbild gerade mit der Mama Ball, und die Mama trägt dabei eine verwegene Frisur, wie man auf der Skizze sehr gut erkennen kann. Modell Fontäne.

Ein prima Wunsch – Ballspielen mit der Mama: gratis erhältlich. Eine Frisur, Modell Fontäne, kostet allerdings eine Stange Geld. Die braucht man aber nicht unbedingt zum Ballspielen. Eleni würde sicher auch mit der Mama Ball spielen, wenn sie dazu Lockenwickler auf dem Kopf hätte.

Dagegen beschäftigt sich Aljoscha in seinen Geschenketräumen mit einem neuen »Gemboi«, und dabei sehen ihm seine beiden »Mer Schwainchen« zu: »menlich und waiblich«. Versierte Bevölkerungsforscher haben sicher schon bemerkt, dass Aljoscha langfristig nicht nur mit zwei »Mer Schwainchen« plant, sondern mehr erwartet. Auf natürliche Weise.

David bändigt in seiner Weihnachtsphantasie einen »Dinosaria« und fährt auf dem »Rola« ins »Zabalaboa«, um dort magische Dinge zu erschaffen. Hrvoje genießt das Leben in der Gesellschaft eines jungen Delphins und eines Hasen; für den Delphin möge der Papa doch bitte ein Schwimmbecken in Kroatien errichten, so sein Begehr. Das dürfte für den Papa ja kein großes Problem sein – nach all den Schränken und Regalen, die er bereits in der Wohnung aufgebaut hat.

Finanzexperte Haldun zählt in seiner Weihnachtsvorschau »Oro – das neue Geld«, Jakob weilt kurz mit »Ritrburk, Fotoabarat und Fernseja«, Doris kämmt »Babi«, Nenad fährt »Šif«. Jörg beschäftigt sich mit »Tetebeea« und »Pupe«, Nico ruft Jakob auf dem Handy an. Und was macht Ken? Hat seinen Spaß am »Gemboischbil«, besitzt notfalls aber auch einen neuen »Futoapara ont ainne Scharä«.

So stellen wir Bildungsanwärter uns das Leben nach Weihnachten vor. Auch das Lernen wird dann garantiert leichter sein. Wenn wir etwas nicht wissen, setzen wir den Telefonjoker und rufen einen Experten an. Auf dem Hendi.

Orthographieren
Ein Wort für Fortgeschrittene

Unter den zahlreichen Fremdsprachen, die wir in der Grundschule verwenden, spielen Latein und Griechisch keine herausragende Rolle. Erstklässler müssen daher noch nicht wissen, was ein Personalpronomen ist, und genießen außerdem das Privileg, ihre Lehrerin ungestraft duzen zu dürfen. Mit Bücherlesern kann man das natürlich nicht machen.

Ein klarer Fall von Erstklässlerrhetorik: »Duhu, Frau Mußmann, mein Mäppchen ist weg.« Auf der einen Seite haben wir das persönliche Fürwort »Du«, zweite Person Singular, auf der anderen Seite Frau Mußmann, die üblicherweise mit »Sie« anzusprechen wäre. Eine einzigartige Situation in der deutschen Sprache? Nanana … – da gibt es durchaus Vergleichbares. Wer beispielsweise 13 bis 17 Schuljahre einigermaßen erfolgreich hinter sich gebracht hat, kommt mitunter in die Situation, seinen Lehrer wieder duzen zu dürfen. Aber erst im zweiten Halbjahr der Abschlussklasse, nach dem gemeinsamen zweiwöchigen Segeltörn übers holländische Ijsselmeer oder nach der Rettung aus einer meterhoch verschneiten Berghütte. Und: Der Lehrer wird dann auch nicht mehr mit dem Nachnamen angesprochen, sondern mit Klaus. Zum Beispiel.

Es gibt aber noch einen Ort, an dem die Erstklässlerkonstruktion gebräuchlich ist: den deutschen Supermarkt, Registrierkasse: »Frau Spöckenkneifer, weißt du, wat die Kondome kosten?« Da kommt es in erster Linie darauf an, den Kunden in der Warteschlange den Vornamen von Frau Spöckenkneifer zu verschweigen. Schließlich würde niemand ernsthaft glauben, dass Frau Pumpenritter nach so vielen gemeinsamen Jahren an der Kasse immer noch nicht weiß, wie die Kollegin vornherum heißt. Aber deshalb muss die Kundschaft ja nicht gleich über solch intime Details informiert werden.

Der US-Amerikaner ist in solchen Dingen viel offener. Da funktioniert die Angelegenheit genau andersherum: »George, haben Sie alle Vorkehrungen getroffen, um auf den Angriff der Außerirdischen angemessen reagieren zu können?«, pflegt er zu sagen. Jedenfalls in deutsch synchronisierten Filmen. Also: Vorname ja, dazu aber das förmliche »Sie«. Ob sich das unter Amerikanern auch so anfühlt, ist allerdings nicht mit Sicherheit nachzuweisen, denn dort drüben sagt man ja, wenn man jemanden gut kennt: you. Und wenn man jemanden gerade erst kennen gelernt hat: auch you. Aber immer: George, you.

Interessant ist in dem Zusammenhang, dass der US-Amerikaner sich selbst am wichtigsten ist: I (also »ich«) schreibt er immer groß, you immer klein. Und damit wären wir beim eigentlichen Anlass für dieses Kapitel. Womöglich ist Ihnen im bisherigen Verlauf des Buches aufgefallen, dass so manche Anrede (»ihr«) noch ganz klein ist, die nächste dagegen schon recht groß: »Sie«. Das ist aber nicht einfach so nach dem Zufallsprinzip hingeschludert, sondern hat Methode. Man muss sich ja heutzutage über vieles Gedanken machen, besonders seit in Deutschland, Österreich und der Schweiz die Rechtschreibung reformiert wurde. Vorher konnte, wer schrieb, andere Menschen ganz unbeschwert anreden und vor allem: anreden lassen. Stets waren »Du«, »Ihr« und »Sie« großzuschreiben – mit einer Ausnahme, und die ging zum Beispiel so: »Da schreibst du dir die Fingerspitzen wund, und plötzlich stürzt dein Computer ab und deine ganze Arbeit ist für die Kat[Error]

Mit dieser Art von »du« war aber auch niemand direkt angesprochen, sondern der Verfasser meinte letztlich sich selbst; folglich war das Personalpronomen kleinzuschreiben. Alle anderen zweiten und mitunter auch dritten Personen gehörten groß, und das war auch gut so, Du. Äh, Pardon: Sie.

Dann aber kam die neue Rechtschreibung und wollte, dass wir andere Leute unflätigerweise klein ansprechen und anschreiben – sogar in Briefen! Steht wörtlich im Duden: »du (auch in Briefen kleingeschrieben)«. Dasselbe zum Thema »ihr«.

Und das ist der Punkt, an dem ganz klar gesagt werden muss: Na gut, wenn Frau Mußmann fragt: »Warum seid ihr in der Schule?«, dann wollen wir mal nicht so sein und »ihr« kleinschreiben. Oder wenn Alexander vom größten Erstklässler wissen will: »Gehst du wirklich bei dem in die Klasse?«, in Ordnung, da wäre ein großes »Du« vielleicht auch ein wenig übertrieben. Aber eines wollen wir mal festhalten: Wenn die Rechtschreibreformer demnächst kommen und von Autoren verlangen, sie sollten »sie« jetzt auch noch kleinschreiben, wenn sie sich direkt an ihre Leser wenden – nein, da hat es ein Ende mit dem Reformieren. Dann lieber Reformstau.

Und hier noch ein Versprechen: Wenn wir uns einmal so gut kennen lernen sollten, liebe Leser, dass wir einander sogar du-

zen, dann steht das im Buch großgeschrieben. »Du«. So. Da kann der Duden so lang, wie er will, darauf hinweisen, dass man das in Briefen jetzt kleinschreibt. Es heißt ja schließlich auch nicht »duden«.
Und außerdem sind Bücher nur dickere Briefe an Freunde, sagte schon Jean Paul.

Pferde stehlen
Expeditionen ins Tierreich

Die harte Arbeit an den Themen der ersten Klasse geht weitaus lockerer von der Pfote, wenn aus dem schwierigen Text in Deutsch irgendwo ein kleiner Hund hervorlugt. Oder wenn in Mathe nicht einfach 5 und 6 zusammengezählt werden, sondern fünf Affen und sechs Nilpferde. Was dabei herauskommt? Keine Ahnung. Das hatten wir noch nicht.

Miau. Das war Katzensprache und bedeutet: Miau. Leicht zu verstehen – aber was steht da an der Tafel? Auch das ist für uns natürlich kein Problem.
Hrvoje: »Wir haben einen neuen Buchstaben dazubekommen, und der heißt: das Ffff.«
Erwachsene müssen nämlich wissen: Hier in der ersten Klasse sagt man nicht Eff oder Emm oder Ell zu einem Buchstaben, sondern man nennt ihn so, wie man ihn auch in den Wörtern benutzt. Also: Fff oder Mmm oder Lll. Später wechseln wir dann zu Eff. Aber jetzt erst mal: Fff.
Genau. Was kann man damit machen? Zum Beispiel »Affe« schreiben. Oder »Fisch«. Das erste Tier, das wir in der 1b durchgenommen haben, kam aber ganz ohne Fff aus: der Igel. Und das erste Wort, das wir schreiben gelernt haben, war auch ohne Fff: Lama. Dann, fasst die Klassenlehrerin zusammen, kamen weitere Tiere an die Reihe, nämlich Maus, Ameise, Kamel, Esel, Elefant und –
Nenad: »Sonne.«

Frau Mußmann: »Sonne ist allerdings kein Tier.«
Nenad: »Stimmt ja.«
Zum Thema Tiere hat Frau Mußmann jede Menge Sachen mitgebracht. Etwa ein Arbeitsblatt mit den erstaunlichsten Kreaturen: Koala. Oder das Schwarzweiße hier: »Panter-Bär«, sagt Kristian. Nein, nicht Pan*ter*, hilft die Lehrerin, sondern Paaan ...
Kris: »Panzer-Bär?«

Oder das da – das hat Haldun ja noch nie gesehen. Pudel, geschoren. Damit kann man nicht nur Gassi gehen, sondern sogar zu Ausstellungen reisen und Preise gewinnen, erfahren wir. David ist strikt dagegen: »Man soll Tiere nicht benutzen, um Geld zu verdienen.«
Frau Mußmann hat sogar ein Mal- und Rätselbuch für jeden mitgebracht, in dem man zum Beispiel herausfinden muss, ob das Fell eines Fisches Streifen hat, welches Tier wiehert (Ente? Biene? Pferd?) und welches grunzt (Hund? Vogel? Vogelhund?). In dem Buch haben wir diese Woche die Giraffe Gabi kennen gelernt, Hase Hans, Affe Anton und Kamel Kalle. Aber am tollsten sind immer noch die echten Tiere: der Hund Maxi etwa, den David und Hrvoje schon oft auf dem Glauburgspielplatz gegenüber der Schule getroffen haben.
Jetzt sind wir aber in der Schule gegenüber dem Glauburgspielplatz und wundern uns: Ja gibt's denn so etwas: einen Fußballer im Trikot von Bayern München, der keinen Fußballerkopf hat, sondern einen Hundekopf? Kurzes Nachdenken bei der 1b. Dann einhellige Zustimmung: »Ja. Gibt's.« Den Beweis haben sie schließlich vor sich liegen. In der Zeitung war er abgebildet, der Profi-Fußballhund. Und was in der Zeitung steht, das stimmt. Beim gemeinsamen Blättern lernen wir auch, dass eine Kröte manchmal größer ist als ein

Pottwal. Jedenfalls in der Zeitung. Und dass es für Hunde die verrücktesten Dinge gibt: Schuhe zum Beispiel. Und Lockenwickler.

Da wundert einen irgendwann gar nichts mehr. Haldun fällt bei der Gelegenheit ein, dass er beim Wandern im Taunus unlängst ein wildes Krokodil im Teich gesehen hat. Die seien aber ganz lieb, die Taunus-Krokodile, beteuert er. Ken hingegen hat im Taunus Angler getroffen. Die hätten allerdings nichts von Krokodilen gesagt. Na ja, glauben seine Klassenkameraden, »dann war das wahrscheinlich ein anderer Taunus«.

Wenn sich die Kinder aus der 1b ein Haustier wünschen dürften, jetzt, nach den Erfahrungen mit dem Tier-Magazin, was würden sie dann nehmen?

Lukas: »Schlange.«

Frau Mußmann: »Aber du hast doch schon eine Schlange.«

Lukas: »Nein, die hab ich zurück in den Wald gebracht, damit sie wieder frei ist.«

Svenja: »Elefant.«

Kristian: »Hai.«

David: »Walhai.«

Jakob: »Giraffe.«

Aljoscha: »Meerschweinchen. Oder Kobra.«

Ken: »Zwei harmlose Tiger. Und damit eine Familie gründen.«

Gemeinsam werden wir gespannt darauf warten, ob die Wünsche in Erfüllung gehen. Das wäre dann reichlich Stoff für weitere Geschichten aus der 1b: Wie Jakob darum kämpft, dass sein Haustier nachts bei ihm im Bett schlafen darf; wie Kristian und David unterwegs mit ihren neuen schnuckeligen Gefährten ein Taunus-Krokodil treffen; wie Aljoscha nicht nur eines seiner Wunschtiere bekommt, sondern beide – und wie die so miteinander auskommen.

Bis es so weit ist, begnügen wir uns mit leichter zu zähmenden Gefährten aus der Tierwelt. Nehmen wir zum Beispiel Hund Maxi. Er hat aktuellen Berichten zufolge David zu Boden geworfen und sein ganzes Gesicht abgeleckt.
Alle: »Äääähl«
Elenis Hund, heißt es aus gut unterrichteten Kreisen weiter, pinkelt überallhin.
Alle: »Üüüüh!«
Auch in die Wohnung? Das nicht, sagt Eleni.
David: »Sonst wäre es ja danach seine Wohnung.«
Weil Hunde ihr Revier markieren, meint er. Elenis Hund lebt übrigens bei der Familie in Griechenland. Haldun hat nach eigenen Angaben ebenfalls einen Hund – in der Türkei bei der Uralt-Oma. Dort werden demnächst außerdem angeschafft: zwei Truthähne, ein Esel, drei Wachteln und drei Hühner. Das habe die Uralt-Oma versprochen, verkündet Haldun zufrieden. Und zwölf Katzen. Na ja, findet die 1b, hmmm, ob das stimmt? Lieber mal fragen, wie Elenis Hund heißt. Oje, sagt Elenis Miene: »Weiß ich nicht mehr.«
Hrvoje hat bereits tiefe Einblicke in die Gesetze der Natur gewonnen, wartet aber noch auf plausible Erklärungen: »In mein Aquarium sind Wasserschnecken gekommen, und ich weiß gar nicht warum!«
Mitunter befinden sich Tiere an Orten, an die sie nicht gehören. Frau Mußmann bringt eines Morgens ein Körbchen mit runden roten Sachen mit in die Schule. Es handelt sich nach einhelliger

DA ISSE! DA KRABBELTSE!

Meinung um Tomaten. So weit, so gut. Aber was ist das da auf der einen Tomate? Könnte eine Raupe sein, überlegt unsere Expertengruppe. Oder eine Spinne. Weitere Interpretationen: »Assel! Kellerassel!«
Frau Mußmann (bisschen empört): »Die Tomaten sind sorgfältig gewaschen.«
Alle: »Da krabbeltse! Da isse! Auf der Hose von Frau Mußmann!«
Es muss etwas geschehen. Da naht der Held des Tages: Aljoscha rettet seine Lehrerin vor dem Ungeheuer.
David ordnet bio-historisch ein: »Die Assel gehört zur Art der Arachnoiden.«
Alle: »Hä?«
David: »Zur Art der Spinnentiere.«
Wenn das so ist, müssen wir ja keine Angst mehr haben. Gut, dass David bei uns ist – in anderen Großstadtschulklassen gibt es keinen solchen Experten für die Klassifizierung kleiner und großer Tiere.
Das verhält sich auf dem Land schon ein wenig anders. Dort, berichtet etwa Landlebenexperte Dietmar, ein Freund des größten Erstklässlers der Welt, dort wurde morgens vor dem Unterricht zunächst einmal die Kuh gemolken. Gut, das ist jetzt 35 Jahre her, aber immerhin: ein willkommener Anlass zum Vergleich. Dietmar wuchs in einem 300-Seelen-Nest im Odenwald auf und ging in die Dorfschule. Ganztagsbetreuung garantiert: »Der Kindergarten war die Wiese hinter der Kirche.« Das Kindergartenpersonal: die Dorfbevölkerung.
Als Dietmar in die Schule kam, hatte er vier Klassenkameraden. Mehr Gleichaltrige gab es im Dorf nicht. Und das war noch viel. »Die Edeltraud zwei Jahrgänge höher«, erzählt er, »war in ihrer Klasse ganz allein.« Das ging natürlich nicht. Da mussten mehrere Jahrgänge zusammengelegt und gemein-

sam unterrichtet werden. Obwohl: »Mehrere Jahrgänge« ist in diesem Zusammenhang vielleicht ein wenig untertrieben. »Alle Jahrgänge« trifft es eher. Ein einziger Lehrer für die Kinder aus acht Schuljahren zusammen in einem Raum.
So etwas wäre heutzutage in der Großstadt undenkbar. Alle Sechs- bis Vierzehnjährigen auf einem Haufen – da wären ja mindestens 50 000 Kinder in einem Klassenraum. Das könnte keine Lehrerin bewältigen. Oder sie müsste den Hausmeister zu Hilfe holen. Deshalb wurden in Großstädten jeweils mehrere Schulen gebaut und einzelne Klassen mit einzelnen Klassenlehrerinnen eingeführt. Trotzdem gibt es in vielen Städten Schulklassen mit lauter Gleichaltrigen, die genauso groß sind wie die Universalschule von Dietmar auf dem Land: um die 30 Kinder. Da lässt es sich nicht so gut lernen wie zum Beispiel in der 1b mit ihren etwa 20 Mädchen und Jungen.
Aber was die Tiere angeht, sagt Dietmar, war es auf dem Land natürlich besser.

Vier- bis Achtbeiner sind ein Topthema im ersten Schuljahr. Kommenden Lerngenerationen muss freilich von vornherein klar sein: Es gibt sie nicht, die Streichelzoos in Grundschulen mit Tigerbabys und Orcabecken. Alles andere ist gelogen. Lernen macht aber trotzdem tierisch Spaß. Meistens.

Rumrennen
Es lebe der Sport

Keine Müdigkeit vorschützen, immer in Bewegung bleiben. Zwei sportliche Höhepunkte stehen bei uns auf dem Stundenplan, einer mittwochs, einer freitags, denn die heutige Kindergeneration rennt ja angeblich kaum noch draußen herum. Sie trainiert fast ausschließlich die Fingermuskulatur: mit Gameboy und TV-Fernbedienung, behaupten Wissenschaftler.

Verehrtes Publikum – die Olympischen Winterspiele sind eröffnet. Es folgt der Einmarsch der Athletinnen und Athleten: Turnstunde in der 1b. Nico trägt ein Tom-&-Jerry-Trikot, Kristian die kroatischen Farben. Nenad läuft in Grün-Weiß auf und zählt offenbar zur Mannschaft der Wanderkrokodile; auf seinem Sweatshirt ist ein Reptil mit Rucksack abgebildet. Samantha gehört demnach den »Tanzenden Bananen« an, Tommys Team heißt »To Be Different«, und Jörg sportelt mit »Race Run Speed«. David dagegen bevorzugt ein ganz schlichtes Sportdress, aber geschmackvoll schlicht: Nummer 28.
Bevor die Wettkämpfe beginnen können, wechseln die hochkarätigen Sportler ihre Fußbekleidung: »Zchritz, fritzel, britzi« – Klettverschluss allenthalben. Schnürsenkel würden den Luftwiderstand zu sehr erhöhen. Es geht hier schließlich um jede Hundertstelsekunde. Außerdem sind diese Schnürsenkel saumäßig schwer zu binden.
Gut. In unserer Turnhalle liegt nicht so viel Schnee wie in Salt Lake City, daher lassen wir Einzel- und Mannschaftswett-

bewerb im Skispringen weg, verfügen aber im Gegensatz zu denen in den USA über fünf Zauberer. Jörg, Ken, Doris, Samantha und Svenja besitzen die Gabe, ihre herumflitzenden Klassenkameraden mit einer bloßen Berührung erstarren zu lassen. Aber so was kann sich schnell ändern – eine Minute später haben fünf andere Extremsportler diese magischen Kräfte.

Irgendwelche Forscher behaupten ja, Kinder seien heute motorisch nicht mehr die Fittesten. Ha! Die sollten mal zusehen, wenn Svenja den Ball auf den Boden doppt (wie der Frankfurter sagt) beziehungsweise prellt (was doof klingt). Svenja kann den Ball zehnmal hintereinander aufdoppen. Ihre Taktik: Sie hüpft einfach jedes Mal mit. Das sieht entzückend aus und macht offenbar größtes Vergnügen.

Goldmedaillen ohne Ende schneit es auch in der Disziplin »Das Schweinchen muss in den Stall« (mit Ball, Hockeyschläger und Hula-Hoop-Reifen) und beim Ball-gegen-die-Wand-werfen-und-wieder-Auffangen.

Megi: »Kuck ma!«

Sie wirft den Ball an die Wand, wendet sich halb ab, macht die Augen zu, einen Gesichtsausdruck wie kurz nach dem Biss in eine Zitrone und hofft, das Sportgerät möge irgendwie in ihren Armen landen und bittebitte nicht auf ihrer Nase.

Ball: »Dopp-dopp-doppdoppdopprollrollrollroll.«

Megi: »Hach Mann, immer wenn jemand zukuckt …«

Schwarzburgschulenkinder, go for gold!

Aber es ist nicht alles Schnee, was glänzt – auch der Sommer bietet einen sportlichen Höhepunkt, und jeder will schon vorher wissen, wer Fußballweltmeister in Japan und Südkorea wird. Nur wir von der 1b haben jedoch gesicherte Informationen, denn bei uns sitzen die wahren Experten. Hier die Indizien:

Erstens: Seit vergangenem Jahr – also seit wir in der Schwarzburgschule sind – steht dort die hölzerne Hütte, in der die Schüler Pausenspielgerät ausleihen können, darunter Kunststoffbälle.

Zweitens: Nenad besitzt Fußballschuhe.

Drittens: Unsere Klassenkameradin Eleni kickt regelmäßig. Das wäre doch ein Fernsehinterview wert.

Reporter: »Liebe Sportfreunde, wir müssen Ihnen Eleni aus der Klasse 1b sicher nicht mehr vorstellen – jeder kennt sie als Fußballstar. Eleni, wo gehst du auf Torejagd?«

Eleni: »In dieser großen Schule da.«

Reporter: »Ah, und mit wem spielst du dort?«

Eleni: »Mit diesen Jungen.«

Reporter: »Und mit welchem Fuß schießt du die Tore?«

Eleni: »Mit dem rechten. Und manchmal mit links.«

Reporter: »Hoch oder flach?«

Eleni: »Beides.«

Reporter: »Vielen Dank für dieses Interview und viel Erfolg bei der weiteren Karriere.«

Zur WM darf Eleni trotzdem nicht mitfahren – Wasser auf die Mühlen der Kritiker, die finden, dass Deutschlands Teamchef Rudi Völler die besten Spieler zu Hause lässt. Allerdings wäre bei Eleni noch zu klären, für welches Land sie spielt. Ihr Weltmeistertipp lautet nämlich mit Rücksicht auf die Verwandtschaft: »Griechenland.«

Gut, Sie werden jetzt einwenden, die griechische Mannschaft habe sich gar nicht qualifiziert für die Spiele in Japan und Südkorea. Das ist richtig. Aber wir in der 1b planen ja auch langfristig, so Richtung Weltmeisterschaft in 16 oder 20 Jahren. Wir verheizen keine jungen Spieler. Und wir bilden uns mit Hintergrundwissen weiter: Nenad tauscht auf dem Pausenhof mit dem größten Erstklässler einen Mehmet-Scholl-

Sticker fürs Klebealbum zur WM. David kriegt Bode, Ziege und Nowotny. Dafür bitte je einen Expertentipp.
Reporter: »Wer wird Weltmeister?«
Nenad: »Leverkusen.«
David: »Wer kämpft denn nochmal gegen wen?«
Reporter: »Hmm. Dann Jakob fragen. Wer wird's?«
Jakob: »Real Madrid.«
Reporter: »Soso. Jakob, kennst du denn auch deutsche Nationalspieler?«
Jakob: »Ja.«
Reporter: »Und wen?«
Jakob: »Mir fällt grad keiner ein.«
Karim aus der 2c glaubt ja, dass es Brasilien oder Frankreich schafft. Aber wir vertrauen lieber unseren eigenen Fachleuten. Megi sagt nämlich: Kroatien. Und sie muss es ganz sicher wissen. Erstens sammeln alle in ihrer umfangreichen Familie Fußballerklebebilder. Und zweitens hat sie ein Trikot des kroatischen Torjägers Davor Suker!
Dass es dann für Kroatien bei der Weltmeisterschaft in Japan und Südkorea doch nicht ganz gereicht hat, muss mit höheren Mächten zusammengehangen haben. Mit rechten Dingen ging es jedenfalls nicht zu – schließlich war Megis Familie optimal auf das Turnier vorbereitet.
Nach der Fußball-WM folgt traditionell die Tour de France. In Zeiten jedoch, da Jan Ullrich besonders am Knie zu dick ist und deshalb nicht fest in die Pedale treten kann (diese Zeiten häufen sich) und außerdem Pillen nimmt, die nicht in erster Linie für Radfahrer gedacht sind, gilt es für uns Nachwuchshoffnungsträger, die Zukunft des Radsports zu sichern. Dem steht allerdings entgegen, dass wir eigentlich noch gar nicht zur Schule radeln dürfen. Nico macht's trotzdem. Darüber sollten wir reden.

Frau Mußmann: »Nico, ist das nicht zu gefährlich?«
Nico: »Für mich nicht. Ich fahr schon seit drei Jahren Fahrrad.«
Wow. Fast könnte man sagen: sein halbes Leben lang. Allerdings muss man wissen, dass kürzlich auf dem Schulhof ein schlimmer Unfall passiert ist: David bestritt ein wichtiges Radrennen gegen Kumpel Fabio. Auf der Zielgeraden, wir kennen das ja von Erik Zabel, ging es ein wenig drunter und drüber – und Fabio fuhr aus Versehen eine Gruppe Mädchen über den Haufen. Ein Kind musste ins Krankenhaus. So etwas darf sich nicht wiederholen.
Ken: »Ich habe gesehen: Nico fährt so langsam und wackelig, dass er fast hinfällt.«
Frau Mußmann: »Aber er hat doch gesagt, dass er schon die Tour de France gewonnen hat und dass er über jahrelange Erfahrung verfügt.«
Nico: »Das schon, aber ich hab mal ein Jahr ausgesetzt. Vielleicht bin ich ein bisschen aus der Übung.«
An seinem früheren Fahrrad, erinnert sich Nico, war ein »Extra-Hilfe-Päckchen« montiert: »Falls ich mir wehtue. Da hab ich immer mal ein Stück Pflaster abgeschnitten und hier hingeklebt.« (Zeigt auf sein Knie.)
Frau Mußmann: »Da bist du also nicht nur Radrennfahrer, sondern auch ein ausgebildeter Sanitäter.«
Ken: »Ja – Nico könnte in der Klinik anfangen, in der meine Mutter arbeitet, und den Krankenwagen fahren.«
Nico: »Nein. Ich habe keinen Führerschein.«
Noch nicht. Aber das ist nur eine Frage der Zeit. Und dann: Tatütata – Nico rettet die Welt. Vielleicht auch auf einem Rettungsfahrrad. Das wäre eine echte Marktlücke. Der Verletzte dürfte aber nicht zappeln.
Zwischen den sportlichen und gesundheitsfördernden Groß-

ereignissen halten wir Stars von morgen uns mit allerlei ungewöhnlichen Körperübungen fit. Zum Beispiel: Aufstehen während des Unterrichts. Höchste Von-der-Lehrerin-geschimpft-kriegen-Gefährlichkeitsstufe. Ungeschlagener Rekordhalter: Haldun. Oder: Stuhlschaukeln. Ebenfalls hohe Schimpfwertung und zusätzlich Krankenzimmergefahr. Aber was ist diesmal in die 1b gefahren? Ein neuer Tanz? Sie fuchteln mit den Armen durch die Luft, rauf, runter, und rufen dazu: »Und dann so – und dann so – und dann so bumm!« Total verrückt? Nein: Sie waren alle auf der Dippemess. Das ist ein Volksfest in Frankfurt. (Hessisch »Dippe« = Topf; so sind wir Hessen halt.) Haldun zum Beispiel ist Autoscooter gefahren, Geister- und Achterbahn. »Mit dem Autoscooter hab ich meinen Bruder geschlagen«, schildert er.
Frau Mußmann: »Was meint er?«
Ken: »Mit dem Auto so in die Seite geklotzt. So gecrasht.«
Und in der Geisterbahn? Gegruselt?
Haldun: »Ich nicht. Mein Bruder schon. Ich hab ihn sogar ausgelacht, weil er Angst hatte.«
Na! Redet man so über seinen Bruder?
Haldun: »Und dann auf der Achterbahn: so und dann so – und dann so rauf – und dann runter ...«
Frau Mußmann: »Ist dir da nicht schlecht geworden?«
Haldun: »Nee. Und es gibt eine Achterbahn, da sitzen die Menschen nach rückwärts.« (Guckt in die Runde. Grinst.) »Meinem Bruder ist aber schlecht geworden.«
Angst ist ja nichts Schlimmes. Megi ist auch Achterbahn gefahren – und gesteht ganz sportlich: Sie fürchtete sich.
Megi: »Ja, ich hatte Angst, dass mein Buffalo wegfliegt.«
Buffalo, das ist ein Turnschuh. Sie musste ihn offen lassen, weil sie gerade einen Bänderriss am Fuß auskuriert. Wir halten also fest: Megi stieg schwer verletzt in eine Achterbahn

und hatte nur diese eine Sorge: dass ihr teurer Schuh abschmiert. Ach ja, und da war noch was, berichtet sie: »Mein Vater wäre fast hinten rausgekippt.«
Derweil fuhr David Kettenkarussell und wurde aus dem Sitz katapultiert bis zum Tengelmann-Markt in der Weberstraße. Nein, gar nicht wahr. Aber er schoss am Luftgewehrstand eine Maus und eine Trillerpfeife. Megi musste neun Nilpferde in die Hand nehmen und bekam dafür eine Schildkröte und einen Papagei. Das war die Dippemess.

So sorgt also der moderne Grundschüler für seine Fitness. Wir fassen zusammen: Es genügt nicht, einfach nur den Ball perfekt gegen die Wand doppen zu können. Zur vollkommenen physischen und mentalen Stärke reift nur heran, wer eine Achterbahnfahrt mit offenem Buffalo übersteht.

Sympathisieren
Ein Freund, ein guter Freund

Freunde. Das ist was Besonderes. Gute Freunde. Noch besonderer. Beste Freunde. Am besondersten. Wenn man einen besten Freund hat, muss man gut aufpassen, was man sagt. Auch das lässt sich sehr gut in der Schule lernen.

Zwei aus unserer Klasse waren allerbeste Freunde. Mal übernachtete der eine bei dem anderen, dann übernachtete der andere bei dem einen. Gemeinsam lernten sie, wie man einen Schnellhefter schließt, wie man Hendi, Verzeihung, Handy schreibt und wie viel 3 + 1 ungefähr ist gleich. Alles war bestens, und die Schultüten sangen im Chor dazu.
Bis vor kurzem. Da gab es Streit, denn so etwas kommt ja selbst bei den allerallerbesten Freunden vor, sogar bei ... Asterix und Obelix. Oder bei Angela und Edmund. Oder bei Gerhard und Joschka. Und eben auch bei David und Aljoscha aus der Klasse 1b. Die ärgerten sich ziemlich übereinander, und da fragte der eine Freund den anderen: »Bist du noch mein bester Freund?« Der andere antwortete dem einen: »Nein.« Vor lauter Ärger. Und ging nach Hause.
Na, da kann man sich ja vorstellen, wie traurig der eine war, denn was soll man denn machen im Leben ohne seinen allerbesten Freund? Frau Mußmann hat das alles mitbekommen. Am nächsten Schultag fragte sie die beiden Freunde, wie es weitergegangen ist mit der Geschichte. Da stellte sich heraus, dass der eine Freund den anderen zu Hause angerufen hat,

weil ihm die Freundschaft nämlich sehr wichtig ist. Und weil der Ärger in der Zwischenzeit schon wieder ziemlich nachgelassen hatte, haben sich die beiden einfach wieder vertragen. Am nächsten Tag saßen sie in der Schule wie gewohnt nebeneinander und wussten sogar schon, was bei 6 + 2 + 1 herauskommt. Aljoscha konnte sich schon gar nicht mehr an einen Streit erinnern, und auch David war wieder vergnügt.
Wir Schwarzburgschulenkinder können eben auch verzeihen. So ist es auch zwischen Megi und Doris. Obwohl: Bei den beiden hat man das Gefühl, sie streiten sich nie. Megi hat immer eine Idee, und Doris macht mit. Megi redet den ganzen Tag, und Doris hört zu. Megi geht über den Schulhof, und Doris geht hinterher. Mal sehen, wie es bei ihnen weitergeht. Vielleicht sagt Doris auch eines Tages mal etwas. Dann sehen wir, ob die Freundschaft hält.
Aber manchmal müssen Freunde auch auseinander gehen und können überhaupt nichts dafür. So ist das zum Beispiel mit Daniel und seinen Mitschülern.
Hach, Daniel. Wissen Sie, was er kürzlich gemacht hat? Ist »mit dem Auto woanders hin gefahren«, erzählt er. Mama und Papa waren auch dabei. Sie mussten ganz weit über die Autobahn brausen: nach Aschaffenburg. Das ist so weit weg, dass man noch nicht einmal mit dem Fahrrad in die Schwarzburgschule fahren kann. Dort werden sie in Zukunft wohnen, weil der Papa da eine Arbeit gefunden hat. Und Daniel wird dann in eine andere Schule gehen. Bei uns macht er in Zukunft nicht mehr mit.
Wir müssen jetzt ganz stark sein.
Beim Besuch in Aschaffenburg hat sich Daniel in der neuen Schule umgesehen. Den Namen der Schule und der neuen Lehrerin hat er zwar wieder vergessen, aber sie sind 23 Kinder in der Klasse (viiiiel mehr als bei uns), und angeblich sind

bunte Sachen auf den Schulhof gemalt. Es gibt allerdings keine Rutsche, kein Klettergerüst, noch nicht mal eine Schaukel. »Also das ist aber eine komische Schule«, findet Megi. »Es ist halt eine kleine Schule«, erklärt Daniel tapfer. Und: »Es gibt so Holzteile, auf die man sich beim Versteckspielen drauflehnen kann.« Beim Versteckspielen drauflehnen? Ja, sagt Daniel: Der, der zählt, lehnt sich da drauf, während die anderen sich verstecken.
Ein Holzteil also. Immerhin.
Zur neuen Schule fährt Daniel dann in Zukunft mit dem Bus, kann aber notfalls auch zu Fuß gehen. »Dann kommst du aber zu spät, wenn du laufen musst«, versucht David das Ruder noch herumzureißen. Statt dauernd zu spät in die neue Schule zu kommen, meint er, solle Daniel lieber gleich hier bleiben. Dann hätte er viel weniger Ärger. Aber irgendwie ahnt David schon, dass da wohl nicht mehr viel zu machen sein wird. Insgesamt geht die 1b total erwachsen mit dem Thema um, wie sie so im Kreis sitzt und Daniels Zukunft erörtert.
Wichtig sind beispielsweise die Möglichkeiten zur sportlichen Betätigung. »Gibt es da einen Fußballplatz bei deiner neuen Schule?«, fragt Hrvoje. Gibt's. »Basketballfeld?« Gibt's nicht. Hmmm, sagt Hrvojes Blick: Das ist ja nicht so besonders.
Aber wenn Daniel eben weggehen muss, dann kann man dagegen wenig tun. Um die Sache zu erleichtern, gibt ihm die 1b wenigstens alles mit, was man so braucht, draußen in der großen weiten Welt namens Aschaffenburg. Für ein tolles Abschiedsbuch haben sie Freundschaftsfotos gemacht. Jeder hat auch ein Erinnerungsbild für Daniel gemalt, und unter den Bildern stehen gute Wünsche für die Zukunft: »Viel Gesundheit«, »Sei brav in der neuen Schule«, »Viele neue Freunde«. Und natürlich: »Besuch uns mal.«

Denn wir Schwarzburgschulenkinder vergessen unsere ehemaligen Mitschüler nie. Und zu unseren aktuellen Mitschülern sind wir immer ausgesprochen verständnisvoll. Na gut, nicht ganz immer. Wir können, ehrlich gesagt, auch ziemlich fies werden, wenn jemand von uns schon in der ersten Schulklasse mit Mädchen (!) befreundet ist.

Hrvoje (zu Nico): »Nicolaus! Liebespärchen!«

Nico: »Frau Mußmann, Hrvoje hat schon wieder Nicolaus zu mir gesagt und Liebespärchen.«

Frau Mußmann: »Das kann nicht sein.«

Nico: »Wieso?«

Frau Mußmann: »Allein kann man kein Liebespärchen sein. Wer gehört noch dazu?«

Nico: »Wieso?«

Frau Mußmann: »Da muss es doch noch ein Mädchen geben, wenn du angeblich ein Liebespaar bist. Dazu gehören ja zwei. Wer ist das Mädchen?«

Nico: »Die Julia, aber das heißt ja noch nicht, dass ich sie liebe.«

Frau Mußmann: »Oder vielleicht doch?«

Nico (aufrichtig): »Nein. Wirklich nicht.«

In dieser Angelegenheit müsste wohl Julia ihre Sicht der Dinge schildern, um Klarheit in die Sache zu bringen. Andererseits: Muss so viel Klarheit jetzt schon sein? Überlassen wir lieber den beiden selbst die Entscheidung, ob sie ein Liebespärchen sind. Oder ein Nicolaus.

Exkurs: Mitleiden

Echte Freunde leiden auch mit, wenn es dem anderen schlecht geht. Das hat mit der Schule nicht direkt zu tun, aber es gehört zum Leben und muss deshalb auch gelernt werden. Wer ziemlich krank ist, geht ins Krankenhaus. Dort empfängt er, wenn es ihm wieder ein bisschen besser geht, gern Besuch. Am besten gleich von der ganzen Schulklasse.
Heute, liebe Freunde der körperlichen und geistigen Gesundheit: ein kleiner Ausflug über die Straße und hinein ins Marienkrankenhaus. Da liegt seit fast zwei Wochen einer von uns und hat ein Loch im Bauch, das ihm die Ärzte hineinschneiden mussten. Zwei und zwei an den Händen gefasst, marschiert die 1b über die Klinikflure, macht große Augen und feiert dabei nennenswerte Heilungserfolge: Patienten, die seit Wochen nicht mehr gelacht haben, können beim Anblick der Prozession zumindest wieder schmunzeln. Das ist doch schon mal was. Da ist der Rest der Genesung doch nur noch ein Klacks.
Vielleicht sollte die 1b nebenher als Wunderheiler-Ensemble durch die Spitäler ziehen. Ach nein, lieber doch nicht. Dann wären die Kliniken überfüllt mit Leuten, die sich von uns heilen lassen wollten, obwohl sie gar nichts hätten, oder nur einen Schnupfen. Die Bauindustrie erlebte einen sensationellen Aufschwung, weil sie überall neue Kliniken errichten müsste, aber sämtliche Krankenkassen gingen innerhalb eines Schuljahres pleite. Und in den Sommerferien müssten Ärzte und Krankenschwestern Däumchen drehen, denn es würde überhaupt niemand mehr krank, weil kein Besuch von der 1b zu erwarten wäre. Das hat also keinen Sinn.
Auch der größte Erstklässler der Welt lacht wieder. Er ist nach seiner Operation schon aus dem Gröbsten heraus und emp-

fängt die Klassenkameraden direkt in seinem Krankenzimmer. Da liegen noch ein paar andere Leute mit anderen Gebrechen, aber die lassen wir mal lieber in Ruhe und gehen alle zusammen in den Krankenhausgarten.
Mit der Vorführung des Verbands über der Operationswunde, die ungefähr so lang ist wie manche seiner Klassenkameraden, erregt der übertrieben groß geratene Erstklässler übrigens wenig Mitleid. Einhellige Meinung: »Sieht ja doof aus.« Überhaupt kann so ein Krankenhaus die 1b nicht besonders schrecken. Und die Furcht verschwindet vollkommen, als die Besucher hören, dass es hier zwar bisher noch keine Lasagne und keinen Gurkensalat zum Mittagessen gab, aber dass das durchaus noch passieren könnte. Hrvoje würde angeblich gern in der Klinik einziehen: »Damit mein Bruder zu Hause alles allein aufräumen muss.« Megi auch – obwohl: »Meine Schwester und meine Mutter räumen ja sowieso alles auf.« Die beiden wissen, wovon sie reden: Megi kam einmal mit einem bandagierten Fuß in die Schule. Bänderriss – unangenehme, langwierige Sache. Aber Berufsrisiko; Megi arbeitet nämlich nebenher an einer Karriere als Tänzerin. Sie tritt bei vielen Gelegenheiten mit ihrer Truppe auf, etwa bei Vereinsfesten und Hochzeiten. Da kann schon mal ein Füßchen umknicken. Svenja hat sich ebenfalls ein tänzerisches Standbein geschaffen, für den Fall, dass es mit der Karriere als Professorin oder Klarsichthüllen-Queen nichts wird, und sie hat glücklicherweise dabei keine schwer wiegenden Verletzungen erlitten. Ganz im Gegensatz zu Hrvoje. Der Arme brach sich ja bekanntlich in diesem ersten Schuljahr den Fuß, allerdings nicht in Ausübung tänzerischer Höchstleistungen. Nein, er war im Hort von einem Schrank gesprungen, wie man es halt so macht. Was, Sie springen im Büro nicht mindestens einmal täglich vom Schrank herunter? Nun, wir machen das schon,

wenn gerade niemand Erwachsenes guckt. Dabei muss man freilich gut aufpassen, wie man das Wiedersehen mit dem festen Boden unter den Füßen gestaltet, sonst endet es unerfreulich. So geschehen bei Hrvoje. Irgendwas im Fuß ging zu Bruch, und als er wieder in die Schule kam, hatte er zwei bunte Krücken, eine kleine Schutzengel-Puppe und einen Gips dabei.

Das rief natürlich neugierige Fragen unter den Mitschülern hervor. Zum Beispiel: »Wie lang muss der Gips dranbleiben?«

Hrvoje: »Das hab ich schon mal gewusst, aber jetzt nicht mehr.«

Wie auch immer. Sechs Kinder aus der 1b sind in dem Krankenhaus geboren, in dem der größte Erstklässler zwei Wochen verbringt. Wissen sie auch, wie lang es die Klinik schon gibt?

Nenad: »Ja, mehr als 30 Monate!«

Völlig richtig; knapp 100 Jahre. Und es hat um die 500 Betten.

Frau Mußmann verdeutlicht: »Die ganze Schwarzburgschule, alle Kinder und alle Lehrer, könnten hier operiert werden.«

Manche haben bereits einschlägige Erfahrungen: Hrvoje – was hat er schon alles durchgemacht! – wurde einst wegen Bauchschmerzen eingeliefert und bekam zur Heilung nach eigenen Angaben einen Gipsarm verpasst. Bei Nenad wurde dasselbe Symptom mit Infusionen bekämpft. Haldun stieß das seltene Missgeschick zu, an einem einzigen Wochenende von drei verschiedenen Bienen gestochen zu werden. Über die Therapie der gravierenden Verletzungsfolgen (»wie ein Ei so groß!«) macht er keine näheren Angaben.

Tommy kam einmal mit den Worten ins Klassenzimmer: »Mir ist ein Kanal auf den Finger gefallen.«

Alle: »Boaaaaah!«

Er hatte aber lediglich ein Pflaster um einen seiner Finger, was

die Vermutung nahe legte, dass es doch nicht der ganze Kanal war, sondern nur der Deckel. Schlimm genug. Vor seiner Laufbahn als Schüler brach sich Tommy einst das Bein. Erfahrene Ärzte behandelten ihn mit einer Spritze (Entsetzen bei den Mitleidenden), deren Skala bis 100 reichte (großes Entsetzen), was sich Tommy auf Nachfrage so erklärt: »Ja, mir wurden 100 Liter Blut abgenommen.« (Allgemein stark nachlassendes Interesse an einem Klinikaufenthalt.)
Ken klettert derweil 140 Meter hoch auf einen Krankenhausgartenbaum (soll sofort wieder runterkommen) und verkündet anschließend: »Mir wurden hier die Polypen rausgenommen.« Nein, nicht auf dem Baum, schon vorher irgendwann mal hier in der Klinik.
Was aber sind eigentlich Polypen? Frau Mußmann (mit zugehaltener Nase): »Wnnnn mnnn nur noch soo sprchnnnnn knnnn.«

War interessant im Krankenhaus. In Zukunft wollen wir dieser Einrichtung aber lieber fernbleiben. Es genügt ja zu wissen, dass es so etwas in der Nachbarschaft gibt.

MIR WURDEN 100 LITER BLUT ABGENOMMEN

Türmen
Pisa und die Folgen

Machen wir einmal kurz die Klassenzimmertür von außen zu. Während die Erstklässler lernen, weht ein Sturm durch die Schulen und Ministerien. Er heißt Pisa und erschreckt die Bildungspolitiker in deutschen Landen so sehr, dass sie sofort das Zanken beginnen. Ihre Hauptsorge: Wer ist schuld? Dabei müssten wir uns doch eher fragen: Was machen wir jetzt?

Wer ist Pisa? Der Pruder von Lisa? Neinnein, Pisa ist ein Test, bei dem ganz viele Schülerinnen und Schüler in ganz vielen Ländern knifflige Aufgaben lösen mussten. Dabei haben die deutschen Schülerinnen und Schüler ziemlich mies abgeschnitten. Es waren aber auch wirklich schwere Fragen dabei. Zum Beispiel musste man ein relativ langes Theaterstück über eine gewisse Amanda und die Herzogin lesen. Aber nicht nur lesen, sondern auch verstehen, sodass man hinterher etwa zu sagen vermochte, was die Schauspieler mit dieser und jener Äußerung gemeint haben. Könnten.
Warum sagt Amanda in dem Theaterstück: »Er hat mich nicht erkannt«? War sie etwa als Indianerin verkleidet? Nein, sie meint: Der Prinz hat nicht gesehen, dass Amanda aussieht wie eine andere Frau, die er kannte. Da muss man den Text aber schon gut verstanden haben, tja, und damit hatten die deutschen Teilnehmer so ihre liebe Mühe. Von den Schülern wurde sogar erwartet, dass sie erklären können, was die Theatertechniker zu dem Stück beitragen.

Ganz schön schwierig. Oder: Naturwissenschaft. Da sollten die Schüler »konzeptuell und prozedural« auf Zack sein. Wirklich. Steht so in der Auswertung. Wenn etwa einzelne Sauerstoffmännchen (die nennen sich in echt »Sauerstoffatome«) einsam und traurig sind, können sie sich mit Sauerstoffmännchen-Pärchen (»Sauerstoffmoleküle«) zusammentun, und alle sind wieder froh. Gemeinsam heißen sie dann Ozon. Konzeptuell kapiert? Dann prozedural umsetzen.

Oder: Mathematik. Da mussten die Pisa-Schüler unter anderem Dreiecke miteinander vergleichen und ein ganz bestimmtes Dreieck ausfindig machen: »Das Dreieck PQR hat einen rechten Winkel in R. Die Strecke RQ ist kürzer als die Strecke PR. M ist Mittelpunkt der Strecke PQ und N ist Mittelpunkt der Strecke QR. S ist ein Punkt im Inneren des Dreiecks. Die Strecke MN ist länger als die Strecke MS.«

Wer versteht denn so was? Jugendliche aus Japan, Korea oder Finnland verstehen so was schon ziemlich gut. Im Pisa-Test waren sie allerdings bereits 15 Jahre und damit gut doppelt so alt wie wir Abc-Schützen. Trotzdem: Wir können auch schon einiges dazu beitragen, dass es besser wird. Sollen sie doch uns fragen. Zuerst sollten sie aber dafür sorgen, dass Kinder in schönen kleinen Gruppen lernen können. Und dafür, dass die Lehrerinnen genug Zeit und die Eltern genug Lust haben, uns dabei zu unterstützen. Das hilft. So ein Brief von Papa und Mama, hört man, soll Wunder wirken. Oder gemeinsam ein Buch lesen.

Auch wenn wir angeblich noch ganz klein sind – wir wissen schon über manches Bescheid. »Wie Sie sicherlich wissen, kann die Grippe im Winter schnell und weiträumig um sich greifen. Ihre Opfer liegen dann oft wochenlang krank im Bett«, heißt es in einer Pisa-Aufgabe. Ja, wissen wir.

Nächste Aufgabe. Nehmen wir doch diese hier – eines unse-

rer Spezialgebiete: Seite 27, »Turnschuhe«. Kaum einer von uns Erstklässlerinnen und Erstklässlern kommt morgens ohne Turnschuhe in die Schule. Und deshalb wissen wir auch ganz genau, dass eines garantiert nicht geht: mit Turnschuhen im Schwimmbad übers Wasser rennen, wie es auf einer Zeichnung im Pisa-Test zu sehen ist. Vielleicht funktioniert so etwas in Pisa. Da bleibt ja auch manches stehen, was hierzulande längst umgekippt wäre. Aber bei uns zu Hause auf dem Bürgersteig kann man mit Turnschuhen allenfalls durch Pfützen rennen, ohne unterzugehen. Und selbst das soll man lieber nicht machen, denn sonst kriegt man eine Grippe, die schnell und weiträumig um sich greift, und liegt wochenlang krank im Bett. Das wissen wir von unseren Eltern. Wenn schon eine Pfütze für eine wochenlange Grippe reicht, dann reicht ein Schwimmbad wahrscheinlich für ein ganzes Schuljahr. Also: Ins Schwimmbad mit Badehose; mit Turnschuhen nicht in die Pfütze. Jedenfalls nicht, wenn jemand zuguckt.
Abgehakt. Nächste Frage. Und jetzt kommen wir zu einem Thema, in dem wir so fit sind wie a) ein Turnschuh und b) sonst niemand: »Geschwindigkeit eines Rennwagens«. Diese Pisa-Aufgabe behandelt eine Rennstrecke und das Tempo eines Autos, das auf der Strecke unterwegs ist. Bekanntlich hat unser Klassenkamerad Haldun einen Onkel, der so schnell rennen kann (oder früher konnte) wie ein gelber Ferrari. Kein Problem für ihn, einfache Pisa-Fragen zu beantworten wie: »Was kannst du über die Geschwindigkeit des Wagens zwischen den Markierungen 2,6 km und 2,8 km sagen?« oder »Wie groß ist die ungefähre Entfernung von der Startlinie bis zum Beginn des längsten geradlinigen Abschnitts der Rennstrecke?« Läppisch.
Viel interessanter ist doch die Frage, wie Halduns Onkel seine enorme Schnelligkeit entdeckt hat. Darüber hat Haldun

EIN AUTO HAT VIER RÄDER

noch nie ausführlich gesprochen. Aber möglicherweise trug es sich folgendermaßen zu:
In der Türkei, dem Land, aus dem Halduns Onkel stammt, gibt es zwar jede Menge Autos, wie in den meisten anderen Ländern auch, aber es gibt keine Formel-1-Rennen. Hier und da fahren mal ein paar Autos um die Wette, aber nie kommen Michael Schumacher oder Mika Häkkinen in die Türkei, um 60 oder 70 Runden im Kreis zu fahren und dafür 20 oder 30 Millionen Euro im Jahr zu kassieren. Halduns Onkel mag aber Rennwagen, und so rief er bei der Firma Ferrari an und fragte, ob sie dort vielleicht eine Arbeit für ihn hätten; am liebsten würde er als Automechaniker mitmachen. Bei Ferrari überlegten sie kurz, und dann fiel ihnen ein: Ach ja richtig, Herr Sowieso geht ja in Rente – da brauchen wir jemanden, der an seiner Stelle die Reifen wechselt und den Tank füllt.
Wunderbar, Halduns Onkel war einverstanden, und schon eine Woche später fuhr er nach Italien, um zu proben, wie man die Reifen von Michael Schumacher wechselt. Das klappte bald sehr gut. Nur ganz am Anfang schraubte er einmal zwei Reifen falsch herum fest, und da wunderte sich Michael Schumacher, weil der vordere Teil seines Rennwagens in die eine Richtung fuhr und der hintere in die andere. Aber in der ersten Kurve merkte er, was los war, und bremste. Da

war das Auto schon 91 Meter lang. Der Schaden ließ sich schnell beheben. Es mussten nur die zwei Reifen abmontiert und wieder richtig herum festgeschraubt werden. Ein paar Zentimeter länger als zuvor war das Auto zwar immer noch, aber das machte nichts. Die Firma Ferrari sagte einfach, das sei das neue Modell, und es sei diesmal ein bisschen länger als der Wagen vom letzten Jahr, damit es besser in der Kurve liegt. Oder damit es schon am Start einen kleinen Vorsprung hat. Oder damit in Zukunft zwei Leute mitfahren können statt immer nur einer. Man muss ja auch an die Umwelt denken. Die Journalisten staunten und machten jede Menge Fotos von dem »neuen Modell«.
Da war der Ferrari noch rot.
Dann kam ein wichtiges Rennen, und alle waren sehr konzentriert. Niemand wollte einen Fehler machen, denn in der Formel 1 kommt es manchmal auf Sekundenbruchteile an. So ein Sekundenbruchteil geht blitzschnell vorbei. Noch schneller, als Megi bis 20 zählen kann. Man muss auch aufpassen, dass man beim Autorennen keine Sekundenbruchteile in der Schikane liegen lässt. Die Bruchteile haben manchmal scharfe Kanten, und die Autoreifen sind sehr empfindlich.
Das Rennen ging los. Halduns Onkel stand in seiner Mechanikermontur in der Ferrari-Werkstatt. Alle wussten ungefähr Bescheid, wann Michael Schumacher wieder mit dem Auto vorbeikommen würde, und dann mussten in aller Eile die Reifen geputzt, die Scheiben gefüllt und der Tank gewechselt werden. Nein Moment – der Tank geputzt … Wichtig ist in diesem Zusammenhang, dass zur Mechanikermontur auch ein Sturzhelm gehört. Den müssen alle Mitarbeiter tragen, die direkt mit dem Rennwagen zu tun haben. Wenn ein Unfall passiert, kann der Helm schlimme Verletzungen vermeiden. Aber: Durch den Helm hört man auch nicht so gut – er geht

ja bis über die Ohren. Wer so einen Helm aufhat, muss schon ganz genau hinhören, wenn jemand etwas sagt.
Plötzlich passierte Folgendes: Der Werkstatt-Chef sah, dass Michael Schumacher in einer Kurve sehr riskant fuhr. Fast wäre er mit dem Auto gegen einen Zaun gekracht. Und da sagte der Chef: »He! Vorsicht, wir müssen doch mit dem Auto noch richtig Geld machen!«
Halduns Onkel verstand: »Wir müssen das Auto richtig gelb machen!« Er hatte ja den Helm über den Ohren.
»Gelb!«, schoss es Halduns Onkel durch den Kopf, denn er war ein Mitarbeiter, der auch mitdachte: »Wo kriegen wir jetzt gelbe Farbe her?« Er rannte in die nächste Stadt, fand ein Farbengeschäft und rief dem Verkäufer zu:
»Schnell – einen Eimer gelbe Farbe, es eilt!«
Mit der Farbe rannte er wieder zurück, gerade rechtzeitig, denn schon bog Michael Schumacher in die Straße zur Ferrari-Werkstatt an der Rennstrecke ein. Die Straße heißt »Boxengasse«. Früher war Henry Maske manchmal dort zu Gast. Aber das ist jetzt egal.
»Du übernimmst diesmal den Reifenwechsel«, sagte Halduns Onkel zu einem Kollegen. Dann ging alles ganz flott. Michael Schumacher hielt an, einer füllte den Benzintank, der andere wechselte die Reifen, und währenddessen malte Halduns Onkel den Ferrari gelb an. Das Ganze dauerte nur Sekundenbruchteile. Schon fuhr Michael Schumacher wieder los. In der Boxengasse aber stand das ganze Team wie versteinert und schaute dem Auto hinterher. Nach einer Weile, ungefähr so lang, wie man braucht, um ein Butterbrot auszupacken, setzte der Chef seine Brille ab, hauchte auf die Gläser, putzte mit einem öligen Lappen drüber, setzte die Brille wieder auf, stellte fest, dass er jetzt noch weniger sehen konnte, setzte die Brille ab, guckte Halduns Onkel an und flüsterte:

»Sagen Sie mal, unser schöner Rennwagen, der Ferrari, in dem Michael Schumacher sitzt – ich hatte eben das Gefühl, der ist plötzlich gelb.«

Halduns Onkel nahm den Helm ab, weil er kein einziges Wort verstanden hatte.

»Wie bitte?«, fragte er.

»Ist da eben ein gelber Ferrari aus unserer Werkstatt rausgefahren?«, raunte der Chef.

»Öh, ja«, antwortete Halduns Onkel unsicher. »Sie sagten doch eben, wir müssen das Auto richtig gelb machen. Ich habe auch darauf geachtet, dass man die Startnummer noch sehen kann.«

»Nein«, jaulte der Chef, »ich sagte, wir müssen mit dem Auto noch richtig Geld machen. Wir können doch hier nicht mit einem gelben Ferrari herumfahren. Ein Ferrari ist rot, verstehen Sie? Rot. Ein Ferrari ist niemals gelb. Solange ich hier etwas zu sagen habe, ist ein Ferrari rot.«

Um Himmels willen, dachte Halduns Onkel, das war aber ein Missverständnis. Schnell guckte er sich in der Werkstatt um. Rote Farbe hatten sie bei Ferrari ja genug. Er griff sich einen Eimer davon und rannte los. Jetzt musste er alles geben, denn Michael Schumacher hatte bereits einen riesigen Vorsprung.

In der ersten Runde überholte Halduns Onkel gleich vier Autos. Dann kam er richtig auf Touren, ließ weitere sieben Rennwagen hinter sich, deren Fahrer ausgesprochen erstaunt waren, als ein Mann mit einem Eimer roter Farbe an ihnen vorbeirannte. Schon bog Michael Schumacher auf die Zielgerade – ein großes Unglück bahnte sich an. Nicht auszudenken, wenn all die Fotografen Bilder davon aufnehmen würden, wie Michael Schumacher in einem gelben Ferrari über die Ziellinie fuhr. Aber Halduns Onkel setzte zu einem se-

henswerten Schlussspurt an, holte das Auto ein und pinselte schnell die rote Farbe über das gerade getrocknete Gelb.
Puh, dachte er, das ist noch einmal gut gegangen. Anschließend musste Halduns Onkel fast doppelt so viele Interviews geben wie Michael Schumacher. Und bald darauf wurden in die Sturzhelme der Automechaniker bei Formel-1-Rennen Lautsprecher in Höhe der Ohren eingebaut, damit alle besser verstehen konnten, was der Chef sagt.
Halduns Onkel aber suchte sich lieber einen anderen Job. Bei Ferrari war es ihm ein bisschen zu anstrengend. Im nächsten Sommer arbeitete er in Frankreich, bei der Tour de France, und da passierte diese merkwürdige Sache, als plötzlich zwei Radrennfahrer mit gelben Trikots fuhren, obwohl eigentlich immer nur einer diese Farbe tragen darf. Zeitungen berichteten außerdem von einem unbekannten Mann, der hinter den gelben Radlern einen Berg hinaufrannte und ein rot-gepunktetes Trikot unterm Arm hatte. Aber das ist eine andere Geschichte.

Jedenfalls können wir Erstklässler durchaus schon so manche knifflige Aufgabe lösen. Wir sind auf dem besten Weg, bei einer der nächsten Pisa-Studien die höchsten Ansprüche zu erfüllen: »konzeptuell und prozedural« nicht nur in der naturwissenschaftlichen Kompetenz. Wenn Sie verstehen, was wir meinen.

Umziehen
Das Jahr und seine Zeiten

Wer sich für eine Karriere als Grundschüler entschieden hat, wird irgendwann feststellen: Oha! Erstens: Draußen verändert sich ja alles. Zweitens: Nichts zum Anziehen im Schrank. Bei manchen wird das unter Zweitens beschriebene Gefühl ein Leben lang anhalten. Schrecklich. Da müssen wir gleich von Anfang an etwas dagegen tun.

Die erste Jahreszeit, die in der Schule von sich reden macht, weil sie Veränderungen mit sich bringt, ist der Herbst. Dafür braucht man lange Hosen, eine Jacke und Socken. Na? Wer hatte denn Socken in seiner Schultüte? Und natürlich braucht man im Herbst unendlich viele Kastanienbaumblätter, denn sie bieten jungen Künstlern hervorragende Arbeitsgrundlagen. Man kann sie irgendwo hinkleben. Oder man malt ihre Umrisse auf ein Blatt Papier und ahmt dann die herbstliche Färbung mit Buntstiften nach. Haldun gelingt auf diese Weise ein so großartiges Meisterwerk, dass er im Prinzip gleich mit der Schule aufhören und als Maler furchtbar reich werden könnte.
Macht er aber nicht, er will ja noch mehr kennen lernen. Zum Beispiel den Winter. Der kündigt sich mit ziemlich großem Getöse an, wenn nämlich Männer mit höllisch lauten Maschinen kommen. Sie rennen um den kleinen Kastanienwald herum, der gegenüber der Schule wächst, und pusten alle unsere schönen Kastanienblätter weg. Was man damit noch alles

hätte machen können! Hundert Kastanienbilder! Mindestens! Aber der Winter hat auch seine Vorteile. Wir kriegen neue dicke Pullover. Und Mützen. Und dicke Jacken – so dicke Jacken, dass unsere Arme rechts und links vom Körper abstehen. Wir kriegen auch schwere Stiefel, die uns bis zu den Knien reichen und kaum unter den Schultisch passen. Und wir kriegen einen Schnupfen. Manche von uns kriegen sogar zwei Schnupfen auf einmal. Tommy hat es besonders heftig erwischt. Er ist gezwungen, einige Tage zu Hause bleiben. Sonst wäre wahrscheinlich das ganze Schulhaus zusammengebrochen, weil er so doll niesen muss. Aber das geht vorbei, und der ehemalige Patient darf wieder in die Schule.
Frau Mußmann: »Schön, dich zu sehen, Tommy. Bist du auch wieder richtig gesund?«
Tommy: »Ein bisschen.«
Frau Mußmann: »Ein bisschen richtig gesund?«
Dann geht's ja. Auch der Winter zieht vorbei, und eines Morgens wachen wir auf, um festzustellen: So. Nicht mehr lang bis zum Abitur, denn bereits seit satten sechs Monaten gehen wir von der 1b in die Schule. Was kommt nach sechs Monaten? Der Frühling. Daher auf dem Programm: ein Schulausflug zu den Blumen. In den Frankfurter Vorgärten bimmeln für uns die Osterglocken, kämpfen sich Krokusse aus der kecken Krume, tänzeln tapfere Tulpen. Geradezu ein Wunder der Natur ist der Vorgarten von Ken. Dort sprießen junge Mammutbäume, siedeln siebenundsiebzig Schlingpflanzen, an denen Tarzan turnt, und die ganze Affenbande brüllt. Oder jedenfalls fast. Also gut, es sind überwiegend Schneeglöckchen. Damit wir alles bis ins kleinste Detail überprüfen können, blühen vier Frühlingsgewächse auch im Klassenraum. Die müssen regelmäßig gegossen und von allen Seiten betrachtet werden. Und: Wir Kinder haben daheim Blumenzwiebeln ein-

gepflanzt. Halduns Bericht zur Lage nach einigen Tagen intensiver Zwiebelpflege: »Besser.« Das bedeutet: Aus sämtlichen 1b-Zwiebeln ist etwas Grünes rausgewachsen, das angeblich Chlorophyll heißt. Glückwunsch! Bei manchen entstand oben an der Pflanze sogar zusätzlich etwas Weißes. Das nennt man Blüte.
Hrvoje hat das Prinzip durchschaut: »Es ist gut, wenn die Blumen Wasser kriegen und wenn jeden Tag Sonne wird.«
Dann kann nichts schief gehen in der Natur.
Weil der Frühling außerdem wärmemäßig eine Menge zu bieten hat, hält Ken freundlicherweise Tommys unteren Pulli fest, damit Tommy den oberen Pulli ausziehen kann, ohne dass jemand am Ende noch Tommys Bauch zu sehen kriegt. Ein ziemliches Durcheinander von kleinen Jungen und Pullovern. Kristian beobachtet die Situation genau und kommt zu dem Schluss: »Ich hätte lieber die Brille weggemacht.« Nicht etwa wegen der Frühlingswärme, sondern weil ohne Brille in den meisten Fällen der Pulli einfacher über den Kopf geht. Nur sieht man dann nicht mehr so gut, wo man ziehen muss. Aber das lernen wir spätestens im Sommer.
Denn bei uns Schwarzburgschulenkindern geht's heiß her.
Irgendwann kommt für jeden Erstklässler auch der Tag, da ist plötzlich Ostern. Gut, es war möglicherweise schon früher ab und zu mal Ostern. Aber halt nicht in der Schule. Wir begegnen der neuen Lage natürlich nicht unvorbereitet: Frau Mußmann hat alles Notwendige organisiert und uns vor allem reichlich Modelliermasse zur Verfügung gestellt, damit wir Osterigel basteln können.
Der Osterigel zeichnet sich in erster Linie dadurch aus, dass er bis zu den Osterfeiertagen quasi nicht als Igel zu identifizieren ist. Ungeübten könnte beim Anblick unserer kreativen Ergebnisse, die auf der Fensterbank zum Trocknen aufgestellt

sind, der Gedanke kommen: Aha, Schildkröte. Oder Maus. Oder junger Feldhamster. Oder: Kuck mal einer an – ein Taschenrechner. Wegen der vielen präzise angeordneten Löcher auf dem Rücken, die ein bisschen wie Tasten aussehen. Aber: Da stecken mittlerweile Kresse-Samen drin, in den Löchern, und wenn da herauswächst, was wir insgeheim erwarten, dann dürfte die Sache ja wohl klar sein. Oder haben Sie schon mal einen Taschenrechner mit grünen Stacheln gesehen?

Selbstverständlich lässt sich mit Ostern in der Schule noch viel mehr anfangen. Zum Beispiel zwei die gleichen Hasen auf einem Arbeitsblatt suchen und anmalen. Beziehungsweise Einzelhasen anmalen, ausschneiden und um Eier drumrum zusammenkleben: ergibt prima Eierbecher! (Vorsicht, Eltern: nicht spülmaschinenfest.) Wie schon im Kindergarten besteht auch in der Schule weiterhin die Möglichkeit, rohe Eier auszupusten und ein Mobile daraus zu basteln. Aber: In der Schule gibt es außerdem jede Menge Osterwörter, die man in seinem ganzen Leben noch nie gelesen hat. Osterweiterung. Osteria … – hihi, neiiiin, bei uns natürlich zunächst einmal solche: Ostermontag, Osterbrauch, Osterinsel.

Es gibt auch Zahlen, die auf einem Zettel stehen, und wenn sie mit Bleistiftstrichen verbunden werden, kommt – hallo! – ein Storch dabei raus. Der Osterstorch wahrscheinlich. Der kann zwar viel für uns Kinder tun, zum Beispiel mit uns durch die Luft fliegen, aber wenn uns der Storch zu unseren Familien bringt, tragen wir schon seit Jahrhunderten immer nur ein Tuch um den Körper. So kann man natürlich nicht ewig herumlaufen. Aber dafür interessieren sich die Störche nicht. Typisch.

Vordringlich beschäftigt uns die Frage, wie man sich als anständiger Erstklässler kleidet, wenn's draußen warm ist. Eini-

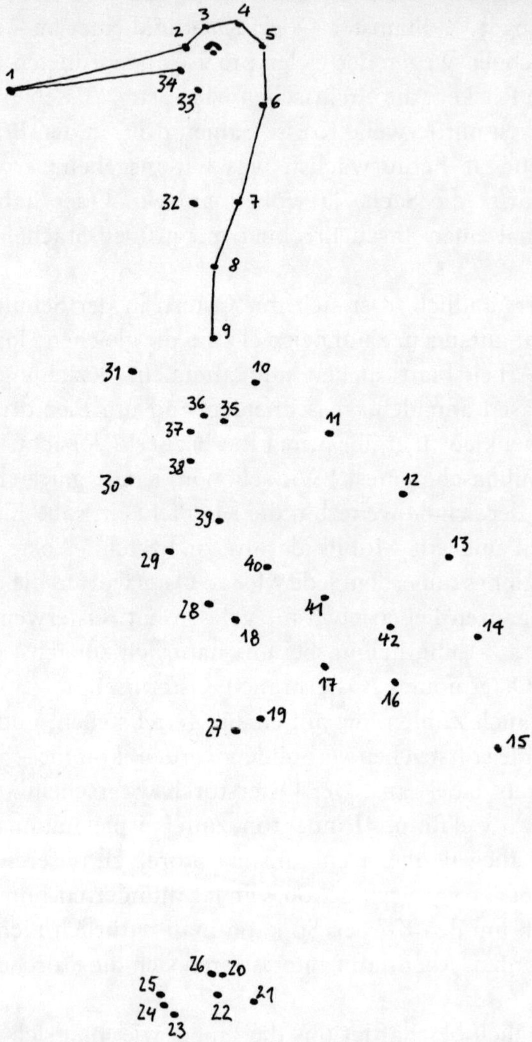

VERBINDE DIE PUNKTE

ge haben da schon ihre festen Vorstellungen. Frau Mußmann malt zur Klärung »Lisa im Frühling« an die Tafel. Mit viel Hingabe. Tolle Zeichnung, Frau Mußmann. »Lisa im Frühling« trägt Mütze, Schal, Handschuhe, Mantel und Stiefel. Allgemeine Empörung. Hrvoje beantragt eine Änderung der Überschrift in »Lisa in der Eiszeit«. Megi kritisiert: »Lisa kann doch nicht so dicke Kleider anziehen, wenn es heiß ist.« Alle sind sich einig: »Dann schmilzt sie.«

David, der während der Expertensitzung als einziger lange Ärmel trägt, empfiehlt Lisa reduziertes Outfit: ein geschmackvolles Unterhemd oder ein T-Shirt statt des Schals. Ken rät zu Sandalen und kurzen Hosen. Lukas vertritt die radikale Position: »Sie soll nackich sein.« Das wäre ein Befreiungsschlag und würde viel Zeit und Stress sparen. Denn zurzeit müssen alle Erstklässler nach eigenen Angaben praktisch jeden Tag in die Stadt und neue Anziehsachen kaufen, weil die alten schon wieder zu klein oder kaputt sind. Megi verschleißt gegenwärtig zum Beispiel Caprihosen, dass es nur so kracht.

Das Schönste an der warmen Jahreszeit, so viel steht fest, ist das Freibad. Man könne zwar auch winters schwimmen, wägt Tommy ab, »aber draußen ist schöner – da kann man die Sonne sehen«. Frau Mußmann schmilzt ob Tommys schöner Formulierung dahin und erinnert Winterbefürworter Haldun daran, dass er kürzlich noch bei 20 Grad im Schatten mit Stirnband rumgerannt sei, jetzt aber nicht mehr. Das können die Klassenkameraden bezeugen.

Haldun: »Ich hab's ja auch verloren.«

Sonst würde er womöglich auch im August noch ein Stirnband tragen. Andererseits: Bei Tennisprofis soll so etwas weit verbreitet sein. Vielleicht sehen wir Haldun bald auf dem Rasen von Wimbledon mit geballter Becker-Faust und einem Stirnband, das auch die Ohren bedeckt. Er wird damit nicht

nur Tennisgeschichte schreiben, sondern vermutlich auch die Sportlermode revolutionieren.
Die nicht nur bei angenehmen Temperaturen bestens aufgelegte Megi fragt zum Abschluss unserer Sommerdiskussion, ob einer ihrer heutigen Redebeiträge Einzug in die Zeitung halten werde.
Jawohl, wird ihr beschieden.
Zu Recht, findet Megi: »Ich hab ja auch geile Sachen gesagt.«

Übrigens: Der Sommer in Deutschland muss nicht abgeschafft werden. Eine respektable Umfrage in der 1b ergab eine deutliche 12:1-Vorliebe für den Sommer gegenüber dem Winter; vier Teilnehmer mochten beide Jahreszeiten gleich gern. Was nun mit dem Winter geschehen soll, werden wir zu gegebener Zeit entscheiden.

Vernebeln
Das Zeugnis, eine unheimliche Sache

Das Spannendste kommt zum Schluss: ein dickes Blatt Papier für jeden, fast schon eine Pappe, auf der Frau Mußmann das ganze Schuljahr zusammengefasst hat. Von unseren Geschwistern wissen wir, dass so ein Papier zu Hause ganz schön Turbulenzen auslösen kann.

Viele Kinder verstecken sich am Tag der Zeugnisausgabe hinter einer Packung Cornflakes oder versuchen ihre Eltern davon zu überzeugen, dass es dieses Jahr gar keine Zeugnisse gibt. Wegen allgemeinen Papiermangels. Oder wegen eines Streiks, den die Gewerkschaft Erziehung und Wissenschaft in letzter Sekunde ausgerufen hat. Oder weil die ganze Klasse überraschenderweise so gut war, dass die Lehrer keine passenden Noten mehr zur Verfügung hatten. Neue Noten (kleiner als 1) müssten erst hergestellt werden, erläutern die klugen Schüler dann. Und die Notenfabrik sei schon geschlossen und mache leider erst nach den Ferien wieder auf. Daher die Verzögerung.
Netter Versuch. Dabei weiß doch jeder, dass Notenfabriken die ganzen Sommerferien durcharbeiten müssen, um rechtzeitig neue Noten fürs kommende Schuljahr fertig zu stellen. Schließlich sind zu Beginn der Ferien alle Noten ratzeputz verbraucht, und man benötigt in der Schule ja auch für Klassenarbeiten welche, nicht nur für Zeugnisse.
Grundschüler müssen aber im Prinzip keine Angst vor dem

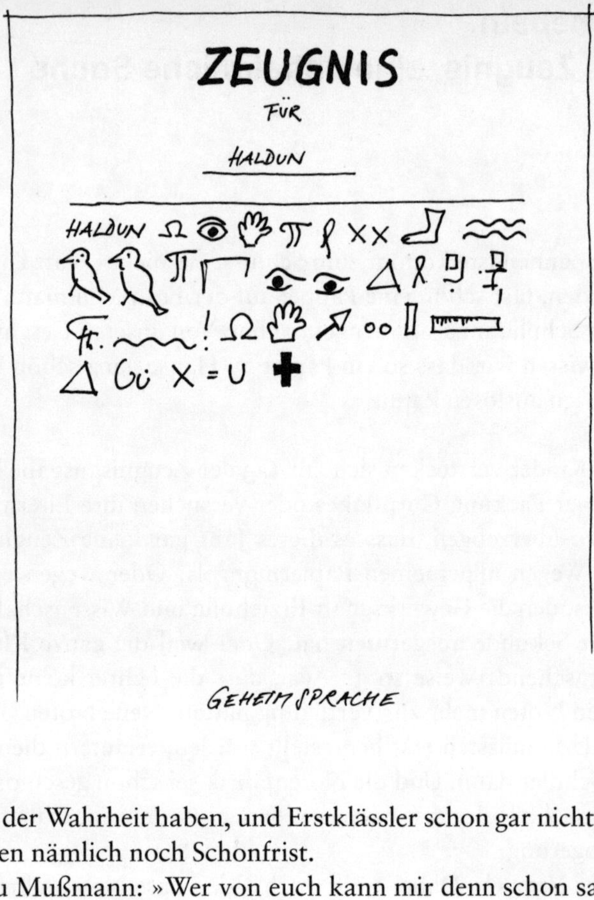

Tag der Wahrheit haben, und Erstklässler schon gar nicht. Die haben nämlich noch Schonfrist.

Frau Mußmann: »Wer von euch kann mir denn schon sagen, was ein Zeugnis ist?«

Haldun: »Da steht drin, ob wir gut sind oder nicht in Mathe oder Deutsch. Ich freu mich drauf.«

Ken: »Ich freu mich auch. Weil vielleicht was drin steht, was gut ist. Ich habe jedenfalls keine Angst vor dem Zeugnis, denn ich bin gut in Mathe und in Lesen.«

Haldun: »Ich glaube, alle haben gute Zeugnisse. Keiner muss Angst haben.«
Frau Mußmann: »Das glaube ich auch.«
Nico: »Es gibt auch Noten. Die Note 1, die Note 2, die Note 3, die Note 4 und die Note 5.«
Frau Mußmann: »Und die Note 6.«
Nico: »Ja, aber erst in der Zweiten.«
Frau Mußmann: »Noten im Zeugnis gibt es generell erst nach dem zweiten Schuljahr.«
Megi: »Meine Schwester hat gute und schlechte Noten. Bei der Note 1 kriegt sie Geld. Und ich auch.«
Alle: »Wie? Wenn deine Schwester eine 1 bekommt, dann kriegst du Geld?«
Megi: »Mm-hmm.«
Haldun: »Mein Bruder hatte eine 1 und wurde belohnt mit einer CD von Brosis. Einmal hatte er aber eine 6. Da gab es ganz doll Ärger mit meinem Papa.«
Frau Mußmann: »Ist dein Bruder insgesamt eher gut oder schlecht in der Schule?«
Haldun: »Ein bisschen gut.«
Eleni: »Der Glückliche – eine CD von Brosis! Meine Cousine kriegt manchmal eine 3, manchmal eine 1, manchmal eine 2, und sie freut sich drauf.«
Alle: »Wo drauf?«
Eleni: »Auf die Zeugnisse.«
Frau Mußmann: »Wer von euch bringt denn seine Eltern mit zur Zeugnisvergabe?«
Haldun: »Meine Mutter wäre sehr interessiert. Sie könnte mit der Schwägerin und dem Baby vorbeikommen.«
Na, das wäre doch ausgezeichnet. Dann könnten sie gleich die fein formulierten Zeilen auf dem dicken Blatt Papier lesen, die bei allen Kindern irgendwie gleich klingen, aber sich doch mi-

nimal voneinander abheben, wenn man genau aufpasst. »Hat am muttersprachlichen Unterricht mit Erfolg teilgenommen«: klingt prima – wenn man nicht weiß, dass bei anderen Kindern »guter Erfolg« oder sogar »sehr guter Erfolg« zu verzeichnen war.

Da merkt der erfahrene Zeugnisleser: Auch Personalchefs waren einmal Erstklässler und haben sich von den Formulierungen bis ins Berufsleben inspirieren lassen.

»Ja, man kann so einiges zwischen den Zeilen lesen«, sagt Frau Mußmann.

Hier ein paar Übersetzungen für Zeugnisanfänger:

Zeugnisgeheimsprache: »Folgt dem Unterricht mit wechselnder Aufmerksamkeit.«

Klartext: »Ist mit seinen Gedanken sonst wo, nur nicht beim Thema. Beantwortet die Frage ›Wie viel ist 4 + 6?‹ mit den Worten: ›Lisa ist ein Dino.‹«

Zeugnisgeheimsprache: »Muss lautes Vorlesen unbedingt regelmäßig üben.«

Klartext: »Braucht eine halbe Stunde für einen Satz. Liest unter größten Anstrengungen ›Toni zieht am Lappen‹ vor, ohne sich über den Inhalt zu wundern. Auf dem Blatt steht allerdings ›Toni ist ein Affe‹.«

Zeugnisgeheimsprache: »Beteiligt sich oft erst nach persönlicher Ansprache.«

Klartext: »Muss alle fünf Minuten wachgerüttelt werden. Kann dann aber sprechen, wenn ihm der Sachverhalt noch einmal ausführlich erklärt wurde.«

Zeugnisgeheimsprache: »Sollte sich bemühen, selbständiger für seine Schulsachen zu sorgen.«

Klartext: »Wenn Mama und Papa ihm morgens nicht alles griffbereit zurechtlegen, kommt er nackt in die Schule und hat keinen Schnellhefter dabei.«

Zeugnisgeheimsprache: »Beim Abschreiben könnte sie sich etwas mehr konzentrieren.«
Klartext: »Wenn an der Tafel ›Hasen hüpfen hoch‹ steht, schreibt sie ›Rasen schlüpfen noch‹ in ihr Heft.«
Zeugnisgeheimsprache: »Bei Schreib- und Zeichenaufgaben könnte er sich um mehr Sorgfalt und Genauigkeit bemühen. Sein Schriftbild ist noch recht ungleichmäßig.«
Klartext: »Alles, was er zu Papier bringt, sieht aus, als hätte ein Freejazz-Trompeter ein abstraktes Kunstwerk unter Zuhilfenahme nicht mehr ganz frischer Obst- und Gemüsesorten kreiert. Das gilt für Mal- gleichermaßen wie für Schreibarbeiten.«
Zeugnisgeheimsprache: »Zu seinen Lehrerinnen sucht er oft das persönliche Gespräch.«
Klartext: »Hilfe! Ihr Sohn kaut uns ununterbrochen die Ohren ab. Sagen Sie ihm, er soll uns auch mal fünf Minuten mit den anderen Schülern sprechen lassen.«
Zeugnisgeheimsprache: »... fällt es schwer, dem Unterricht aufmerksam zu folgen und sich sachgerecht zu äußern.«
Klartext: »Schläft die ganze Zeit und erzählt dann zusammenhangloses Zeug.«
Zeugnisgeheimsprache: »Teilt sehr gern seine Erlebnisse mit.«
Klartext: »Quatscht von morgens bis mittags.«
Zeugnisgeheimsprache: »Seine Sprachfähigkeit ist etwas eingeschränkt.«
Klartext: »Schicken Sie bitte im nächsten Schuljahr einen Simultandolmetscher mit in den Unterricht.«

Die Interpretation kann natürlich von Schule zu Schule, von Lehrerin zu Lehrerin ein wenig variieren. Solche Beurteilungen wollen aber im ersten Schuljahr noch nichts heißen – vieles muss sich eben erst einspielen. Kein Grund zur Panik. Erfreuen wir uns lieber gemeinsam an Zeugniseinträgen wie »Die Diktate gelingen ihr fehlerlos«. Und bejubeln wir die Einschätzung »Kann altersgemäße Texte mit Betonung vorlesen«. Den folgenden Halbsatz »… den Inhalt versteht er oft nicht« muss man ja nicht vor der ganzen Verwandtschaft ausbreiten.

Wiederkäuen
Nicht so gut war eigentlich nix

Das wäre geschafft. Ein Jahr lang haben wir morgens nach Seife gerochen und über alles Mögliche gesprochen. Aber hat es auch etwas gebracht, das erste Schuljahr? Und war es wirklich so interessant und lehrreich, dass wir uns nach den Ferien wieder hier treffen wollen? Lasst uns drüber reden.

Größter Erstklässler der Welt (GEdW): »Wie hat euch Schwarzburgschulenkindern die erste Klasse gefallen?«
Aljoscha: »Ganz gut. Mir hat gefallen, dass die Aufgaben am Anfang schwer waren, dass wir ganz viel gemalt haben und dass man hier essen kann – das geht in anderen Schulen nicht.«
Bei Aljoscha stand es ja in der ersten Schulwoche ein bisschen auf der Kippe, ob er es überhaupt nötig hat, zur Schule zu gehen: »Ich konnte im Kindergarten schon lesen und schreiben«, erinnert er sich an ein Leben bei diesen ganz kleinen Menschen, das Lichtjahre zurückliegt. Aber trotz seiner umfassenden Kenntnisse hat er sich dann freundlicherweise doch entschieden, weiterhin zu uns Unwissenden zu kommen: »Mathe war ganz gut. Und Doppelbuchstaben konnte ich noch nicht so.«
Hrvoje: »Es war ziemlich leicht. Ich hatte mir schwerere Matheaufgaben vorgestellt. Rechnen ist am leichtesten für mich. Die Schule war genau so, wie ich es mir vorher gedacht hatte.« Von Schränken springt er jetzt auch vorsichtiger hinunter. Ja, das alles kann man in der ersten Klasse lernen.

Nico: »Bei der (Religionslehrerin) Frau Bartsch war schön, dass man da spielen kann. Ich hätte gern Schreibschrift gelernt, weil das so cool lustig aussieht. Und weil ich dann selbst unterschreiben könnte, wenn die Eltern nicht da sind.« Bisher hatten wir ja nur Druckschrift.
Megi: »Ich fand's supergeil gut. Weil alles babsyleicht (sprich: beppsileicht) ist.«
GEdW: »Soso, babsyleicht. Das wollen wir mal überprüfen. Wie viel, bitte schön, ist denn 5 + 10?«
Megi: »15!«
GEdW: »Okay.«
Megi: »Jetzt möchte ich auch Schreibschrift lernen. Und ich wünsche mir, dass wir länger Freiheit haben.«
»Freiheit« ist ein running gag in unserer Klasse. Eigentlich heißt es natürlich »Freizeit«, aber David hat sich mal versprochen. Seither heißt es in der 1b: »Freiheit«.
Doris: »Ich fand Deutsch und Mathe besonders gut. Vorher konnte ich nicht rechnen, jetzt ja. Ich kann schon meinen Eltern vorrechnen: 10 x 10 = 100. Schreiben muss ich noch ein bisschen üben.«
Samantha: »Es war toll, weil wir da so viele Sachen gemacht haben, zum Beispiel Ausflüge und malen. Einmal waren wir auf einem Märchenausflug, und in dem Märchen wollte ein Mann das Fürchten lernen.«
GEdW: »Hat er's geschafft?«
Samantha: »Ja, er fürchtet sich jetzt vor den Fischen. Die Prinzessin hat ihm nämlich das kalte Wasser mit den Fischen über den Kopf geschüttet.«
GEdW: »Und wenn du jetzt noch einmal ganz am Anfang wärst und ganz frei entscheiden dürftest: Würdest du dich dann vor der Schule fürchten oder gern noch einmal in die erste Klasse gehen?«

Samantha: »Lieber in die zweite.«
Svenja: »Es war sehr schön. Zum Beispiel, als die Frau Mußmann uns gerufen hat und wir alle zusammen in die Klasse gegangen sind.«
GEdW: »Wann? Am allerersten Schultag?«
Svenja: »Ja, genau. Ich habe am liebsten Deutsch gelernt. Damit ich schön schreiben kann.«
GEdW: »Kannst du schon eine Fremdsprache?«
Svenja: »Ja, Portugiesisch, weil meine Mutter aus Portugal kommt.«
GEdW: »Und möchtest du noch eine Fremdsprache lernen? Englisch vielleicht?«
Svenja: »Nein. Eine Fremdsprache reicht.«
Nenad: »Ich fand alles gut. Besonders Sport.«
GEdW: »Dann gehst du sicher gern weiterhin zur Schule.«
Nenad: »Nein, lieber zur Polizei. Verbrecher einfangen.«
Oha. Böse Buben, aufgepasst: Jetzt kommt Nenad und zieht hier andere Saiten auf. Der Polizeipräsident plant ihn aber, wie man hört, zunächst nicht als vollwertige Kraft ein.
Eleni: »Ich fand Deutsch gut. Besser als Mathe. Da hab ich ein paar Fehler gemacht.«
GEdW: »Was wünschst du dir fürs nächste Schuljahr?«
Eleni: »Fußball spielen.«
Adriana: »Nicht so gut war eigentlich nix. Mit Wasserfarben malen war schön. Ich habe einen Regenbogenfisch gemalt und so ein Blumending. Nächstes Schuljahr möchte ich gern ... hmmm ... singen.«
Tommy: »Hat mir gut gefallen. Schreiben ist meine Lieblingsbeschäftigung. Ich kann in der Schule ganz gut lernen.«
GEdW: »Was hältst du von Buchstaben?«
Tommy: »Buchstaben sind ganz cool.«
GEdW: »Und was ist mit dem Lesen? Leicht oder schwer?«

Tommy: »Lesen ist mittelleicht und mittelschwer.«
David: »Ja, mir hat's ganz toll gefallen in der ersten Klasse.«
GEdW: »Wieso?«
David: »Weil da die Aufgaben viel leichter sind als in der zweiten Klasse.«
GEdW: »Warst du denn schon mal in der zweiten Klasse?«
David: »Nein, aber das mit den schweren Aufgaben weiß ich, weil mein Freund mir das erzählt hat.«
GEdW: »Und würdest du selbst gern in die zweite Klasse gehen und schwere Sachen machen?«
David: »Na ja schon, aber es ist neu für mich. Und dann gibt es auch Noten in der zweiten Klasse, aber das ist ganz toll: Ich mag nämlich Zahlen.«
GEdW: »Wie fandest du Frau Mußmann bisher?«
David: »Frau Mußmann war ganz lieb als Lehrerin.«
Lukas: »Gut, dass wir viel rechnen und viel mit Wasserfarben malen. Am liebsten Regenbogen.«
GEdW: »Was wird in der zweiten Klasse anders?«
Lukas: »Das mit dem Rechnen. Rechnen kann ich noch nicht so gut. Aber ich arbeite dran.«
GEdW: »Vermutlich arbeiten wir alle gemeinsam dran.«
Ken: »Mathe macht Spaß, weil es so viele verschiedene Zahlen gibt. Deutsch macht Spaß, weil es so viele verschiedene Buchstaben gibt. Man wundert sich bei jedem Wort: Huch, warum ist denn da schon wieder dieser Buchstabe drin?«
GEdW: »Jörg, was hast du gelernt?«
Jörg: »$E = mc^2$.«
GEdW: »Tatsächlich?«
Jörg: »Hundertpro.«
Jakob: »Am liebsten mag ich Mathe.«
GEdW: »Aber du kannst doch so super lesen. Und du hattest 32 Wörter mit H.«

Jakob: »Lesen ist auch gut, aber Zahlen habe ich als Allererstes gekonnt. Im nächsten Schuljahr möchte ich gern Bilderblätter machen.«
GEdW: »Bilderblätter? Was ist denn das?«
Jakob: »Das sind so Blätter mit Zahlen oder Sachen, die man ausmalen kann.«
Haldun: »Es hat mir gut gefallen. Es war soooo schön. Wir hatten alles so leicht.«
GEdW: »Hast du lieber Schule oder lieber Ferien?«
Haldun: »Na, ich würde sagen: beides. Nächstes Jahr wünsche ich mir schwerere Mathe, schwereres Deutsch und schwerere Religion. Mir gefällt die Schule – da kann man alles machen.«

Na dann – machen wir weiter. Vielleicht gibt es in der zweiten Klasse auch schwereren Sport.

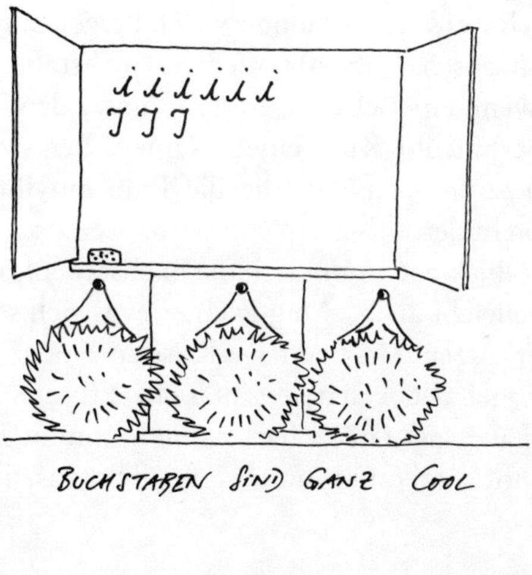

BUCHSTABEN SIND GANZ COOL

Zu Herzen nehmen
Bis bald, 1b – Ihr wart erste Klasse

Ich war eigentlich immer brav. Das kann man schon sagen. Ich habe Frau Mußmann keinen nassen Schwamm auf den Stuhl gelegt, keine frechen Antworten gegeben, nie geschwänzt. Auch nicht heimlich unterm Tisch mit Digimons gespielt. Kurz zusammengefasst heißt das also: Mein erstes Schuljahr war verdammt langweilig, oder? Aber nein, ganz und gar nicht. Denn ich war – tätäääää! – der größte Erstklässler der Welt. Das kann man nur weiterempfehlen.

Denn als größter Erstklässler der Welt darf man zum Beispiel Hrvoje kennen lernen, und wer Hrvoje kennen gelernt hat, der versteht: Das Leben in dem Bewusstsein, dass es Hrvoje gibt, ist ein ganz anderes Leben als ohne. Allein schon weil man plötzlich weiß, dass es hinter vielen Bergen ein Land gibt, in dem die Menschen abends offenbar Buchstabensuppe kochen, und wenn eine schwangere Frau unter den Teilnehmerinnen ist, erhält ihr Kind einen Namen, der sich aus den Buchstaben zusammensetzt, die die Frau auf ihrem ersten Löffel Suppe findet.
Wenn man Glück hat, ergibt sich die Buchstabenkombination »Doris«, vielleicht auch »Magdalena«, was sich sehr gut auf »Megi« verkürzen lässt, oder »Kristian« oder »Daniel«. Wenn man viel Glück hat, ergibt sich »Hrvoje«. Und wer ganz ungeheuer viel Glück hat, zu dem kommt Hrvoje auf dem Schulhof angerannt und sagt: »Thomasstillbauer« –

denn alle Kinder aus der 1b nennen Glückspilze so, wenn sie merken, dass Frau Mußmann immer »Herr Stillbauer« sagt, obwohl »Thomas« viel einfacher wäre – »Thomasstillbauer«, sagt Hrvoje dann also, »das hier ist Alexander. Er ist mein bester Freund.«

Aufmerksame Leser werden vielleicht einwenden, das hätten sie bereits an anderer Stelle gelesen. Sie haben vollkommen Recht. Aber das ist eben das Besondere an Hrvoje. Wenn er einen besten Freund hat, dann ist das doch eine super Sache – warum sollte er damit hinterm Berg halten? Den kann man doch jede Woche aufs Neue vorstellen. Zumal da echte Völkerverständigung heranreift, schließlich kommt Alexander aus Jugoslawien und Hrvoje aus Kroatien.

Gut. Größter Erstklässler zu sein ist also das Beste, was man machen kann. Morgens in die Schule gehen, ein Plausch mit der Lehrerin, ein paar Worte mit dem Schulhausmeister, bisschen was lernen – und niemals Hausaufgaben! Jedenfalls keine, die Frau Mußmann in der Schule überprüft. Abends trifft man manchmal David und seine Mama im Supermarkt an der Weberstraße. Das gibt dann immer ein großes Hallo, und an den nächsten Tagen hat man immer einen Verbündeten in der Klasse:

»Gell, wir haben uns im Supermarkt getroffen.«
»Genau.«
»Das war ja was.«
Aber wie ist es für Grundschüler, die in Ruhe etwas fürs Leben lernen wollen, ständig mit diesem größten Erstklässler konfrontiert zu werden? Offenbar ganz normal. Nie hat sich während des gesamten Schuljahres irgendein Kind großartig über den Riesen gewundert. Warum auch? Für die kleinen Erstklässler war es ja ihre erste Einschulung – vielleicht gehört das ja dazu, dass 37-Jährige mitlernen. Vielleicht, dachten sie womöglich, gibt es in anderen ersten Klassen drei 37-Jährige, und dazu noch einen 43-Jährigen, vier 52-Jährige und einen über hundert. Mensch, so ein Zufall, dachten sie sicherlich, dass bei uns praktisch alle erst so um die sechs Jahre alt sind.
Und weil das alles so normal war, gab es mit Megi immer wieder mal Diskussionen am frühen Morgen, wenn die 1b ihre Stühlchen in die Ecke des Klassenzimmers trug, um den traditionellen Erzählkreis zu bilden, in dem die Geschicke der Bundesrepublik neu verhandelt werden.
Megi: »Thomasstillbauer, setz dich doch zu uns in den Kreis!«
Größter Erstklässler der Welt (GEdW): »Ach nee, lass mal.«
Einen halben Meter abseits zu sitzen, gibt dem seriösen Journalisten nämlich das Gefühl, nicht in den Lauf der Dinge einzugreifen, über die er berichtet. Besser, die handelnden Personen denken nicht die ganze Zeit daran, dass es ein paar Tage später in der Zeitung steht, wenn sie zum Beispiel einen Friedensvertrag für die ganze Welt ausarbeiten oder über die Krokodilpopulation in Frankfurter Naherholungsgebieten debattieren. Oder Schultüten konzipieren, die singen können. Ein Genie wie Megi durchschaut solche Strategien allerdings unverzüglich.

Megi: »Doch, setz dich zu uns in den Kreis. Hier ist noch ein Meter Platz.«
GEdW: »Nee du, hier seh ich besser.«
Megi: »Aber ich seh doch auch.«
GEdW: »Ja, aber trotzdem.«
Megi: »Jetzt setz dich hierhin.«
GEdW: »Nee danke.«
Megi: »Doch!«
GEdW: »Neinnein.«
Megi: »Doch.«
(Wiederholen, bis Frau Mußmann um Ruhe bittet. Nach der Stunde wird Megi fragen, welche ihrer heutigen Äußerungen in die Zeitung kommen.)
Größter Erstklässler der Welt zu werden, ist keine leichte Sache. Man braucht dazu:
- eine im Prinzip überflüssige Woche Urlaub, die man aus Versehen genommen hat, weil man die Planung nicht haarklein genug mit der wunderbarsten Urlaubs- und Lebensgefährtin aller Zeiten abgesprochen hat;
- einen Kalender, in dem steht, dass genau in jener Woche die Schule in Hessen beginnt;
- die nahe liegende Idee: »Mensch, wenn ich da sowieso nicht weiß, was ich mit mir anfangen soll, kann ich mich ja auch nochmal einschulen lassen«;
- ein Telefon
- Geduld.

Das Telefon nimmt man, um wochenlang mit verschiedenen Schulen und Schulbehörden zu verhandeln, ob man bitte 37-jährig noch einmal eingeschult werden darf. Die Geduld dient dazu, diese Aufgabe mitten in den Sommerferien zu bewältigen, in denen eigentlich gar nichts bewältigt werden kann, was mit Schule zusammenhängt. Wenn man kurz vor dem Ziel ist, wird die Leitung der Vorsicht-ist-die-Mutter-aller-Abc-Schützen-Schule auf die Idee kommen, noch einmal Herrn Ober-Oberstudiengeheimrat Heinz-Hermann Supergenau anzurufen, um ihn zu fragen, ob er eventuell noch einen Grund findet, der dagegen spricht.

Und tatsächlich: Er wird die phantastische Idee haben, den Journalisten nicht an der Einschulungswoche teilnehmen zu lassen, weil das die sensiblen Schulanfänger womöglich traumatisieren würde, ihm aber ersatzweise die Erlaubnis erteilen, drei Wochen später in die Klasse zu kommen.

Das ist der Moment, in dem sich der angehende Mammut-Erstklässler sagt: »Hervorragend. Ich gehe drei Wochen nach der Einschulung hin. Eine überwältigende Idee. Das wird sicher eine unglaublich spannende Geschichte. Diese Geschichte wird Menschen, die seit 17 Jahren wegen Schlaflosigkeit in Behandlung sind, schon beim Lesen des zweiten Absatzes sanft einnicken lassen.«

Aber der Moment der Verzweiflung währt zum Glück nicht lang. Schon klingelt das Telefon, denn es gibt ja noch die Schwarzburgschule, in die der GEdW von vornherein am liebsten wollte und die sich bisher nicht konkret zu der Anfrage geäußert hatte, und am Apparat ist Frau Mußmann. Sie hat nichts gegen einen zusätzlichen Schüler, auch wenn er etwas groß geraten ist, und erlaubt ihm, zur Einschulung zu kommen.

Ein Hoch auf Frau Mußmann!

Bei der Einschulung wird der Große dann den Eltern kurz vorgestellt. Weil er in der Lage ist, ohne Tränen die Hand der Mutter loszulassen und sich der Klassenlehrerin anzuvertrauen, hat niemand Einwände, und alles wird gut. So einfach ist die Sache in der Schwarzburgschule.

Natürlich hat ein größter Erstklässler der Welt gewisse Privilegien. Nicht nur, dass er weltexklusiv auf Megis gelben Teddybär Josip aufpassen darf. Oder dass er live dabei ist, wenn sein Nachbar Ken erstmals die Meerschweinchen Max und Moritz im Garten lustwandeln lässt. Oder dass er, während die anderen büffeln, ein Bauernhof-Puzzle reparieren darf, das Ken und Haldun kurz vor Unterrichtsbeginn entglitt, natürlich gänzlich ohne ihr Verschulden. Das Puzzle hat zwei Millionen Teile, oder jedenfalls fast, und so ist er drei Wochen mit der Reparatur beschäftigt. Na gut, eine Viertelstunde.

Damit nicht genug – der GEdW bekommt auch jede Menge Post. Etwa von der Sparkasse, die gerade eine Aktion mit dem Titel »Ganz schön mutig« gestartet hat. Da kriegt der Spätberufene auch ein Sparkassen-Set mit Lineal und Bleistiftspitzer und CD zugeschickt. Wildfremde Menschen melden sich und wünschen alles Gute fürs erste Schuljahr, machen Vorschläge für die Darstellung Finnlands auf der Europakarte (mit Sauna, Birkenzweigen und Nokia-Handy) und bieten Nachhilfeunterricht an, falls es beim größten Erstklässler mit der Versetzung in die 2b knapp werden sollte.

Ja, danke, es lebt sich erstklassig als XXL-Erstklässler. Einmal davon abgesehen, dass alle nach dem Unterricht nach Hause oder in den Hort zu ihren Freunden dürfen, nur einer nicht; der muss nach der Schule schon arbeiten gehen. Und es gibt da etwas, das nagt doch ein wenig am Selbstbewusstsein: ein ganzes Jahr dabei – und keine einzige Einladung zur Geburtstagsparty bekommen ... Was haben sie, das ich nicht habe?

Neuigkeiten aus der 1b sind meistens lustiger Natur. Oft gibt es auch etwas zu lernen, und am besten ist es, wenn beides zusammenkommt: lustig lernen. Aber da sind Tage, an denen es ernst zugeht: Wenn die Kinder etwa darüber sprechen, warum in New York Hochhäuser eingestürzt sind. Oder wenn in einer anderen Schule auf Lehrer geschossen wurde. Auch abseits solcher Katastrophen ist die Stimmung hinter der Klassenzimmertür mitunter nicht gerade heiter. Fragen Sie mal Frau Mußmann nach der Pisa-Studie und den Anforderungen an die Lehrerschaft. Mitunter weiß sie gar nicht, wo ihr der Kopf steht vor lauter Unterrichtsvorbereitung, Elterngesprächen, Stundenplankoordination und wasweißsienichtnochalles.

Dennoch fordern alle immer mehr. Das ist ernst. Und es gibt darüber hinaus Situationen, die sind noch mehr als ernst. Wenn Dinge passieren, die in eine spaßige Kindergeschichte gar nicht hineinpassen wollen. Wenn ein Kind erzählt, dass es zu Hause geschlagen wird. Oder wenn ein anderes Kind in der Klasse berichtet, was der Papa mit ihm gemacht hat, bevor er von zu Hause weg musste. Gewalt und sexuellen Missbrauch gibt es auch in manchen Familien der 1b, genau wie in den Elternhäusern viel zu vieler anderer Kinder. Das kann niemanden überraschen, der Untersuchungen zu dem Thema gelesen hat. Und doch kommt die Erkenntnis mit der Wucht einer Ohrfeige: Dieses fröhliche Mädchen – regelmäßig verprügelt? Dieser kleine Junge – vom Vater vergewaltigt?

Monatelang versucht Frau Mußmann, auf die Familie des kleinen Jungen einzuwirken. Den Kontakt zum Vater solle die Mutter unbedingt abbrechen, rät sie eindringlich. Zumindest in die Nähe des Sohnes solle sie ihn nicht mehr lassen. Die Klassenlehrerin bietet sich als Gesprächspartnerin an; jederzeit will sie für die Familie erreichbar sein, falls wieder etwas passiert. Doch ihre Appelle dringen nicht durch. Immer wieder erzählt der Junge, sein Papa sei erneut zu Hause aufgetaucht.

In der Schule kommt das Gespräch mit den Erstklässlern einmal auch auf das Thema Tod. »Ihr habt aber noch ganz viel Zeit, ihr seid ja noch ganz am Anfang eures Lebens«, beruhigt die Lehrerin. Da kehrt eine kurze Stille ein, und mitten hinein sagt der kleine Junge plötzlich: »Ich nicht.« Die Mitschüler sind ganz perplex. Frau Mußmann fragt, was er damit meint. Und der Junge antwortet: »Mein Papa hat gesagt, er bringt uns alle um, die ganze Familie.«

Wenige Tage später kommen Leute vom Jugendamt in die Schule. Sie reden kurz mit dem kleinen Jungen aus der 1b, dann nehmen sie ihn mit. Der Junge wird in ein Heim gebracht; dort lebt er jetzt und wird wohl nicht mehr in die Schwarzburgschule zurückkehren.

Wie man hört, geht es ihm in dem Heim gut. Vor kurzem hatte er Geburtstag. Am Montag danach bekam die 1b deshalb einen Kuchen geschickt. Damit die früheren Mitschüler mitfeiern können. Wenigstens aus der Ferne. Die Kinder haben gemeinsam den Kuchen gegessen, und sie haben an ihren Freund gedacht und über ihn gesprochen. Und dann haben sie weiter gelernt, denn auch in der ersten Klasse muss man schon sein Pensum schaffen. Die Welt da draußen wartet schließlich nicht auf Nachzügler.

Aber wir Schwarzburgschulenkinder kriegen das schon hi-hi-hin. Ganz bestimmt.

TOREY L. HAYDEN

Kevin

Der Junge, der nicht sprechen wollte

Aus dem Amerikanischen
von Elsbeth Borer

GOLDMANN

Die amerikanische Originalausgabe
erschien unter dem Titel »Murphy's Boy«
bei G. P. Putnam's Sons, New York

Umwelthinweis:
Alle bedruckten Materialien dieses Taschenbuches
sind chlorfrei und umweltschonend.
Das Papier enthält Recycling-Anteile.

Der Goldmann Verlag
ist ein Unternehmen der Verlagsgruppe Bertelsmann

Genehmigte Taschenbuchausgabe 12/96

Umschlaggestaltung: Design Team München
Umschlagfoto: Tony Stone Bilderwelten
Druck: Elsnerdruck, Berlin
Verlagsnummer: 12715
JP · Herstellung: Sebastian Strohmaier
Made in Germany
ISBN 3-442-12715-7

3 5 7 9 10 8 6 4 2

Erster Teil

1

Zoojunge. Tischbeine bildeten seinen Käfig. Die Arme schützend um den Kopf gelegt, schaukelte er hin und her. Hin und her. Eine Pflegerin versuchte, ihn unter dem Tisch hervorzulocken, aber sie hatte kein Glück. Hin und her, hin und her schaukelte der Junge.

Ich beobachtete ihn durch den Einwegspiegel. «Wie alt ist er?» fragte ich die Frau neben mir.

«Fünfzehn.»

Kaum mehr ein Kind. Ich ging ganz nahe an den Spiegel heran, um ihn besser zu sehen. «Wie lange ist er schon hier?» fragte ich.

«Vier Jahre.»

«Und er hat nie geredet?»

«Er hat nie geredet.»

Sie sah mich im gespenstischen Halbdunkel des Zimmers hinter dem Einwegspiegel an. «Er hat nicht einmal einen Laut von sich gegeben.»

Ich beobachtete ihn noch eine Weile. Dann nahm ich meine Materialkiste und ging in den Raum auf der andern Seite des Spiegels. Die Pflegerin räumte mir bereitwillig das Feld, als ich eintrat. Ich hörte, wie sie draußen auf dem Flur eine Tür öffnete, und wußte, daß sie nun hinter den Spiegel trat, um uns zu beobachten. Ich war mit dem Zoojungen allein im Therapieraum.

Langsam stellte ich die Materialkiste ab. Ich wartete einen Augenblick, um zu sehen, wie er auf eine neue Person reagieren würde, aber er nahm gar keine Notiz von mir. Also trat ich näher. Ich setzte mich auf den Boden, nur eine Armlänge von der Stelle entfernt, wo er sich unter dem Tisch verbarrikadiert hatte.

Er schaukelte immer noch. Die Beine hatte er angezogen, die Arme um sich geschlungen. Ich hatte keine Ahnung, wie groß er war.

«Kevin?»

Keine Antwort.

Ich war etwas ratlos und sah mich um. Es störte mich, daß wir durch den Spiegel beobachtet wurden. Ich hörte die Stimmen dahinter als undeutliches Murmeln, sanft wie ein Lüftchen, das an einem Sommernachmittag durchs Schilf streicht. Aber ich wußte genau, was es bedeutete.

Der Junge sah nicht wie fünfzehn aus. Zusammengerollt zu einem Ball, kam er mir viel jünger vor. Neun vielleicht. Oder elf.

«Kevin», begann ich nochmals, «ich heiße Torey. Erinnerst du dich, daß Fräulein Wendolowski dir sagte, es komme jemand vorbei, um mit dir zu arbeiten? Nun, das bin ich, Torey, und ich helfe Menschen, die Mühe mit dem Sprechen haben.»

Er schaukelte weiter. Er schenkte mir nicht die geringste Beachtung. Um uns lastete eine schwere, drückende Stille, die nur vom rhythmischen Geräusch der Schaukelbewegung unterbrochen wurde. Ich sprach mit ihm so sanft und freundlich wie zu einem ängstlichen kleinen Hund. Ich erklärte ihm, warum ich gekommen sei und was wir zusammen tun würden, und erzählte von anderen Kindern, mit denen ich gearbeitet hatte, und zwar mit Erfolg. Was ich sagte, war Nebensache, bloß der Ton war wichtig.

Keine Reaktion. Er schaukelte nur.

Die Minuten vergingen. Mir fiel nichts mehr ein. So ein einseitiges Gespräch war nicht einfach zu führen, vor allem nicht vor den unsichtbaren Zuhörern hinter dem Einwegspiegel. Schließlich zog ich die Materialkiste zu mir heran und fischte ein Taschenbuch heraus, einen Krimi über einen Jungen und seine Freundin. «Ich werde dir vorlesen», sagte ich zum Zoojungen, «bis wir uns ein wenig aneinander gewöhnt haben. Erstes Kapitel: Die lange Straße.»

Ich las.

Und las.

Der Minutenzeiger kroch langsam vorwärts. Bisweilen hörte ich das gedämpfte Geräusch einer Tür, die draußen auf dem Flur geöffnet und geschlossen wurde. Sie gingen weg, einer nach dem andern. Nichts, was hier drin vorging, war es wert, einen Nachmittag zu verschwenden. Ich war keine begabte Vorleserin. Die Erzählung war nicht besonders spannend. Und der Zoojunge schaukelte nur.

Ich las weiter und zählte das Türenöffnen und -schließen. Wie viele Leute waren im Zimmer hinter dem Spiegel gewesen? Sechs? Oder sieben? Und wie viele waren schon hinausgegangen? Fünf?

Ich las weiter.

Auf – zu. Wieder einer weniger.

Auf – zu. Zum siebten Mal.

Ich las weiter. Meine Stimme war nun der einzige Laut. Der Zoojunge hatte aufgehört zu schaukeln. Langsam ließ er die Arme sinken und betrachtete mich. Er lächelte. Ein Dummkopf war er nicht. Auch er hatte gezählt.

Er machte eine Geste, eine kleine Bewegung mit den Händen in der Enge zwischen Stuhl- und Tischbeinen.

«Was?» fragte ich, denn ich verstand nicht, was er mir mitteilen wollte.

Er machte dieselbe Bewegung noch einmal, etwas größer. Doch es war mehr als eine Geste; es war ein Satz, ja ein ganzer Abschnitt von Gesten.

Ich verstand immer noch nicht. Ich rückte einen Stuhl zur Seite, damit ich ihn besser sehen konnte, und bat ihn, es zu wiederholen.

Er wollte mir unbedingt etwas mitteilen. Die kreisenden Bewegungen seiner Hände wirkten poetisch in ihrer Dringlichkeit. Ein Händeballett. Es war aber keine Zeichensprache, die ich kannte, nicht die Taubstummensprache. Ich begriff einfach nicht.

Der Junge schnitt eine Grimasse. Dann wiederholte er geduldig seine Gesten, diesmal langsamer, mit mehr Nachdruck, als ob er mit einem ziemlich dummen Kind spräche. Er war ganz frustriert, als er merkte, daß er sich mir nicht verständlich machen konnte.

Endlich gab er es auf. Wir saßen einander gegenüber und starrten uns an. Das Buch lag immer noch in meiner Hand; also fragte ich ihn in meiner Verzweiflung, ob ich ihm noch ein wenig vorlesen solle. Der Zoojunge nickte.

Ich lehnte mich an die Wand. «Fünftes Kapitel: Aus der Höhle.»

Der Zoojunge schob den anderen Stuhl etwas vom Tisch weg, streckte die Hand unter dem Tisch hervor und berührte den Stoff meiner Jeans. Ich sah auf.

Er hatte den Mund geöffnet und drückte mit einer Hand den Unterkiefer hinunter. Er deutete in seinen Hals. Dann schüttelte er traurig den Kopf.

2

Seit über einem Jahr arbeitete ich als Forschungspsychologin in der Klinik. Die Jahre zuvor hatte ich unterrichtet und an den verschiedensten Bildungsanstalten Erfahrungen gesammelt. Ich hatte an der Grundschule Erstkläßler unterrichtet und an der Universität Vorlesungen für höhere Semester gehalten; ich hatte an einer progressiven Schule gearbeitet und mit verhaltensgestörten Kindern in einer psychiatrischen Klinik. Ich liebte den Lehrerberuf nach wie vor. Aber im Laufe der Jahre hatten sich die Ansichten über Erziehung geändert, vor allem was die Sonderschulen betraf, und ich hatte mich immer mehr als Fremde in meiner eigenen Welt gefühlt.

Daher entschloß ich mich, über das Thema Sonderschulpädagogik zu dissertieren, während ich mir gleichzeitig klarzuwerden versuchte, welche Richtung mein Leben nehmen sollte. Nach vier Jahren stand ich vor der brutalen Entscheidung, entweder den Doktortitel zu erlangen und die Tür des Klassenzimmers für immer hinter mir zuzuschlagen oder das Studium abzubrechen und etwas Neues zu versuchen. Am Ende wählte ich das letztere, da ich mir einfach nicht vorstellen konnte, nie mehr zu unterrichten.

In meiner beruflichen Laufbahn hatte ich mich immer wieder mit einem wenig bekannten psychologischen Phänomen, dem Mutismus, auseinandergesetzt. Es handelt sich dabei um eine emotionale Störung, die hauptsächlich bei Kindern auftritt. Das Kind ist physisch fähig zu reden, doch aus psychologischen Gründen weigert es sich, es zu tun. Die meisten dieser Kinder reden zwar in einer bestimmten Umgebung, gewöhnlich zu Hause bei ihren Familien, aber anderswo bleiben sie stumm. Seit einigen Jahren hatte ich über diese Störung viel Material zusammengetragen und Behandlungsmethoden ausgearbeitet. Als dann eine Klinik einen Kinderpsychologen für Forschungsaufgaben in Verbindung mit Therapiearbeit suchte, schien mir die Stelle eine gute Lösung.

Nach ein paar Monaten gefiel mir die Arbeit in der Klinik ganz gut, aber es war anders als Unterrichten. Die Kinder wurden mir auf Grund ihrer Sprachschwierigkeiten zugewiesen, da dies mein Spezialgebiet war. Aber sie waren niemals *meine* Kinder. In den wenigen Stunden pro Woche, da ich einzeln mit ihnen arbeitete, war es nicht möglich, jene kleine, in sich abgeschlossene Welt aufzubauen, die entstand, wenn die Tür eines Klassenzimmers uns von der Außenwelt trennte.

Die Klinik bot jedoch viele Vorteile. Es war angenehm, den größten Teil meines Arbeitstages in der Gesellschaft von Erwachsenen zu verbringen, nicht so sehr, weil ich ihre Gesellschaft der von Kindern vorzog, sondern eher wegen der Begleitumstände. Ich konnte nette Kleider und Schuhe anziehen und Make-up auflegen, ohne befürchten zu müssen, daß mir ein Kind auf meine Jacke spuckte oder aus dem Schulzimmer ausriß. Ich konnte meine langen Haare wieder offen tragen, denn niemand würde sie mir büschelweise ausreißen. Am besten gefiel mir, daß ich Röcke tragen konnte. Ich brauchte mich nicht mehr darum zu kümmern, daß Jeans mir mehr Bewegungsfreiheit gaben und leichter zu waschen waren; außerdem waren meine Beine nicht ständig voll blauer Flecken von den Tritten der Kinder.

Der Gedankenaustausch mit meinen neuen Kollegen an der Klinik war sehr anregend. Es war immer jemand da, mit dem man ein Problem wälzen konnte. Zudem war die Klinik äußerst großzügig eingerichtet; sie verfügte über einen großen, sonnigen Therapieraum, das neueste Spielzeug, einen Videorecorder, der auch funktionierte, einen Computer und einen Statistiker, der ihn fachkundig bediente. Außerdem wurde meine Arbeit anerkannt. Ich erhielt einen guten Lohn und hatte mehr Freizeit als je zuvor. Alles in allem war ich zufrieden.

Dann kam der Zoojunge.

Ich hatte den Fall eigentlich nicht übernehmen wollen. Er schien von Anfang an ziemlich hoffnungslos. Eines Morgens rief eine Sozialarbeiterin vom Garson-Gayer-Heim, Dana Wendolowski, in der Klinik an und verlangte mich zu sprechen. «Wir haben einen Jungen für Sie», sagte sie, und ich spürte sofort den Anflug von Resignation, der in ihrer Stimme lag.

Er hieß Kevin Richter, doch nannte ihn offenbar niemand Kevin. Er hatte sich den Spitznamen «Zoojunge» erworben, weil er den ganzen Tag unter dem Tisch verbrachte. Um den Tisch herum stellte er Stühle, bis er sich hinter der schützenden Barriere aus Holzbeinen sicher fühlte. Dort saß er, schaukelte bisweilen hin und her, dort aß er, machte seine Hausaufgaben, sah fern. Dort lebte er in seinem kleinen, selbstgebauten Käfig. Zoojunge.

Aber Kevins Probleme lagen tiefer als nur gerade in einer Vorliebe für Tische. Er sprach nicht. Er gab überhaupt keinen Laut von sich, nicht einmal, wenn er weinte. In seinen Akten war vermerkt, er habe einst vor langer Zeit geredet. Die dürftigen Aufzeichnungen, über die das Garson-Gayer-Heim verfügte, berichteten, Kevin habe in der Schule, solange er sie besucht habe, nie gesprochen. Ein- oder zweimal wurde er nicht versetzt, weil er nicht mit seinen Lehrern sprach. Zu Hause hatte er geredet, so stand es jedenfalls in den Akten. Und dann hörte er einfach auf. Zuerst sprach er nicht mehr mit seinem Stiefvater, ein wenig später nicht mehr mit seiner Mutter. Anscheinend redete er weiterhin mit seinen jüngeren Schwestern, aber zur Zeit, als er zum ersten Mal zur Behandlung in ein Heim eingewiesen wurde – er war damals neun –, bemerkte jemand, daß er gar nicht mehr sprach. Niemand konnte sich erinnern, wann er Kevin das letzte Mal hatte sprechen hören.

Noch mehr als Kevins Stummheit fielen seine Ängste auf. Er lebte in einer morbiden, qualvollen Furcht vor fast allem; sein Leben wurde davon aufgefressen. Er fürchtete sich vor Straßen und Türangeln, Spiralfedern an Schulheften, Hunden, der Dunkelheit, Zangen, Schnurstücken, die auf dem Boden herumlagen. Seine Angst vor dem Wasser war so groß, daß er niemals badete. Er getraute sich auch nicht, ohne Kleider dazustehen, und wechselte sie daher nie. Während der letzten drei Jahre hatte sich Kevin geweigert, das Gebäude des Garson-Gayer-Heims zu verlassen, und hatte die ganze Zeit in seinen Mauern verbracht. Kevins Ängste hatten ihn in ein viel schlimmeres Gefängnis eingeschlossen, als er es mit Tischen und Stühlen je um sich aufbauen konnte.

All das berichtete mir die Sozialarbeiterin, und ich hörte zu, den Kopf auf eine Hand gestützt, den Hörer ans Ohr geklemmt. Mit der freien Hand zeichnete ich Figuren an den Rand der Schreibunterlage. Die Stimme der Frau hatte etwas Gehetztes an sich, als befürchte sie, ich würde sie unterbrechen, bevor sie mit ihrem Bericht zu Ende war.

Garson Gayer war ein neues, vorbildlich geführtes, fortschrittliches Heim. Es gab dort genügend Personal, einen Heimpsychologen, Sprachtherapeuten, Krankenschwestern und Lehrer. Ich fragte sie also, warum man mich noch brauche.

Sie hatte über meine Arbeit mit Kindern, die nicht redeten, gelesen. Ich wunderte mich, warum man bei diesem Jungen, der so viele Schwierigkeiten hatte, gerade das Sprachproblem behandeln wollte. Irgendwo müsse man anfangen, erwiderte sie mit resigniertem Lachen. Es entstand eine Pause. Es gebe allerdings noch einen anderen Grund, fügte sie dann hinzu. Kevin werde Mitte September sechzehn, und es sei nun schon Ende August. Das Heim nahm nur Kinder bis zu ihrem fünfzehnten Geburtstag auf; also war die Regel für ihn schon durchbrochen worden, damit er ein Jahr länger bleiben konnte. Der Staat hatte die Vormundschaft für Kevin übernommen, und bisher hatte nichts, was sie im Garson-Gayer-Heim mit ihm versucht hatten, zu einer Besserung geführt. Wenn sie nicht bald irgendeinen Erfolg aufweisen konnten, dann . . . Sie sprach nicht weiter. Es war auch nicht nötig. Wir wußten beide, wo man Jungen wie Kevin hinschickte, die keine Familie, kein Geld, keine Hoffnung hatten.

Es klang nach einem hoffnungslosen Fall, von Anfang an. Der Junge hatte eine schlimme Vergangenheit. Es stand zwar wenig Brauchbares in seinen Akten, aber doch genug, um zu zeigen, daß Kevins Kindheit ähnlich verlaufen war wie die vieler anderer Kinder, die ich gekannt hatte. Schulschwierigkeiten, finanzielle Probleme, Mißhandlungen an Kevin und seinen Geschwistern, Eheschwierigkeiten, Spannungen zwischen Kevin und seinem Stiefvater, Alkoholmißbrauch und vielleicht das Schwerwiegendste: Kevins Mutter hatte das Sorgerecht freiwillig an den Staat abgetreten. Was mußte das für ein Kind sein, wenn sogar seine eigene Mutter es ablehnte? Außerdem hatte Kevin schon sieben Jahre in verschiedenen Institutionen verbracht und seit über acht Jahren kein Wort mehr gesprochen. Wenn das nicht das Bild eines Verlierers war . . .

Ich wollte diesen Fall nicht übernehmen. So wie die Dinge lagen, hatte ich schon zu viele Kinder, um mich noch mit einem abzugeben, das offensichtlich ein schwarzes Loch sein würde – ein Abgrund, in den man Zeit, Energie und Anstrengungen hineinwarf, ohne je etwas zurückzubekommen. Und doch brachte ich es nicht über mich, nein zu sagen. In der Schule hätte ich nicht lange überlegt. Jemand vom Sonderschulbüro hätte mich einfach angerufen und gesagt: «Wir haben da einen neuen Jungen für dich.» Ich hätte gemurrt wie immer, und sie hätten sich darüber hinweggesetzt wie immer. Dann gehörte er mir, der Versager, das Kind ohne Hoffnung, das es sonst nirgendwo geschafft hatte. In meinem Klassenzimmer, inmitten der abgegriffenen Bücher, des Spielzeugs vom Trödelmarkt, der piepsenden Finken und des Gestanks von schmutzigen Hosen versuchten wir dann, dem Kind eine Chance zu geben. Es gelang uns nicht sehr oft. Erfolge waren rar und wenig überwältigend. Manchmal nahm sie ein Außenstehender nicht einmal wahr. Aber das war unwichtig. Obwohl ich den Fall Kevin nicht wollte, übernahm ich ihn und versprach zu kommen, wenn auch ohne Begeisterung.

Auf Grund meiner Erfahrungen in der Schulstube und meiner Forschungstätigkeit hatte ich eine Therapie entwickelt, die sich von der meiner Kollegen in der Klinik ein wenig unterschied. Ich zog es vor, die schwerer gestörten Kinder über kürzere Zeit täglich zu sehen statt einmal in der Woche über mehrere Monate oder Jahre. Oft ging ich auch zum Kind, anstatt es in die Klinik kommen zu lassen, so daß wir gleich in seiner problemgeladenen Umgebung arbeiten konnten. In den ersten Sitzungen lag mir sehr daran, Erwartungen im Kind zu wecken. Von allem Anfang an wußten wir beide, warum ich da war und was wir zusammen erreichen mußten. Anderseits ging es in meinen Sitzungen nicht nach Schema F zu. Durch dieses Vorgehen erreichte ich die besten Resultate.

Für den Mutismus hatte ich eine zuverlässige Behandlungsmethode erarbeitet. Ich weckte im Kind die Erwartung, daß es sprechen würde, gab ihm Gelegenheit dazu und nahm an, es werde die Gelegenheit wahrnehmen. Doch war ich mir gar nicht sicher, was ich für Kevin-unter-dem-Tisch tun konnte. Bisher hatte ich mit diesem Vorgehen immer Erfolg gehabt, aber ob es auch bei ihm das richtige war? Eine Frage beschäftigte mich nach dem Telefongespräch: Litt Kevin überhaupt an Mutismus? Hatte er tatsächlich einmal geredet? Besorgten oder erwartungsvollen Eltern konnten irgendwelche Laute wie Wörter vorkommen. Nach meinen Berechnungen war er ein kleines Kind gewesen, als ihn zuletzt jemand reden gehört hatte, und auch dann hatte es sich um Familienmitglieder gehandelt. Konnte eine fünfjährige Schwester seine Sprachfähigkeit beurteilen? Konnte eine Mutter wissen, ob ihr Sohn im Vorschulalter über einen normalen Wortschatz verfügte, wenn sie ihn nur gelegentlich zu Hause sprechen hörte? Offenbar hatte ihn niemand, der normales Sprechen zuverlässig beurteilen konnte, je reden gehört. Taub war Kevin nicht; das war in verschiedenen Institutionen, die er durchlaufen hatte, geprüft worden. Er konnte seine Grundbedürfnisse durch Gesten anzeigen, aber er kannte die offizielle Zeichensprache der Stummen nicht. Im Garson-Gayer-Heim hatte man versucht, sie ihm beizubringen. Als er sie nicht lernte, vermerkte man, das hänge mit seinem wahrscheinlich sehr niedrigen Intelligenzquotienten zusammen. Jedenfalls war Kevin nicht mitteilsam. Ob sein Schweigen freiwillig war oder ob irgendwelche Störungen oder eine organische Veränderung im Gehirn es veranlaßt hatten, wußte man nicht.

Was konnte ich also tun? Wie konnte ich es herausfinden? Nach dem ersten Tag im Therapieraum wurde ich etwas zuversichtlicher. Er führte sich zwar äußerst seltsam auf, aber er nahm seine Umgebung sehr wohl wahr. Es zeugte von Klugheit, daß er die Leute zählte, die das Zimmer hinter dem Spiegel verließen. Ein dummer Junge wäre nie auf diese Idee gekommen, niedriger IQ hin oder her. Außerdem hatte er mich in das Geheimnis eingeweiht. Als alle gegangen waren, hörte er auf zu schaukeln und reagierte auf mich.

Ich wußte unterdessen auch, daß er lesen konnte. Nach seinen schriftlichen Hausaufgaben zu schließen, las er sogar erstaunlich gut für einen Jungen, der so erzogen wurde, als sei er geistig zurückgeblieben. Er konnte einen Text für die siebte Klasse lesen und verstehen.

Mit diesen wenigen Informationen versehen, beschloß ich, den Fall nun richtig anzupacken. Ich nahm an, daß Kevin reden konnte, und wollte versuchen, ihm seine Sprache zurückzugeben. Ich entschied mich für eine Taktik, die bei andern freiwilligen Stummen Erfolg gehabt hatte: Ich würde ihn auffordern, mir aus dem Buch vorzulesen, das wir in der ersten Sitzung angefangen hatten.

Am folgenden Tag ging ich wieder ins Garson-Gayer-Heim. Ich war froh, daß man uns ein anderes Zimmer in der Nähe des Wohntrakts zuwies, das ich dem Raum mit dem Einwegspiegel vorzog. Kevin und ich konnten auf die Geister hinter dem Spiegel gut verzichten; wir hatten genug andere Probleme.

Das Zimmer, das wir bekamen, war klein und kahl. Ich konnte es in jeder Richtung mit vier Schritten abmessen. Die einzigen Möbel waren ein Tisch, zwei Stühle und ein leeres Bücherregal, die auf einem giftgrünen Teppich standen. Eine Wand bestand zur Hälfte aus Fenstern, was ich schätzte. Unter den Fenstern befand sich ein großer Heizkörper, der ein leises Geräusch – wie von einem Reptil – von sich gab. Alle andern Wände waren kahl und ganz hell, fast weiß, gestrichen. Bis auf halbe Höhe hatten sie eine glänzende Schutzschicht, damit man sie abwaschen konnte, im oberen Teil waren sie matt. Das war in solchen Heimen üblich, aber mir war es zuwider. Ich fühlte mich immer wie in einem Gefängnis. Als Lehrerin hatte ich jeweils die Zeichnungen der Kinder oben im matten Teil aufgehängt und die Wand schmutzig gemacht, nur um mir eine kleine Freiheit herauszunehmen. Hier gab es überhaupt keine Bilder an den Wänden, keine Plakate. Nichts außer einer schwarzweißen Uhr, die hörbar die Minuten anzeigte. Und den goldenen Septembersonnenschein.

Ich war an diesem Morgen vor Kevin da. Ein Pfleger führte mich ins Zimmer und ging dann den Jungen holen. Ich stand allein im kleinen Raum und wartete. Durchs Fenster sah ich im Hof ein kleines Mädchen. Sie war acht oder neun und saß in einem Rollstuhl. Ihre Bewegungen waren ruckartig, und ihr Kopf hing auf eine Seite. Ich hörte, wie sie nach jemandem namens Winnie rief. Wieder und wieder rief sie mit schriller und klagender Stimme. Es klang so traurig, daß ich eine Gänsehaut bekam.

Die Tür öffnete sich, und der Pfleger schob Kevin herein. Er selbst trat nicht ein, fragte mich aber, wann wir fertig seien. «In einer halben Stunde», antwortete ich. Er nickte, klimperte einen Augenblick mit seinem Schlüsselbund und schloß dann die Tür von außen ab. Das beunruhigte mich. Ich hatte keinen Schlüssel bekommen und nicht erwartet, daß man uns einschließen würde. Ich hatte ein ungutes Gefühl im Magen und mußte tief einatmen, bevor ich die Tatsache hinnehmen und mich Kevin zuwenden konnte.

Er war ganz starr vor Angst. Seine Blicke schossen wild im ganzen Zimmer umher. Ich stand zwischen ihm und dem Tisch und bemerkte, wie er die Gefahr abschätzte, sich an mir vorbei in Sicherheit zu bringen.

Er war ein großer Junge. Es war das erste Mal, daß ich ihn richtig sah. Er war wirklich groß, fast ein Mann, obwohl er etwas Kindliches an sich hatte. Er war mindestens so groß wie ich, aber dünn und zerbrechlich. Das braune Haar fiel ihm glatt in die Stirn. Die Pubertät hatte seine Haut verwüstet; seine Wangen waren mit Pickeln übersät. Die Brille mit den dicken Gläsern war ihm auf die Nase hinuntergerutscht, obwohl ein schwarzes Gummiband dies verhindern sollte. Er hatte graue, leblose Augen wie eine Großstadtpfütze. Seine Kleider stammten offensichtlich aus einer Wohltätigkeitssammlung. Er trug ein rotkariertes Flanellhemd, das hoffnungslos zu klein war, und Gabardinehosen, die kaum den Rand der Socken deckten. Er sah eher wie eine Witzfigur aus als wie ein richtiger Mensch.

Mein Gott, wie häßlich er war.

Einen Augenblick verließ mich aller Mut, als ich ihn so betrachtete. Ich trat zur Seite und gab ihm den Weg frei. Seine Züge entspannten sich, und er tauchte rasch unter den Tisch.

Er zog die Stühle heran und stellte sie mit dem Rücken eng an den Tisch, die Sitzfläche nach außen. Ich beobachtete ihn, während er sich seinen Käfig aufbaute. Er schloß mich nicht aus, sondern lächelte mir zu und machte freundliche Bewegungen, um mir zu verstehen zu geben, daß nicht ich es war, vor der er sich schützen mußte. Das Beunruhigende war, daß sich sonst niemand im Zimmer befand; da war nichts als die Wände und der blasse Sonnenschein darauf.

Ich überlegte, wie ich am besten mit ihm arbeiten konnte; ob ich mich außerhalb der Barrikade auf den Boden setzen sollte, wie ich es im Raum mit dem Spiegel getan hatte, oder ob es besser wäre, zu ihm unter den Tisch zu kriechen. Ich zögerte nicht lange, ließ mich auf alle viere nieder und schlüpfte unter den Tisch. Er begrüßte mich mit einem erfreuten Lächeln und rückte ein wenig beiseite, um mir Platz zu machen – es war ziemlich eng. Dann saßen wir beide zusammengekauert wie Gnome im Halbdunkel.

Auf so kurze Entfernung roch er ziemlich übel; deshalb saß ich einige Minuten lang einfach da und gewöhnte mich ans Halbdunkel, die Enge und den Gestank. Kevin begann leise zu schaukeln. Die Arme hatte er um die Knie gelegt, das Kinn daraufgestützt. Er starrte mich unverwandt an.

Was nun? In diesem Augenblick hatte ich keine großen Hoffnungen für ihn. Ich lehnte mich vor, zog die Materialkiste in den Käfig herein und suchte das Buch, das wir angefangen hatten.

Während ich unter all dem Plunder in der Kiste das Buch herausfischte, redete ich auf Kevin ein. Es mache einem angst, sagte ich, wieder zu sprechen, wenn man so lange stumm gewesen sei. Aber am einfachsten sei es, wenn man sich kopfvoran hineinstürze.

Ich erzählte ihm, daß ich schon mit andern Kindern, die auch nicht sprachen, gearbeitet hätte, wie sie sich gefühlt hätten, bevor sie wieder anfingen zu reden, wie sehr sie das erste Mal Angst gehabt hätten und wie sie alle überzeugt gewesen seien, daß sie es nicht fertigbringen würden. Und doch brachten sie es fertig. Jedes einzelne von ihnen habe schließlich sprechen können, sagte ich, ohne daß es schlimme Folgen hatte. Es gebe nichts zu befürchten. Sie hätten alle Angst gehabt, das sei eben am Anfang so, aber sie hätten am Ende herausgefunden, daß ihre Angst ganz unbegründet war.

Ich sprach langsam und leise und legte soviel Zuversicht wie möglich in meine Stimme. Ich lehnte mich zurück, so gut es ging, wenn man mit einem großen Fünfzehnjährigen unter einem Tisch sitzt, damit er sehen konnte, wie entspannt ich war und wie sicher, daß wir Erfolg haben würden.

Ich öffnete das Buch, blätterte es durch und sah mir alle Illustrationen an, als interessiere es mich außerordentlich. Dabei redete ich ununterbrochen und verströmte Selbstvertrauen wie ein Autoverkäufer. Dann legte ich das Buch auf den Teppich.

«Und nun», sagte ich, «tun wir etwas anderes: Du liest mir jetzt vor. Wir beginnen an dieser Stelle.»

Kevin sah mich beunruhigt an.

«Gerade hier», sagte ich. «Ich habe die ersten Kapitel gestern gelesen, und du kannst nun weiterfahren. Siebtes Kapitel: Ebbe.»

Kevin packte mich am Arm und schüttelte heftig den Kopf. Seine Augen waren vor Entsetzen weit aufgerissen.

«Ja, ich weiß. Du bist nicht daran gewöhnt. Macht aber nichts. Es wird dir nichts passieren. Alle haben ein wenig Angst, wenn sie's das erste Mal tun. Das ist ganz natürlich.» Ich versuchte, in einem beiläufigen Ton zu sprechen, als sei es die einfachste Sache der Welt. Kevin wußte jedoch, daß es gar nicht einfach war. Als er nun das Gesicht abwendete, hatte er den pupillenlosen Blick eines scheuenden Pferdes.

Ich strich über die Seite und wies auf das erste Wort. «Wir beginnen mit diesem einen Wort, klar? Vergiß den Rest. Schau nur dieses eine Wort an. Wie heißt es?»

Die Schaukelbewegung wurde stärker, der Tisch rüttelte mit.

«Hier, sieh dir's an. Dieses Wort. Versuch's mal!»

Kevin blickte auf die Seite. Er hatte immer noch den Ausdruck eines erschreckten Pferdes. Mit einer Hand griff er sich an die Stirn, rieb sie und fuhr mit der Handfläche übers Gesicht, so daß sich seine Züge verzerrten. Dann hielt er zögernd einen Finger unter das erste Wort.

Sekunden vergingen.

«Was ist das für ein Wort? Schau es dir an. Was ist es?»

Kevin atmete tief ein.

«Das erste Wort ist immer das schwierigste. Nachher ist's ein Kinderspiel. Du wirst schon sehen.»

Er begann wieder zu schaukeln. Ich hörte seinen flachen Atem, er keuchte richtig vor Angst.

«Nur dieses erste Wort. Dieses hier. Wie beginnt's? Nun mach schon.»

Kevin nahm mich ernst. Er versuchte es. Er nahm die Hand vom Gesicht, fuhr mit dem Finger außen am Buch entlang und drückte die Seite flach. Vorsichtig, als könnte das Buch aufspringen und ihn beißen, beugte er sich vor, bis er fast mit der Nase ans Buch stieß. So fiel nun fast kein Licht mehr auf die Seite.

Er holte nochmals tief Luft. Die ganze Zeit redete ich und drängte ihn, um keine Stille aufkommen zu lassen. Ich wollte nicht, daß er die Stille wahrnahm und merkte, daß sie stärker war als ich.

Ein dritter tiefer Atemzug, diesmal zögernder. Er wischte sich den Schweiß am Hemd ab. Ein feuchter Fleck blieb an der Stelle, wo sein Finger auf der Seite gelegen hatte. Hastig versuchte er, den Fleck wegzuwischen, und als es ihm nicht gelang, blickte er zu mir hinüber, um zu sehen, wie ich es aufnahm. Dann legte er die Hand auf die Seite und deckte den Fleck zu.

Er schaukelte noch eine Minute. In der zusammengekrümmten Stellung fiel ihm das Schaukeln schwer. Der ganze Tisch rüttelte mit.

«Nun los. Versuch's!»

Er öffnete den Mund. Kein Laut, nicht einmal ein Atemzug. Sekunden wurden zu Minuten. Er schloß den Mund wieder.

Ich schwatzte fortwährend. Los, los, los. Mach schon. Versuch's.

Kevin atmete zur Vorbereitung erneut tief ein. Sein Mund öffnete und schloß sich wie der eines Fisches. Dann verlor er wieder den Mut. Er begann mit einem Finger auf dem Wort herumzuklopfen, und dieses schwache, regelmäßige Geräusch füllte bald den Raum um uns.

«Versuch's. Los, Kevin, du kannst es. Ich weiß, daß du es kannst. So geht es immer, versuch's doch!»

Ein seltsames Geräusch mischte sich in das Klopfen. Kevins Zähne klapperten. Ich mußte mich aufrichten, um mir klarzuwerden, was das Geräusch bedeutete. Er schaute zu mir herüber, und ich sah, wie seine Zähne aufeinanderschlugen. Ich lächelte. Kevin beugte sich entschlossen wieder übers Buch. Er vertraute mir nun. Er würde dieses Wort schon herausbringen.

Schweißperlen standen auf seiner Oberlippe. Seine Hände zitterten. Unter den Armen und am Rücken war sein Hemd schweißgetränkt, und der Geruch, den er ausströmte, war kaum zu ertragen. Er öffnete und schloß den Mund immer wieder in fruchtlosen Versuchen. Er dehnte die Lippen zu einem riesigen Kreis, damit sie geschmeidig würden.

Minute um Minute verging, während er seine Grimassen schnitt und ich redete und redete. Mir schien, wir seien in einen Zeitstrudel hineingeraten. Kevin hingegen mußte es eher wie die Hölle vorgekommen sein. Seine Halsmuskeln waren völlig verkrampft. Die Adern schwollen ihm an den Schläfen, und das Gesicht war krebsrot.

Ich lauschte auf das mechanische Atmen der schwarzweißen Uhr an der Wand und streckte den Kopf unter dem Tisch hervor. Dreiundzwanzig Minuten waren vergangen.

Der Betreuer würde bald zurückkommen. Ich versuchte, Kevin aus dem Kreis, in dem er sich sinnlos bewegte, herauszuholen, indem ich mit der flachen Hand auf den Boden schlug. Oft hatte das bei andern Kindern funktioniert, und wir waren dann rasch über die Hürde des ersten Wortes gehüpft. Aber diesmal wirkte es nicht.

Erschrocken schlug Kevin den Kopf an der Unterseite des Tisches an. Er strich sich nur einmal über die schmerzende Stelle, beugte sich wieder vor und griff das Wort von neuem an. Er hob eine Hand an den Mund und versuchte, die Lippen in die Form des Wortes zu bringen. Das Wort war «endlich». Schließlich nahm er beide Hände zu Hilfe, um die Lippen in die Form eines E zu ziehen. Schweiß tropfte von seiner Stirn aufs Buch hinunter. Das Geräusch seiner klappernden Zähne widerhallte in unserem Käfig.

Ich schlüpfte unter dem Tisch hervor, streckte mich und rieb mir den schmerzenden Rücken. Die dreißig Minuten waren fast um, und der Erfolg hatte sich nicht eingestellt. Wenn Kevin es nicht so verzweifelt versucht hätte, wäre ich weniger entmutigt gewesen; aber es war offensichtlich, daß er sich alle Mühe gab. Leider reichte das nicht aus.

«Nun, das wär's für heute», sagte ich und streckte die Hand unter den Tisch, damit er mir das Buch gab. «Es ist nicht so schlimm, daß es diesmal nicht geklappt hat. Wir versuchen's morgen noch einmal.»

Er sah mich an. Tränen standen ihm in den Augen und liefen die Wangen hinunter.

3

Nach der Sitzung fuhr ich mit gemischten Gefühlen zurück. Kevin gab sich offensichtlich sehr viel Mühe. Nur selten hatte ich ein Kind behandelt, das sich von Anfang an so sehr bemühte. Es war eine Freude, mit ihm zu arbeiten, denn wir gingen das Problem gemeinsam an. Allerdings war ich nicht so naiv, daß ich mich nicht darüber wunderte. Warum gab er sich so verzweifelt den Anschein, sprechen zu wollen, wenn er doch reden konnte, sich aber weigerte, es zu tun? Das ergab wirklich keinen Sinn. Was war eigentlich sein Problem? Was bedeutete sein Schweigen? Waren es seine Ängste, die ihn am Sprechen hinderten? Oder war es umgekehrt die Unfähigkeit zu sprechen, die ihn ängstigte? Bestand da sogar ein Zusammenhang? Was mir am meisten zu schaffen machte, war die Ungewißheit, ob Kevin überhaupt fähig war zu sprechen. Wenn nicht, würde das erklären, warum er sich so sehr bemühte; er hoffte vielleicht, ich könne ihm eine Fähigkeit geben, die er nicht besaß. Über diesen Jungen, den man seit vielen Jahren von einer Institution zur andern abgeschoben hatte, war unglaublich wenig bekannt. Konnte es sein, daß Kevin gar nie normal hatte sprechen können? Hatte er die Sprache vielleicht durch einen Unfall oder durch eine organische Ursache verloren? Versuchte ich ihm etwas aufzudrängen, wozu er physisch oder psychisch nicht imstande war? Hatte ihn eine heimtückische Geisteskrankheit wie Schizophrenie der Sprache beraubt, wie es manchmal vorkommt?

Fragen über Fragen. Fragen ohne Antworten.

«Jemand hat angerufen und dich verlangt», sagte Jeff, als ich mein Büro in der Klinik betrat. Er war über eine Fachzeitschrift gebeugt und sah nicht auf.

«Wer war's?» fragte ich. Jeff haßte es, Anrufe entgegenzunehmen. Er war Kinderpsychiater in den letzten Jahren seiner Ausbildung und teilte mit mir ein Büro, das kaum größer als ein Wandschrank war. Ratten und Tauben hatten darin gehaust, als der vorhergehende Benützer in seiner Ratten- und Taubenphase steckte. Der Raum roch immer noch ein wenig nach einem von Nagetieren heimgesuchten Vogelhaus. Es gab keine Fenster, so daß wir nicht lüften konnten. Aber von der Außenwelt waren wir trotzdem nicht abgeschnitten, denn es gab für uns beide drei Telefonapparate, jeder mit einer anderen Nummer. Seiner, meiner und unserer. Ich hatte keine Ahnung, warum es drei waren; ein drittes Pult hätte in dem kleinen Raum niemals Platz gehabt, und unser Vorgänger hatte – so gescheit er auch war – nie beabsichtigt, einen zoologischen Auskunftsdienst einzurichten. Aber da stand es, das dritte Telefon, auf einem Stuhl zwischen unsern Schreibtischen, und es kamen über diese Nummer immer noch alle Arten von Anrufen. Folglich hörte das Telefon in unserem Büro kaum je auf zu klingeln. Jeff nahm, wenn immer möglich, keinen der drei Hörer ab.

Ich schlüpfte aus meiner Jacke. «Jeff, ich hab gefragt, wer angerufen hat.»

«Ich weiß es nicht.» Endlich blickte er auf. «Sie haben aufgehängt.»

Ich stellte die Materialkiste auf meinen Schreibtisch und ließ mich auf den Stuhl fallen. Der ganze Rücken tat mir weh. Ich hatte während der Therapiestunde nicht gemerkt, wie sehr ich mich in Kevins Kummer eingefühlt hatte. Eine Zeitlang saß ich nur da, ließ meinen Muskeln Zeit, sich zu entspannen, und dachte an gar nichts. Mein Blick wanderte an der Wand vor mir hinauf zu den hunderterlei Dingen, die wild durcheinander an meinem Anschlagbrett hingen. Es waren lauter Dinge, die mir nahegingen – Kinderzeichnungen, ein Protestknopf gegen die Atomenergie auf walisisch, vier Fotografien, mein Terminkalender, der deutlich zeigte, daß ich einen Fall wie Kevin nicht brauchte, ein Zettel mit meinen Präsenzzeiten, ein paar bunte Herbstblätter, die ich erhascht hatte, als sie vom Baum fielen (ein alter Aberglaube verheißt Glück, wenn man im Herbst zwölf Blätter im Flug auffängt), ein riesiges Poster mit einer Angorakatze, ein eingerahmtes Gedicht, das einer meiner früheren Schüler mit ungelenker Hand geschrieben hatte. Kevin war in die hinterste Ecke meines Kopfes verbannt. Ich hatte Jeff nach seiner Meinung zu diesem Fall fragen wollen, aber im Augenblick war ich zu erschöpft. Ich saß einfach da.

Dann klingelte das Telefon und zerstörte das bißchen Ordnung, das ich in meine Gedanken gebracht hatte.

Wir hatten ein Gemeindeprogramm, das wir «Großer Bruder/Große Schwester» nannten. Wir wollten unterprivilegierten Kindern, besonders solchen aus zerrütteten Familien, ermöglichen, eine Beziehung zu einem Erwachsenen aufzubauen, der sich um sie kümmerte. Ich hatte schon einmal an diesem Programm teilgenommen, hatte es aber während meiner Unterrichtstätigkeit aufgegeben, da ich nicht genügend Zeit dafür erübrigen konnte. Nun, da ich keine eigene Klasse mehr hatte und mich nicht mehr den ganzen Tag mit kleinen Schlingeln abplagen mußte, wollte ich wieder mitmachen.

Die Frau rief an, um mir zu sagen, daß sie für mich ein achtjähriges Indianermädchen ausgesucht hätten. Sie entschuldigte sich, daß sie erst jetzt anrufe, aber sie habe mich vorher nicht erreichen können. Heute abend schon finde eine Party für die neuen Teilnehmer statt. Sie hoffe sehr, daß ich trotzdem kommen könne.

Sie war ein verwahrlostes kleines Ding, ein Dickerchen mit Pausbacken und zwei Pflastern auf der Stirn. Sie trug geflickte blaue Kordhosen, einen rosa gestreiften Polyesterpulli, der mit Flaumbällchen behangen war, und ein rotes Jäckchen. Das Haar trug sie in zwei langen, faustdicken Zöpfen. Ich vermute, in ihrem Mund gab es mehr Zahnlücken als Zähne. Deshalb zischte sie wie eine Schlange, wenn sie ein S aussprach, und ein kleiner Sprühregen begleitete den Laut.

«Bist du meine Große Schwester?» fragte sie, als ich eintrat. Wir trugen beide Namensschilder. Das ihre stand auf dem Kopf. Ich mußte den Hals verrenken, um es lesen zu können. Charity machte den Kopfstand.

«Ja. Ich bin Torey.»

Sie schenkte mir ein breites, zahnloses Grinsen. Wir setzten uns zusammen auf eine der langen Bänke. Ich hatte ein Glas Kirschenlimonade und zwei Kekse in der Hand. Charity hatte sich offenbar schon an der Limonade erlabt, denn sie trug einen roten Schnurrbart.

«Ist einer der Kekse für mich?» fragte sie höflich. Eigentlich nicht. Vermutlich hatte sie ihren Anteil schon bekommen, aber ich gab ihr trotzdem noch einen. Wieder dieses riesige Grinsen, das von einem Ohr zum andern reichte.

«Und nun sag mal, was du mit mir vorhast», wollte sie wissen und steckte sich den ganzen Keks auf einmal in den Mund. «Wohin gehen wir zusammen? Meine andere Große Schwester, Diana, nahm mich immer mit ins Kino. Gehst du auch mit mir ins Kino?»

«Vielleicht», sagte ich.

«Dann muß ich aber auch Popcorn haben – mit Butter –, wenn ich ins Kino gehe. Und ein großes Pepsi. Oder auch Cola, das wäre mir auch recht. Und so 'n großen Schleckstengel, der lange hinhält. Und eine Schachtel Geleefrüchte. Diana hat mir das auch immer gekauft. Jedesmal!»

«So so.»

«Sie hat mir auch anderes Zeug gekauft. Kaufst du mir auch so Zeug?»

«Was für Zeug?»

Sie zuckte die Achseln. «Einfach Zeug», antwortete sie etwas unklar und beäugte den Rest meines Kekses. «Gutes Zeug», fuhr sie fort, als ich ihr weder eine Zusage machte, noch den Keks gab. «Du weißt schon. Nicht Kleider oder so was. Ich bin kein armes Kind. Du brauchst mir keine Kleider zu kaufen. Ich brauch gutes Zeug. Diana hat mir mal 'nen Lastwagen gekauft. Einen ganz großen, auf dem man richtig sitzen und den Garten umgraben kann.»

«Aha.»

«Sie hieß Diana. Hab ich das schon gesagt? Jetzt hab ich deinen Namen vergessen!»

«Torey.»

«Ach ja, natürlich. Das ist ein komischer Name. Woher hast du so einen komischen Namen?»

«Er kommt von Victoria.»

«Oh, das ist ja noch komischer!» Charity musterte mich gründlich. Ich kam mir vor wie ein Stück Vieh auf einer Auktion.

«Ich hatte mir dich hübscher vorgestellt», sagte sie zuletzt.

Ich wußte nicht recht, was ich darauf erwidern sollte, und zuckte deshalb nur die Achseln.

«Du hast so ulkige Augen. Warum haben sie diese Farbe? Trägst du Kontaktlinsen?»

«Nein.»

«Diana hatte welche. Sie war fast blind. Und die Kontaktlinsen fielen immer raus. Einmal fielen sie wieder raus, in einem Warenhaus, und wir mußten den Boden absuchen. Auf den Knien suchten wir also, und dann kommt dieser Mann, und *knirsch!* macht's.» Charity schüttelte sich vor Lachen. Ich trank meine Limonade aus.

«Grad viel zu sagen haste nicht, hm?» sagte sie zu mir. «Du hast 'ne komische Stimme. Ist's darum? Genierst du dich? Wo hast du die komische Stimme her? Stimmt was nicht damit?»

«Alles in Ordnung. Ich hab sie von Geburt an.»

Es entstand eine lange, lange Pause, während der mich Charity weiter begutachtete. Dann schüttelte sie resigniert den Kopf. «Du bist wirklich nicht besonders interessant, hm?»

Das konnte man nun von Charity nicht behaupten. Sie war so vorwitzig und so sehr von sich eingenommen, daß sie mich geradezu einschüchterte. Charity war überzeugt, daß die Welt ihr gehöre. Fünf Minuten mit ihr, und ich wußte das. Wäre

Charity das erste Kind gewesen, dem ich je begegnet war, dann hätte ich wahrscheinlich nie einen Beruf gewählt, in dem ich mit Kindern zu tun hatte.

Ich nahm an, sie sei einfach ein Gassenkind und mit ihren acht Jahren weiser, als ich mit achtzig sein würde. Sie hatte dieses Straßengehabe an sich, das Selbstbewußtsein, das man erwirbt, wenn man auf sich selbst gestellt ist. Und doch wirkte sie so entwaffnend mit ihren Hamsterbäckchen, den Pflastern auf der Stirn und dem breiten Grinsen.

Den Mund voller Kekse, die sie der Frau am Buffet mit einem Lächeln abgelockt hatte, fragte sie: «Was tust du, wenn du grad nicht hier bist?»

«Dann arbeite ich. Mit Kindern.»

«Ah? Was für Kinder? Und wo? Kenne ich sie?»

«Ich arbeite in der Sandry-Klinik.»

«Ahaaa», erwiderte sie mit einem wissenden Kopfnicken. «*Die* Art Kinder. Was fehlt denn deinen Kindern? Die können wohl nicht stillsitzen? Mein Bruder kann nicht stillsitzen, und er macht das Bett naß. Er ist mal zu so 'ner Klinik hingegangen. Aber weißt du was? Es hat gar nichts genützt. Er macht immer noch das Bett naß.»

«Das kann vorkommen.»

«Und wie sind sie, deine Kinder? Was tun sie?»

Ich erzählte ihr von Kevin. Das erstaunte mich selbst. Ich erzählte ihr, wie dieser Junge seit vielen Jahren in einem Pflegeheim wohnte und nie geredet hatte, wie wir zusammen unter dem Tisch gesessen und versucht hatten zu lesen. Kevins furchtbare Angst kam mir wieder in den Sinn; ich versuchte Charity zu beschreiben, wie es gewesen war, als er sich so fürchtete.

Charity lehnte sich vor und stützte das Kinn auf die Hand. Sie hörte aufmerksam zu. «Warum arbeitest du mit ihm?»

«Weil das mein Beruf ist.»

«Er scheint aber ein ganz komischer Bursche zu sein.»

«Er ist seltsam. Aber es macht mir nichts aus.»

«Kann ich ihn mal sehen? Nimmst du mich mal mit?»

«Vielleicht. Später vielleicht.»

«Mit mir würde er sprechen. Ich würde sagen: ‹Junge, vor mir brauchst du keine Angst zu haben. Ich bin nur ein kleines Kind.› Dann würde er mit mir sprechen.»

«Das Problem ist», erklärte ich, «daß wir nicht einmal wissen, ob er sprechen kann. Vielleicht drängen wir ihn, etwas zu tun, was er gar nicht kann.»

«Warum weißt du das nicht sicher?»

«Weil wir's nicht wissen», erwiderte ich gereizt. «Darum.»

Sie streifte mich mit einem geringschätzigen Blick und lehnte sich zurück. «Du bist einfach dumm. Das ist das Dümmste, was ich je gehört habe.»

«Was denn? Warum?»

«Na, wenn du's nicht weißt, warum fragst du ihn dann nicht? Warum sagst du nicht einfach: ‹Junge, kannst du sprechen?› Dann würdest du's wissen.» Sie lächelte freundlich. «Wie kannst du's denn wissen, wenn du nicht fragst?»

4

Am Empfangsschalter im Garson-Gayer-Heim kannte man mich schon. Die Sekretärinnen hinter ihrer Glasschranke grüßten mich, als ich vorbeiging. Im Raum hinter dem Schalter, wo ich eine Tasse Kaffee trank, hörte ich, wie eine Frau einer andern erklärte, wer ich sei: die Therapeutin des Zoojungen. «Sie versucht, ihn zum Sprechen zu bringen», sagte sie, und der Ton, in dem sie es sagte, verriet mir, daß sie nicht an meinen Erfolg glaubte. Ich hängte meine Jacke auf und ging den Flur entlang ins kleine weiße Zimmer. Nicht einmal die Sekretärinnen konnte ich täuschen.

Kevin und ich hatten bei diesem zweiten Versuch nicht mehr Erfolg als tags zuvor. Der einzige Unterschied war, daß die Tränen früher flossen. Über seine pickeligen Wangen rollten sie zum Kinn hinunter und tropften aufs Buch; wütend rieb er sie mit den Fingern weg und hinterließ auf dem Papier große, schmierige Flecken. Doch hielten ihn die Tränen nie davon ab, es wieder und wieder zu versuchen. Nachdem ich schon lange bereit war, aufzugeben, lange nachdem eine düstere und hoffnungslose Stimmung aufgekommen war, fuhr Kevin in seinen Versuchen fort, mühte sich ab, um aus seinem Mund einen Ton hervorzulocken, setzte alle seine Kräfte ein – und versagte.

Kevin ging durch die Hölle, aber ich ebenso. Ich fühlte mich in seinen Ängsten genauso gefangen wie im Tisch- und Stuhlkäfig. Seine Anstrengungen spielten sich in einer seltsam unwirklichen Atmosphäre ab, denn während er es immer wieder versuchte, lag die Sinnlosigkeit des Unternehmens so fühlbar auf uns wie eine schwere Decke. Ich konnte sie nicht abschütteln. Wie Sisyphus, der seinen riesigen Stein den Berg hinaufrollt, plagte sich Kevin ab, mit dem vorhersehbaren Ergebnis, daß trotz aller Bemühungen der Stein den Berg wieder hinunterrollte. Das war es, was mich so ohnmächtig machte, daß er sich derart anstrengte und doch nichts erreichte.

Jeder Muskel in meinem Körper versteifte sich. Ich bekam Kopfschmerzen, weil ich die Zähne zu fest zusammenbiß. Ich begann zu stottern. Ich drängte und schmeichelte und redete ihm zu, bis mein Hals trotz des Kaffees ganz ausgetrocknet war.

Kevin zitterte. Seine Schultern zuckten. Sogar sein Kopf bebte. Ich hörte, wie der Atem angstvoll durch die klappernden Zähne gepreßt wurde. Doch alle Bemühungen waren umsonst.

Zuletzt legte ich meine Hand übers Buch. Unsere Zeit war beinahe um. «Wir versuchen's morgen wieder, ja?»

Er sah mich nachdenklich an. Sein Kinn zitterte stärker.

«Wir schaffen's schon, Kevin. Mach dir keine Sorgen.»

Er machte sich aber Sorgen.

«Kevin, ich möchte dich etwas fragen.»

Er beobachtete mich.

«*Kannst* du sprechen? Ich meine, ist es dir möglich?»

Kevin wandte sich ab. Er blickte auf den Teppich. Aufs Buch. Auf seine Hände. Ein großes Schweigen erhob sich, das uns trennte und unendlich weit voneinander entfernte, anderseits aber auch verband.

«Kevin?»

Er gestikulierte. Ich verstand nichts. Er machte wieder Gesten und schnitt Grimassen. Aus lauter Verzweiflung bewegte er die Hände immer heftiger. Aber ich war zu dumm. Verstimmt schlug er mit den Fingern auf den Boden, und wir saßen einander erneut stumm gegenüber.

«Kannst du's, Kevin?»

Er wandte sich mir wieder zu, und sein Blick suchte den meinen.

«Du kannst es?»

Er zuckte die Achseln.

«Du *kannst* doch sprechen? Du kannst es, tust es aber nicht? Du willst nicht? Ist es das?»

Er begann mit der einen Hand etwas in die Luft zu zeichnen und ließ sie dann wieder fallen. Er zuckte die Achseln und starrte auf den Teppich.

«Warum tust du's dann nicht?»

Er fing an zu weinen. Die heruntergezogenen Mundwinkel zeigten, wie elend er sich fühlte. Ich wollte ihm einen Arm um die Schulter legen und ihn trösten, tat es aber nicht. Das Schweigen zwischen uns sagte mir, daß es nicht das richtige gewesen wäre, so blieb ich einfach sitzen, die Hände im Schoß. Kevin schluchzte heftiger. Er faltete seine großen Männerhände und nahm sie wieder auseinander. Seine Schultern zuckten, aber kein Laut kam aus seinem Mund.

Auf der Rückfahrt zur Klinik hielt ich in der Stadt an, um eine Besorgung zu erledigen. Ich kam an einem Laden vorbei, in dessen Schaufenstern Artikel für Halloween – der 31. Oktober, der Abend vor Allerheiligen – ausgestellt waren. Ich war schon daran vorbeigegangen, als es mich zurückzog; ich mußte die Auslagen genauer ansehen. Schwarze Katzen auf Kürbissen, ausgeschnittene Kürbiskopflaternen, Skelette, die im Dunkeln leuchteten, Anstecknadeln mit Gespenstern, ein Buch mit Halloween-Liedern lagen im Fenster.

Ein heftiges, fast schmerzhaftes Gefühl von Nostalgie ergriff mich, als ich die Artikel betrachtete. Ich hatte keine Kinder mehr, für die ich Halloween-Dekorationen kaufen konnte, hatte keinen Grund mehr, einen Raum mit orangefarbigem und schwarzem Kreppapier zu schmücken. Plötzlich schien mir mein Leben so leer, ich fühlte mich in der Erwachsenenwelt ziellos hin und her getrieben.

Ich konnte die Kinder hören. Mitten in der Stadt vor diesem Schaufenster hörte ich wieder die Freudenschreie, die der kleine Robert ausstieß, als ich die große Kürbislaterne aus dem Papiersack zog. Sie hatte mich vier Dollar gekostet zu einer Zeit, als das für mich eine Menge Geld war, aber es war ein Prachtexemplar. Wir erfanden Geschichten über diesen Kürbiskopf, über seine Herkunft, über die geheimnisvollen Dinge, die er wohl nachts erlebte, wenn wir unser schäbiges kleines Klassenzimmer verlassen hatten. Als Halloween vorüber war, brachten wir es nicht übers Herz, den Kürbis zu entfernen. Wir behielten ihn fast bis im April im Klassenzimmer, bis Tessa während eines ihrer Anfälle gegen ihn fiel und ihn plattdrückte. Jene Kürbislaterne war in all ihrer Pracht nicht halb so beeindruckend wie die hier im Fenster gewesen. Wie traurig, dachte ich. Ich konnte es mir nun leisten, den größten Kürbis im Schaufenster zu kaufen, aber es gab in meinem Leben keinen Ort mehr, wo ich ihn hätte aufhängen können.

Die Schaufensterauslage war unwiderstehlich. Ich mußte hineingehen, um mir die Dinge näher anzusehen, obwohl ein mißgünstiger kleiner Kobold in mir drin saß und mich schalt, weil ich etwas Unvernünftiges tat. Schließlich hatte ich ja keine Klasse mehr, vielleicht würde ich nie wieder eine haben. Eigene Kinder hatte ich auch nicht. Es gab keine Entschuldigung, wenn ich solches «Spielzeug» für mich kaufte. Aber gleichzeitig fühlte ich in meiner Tasche nach dem Kleingeld und zählte nach. Ich konnte mich nicht länger zurückhalten und kaufte eine kleine Schachtel, die zwei Kartonfledermäuse enthielt, an die man Körper aus Kreppapier stecken konnte. An einem Stück Faden konnten sie fliegen. Dann griff ich zu einem Buch mit Halloween-Liedern.

Als ich darin blätterte, begann ich laut zu kichern. Dann drehte ich es um und sah nach dem Preis. Ein Dollar. Ein ganzer Dollar für vier Seiten und sieben Lieder! Dabei brauchte ich das Buch überhaupt nicht. Entschlossen legte ich es zurück. Ziellos streifte ich durch den Laden und sah mir andere Artikel an, Geburtstagskarten und Kugelschreiber. Aber sehr erfolgreich war ich nicht. Ich konnte tatsächlich hören, wie die Kinder diese dummen Liedchen sangen. *Aber du hast jetzt keine Kinder mehr!* Und doch, ich hörte sie. Ohne mich besonders anzustrengen, sah ich sogar ihre Gesichter. Wer hat bloß gesagt, eine lebhafte Phantasie sei eine Gabe des Himmels?

Ich ging zur Halloween-Auslage zurück, nahm das Liederbuch in die Hand und blätterte es durch. Dann klemmte ich es verstohlen wie ein Ladendieb unter den Arm, damit ich meinem mißgünstigen Kobold keine Rechenschaft ablegen mußte, und kaufte es.

In meinem Büro riß ich das Paket mit den zwei Kartonfledermäusen auf und schnitt sie aus. Die Anleitung legte ich auf den Schreibtisch für den Fall, daß ich sie brauchen sollte. Dann begann ich die Teile aneinanderzustecken. Es brauchte ungeheuer viel Geschick. Eine Ingenieursausbildung wäre mir sehr zustatten gekommen.

«Was, zum Teufel, treibst du?» Jeff stand unter der Tür.

Ich hatte drei seiner medizinischen Wörterbücher auf meinem Pult aufgestapelt und stand darauf. Aus dieser luftigen Höhe versuchte ich, die Zimmerdecke zu erreichen. Unser Büro befand sich in einem alten Gebäude, und die Zimmer waren mindestens dreieinhalb Meter hoch. «Ich hänge diese Fledermäuse auf.»

Er zog die Tür hinter sich zu und trat näher. Skeptisch sah er zu mir hoch. «Schwirrten die vorher in deinem Oberstübchen rum?»

Darauf konnte ich nur mit einer Grimasse antworten.

«Was hat dich auf die Idee gebracht, wir brauchten hier drin Fledermäuse?»

Schließlich gelang es mir, einen Reißnagel in die Decke zu drücken. Dann versuchte ich, einen Faden darum zu wickeln.

Doch sogar mit den drei dicken Büchern, auf denen ich stand, schaffte ich es nicht.

«Du hast doch nicht im Sinn, die Dinger über meinen Schreibtisch zu hängen, Hayden? Die kommen mir nicht hier rüber.»

Der Faden spielte einfach nicht mit. Ich konnte ihn zwar endlich um den Reißnagel wickeln, riß diesen aber aus der Decke, als ich den Faden verknüpfen wollte. Dies zusammen mit Jeffs Kommentaren bewirkte, daß mein Wortschatz etwas farbiger als gewöhnlich wurde.

Jeffs Interesse war inzwischen geweckt. Er lehnte sich über mein Pult und starrte nach oben. «Warum machst du nicht zuerst eine Schlinge?» fragte er.

«Warum verkrümelst du dich nicht?»

«Ich meine, drück den Reißnagel in die Decke, dann mach eine Schlinge und versuch ihn mit dem Lasso zu fangen.»

«Nur keine Aufregung, Jeff. Ich mach das schon.»

Jeff ging zu seinem Schreibtisch hinüber, packte die neueste Ausgabe des «Nachschlagewerks für Ärzte» und trug das Buch zu meinem Pult. Er stieß mich am Bein an. «Rück beiseite, Hayden. Ich mach das.»

Im nächsten Augenblick balancierten wir beide auf Büchertürmen, und die Kartonfledermäuse hingen an unsern Fingern.

Ich mochte Jeff. Alle mochten Jeff. Er war ein liebenswürdiger Mensch, aber woran das lag, war nicht leicht zu sagen. Er war groß, aber nicht besonders gutaussehend, jedenfalls nicht auf die klassische Art wie die Filmärzte. Er war eher, was man einen reizenden Menschen nennt, von der Art eines Jungen, den man zu Hause der Mutter vorstellte, als man noch auf der Schule war. Er hatte welliges braunes Haar und ein paar Sommersprossen auf der Nase. Seine Zähne waren nie korrigiert worden; wenn er lächelte, wurde daraus ein fröhliches, schiefes Grinsen. Er besaß einen unverwüstlichen Humor, respektlos, verspielt und irgendwie jungenhafter, als man es von einem Arzt erwartet hätte. Im geheimen vermutete ich, das sei der Grund gewesen, warum man mich und Jeff zusammen in dieses Büro gesteckt hatte. Wir beide vertraten in der Klinik als einzige die neuere Richtung der Psychiatrie. Trotz seiner bezaubernden Jungenhaftigkeit war Jeff brillant. Ich habe in meinem Beruf schon viele Leute kennengelernt, aber keiner konnte, was Intelligenz betrifft, Jeff das Wasser reichen. Er strahlte Intelligenz aus. Wir wußten alle, daß Jeff brillant war, und Jeff wußte es ebenso, was es manchmal schwierig machte, mit ihm zu arbeiten. Es gelang ihm einfach alles auf Anhieb. Er war darum nicht gerade bescheiden, hängte aber anderseits seine Begabung nicht an die große Glocke, als wäre es gar nichts Besonderes. Das machte ihn liebenswürdig, ein sorgloses Genie, und wir andern fühlten uns glücklich, daß wir ihn kannten.

Wir standen immer noch Nase an Nase auf dem Bücherstapel auf meinem Schreibtisch, als Kevin sich in unsere Unterhaltung einschlich.

«Was hältst du davon?» fragte ich Jeff, nachdem ich ihm über die Sitzung an jenem Morgen berichtet hatte.

Jeff überlegte, während er den Kreppapierbauch der Fledermaus in seinen Händen drehte. «Wovor hat er Angst? Meinst du, er fürchtet sich vor dem Reden? Seine Stimme zu hören?» Er überlegte. «Oder vor dem, was seine Stimme sagen wird, wenn er redet?»

«Ich weiß es nicht», erwiderte ich.

«Oder hat er vielleicht gar keine Angst davor? Könnte es sein, daß er nicht sprechen *will* und daß ihm die Angst nur als nützlicher Vorwand dient? Die Leute drängen einen weniger, etwas Bestimmtes zu tun, wenn sie glauben, man fürchte sich davor. Sie machen einem dann keine Vorwürfe.» Jeff streckte sich zur Decke und befestigte den Faden am Reißnagel. Die Fledermaus schwebte zwischen uns.

«Ich weiß es nicht. Er ist anders als meine andern freiwilligen Stummen. Ich weiß nicht, was in ihm vorgeht. Ich weiß nicht, was er denkt.»

Jeff lächelte mir zu. «Nein. Aber wissen wir das überhaupt je?»

5

Es gab noch einen Menschen, der sich über Kevins seltsames Verhalten Gedanken machte, nämlich die Sozialarbeiterin Dana Wendolowski im Garson-Gayer-Heim. Sie hatte es erreicht, daß Kevin über die übliche Altersgrenze hinaus im Heim bleiben konnte, und sie hatte aus eigenem Antrieb einen Psychologen gesucht, der auf dem Gebiet der psychisch bedingten Sprachschwierigkeiten Erfahrung hatte.

Ich fand in Dana eine Freundin. Sie machte sich die Arbeit nicht leicht. Obwohl sie die einzige Sozialarbeiterin für alle sechsundneunzig Kinder im Heim war, gelang es ihr, sogar die Fortschritte der hoffnungslosesten Fälle zu registrieren. Sie tat, was in ihrer Macht lag, um die Zustände innerhalb und außerhalb der Heimmauern zu verbessern. Wenn ich über ein bestimmtes Kind eine Auskunft wollte, stellte sich immer heraus, daß sie es persönlich kannte. Und es gab kein einziges, für das sie sich nicht voll eingesetzt hätte.

Sie kam aus einer Bauernfamilie und war in ländlicher Umgebung aufgewachsen, doch hatte sie in der Stadt gelebt, seit ihre Ausbildung zur Sozialarbeiterin abgeschlossen war. Sie war Ende Zwanzig und eine sehr attraktive Frau von skandinavischem Typ. Ihre aristokratische Schönheit stand im Gegensatz zu ihrem sanften Wesen.

Dana hatte zuerst versucht, selbst mit Kevin zu arbeiten und ihn zum Sprechen zu bringen. Sie hatte ihn öfter in ihr Arbeitszimmer geholt und sich bemüht, seine Verkrampfung zu lösen. Dabei hatte sie das Problem nie hochgespielt und mit freundlichen Worten versucht, ihm Selbstvertrauen zu geben. Doch sie hatte einfach zu viele andere Verpflichtungen, und nach ein paar Wochen fruchtloser Anstrengungen sah sie sich gezwungen, die Behandlung abzubrechen. Sie gab den Fall jedoch nicht auf.

Ich traf Dana am folgenden Morgen zufällig im Raum hinter dem Empfangsschalter. Sie hatte bei den Sekretärinnen ein paar Schreibarbeiten abgeholt, und ich war dabei, mir einen Milchkaffee einzuschenken. Die Sitzungen mit Kevin schadeten meiner Stimme, und wenn ich auch Kaffee nicht besonders mochte, schien er doch das einzige, was eine totale Heiserkeit verhindern konnte.

Sie fragte mich, wie es gehe. Ob ich mit dem Zimmer zufrieden sei und ob ich etwas bräuchte.

Ich versicherte ihr, es sei alles in Ordnung.

Sie lächelte zögernd. «Raten Sie mal, was Kevin gestern getan hat!»

Ich blickte sie fragend an.

«Einer der Betreuer ging unerwartet in sein Zimmer, ohne daß Kevin ihn hörte. Kevin stand vor dem Spiegel und trainierte seinen Mund. Paul – das ist der Betreuer – hatte den Eindruck, der Junge versuche zu sprechen. Sie wissen schon: Er spitzte die Lippen und formte sie zu Wörtern. Kein Laut war zu hören, aber er versuchte, mit den Lippen Wörter zu formen.» Sie lächelte mir zu und wartete auf meine Reaktion. Die Schreibmaschinenblätter hielt sie wie einen Schild vor die Brust. «Das ist wohl ein gutes Zeichen? Sie glauben doch auch, daß es ein gutes Zeichen ist? Daß er sprechen will? Daß es Ihnen vielleicht gelingt, ihn dazu zu bringen?»

Ich erwiderte ihr Lächeln. Ihre Stimme klang besorgt. Sie war erst seit zwei Jahren im Garson-Gayer-Heim – Kevin war schon mehr als doppelt so lange dort –, und ich begriff, daß sie auf Wunder hoffte. Sie hatte sich mit Leib und Seele in diesen undankbaren Beruf gestürzt und eine Stelle angenommen, wo sie ständig überlastet war und kaum je durch Erfolge belohnt wurde. Ich merkte wohl, daß sie darunter litt.

«Ja», bestätigte ich, «wahrscheinlich ist es ein gutes Zeichen.»

«Paul ist sofort runtergekommen und hat es mir erzählt. Ich war drauf und dran, Sie anzurufen. Ich hätte es so gern getan. Ich war so aufgeregt! Und ich wollte Ihnen sagen, daß Sie ihm wirklich helfen können.»

Ich ging zum Therapieraum. Die Kaffeetasse balancierte ich auf der Materialkiste, während ich in der Tasche nach dem Schlüssel fischte. Es war ein herrlicher Herbsttag; als ich die Tür zum kleinen Zimmer öffnete, war ich von der Sonne ganz geblendet. Man sah die Staubfäserchen durch die Luft schweben.

Die Vorstellung, daß Kevin im Spiegel Gesichter geschnitten hatte, ließ mich nicht los. Es war schwierig zu sagen, ob es von Bedeutung war oder nicht. Ich mochte dem Zwischenfall nicht allzuviel Bedeutung zumessen; man konnte ja nicht wissen, warum er es getan hatte. Vielleicht hatte er einfach nur Grimassen geschnitten. Oder er hatte tatsächlich die Lippen trainiert. Wer weiß. Ich wollte mich später damit beschäftigen. Man wußte so wenig über diesen stillen Jungen, daß ich für jede noch so kleine Beobachtung dankbar war.

Für diesen Morgen hatte ich mir etwas Neues ausgedacht. Statt daß wir uns mit dem langweiligen Krimi abplagten, würde ich Kevin das Halloween-Liederbuch zum Lesen geben. Wir könnten uns dabei besser entspannen. Ich würde ihm einige Lieder vorlesen und mit ihm darüber lachen. Dann sollte er es versuchen. Es schien ganz einfach zu sein.

Punkt halb zehn kam Kevin in Begleitung eines Pflegers herein, mit gebeugten Knien, halb gehend, halb kriechend. Die Arme ließ er steif herunterhängen. Kaum war der Pfleger verschwunden, suchte Kevin unter dem Tisch Schutz.

Ich rückte einen Stuhl beiseite, ließ mich auf den Boden nieder und kroch auch unter den Tisch. Kevin packte sofort den Stuhl und stellte ihn mit dem Rücken zum Tisch und dem Sitz nach außen wieder hin. So fühlte er sich am sichersten. Dann hockten wir beide im Halbdunkel. Nicht weit von uns schwebten im einfallenden Sonnenlicht die Stäubchen, und doch waren sie Welten von unserem düsteren Versteck unter dem Tisch entfernt.

Langsam zog ich das Halloween-Liederbuch aus der Materialkiste und zeigte es Kevin. Ich blätterte die Seiten um und erklärte ihm, was es mit den Liedern für eine Bewandtnis hatte. Er hörte höflich zu, aber ich merkte, daß er es nicht begriff. Meine Ausführungen konnten ihn nicht begeistern, und meine humorvollen Bemerkungen hielten seinem prüfenden Blick nicht stand.

Dann holte er sich die Kiste heran, nahm den Krimi heraus und suchte die Stelle, wo wir um das Wort gekämpft hatten.

«Ich dachte, wir könnten heute zur Abwechslung dieses Buch nehmen», sagte ich.

Er sah mich nachdenklich an. Ich hatte keine Ahnung, was in seinem Kopf vorging. Seine Augen verengten sich. Das gewohnte Buch behielt er in der Hand.

«Möchtest du's nicht lieber mit diesen Liedern versuchen? Sie sind lustig, weißt du. Man singt sie auf die Melodie von Weihnachtsliedern.» Und plötzlich fiel mir ein, daß er so was vielleicht gar nicht kannte. Vielleicht hatte es in seinem Anstaltsleben keine Weihnachtslieder gegeben. «Soll ich dir eines vorlesen?» Meine Stimme klang schon ein wenig verzweifelt, sogar für meine eigenen Ohren. Diesen Morgen konnte ich gleich abschreiben.

Kevin schüttelte den Kopf. Er legte den Krimi geöffnet vor sich auf den Boden und beugte sich darüber. Mit der einen Hand zog er die Lippen in die Breite, so daß sie ein E formten. Ich hörte, wie er zur Vorbereitung atmete; das kannte ich schon. Dann stürzte er sich kopfvoran in den Kampf. Er zitterte, klapperte mit den Zähnen, schwitzte und versuchte mit aller Gewalt, mit den Lippen das Wort zu formen. Er strich mit der Hand an seinem Hals aufwärts, um das Wort herauszupressen. Er streckte den Kopf vor, als sei er am Ersticken. Es half nichts.

«Warte», sagte ich, «ich hab eine Idee. Komm hierher. Komm ein wenig raus hier. Ich brauche mehr Platz.»

Ich kroch unter dem Tisch hervor, stand auf und bot ihm einen Stuhl an. «Komm her.»

Kevin kroch bis an den Rand des Tisches, aber nicht weiter. Ich konnte ihn nicht hervorlocken und setzte mich also selbst auf den Stuhl. Er hockte vor mir. Ich beugte mich zu ihm hinunter und legte ihm die Hände auf den Hals.

«Weißt du, ich glaube, wir brauchen ein paar Übungen. Du verkrampfst dich so, daß deine Muskeln ganz angespannt sind. Wir müssen versuchen, dich zu entspannen, dann wird es dir weniger Mühe machen zu sprechen.»

Er zitterte heftig unter meinen Fingern. Himmel, er war häßlich! Ich hatte mich irgendwie daran gewöhnt, aber als ich ihm nun aus nächster Nähe ins Gesicht sah, fiel es mir wieder auf.

«Mach den Mund auf. Ganz weit.»

Schweißtropfen perlten auf seiner Stirn, aber er öffnete den Mund ein wenig.

«Weit auf! Schau, so.» Ich machte es ihm vor und riß den Mund weit auf. «Mach es genauso. Ich lege die Hände an deinen Kehlkopf und kontrolliere deine Muskeln. Entspann dich. Entspann dich, Kevin, ich werde dir nicht weh tun.»

Ich improvisierte die Übungen. Es war das erste Mal, daß ich so vorging, und ich wußte nicht genau, wo ich den Kehlkopf fühlen mußte. Aber da, wo ich die Hände hingelegt hatte, schien die richtige Stelle zu sein. Wir rissen beide den Mund weit auf, wie Haie auf Beutesuche. Wir hätten eine wundervolle Illustration für eine Mundwasserreklame abgegeben.

Das Ganze war ein unglaublicher Schwindel. Vielleicht ist das die Psychologie meistens. Oder eigentlich doch nicht. Ich kannte zwar keine besonderen Entspannungsübungen, aber ich war überzeugt, daß jede Art Übung nützen könnte. Und wenn ich auch wirklich nicht genau wußte, wo sich der Kehlkopf befand, spürte ich doch angespannte Muskeln; wenn er sich nur entspannen könnte, würde ihm das sicher helfen. Also war es nur eine Art Hokuspokus.

«Entspann dich, Kevin! Du bist ganz verkrampft. Niemand will dir was zuleide tun. Vertrau mir. Entspann dich. Da, leg deine Hände an meinen Hals. Fühlst du die Muskeln? Sie sind ganz weich, nicht? Und nun fühl deinen Hals. Merkst du den Unterschied? Ich möchte, daß sich dein Hals wie meiner anfühlt.»

Da saßen wir also, die Hände um den Hals des andern gelegt, als kämpften wir um Leben und Tod. Irgendwie traf das auch zu. Ich hieß ihn den Mund weit öffnen und die Lippen bewegen. Er mußte tief einatmen, den Atem anhalten und langsam wieder ausatmen. Er wackelte mit dem Kopf, fühlte meine Halsmuskeln, seine Muskeln und bewegte wieder den Kopf, um sich zu entspannen. Ich sprach die ganze Zeit beruhigend auf ihn ein, wie ich es jeden Tag tat, und wechselte die Übungen schnell ab, damit er sich konzentrieren mußte.

«Gut, Kevin. Nun behältst du den Mund offen und atmest ganz langsam aus, so.» Ich machte es ihm vor und preßte den Atem ein wenig, so daß ein ganz leises *Haaa* zu hören war. Kevin, der mit der einen Hand meinen Hals umfaßt hatte, mit der andern den seinen, atmete auch langsam aus. Aber bei ihm hörte man nicht das geringste.

«Gut. Noch einmal, ein wenig stärker. Spür, wie die Muskeln sich entspannen. Tief mit dem Zwerchfell einatmen, setz das Zwerchfell mehr ein. Und noch einmal.» Eine kleine List, um ihn vom *Haaa*-Laut abzulenken. Ich machte es vor und legte großen Nachdruck auf den Einsatz des Zwerchfells.

Diesmal hörte man seinen Atem, als er es wieder versuchte, aber er war mit solchem Eifer bei der Sache, daß er es nicht bemerkte. Rasch lenkte ich ihn wieder ab, indem ich ihn aufforderte, die Muskeln an meinem und an seinem Hals zu vergleichen. Fühlten sie sich nun etwa gleich an? Ja. Gut. Dann noch einmal.

Ich fuhr fort, meinem Atem einen leisen Laut mitzugeben, ein *Haaa*, das jedesmal ein wenig lauter wurde, aber immer noch so leise war, daß man es eher als Hauch denn als Laut bezeichnen konnte. Ich versuchte, von Mal zu Mal nur so viel lauter zu atmen, daß er es nicht merken konnte.

Kevin hielt mit mir Schritt und hauchte jeweils gleich stark wie ich. Er hatte vor Anstrengung die Stirn gerunzelt, aber er zitterte nicht mehr. Tatsächlich waren wir beide so sehr bemüht, unsern Atem zu vergleichen, daß wir wahrscheinlich kaum mehr daran dachten, warum wir es überhaupt taten.

«Gut. Und jetzt mehr Druck. Leg die Hand auf deinen Magen, damit du merkst, wie das Zwerchfell arbeitet. So, siehst du. *Haaaa.*» Es klang schon wie ein Flüstern.

«*Haa . . .*» ahmte Kevin mich nach, und plötzlich wurde ihm bewußt, was ich getan hatte. Sein Flüstern erstarb mitten im

Atemzug. Er bekam einen roten Kopf und starrte mich an. Ich hielt ihn immer noch um den Hals gefaßt, aber er riß sich mit einem Ruck los. Und schon war er unter dem Tisch verschwunden.

Ich lehnte mich hinunter und spähte zu ihm hinein. «Was ist los? Komm raus. Komm schon! Du hast deine Sache gut gemacht. Versuchen wir's nochmals.»

Kevin hatte sich in die hinterste Ecke zurückgezogen und zu einem Ball zusammengerollt – so wie ich ihn am ersten Tag gesehen hatte.

Ich glitt vom Stuhl und setzte mich zu ihm unter den Tisch. Ich berührte ihn an der Schulter, lächelte ihm zu. «Du hast es ganz prima gemacht. Weißt du das? Komm, laß es uns noch einmal versuchen.»

Unter meinen Fingerspitzen fühlte ich seine Muskeln, die vor Anspannung felsenhart geworden waren. Dann durchlief ihn ein leises Zittern, und Kevin explodierte. *Wummm!* Mit der Wucht eines Vulkanausbruches ging er hoch, sprang auf und warf dabei mit den Schultern den Tisch um. Stühle fielen um. Meine Kiste flog samt Inhalt davon. Kevin raste im Zimmer umher, stieß gegen die Wände, kletterte über Möbel, stürzte und rappelte sich wieder hoch.

Erschrocken sprang ich auf. Er war ein großer Junge und wirkte in seiner Raserei furchterregend. In diesem Augenblick wurde mir erst bewußt, wie wenig ich über Kevin-unter-dem Tisch wußte. Er hätte ebensogut ein Tier sein können, wie etwa mein Hund, bei dem ich auch aufs Raten angewiesen war, wenn ihm etwas fehlte. Unsere Welten waren so verschieden, und wir hatten keine gemeinsame Sprache.

Kevin rannte hin und her. Er schrie oder hätte jedenfalls geschrien, wenn ein Laut aus seiner Kehle gekommen wäre. Er riß den Mund weit auf und verzog das Gesicht zu einer Fratze, aber alles, was ich hörte, war sein keuchender Atem. Tränen liefen ihm die Wangen hinunter. Aus der Nase rann ihm Rotz in den Mund.

Plötzlich öffnete sich die Tür hinter mir, und der Betreuer kam herein. Er murmelte etwas Unverständliches und schlug die Tür wieder zu. In wenigen Sekunden brachen vier Männer wie ein Sturmtrupp über uns herein. Sie packten Kevin an Armen und Beinen und warfen ihn zu Boden. Hinter ihnen erschien eine Krankenschwester mit einer Spritze in der Hand. Während die Männer Kevin festhielten, riß sie ihm die Hose herunter und gab ihm die Spritze. Kevin wehrte sich verzweifelt. Dünn und drahtig wie er war, kämpfte er mit aller Kraft, so daß die vier Männer Mühe hatten, ihn zu halten.

Ich war es nicht gewohnt, in Krisensituationen Hilfe zu bekommen; so stand ich einfach da, sprachlos und verwirrt. Ich hatte nicht gemerkt, wie sehr Kevin außer Rand und Band geraten war. Natürlich war er verstört, doch wir waren in den Grenzen des Therapiezimmers geblieben. Er hatte mich nicht verletzt und ich ihn auch nicht. Er hatte nichts getan, was einen Militäraufmarsch und Beruhigungsmittel rechtfertigte. Kevin wurde in einen der Absonderungsräume im oberen Stock gebracht. Es war ein winziger Raum mit einer dicken Holztür; lange, grüne Matten, die wie Matratzen aussahen, hingen an den Wänden. Eine Gummizelle. Das einzige Fenster war ein vergittertes Viereck an der Tür. Sie zogen Kevin bis auf die Unterhose aus, damit er sich nicht weh tun konnte. Nun warf er sich unablässig gegen die gepolsterten Wände.

Ich stand ein paar Augenblicke vor der Tür und beobachtete ihn. Dann ging ich in Dana Wendolowskis Büro hinunter.

Dana lächelte mir mitfühlend zu, als ich eintrat. «Ich hab's gehört», sagte sie. «Aber machen Sie sich keine Sorgen. Das kommt bei ihm manchmal vor.»

«Tatsächlich?» Das hatte man mir nicht gesagt.

«Niemand weiß, warum. Wutanfälle scheinen es nicht zu sein. Er bekommt sie einfach. Wir geben ihm eine Spritze, sperren ihn für kurze Zeit in den Absonderungsraum, und er beruhigt sich nach und nach wieder. Diese Anfälle dauern nie lange. Und manchmal hat er längere Zeit gar keine.»

«Ich verstehe», sagte ich und lehnte mich zurück. Ich verstand überhaupt nichts.

Nach der zweiten Tasse Kaffee ging ich in den oberen Stock zurück. Ein paar Helfer hatten sich dort im Flur versammelt und blickten mich an, als ich durch die Doppeltür trat.

«Das tut er öfter», bemerkte eine junge Frau zu mir. Mit dieser Erklärung schienen sich alle zufriedenzugeben.

«Kann ich hineingehen?» fragte ich. Ich war unruhig und ein wenig gereizt, ohne zu wissen, warum. Ich war zu ungeduldig, um herumzustehen und mich mit ihnen zu unterhalten.

Eine der Frauen löste sich aus der Gruppe und ging zur Tür des Absonderungsraums. Sie spähte einen Augenblick durchs Fenster und kam dann zurück. «Ja, ich glaube, Sie können gehen, wenn Sie wollen. Er liegt ganz ruhig da.»

Der Raum war sehr klein, aber wahrscheinlich doch nicht so winzig, wie er mir vorkam. Kevin rührte sich nicht, als ich eintrat. Er lag auf dem Bauch am Boden und hatte das Gesicht in die Arme vergraben. Ich sah auf ihn hinunter.

Während ich so neben ihm stand, war mein Kopf ganz leer. Ich starrte einfach auf ihn hinunter, ohne einen klaren Gedanken zu fassen. Er war tatsächlich ein großer Bursche. Nun, da er nur noch die Unterhosen trug, sah man, wie mager er war. Seine Haut war wachsgelb. Bestimmt war er als Kind mißhandelt worden. Ich bemerkte die wohlbekannten kleinen Narben, die Lampenkabel und brennende Zigaretten hinterlassen. Sie waren über seinen Rücken und die Beine verstreut wie die Spuren von Ungeziefer.

Ich liebte den Jungen nicht. Ich mochte ihn eigentlich nicht einmal. Er war zu alt. Ich wußte nicht, was ich mit heranwachsenden Jugendlichen anfangen sollte. Er war meinen Zauberformeln entwachsen. Ich stützte mich bei meinen Behandlungsmethoden auf eine gewisse Unerfahrenheit meiner Patienten, auf den kindlichen Glauben, daß Erwachsene, einfach weil sie erwachsen waren, die Dinge zum Guten wenden konnten. Kevin war jedoch zu alt dafür. Er wußte schon, daß es nicht stimmte. Das ließ uns ohne die heilsame Einbildung, wir waren einfach zwei gewöhnliche Menschen. Kevin bewegte sich. Er sah zu mir auf. Ein langes Schweigen folgte.

«Hast du gedacht, ich wollte dich hereinlegen?» fragte ich. «Wenn ich dich aus der Fassung gebracht habe, tut es mir leid. Das habe ich nicht gewollt.»

Kevin wandte den Kopf ab. Er lag immer noch auf dem Bauch, zog aber die verschränkten Arme an und legte das Kinn darauf.

«Es muß so ausgesehen haben», sagte ich, «als ob ich dich überlisten wollte. So war es aber nicht. Ich wollte nur helfen, dir die Angst nehmen.»

Er hob den Kopf und sah mich an.

«Es tut mir leid», sagte ich.

Kevin setzte sich auf und blickte mich lange an. Ich stand immer noch an der Tür, aber der Raum war so klein, daß wir kaum einen halben Meter voneinander entfernt waren. Er schien auf seltsame Art entspannt. Die Angst war von ihm abgefallen. Er hockte in ganz natürlicher Haltung da, die Arme um die Knie geschlungen. Doch war dies vielleicht nur dem Beruhigungsmittel zuzuschreiben.

«Ich muß jetzt gehen», sagte ich. «Ich muß in die Klinik zurück, wo ich arbeite.»

Kevin verzog das Gesicht. Er gestikulierte.

«Ich komme morgen wieder, okay?» Ich wandte mich um und öffnete die Tür. Kevin erhob sich, als ich in den Flur trat. «Wiedersehn.»

Er kam bis zur Tür, und es fiel mir schwer, sie vor seiner Nase hinter mir zuzuziehen. Er preßte das Gesicht ans Fenster und sah mir nach. Als ich die breite Doppeltür öffnete, blickte ich noch einmal zurück. Kevin hatte das Gesicht immer noch ans winzige Fenster der Gummizelle gedrückt.

6

Am nächsten Tag war er vor mir im kleinen weißen Zimmer. Der Pfleger stand auf dem Flur, als ich kam, und öffnete mir die Tür. Kevin war schon unter dem Tisch.

Ich hörte ihn gleich. «*Haaa*», machte er, «*haa, haa, haa.*» Es war ein Hauchlaut, nicht ganz ein Flüstern. Es klang, als springe ein Motor an.

Ich beugte mich hinunter und rückte einen Stuhl zur Seite. Kevin erschrak und sah mit großen, dunklen Augen zu mir auf. Er begrüßte mich nicht, wie sonst immer, mit seinem naiven Lächeln. Ich kam mir wie ein Eindringling vor und bat ihn deshalb um die Erlaubnis, zu ihm unter den Tisch zu kommen. Er rückte beiseite, um mir Platz zu machen, und fuhr sogleich mit seinen Atemübungen fort. Ich kroch unter den Tisch und stellte den Stuhl wieder an seinen Platz.

«*Haa. Haa. Haa. Haaaaaaaaa.*»

Wie an den vorhergehenden Tagen war Kevin von sich aus motiviert. Meine Gegenwart war eigentlich überflüssig. *Haaa. Haa. Haaaa.* An diesem Tag schien er sich etwas in den Kopf gesetzt zu haben. Er würde es schaffen!

«*Haa. Ha. Haaa. Haaa. Haaaaaaaaaaaaaa.*»

Er schwankte.

Haa war kein besonders geeigneter Laut, wenn man ihn immer und immer wieder sagte. Kevins unablässige Bemühungen führten dazu, daß ihm zuviel Luft in die Lunge geriet. Er schwankte schon, weil er ganz benommen war, und manchmal mußte er eine Pause einlegen, bis sein Kopf wieder klar wurde. Ich fragte mich, ob er wußte, daß das Atmen sein Schwindelgefühl verursachte, oder ob er dachte, es sei die Angst.

Die Angst war da. Wie ein lebendiges Wesen hockte sie auf seiner Schulter. Er zitterte. Der Schweiß rann ihm in Bächlein durchs Haar und das akneübersäte Gesicht hinunter.

«*Haaaaa. Ha. Ha. Ha.*» Ein Laut war es eigentlich nicht, doch klang es beinahe schon wie ein Flüstern.

Die Minuten verstrichen. Ich hatte die Arme um die Knie gelegt und das Kinn darauf gestützt. *Haa!* Kevin ließ nicht locker. Mein schlimmes Knie schmerzte vom starren Sitzen, aber ich wagte mich nicht zu bewegen.

«*Haaaaaaa. Haaa. Haa, haa.*»

Immer wieder dieser Hauch. Es schien, Kevin wollte sich

selbst dabei hören, denn er hielt den Kopf leicht auf die Seite geneigt. Er stieß das *Haa* aus; dann verengten sich seine Augen, wenn er sich darauf konzentrierte, das Resultat zu beurteilen. Ich fragte mich, ob er vergessen hatte, wie seine eigene Stimme klang. Oder was es für ein Gefühl war zu sprechen.

«*Haaa. Haa, haa, haa, haa, haa, haa.*»

Er holte tief Luft.

«*Haaaaaaaaaaaa.*» Zum ersten Mal klang es wirklich wie ein Flüstern, nicht wie ein Keuchen. Kevin schnellte hoch und stieß an den Tisch. Dann neigte er den Kopf wieder auf die Seite. «*Haaaaaaaaaa*», flüsterte er. «*Hooo, haaa, ho.*» Er runzelte die Stirn. «*Ho*», flüsterte er noch einmal und hörte genau auf den Laut.

Nun war er ganz zum Flüstern übergegangen. Er versuchte es noch ein paarmal, wobei er die Vokale abwechselte. Dann kehrte er zum Hauchlaut zurück, bevor er es erneut mit dem Flüstern probierte. Er nahm den Unterschied wahr. Mit äußerster Konzentration brachte er das Hauchen und das Flüstern kurz hintereinander zustande. Immer wieder das eine, dann das andere. Er war mit einem Klavierstimmer zu vergleichen, der ein wertvolles Instrument stimmt. Ich hatte die Arme um die Knie geschlungen und versuchte, mich so klein und unsichtbar wie möglich zu machen.

Ich hatte hier nichts zu suchen, hatte nichts mit dem zu tun, was Kevin vollbrachte, und fühlte mich nur als Eindringling. Gleichzeitig war ich jedoch äußerst fasziniert. Es war, als dringe ich in die Gedanken eines andern Menschen ein, als hätte ich das Privileg zu beobachten, wie ein anderer auf intimste Art mit sich Zwiesprache führte.

«*Haaaaaaaaaaaa. HaaaaAAAAaa.*» Seiner Stimme gelang der Durchbruch. Er erschrak und erstarrte. Er wirkte völlig verkrampft. Der Schweiß tropfte ihm vom Kinn aufs Hemd. Die Stille tobte rund um uns.

«*HaaAAA?*» sagte er vorsichtig und erstarrte wieder. «*HAA? HAAAA*», diesmal mit voller Stimme. «*HAAAAAAAA.*»

Kevins Muskeln blieben gespannt, sie bewegten sich unter

dem T-Shirt und traten deutlich am Nacken hervor. Doch seine Konzentration ließ nicht nach. *«Haa»*, sagte er laut und hörte aufmerksam zu. Seine Stimme knirschte wie Kieselsteine und klang durch die lange Vernachlässigung ganz heiser. *«Ha. Ha, ha, ha, ha»*, tönte es in kurzen Stößen. Vor Anstrengung war sein Gesicht verkniffen.

«Ha. Ha. Ha. Ho. Ho. Ho. Ha. Ha.» Er schoß die Laute im Stakkato eines Maschinengewehrs heraus.

«Huh. Huh. Huh. Ho. Ho. Hi. Hi. Ha.»

Ich machte mich weiterhin klein und schwieg. Ich wußte nicht, ob er mich vergessen hatte, aber es schien nicht der Augenblick zu sein, die Aufmerksamkeit auf mich zu lenken.

«Huh. Huh. Huh. Huh. Hup. Hup. Haa. Haap. Haap. Haap.» Er versuchte es mit neuen Lauten. Plötzlich erstarb sein Eifer. Er seufzte zutiefst erschöpft auf und ließ den Kopf auf die Knie fallen. Dann stürzte er wie ein gefällter Baum auf die Seite und blieb liegen. Er seufzte wieder.

Ich beobachtete ihn.

Er war todmüde. Das letzte bißchen Energie war aufgebraucht. Ich empfand in diesem Augenblick eine tiefe Freundschaft für ihn. Sein Erfolg hatte nichts mit mir zu tun, doch betrachtete ich es als eine große Ehre, daß er mich daran teilhaben ließ. Ich lächelte, ohne es zu merken.

«Das war ein hartes Stück Arbeit, nicht?» sagte ich. «Du mußt ganz kaputt sein.»

«Ho», sagte er und wiederholte den Laut noch einige Male. «*Ho, ho.* Ich . . .» sagte er, «ich, ich hätte . . . *ho* . . . ich hätte nicht gedacht, daß ich es könnte. *Ufff, ufffff*!» Seine Stimme versagte, und er räusperte sich. «Ich hätte nicht gedacht, daß ich das je wieder tun könnte», sagte er leise unter seinen Armen hervor. «Ich dachte, ich würde es nie schaffen.»

Am Sonntag nachmittag lud ich Charity zu mir ein. Es war das erste Mal, daß wir uns seit der Party trafen. Ich hatte mir vorgenommen, mit ihr einen Drachen zu bauen und sie zur Wiese unten an der Straße mitzunehmen, wo sie ihn fliegen lassen konnte. Die Windverhältnisse waren ausgezeichnet, und es war ein schöner Herbstnachmittag.

Charity war nicht beeindruckt.

«Wozu ist das?» fragte sie, als sie in die Küche kam. Ich hatte auf dem Tisch Holzstäbe und Zeitungspapier ausgelegt. Ich erklärte es ihr in allen Einzelheiten. Meine Begeisterung für das Projekt sollte ansteckend wirken. Ich fand es herrlich, Drachen zu bauen, und es war zu einer wahren Leidenschaft geworden, als ich noch meine eigene Klasse betreute.

«Und wozu willst du das tun?» fragte sie ernsthaft. «Drachen kann man doch im Laden kaufen. Man muß sie nicht selber machen, weißt du.»

«Es macht aber Spaß.»

«Ah?»

Ich versuchte, sie mit einem Schokoladekeks zu bestechen, und wir fingen an zu schneiden, leimen und den Schwanz anzuhängen. Charity sah ein wenig struppiger aus als am Abend der Party. Ihr Haar war zwar immer noch zu Zöpfen geflochten, aber offensichtlich hatte sie darauf geschlafen; lange Strähnen hatten sich freigemacht. Toastkrumen und Marmelade hingen ihr rund ums Gesicht im Haar. Auf der Stirn klebten immer noch die beiden Pflaster, das eine über dem andern, so daß sie ein X formten und wie die gekreuzten Knochen der Seeräuber aussahen. Sie trug ein verwaschenes T-Shirt mit dem Bild eines kaum mehr sichtbaren Kätzchens. Auf ihrer rechten Schulter prangte eine riesige, glitzernde Zehnpfennigbrosche, ein großes Stück blaues Glas, umgeben von hellen «Diamanten». Ich machte eine Bemerkung darüber.

«Oh, das?» sagte Charity und schielte auf ihre Schulter. «Meine ältere Schwester Sandy hat mir die Brosche geschenkt. Es ist ein Smaragd.»

«Ich dachte, Smaragde seien grün. Vielleicht ist es ein Saphir.»

«Nee. Ein Smaragd ist es. Ein blauer Smaragd. Das ist besser als ein grüner. Die grünen sind so gewöhnlich. Diese hier sind rar!»

«Na ja, da hast du recht», stimmte ich bei.

«Er ist übrigens echt.»

«Tatsächlich?»

«Klar. Ist wahrscheinlich mindestens eine Million Dollar wert. Aber ich würde ihn niemals verkaufen. Sandy hat ihn mir geschenkt, und es ist ein richtiger, echter blauer Smaragd.»

«Hast du noch andere Schwestern, Charity?»

«O ja. Da ist Sandy, sie ist zwölf. Und Cheryl, zehn. Und Diana, acht.»

«Diana? Ich dachte, Diana sei deine Große Schwester vom Programm?»

«Das ist eine andere Diana. Diese ist meine richtige, echte Schwester.»

«Aha, so ist das. Und sind das alle? Bist du die Jüngste?»

Sie nickte grimmig. «Ja. Ich bin die Allerjüngste. Als sie mich bekamen, hörten sie auf. Weil ich die Allerbeste bin. Nach mir wollten sie keine Kinder mehr.»

Das konnte ich nur zu gut verstehen. Einen Augenblick lang war ich damit beschäftigt, Papier ans Holz zu kleben, dann fiel mir etwas ein. «He, wart mal, Charity. Ich dachte, du hast gesagt, du seist acht. Wenn du acht bist, wie kommt es dann, daß Diana auch acht ist?»

Charity war verwirrt, aber nur für eine Sekunde. Sie schlug sich mit der Hand an die Stirn. «Oh, ich Esel! Wie dumm von mir. Diana ist neun. Das hab ich ganz vergessen.»

«Ach so. Ich hab schon gemeint, ihr seid Zwillinge», sagte ich und dankte Gott, daß er aus Charity nicht zwei gemacht hatte.

«Ja natürlich! Das hab ich ganz vergessen. Wir sind Zwillinge.»

«Aber du hast doch grad gesagt . . .»

«Nun, das ist so: Diana ist die älteste Zwillingsschwester, und ich bin die jüngste.»

«Du hast aber gesagt, sie sei neun. Und du bist erst acht.»

«Jaaa, hab ich gesagt», bestätigte sie und sah mich an, als seien bei *mir* nicht alle Tassen im Schrank.

«Weißt du wirklich, was Zwillinge sind, Charity?»

«Klar, weiß ich doch. Glaubst du, ich sei blöd? Ich hab's nur vergessen. Ich muß an so vieles denken, da hab ich's eben vergessen. Diana ist die älteste Zwillingsschwester und ich die jüngste. Zuerst sie, dann ich. Darum ist sie schon neun. Ich werde ja auch bald neun.»

«So? Wann denn?»

«Nächsten August.»

«Aber Charity, es ist jetzt Oktober!»

«Ja, eben. Dann werd ich ganz bald neun sein.»

Ich fand es an der Zeit, das Thema zu wechseln.

Später spazierten wir zur Wiese hinunter und ließen den Drachen steigen. Der Wind war gut. Charity rannte, wenn ich es ihr sagte, stand still oder ließ die Schnur aus, wenn ich es für gut hielt. Als der Drachen endlich in der Luft schwebte, ließ sie sich ins Gras sinken und streckte alle viere von sich. Ich setzte mich neben sie.

Sie blickte mich fragend an. «Warum tun wir das?»

«Weil es Spaß macht.»

«Oh», erkundigte sie sich interessiert, «und wann fängt es an, Spaß zu machen?»

«Es macht mir jetzt schon Spaß, Charity.»

«Ach ja?» Sie runzelte die Stirn. «Du tust das aus *Spaß*?»

Ich war enttäuscht. Schließlich war es ja auch *mein* Sonntagnachmittag. «Ja, es macht mir Spaß. Dir etwa nicht?»

Charity runzelte die Stirn. «Na, vielleicht macht's mir auch Spaß», sagte sie. «Ich hab's nur nicht gewußt.» Und zum ersten Mal, seit sie gekommen war, schwieg sie.

Wir lagen beide im Gras und sahen dem Drachen zu. Nach einer Weile stand Charity auf und spazierte rund um die Wiese; dann kam sie zurück und setzte sich wieder neben mich. Von da an schwatzte sie pausenlos auf mich ein.

Am Abend, als ich mich bereit machte, sie nach Hause zu fahren, klaubte sie etwas aus ihrer Tasche.

«Da.»

Es war ein undefinierbares, etwa sieben Zentimeter langes Päckchen.

«Das hab ich dir mitgebracht», sagte sie.

Ich nahm es dankend entgegen. Als ich das Geschenk aus dem dünnen Papier, in das es gewickelt war, auspackte, entpuppte es sich als ein klebriger, gummiartiger Klumpen. «Was ist das?» erkundigte ich mich höflich.

«Ein Stück Kuchen. Letzten Mittwoch hatte ein Mädchen bei uns in der Schule Geburtstag und brachte uns allen ein Stück Kuchen mit. Ich hab's für dich aufgehoben.»

«Oh.» Das verpflichtete mich wohl dazu, ihn zu essen. Ich biß ein Stück ab und tat so, als schmecke er köstlich.

«Ich hab ein bißchen davon gegessen. Nur hier an der Ecke. Aber das meiste hab ich für dich aufgehoben.» Sie lächelte wie ein Engelchen; ich konnte ihre Zahnlücken zählen.

«Vielen Dank, Charity, das ist wirklich sehr lieb von dir.»

«Schon recht», erwiderte sie achselzuckend. «Ich hab's zuerst unserem Hund gegeben, aber der hat's ausgespuckt.»

7

Kevin redete. Wie ich es bei den meisten Stummen seiner Art festgestellt hatte, beherrschte er sofort Grammatik, Wortschatz und Satzstruktur, als hätte er nie aufgehört zu sprechen. Zuerst klang seine Stimme noch kratzend und heiser, weil sie so lange vernachlässigt worden war. Wir kurierten die Heiserkeit mit einer ganzen Fuhre von Halspastillen und Bonbons, und bald gewöhnte sich Kevin wieder ans Reden, und das Kratzen in seiner Stimme verschwand.

Er wurde sehr gesprächig. Die ersten paar Tage waren unsere Unterhaltungen zwar bescheiden, da er noch mit seiner Stimme experimentierte. Doch schon am Ende der zweiten Woche sprach er ohne Schwierigkeiten.

Unsere Gespräche waren am Anfang nicht allzu geistreich. Nach einem so harten Ringen um die Sprache erwartet man zumindest einige tiefsinnige Äußerungen, wenn nicht mehr. Ich war ein wenig enttäuscht, daß Kevin am liebsten über Kreuzworträtsel, seinen Tagesablauf im Heim oder meine Arbeit in der Klinik plauderte. Ich wußte nicht, wieviel er mir vorenthielt, da ich ihn einfach nicht gut genug kannte.

Wir hatten zwar seine Stummheit besiegt; dies bedeutete jedoch nicht, daß wir alle Schwierigkeiten überwunden hatten. Weit davon entfernt. Seine Ängste hatten nicht nachgelassen. Das einzige, was sich geändert hatte, war, daß er nun gelegentlich eine Bemerkung darüber machte. Wir blieben jedoch unter dem verflixten Tisch gefangen. Anscheinend saßen wir dort noch mehr fest als zuvor.

Was den Tisch anbetraf, machte ich einen Kompromiß, indem ich selbst nicht mehr jedesmal darunter saß. Statt dessen schob ich die Stühle zur Seite und setzte mich vor dem Tisch auf den Boden. So war es bequemer, da ich mehr Platz hatte und nicht immer den Kopf einziehen mußte. Kevin brachte ich aber nicht dazu, hervorzukommen, und wenn ich mich zu weit entfernte, sprach er nicht mit mir. So lag ich meistens auf dem Bauch, zur Hälfte unter dem Tisch, zur Hälfte außerhalb.

Kevin machte mich auch zur Gefangenen von andern Ängsten. Zum Beispiel fanden wir eines Morgens eine Schachtel voll alter Schulbücher auf dem leeren Regal. Es war eine ziemlich große Pappschachtel; obenauf lagen alte Lesebücher und Hefte. Ich dachte mir nichts dabei, doch Kevin konnte seinen Blick nicht davon abwenden.

«Was ist in der Schachtel dort?» fragte er unter dem Tisch hervor.

«Ein paar alte Schulbücher», erwiderte ich.

«Was für Bücher?»

«Ich weiß es nicht. Ich habe nicht nachgesehen.»

Ein besorgter Ausdruck erschien auf seinem Gesicht. «Schau nach.» Er stieß mich an. «Sag mir, was drin ist.»

Als ich mich nicht rührte, wurde er ganz aufgeregt. Die Sprache gab ihm eine neue Macht über mich, denn jetzt war er sicher, daß ich verstand, was er wollte. Schweiß trat auf seine Stirn.

«Vielleicht sind Spiralfedern drin», flüsterte er. «An den Heften. Es könnten Hefte mit Spiralrücken in der Schachtel sein!»

«Das glaub ich nicht, Kevin. Es sind nur alte Schulbücher.»

«Manchmal sind auch Spiralen an alten Büchern.»

«Nein, das glaube ich nicht.»

«Vielleicht doch. Du hast gesagt, du habest nicht nachgesehen. Du weißt es also nicht sicher. Es könnten welche drin sein, ohne daß man sie sofort sieht. Geh, sieh nach!»

Er konnte sich nicht konzentrieren. Der schreckliche Gedanke ließ ihn nicht mehr los. Er *wußte*, daß diese kleinen, federnden Metallspiralen dort drin lauerten und nur darauf warteten, hervorzuschnellen und ihn fertigzumachen. Alle Anzeichen von Furcht stellten sich ein: das Zittern, Zähneklappern und Schwitzen, der flache Atem. Er kugelte sich zuhinterst unter dem Tisch zusammen und schaukelte. Nichts, was ich sagte, beruhigte ihn. Tränen flossen. Seine Knöchel wurden weiß. Zuletzt stand ich auf, nahm alles aus der Schachtel heraus und zeigte ihm Buch für Buch, nur um ihn zu überzeugen, daß keine Gefahr bestand, keine Spiralhefte zu finden waren. Erst dann entspannte er sich.

Als Kevin zu sprechen angefangen hatte, erzählte ich es zuerst niemandem. Ich weiß nicht genau, warum. Es wäre wie ein Vertrauensbruch gewesen. Als aber sein Sprechen in jeder Hinsicht normal wurde und an sich keine besondere Leistung mehr darstellte, versuchte ich wie üblich, das Gespräch über uns auszuweiten und andere Leute mit einzuschließen.

Gewöhnlich erreichte ich rasch, daß die Kinder, die sich aus ihrer Stummheit befreit hatten, auch mit anderen Leuten sprachen. In Kevins Fall mußte ich aber bald erkennen, daß sein Wille zu reden kaum etwas mit mir persönlich oder mit meinem Vorgehen zu tun hatte. Deshalb konnte ich ihn nicht dazu bewegen, mit andern zu reden. Es wurde mir klar, daß ich nicht der Grund war, warum er redete. Er hatte nur seine Privatwelt geöffnet und mich eingelassen.

Kevin war entschlossen, mit niemand anderem zu reden. Diese Tatsache schränkte unsern Sieg erheblich ein.

Die erste Zeit machte es mich wahnsinnig, da ich nichts dagegen tun konnte. Ich hatte Dana, dem Heimpersonal und Jeff erzählt, was geschehen war, daß Kevin mit mir sprach; aber es gelang mir nicht, den Jungen zu überreden, mit Dana oder sonst jemandem zu sprechen, wenn sie ins kleine weiße Zimmer kamen. Ich versuchte es immer wieder. Wir standen deswegen miteinander auf Kriegsfuß. Meine übliche Taktik, die bei vielen Kindern zum Erfolg geführt hatte, zeigte bei Kevin keine Wirkung. Ich probierte es mit anderen Methoden, die ich psychologischen Fachzeitschriften entnahm. Als alles fehlschlug, erfand ich spontan einige neue Therapien. Ich hoffte, ich könnte ihn am Ende zermürben, wenn ich einfach nicht lockerließ. Es war jedoch alles umsonst.

Vermutlich klappte es aus einem ganz einfachen Grund nicht: Kevin wollte nicht. Dieser Kampf war mit dem der ersten Woche nicht zu vergleichen. Damals hatten er und ich gemeinsam gegen seine Stummheit gekämpft. Nun hieß es: Kevin gegen mich.

Zuletzt gab ich mich geschlagen. Es war zu einem, Machtkampf zwischen uns geworden. Es fiel mir furchtbar schwer, meine Niederlage einzugestehen, doch offenbar war die Zeit einfach nicht reif für den vollständigen Sieg.

Was mich an der Sache am meisen ärgerte, war der Gedanke, daß mir wahrscheinlich nicht einmal alle glaubten, daß Kevin mit mir sprach. Von Jeff bekam ich allerhand zu hören. Er schüttete seinen Spott über mich aus, bis ich richtig wütend auf ihn wurde. Doch Jeff machte nur Spaß. Er wußte, daß ich ihm keine Märchen erzählte. Die Pflegerinnen im Garson-Gayer-Heim setzten mir jedoch ganz schön zu. Sie machten spöttische Bemerkungen, versammelten sich vor der Tür des kleinen weißen Zimmers und verlangten Tonband- und Videoaufnahmen, damit sie es mit eigenen Ohren hören konnten. Sie wußten, daß ich bei meiner Arbeit gewöhnlich das Videogerät einsetzte. Daß ich es bei Kevin nicht tat, verstärkte nur ihren Verdacht, ich hätte mir die ganze Geschichte ausgedacht. Aber ich konnte einfach keine Aufnahmen machen. Es war unmöglich, den Videorecorder in dem kahlen kleinen Zimmer zu verstecken, und selbst wenn es möglich gewesen wäre, hätte ich wahrscheinlich davon abgesehen. Es wäre mir wie ein Verrat an Kevin vorgekommen, der die Welt jenseits der Tür so sehr fürchtete. Den Machtkampf zu gewinnen oder mich gegenüber dem Heimpersonal zu rechtfertigen, war den Verrat nicht wert. Deshalb schwieg ich einfach, ging den Pflegerinnen aus dem Weg, soweit ich konnte, und tat so, als hörte ich ihre Anspielungen nicht.

Die dunstigen Oktobertage verstrichen, und wir zwei blieben allein unter dem Tisch.

Es erstaunte mich immer wieder, daß die Auskünfte über Kevins Vorgeschichte so dürftig waren. Bisher hatte ich Akten immer für überflüssig gehalten. Sie nahmen einen gegen ein Kind ein, bevor man es überhaupt sah. Meistens enthielten sie hauptsächlich bürokratischen Unsinn und Kommentare von wichtigtuerischen kleinen Göttern. Trotzdem hatte es über alle Kinder, die ich behandelt hatte, irgendwelche Akten gegeben, und ich hatte sie auch immer gelesen. Gewöhnlich waren sie um so dicker, je schwieriger das Kind war. Einmal hatte ich in meinem Schrank eine fünfunddreißig Zentimeter dicke Akte über einen Zehnjährigen stehen. Über Kevin war jedoch kaum etwas zu finden. Das war merkwürdig angesichts der vielen Jahre, die er schon in staatlichen Heimen verbracht hatte.

Es gab über ihn nur einen dünnen Hefter, der zwischen den dickeren von andern Kindern eingeklemmt war. Man fand darin einen Aufnahmeschein mit dem Namen seiner Mutter und seines Stiefvaters. Der leibliche Vater wurde nicht erwähnt. Dem Schein entnahm ich auch, daß er Geschwister hatte, doch sie waren nicht einzeln genannt. Im übrigen war der Aufnahmeschein fast leer, was darauf zurückzuführen war, daß Kevin mehr Zeit in der Obhut des Staates verbracht hatte als zu Hause. Es gab ein paar Blätter mit persönlichen Daten und Bemerkungen über das, was vorgefallen war, seitdem Kevin im Garson-Gayer-Heim wohnte. Mit Interesse las ich die Berichte über seine verschiedenen Ängste, über seine Weigerung, nach draußen zu gehen, über seine Wutanfälle, welche die Einzelzelle und Beruhigungsmittel nach sich gezogen hatten. Doch im großen und ganzen waren die Angaben nicht bemerkenswert. Es gab einige Aufzeichnungen des Arztes über Grippe und eingewachsene Zehennägel. Nichts Besonderes.

Einzig der Schulbericht war ausführlicher gehalten. Kevin hatte den Kindergarten im Süden der Stadt besucht. Nach dem ersten Jahr mußte er wiederholen, da er nicht redete. Als er am Ende des zweiten Jahres immer noch nicht sprach, sonst aber normale Fortschritte machte, wurde er in die erste Klasse der Volksschule aufgenommen. Das ganze nächste Jahr war eine einzige Katastrophe. Die erste Klasse ist für Kinder gedacht, die reden, aber Kevin blieb stumm. Er wurde Verhaltenstests unterzogen, doch er reagierte nicht darauf. Er saß nur da und beobachtete die Leute.

Der Volksschulbericht enthielt ein paar Angaben über Kevins Familie. Ziemlich fragwürdig, stand in dem Bericht. Kevins Körper wies blaue Flecken und andere Anzeichen von Mißhandlungen auf. Ich sah mir das Datum der Aufzeichnungen an. Sie waren geschrieben worden, bevor Kindesmißhandlungen von Gesetzes wegen angezeigt werden mußten. Offenbar war dieser Fall nie gemeldet worden. Narben, Verbrennungen, eine Beule am Kopf. Die Lehrerin verarztete den Jungen mit Salbe und wusch ihm die Wunden aus, erzählte es aber niemandem. Erst zehn Jahre später kamen Leute wie ich darauf. Kevin hatte zu dieser Zeit ein fünfjähriges Schwesterchen im Kindergarten. Die Geschwister standen sich offenbar sehr nahe; die Lehrerin war fast sicher, daß sie Kevin auf dem Spielplatz mit seiner Schwester hatte reden hören. Er beschützte das Kind. Das einzige Mal, daß die Lehrerin an ihm irgendeine Reaktion wahrgenommen hatte, war, als jemand das kleine Mädchen bedrohte. Das sei ein gutes Zeichen, schrieb die Lehrerin.

Am Ende des ersten Schuljahres hatte Kevin keinerlei Beweis erbracht, daß er etwas gelernt hatte. Falls er lesen konnte, so zeigte er es nicht. Der Schulpsychologe wurde eingeschaltet und unterzog Kevin verschiedenen Tests.

Der Bericht war dann nicht mehr fortlaufend, die Eintragungen wurden immer spärlicher. Man versetzte Kevin das folgende Jahr in eine Beobachtungsklasse. Er war damals acht. Am Ende dieses Schuljahres stellte man bei ihm einen IQ von 40 fest; das bedeutete, daß er geistig zurückgeblieben und nicht bildungsfähig war.

Zu dieser Zeit kam er zum ersten Mal in ein Heim, und seither hatte er sich in einer ganzen Anzahl von Gruppenheimen, Jugendzentren und anderen Anstalten aufgehalten. Er war sogar eine Zeitlang in der Kinderabteilung eines Staatskrankenhauses, doch dann wurde er als zu sehr zurückgeblieben erklärt und in eine Anstalt für geistig Behinderte eingewiesen. Aus dem Bericht ging nicht hervor, wann er wo war und für wie lange, oder warum er so oft von einem Ort zum andern geschickt wurde. Was immer der Grund war, der häufige Wechsel förderte seine Sprechfähigkeit jedenfalls nicht.

Es gab in Kevins Akte keine neueren Eintragungen außer den regelmäßigen Angaben über Größe und Gewicht und ähnliches. Nirgends fand sich ein Hinweis, warum er überhaupt von zu Hause weggekommen war oder wann seine Angstzustände zum ersten Mal aufgetreten waren oder warum er zuletzt ins Garson-Gayer-Heim eingewiesen worden war – in ein Pflegeheim, das eigentlich keine geistig schwer behinderten Kinder und auch keine von der öffentlichen Wohlfahrt aufnahm. Vielleicht das Merkwürdigste an allem war, daß es nirgends eine Erklärung für die Bemerkung gab, die mit Bleistift am Rand des Aufnahmescheins stand: *Die Eltern haben freiwillig auf ihr Sorgerecht verzichtet. Staatliche Vormundschaft.*

Als ich mich erkundigte, mußte ich feststellen, daß niemand viel über Kevin wußte. Von den Pflegerinnen war kaum eine so lange dort wie Kevin, da in Garson Gayer wie in den meisten Heimen dieser Art das Personal rasch wechselte. Dana, die mir gewöhnlich Auskunft geben konnte, war nicht einmal halb so lange wie Kevin dort. Über seine dünne Akte hatte sie sich nie Gedanken gemacht. Sie mußte sich um fünfundneunzig Kinder kümmern und war außerdem felsenfest davon überzeugt, daß man die Vergangenheit ruhen lassen sollte. «Bleiben Sie in der

Gegenwart», sagte sie immer wieder zu mir. «Wir leben hier und heute, also kümmern Sie sich um das Heute.» In meinem Innern fühlte ich, daß sie wahrscheinlich recht hatte. Der Heimpsychologe zuckte nur die Achseln, als ich ihn auf Kevins Akte aufmerksam machte. «Was wollen Sie? Eine ledergebundene Biographie? In seinem Dossier steht genausoviel wie in denen der andern.»

Was ich wollte? Was für eine dumme Frage! Ich wollte Antworten. Ich wollte wissen, warum sich dieser Junge so verhielt. Ich wollte wissen, wie man ihm helfen konnte.

Wir lasen in einem Kochbuch. Es war ein Kindertaschenbuch, in dem verschiedene Gerichte aus aller Welt beschrieben waren. Ich hatte es mit meinen Kindern im Klassenzimmer benutzt, als ich noch unterrichtete. Als ich Kevin erzählte, wie wir manchmal zusammen gekocht hatten, bat er mich, das Buch einmal mitzubringen. Also saßen wir nun auf dem Boden und gingen zusammen die Rezepte durch.

«Was ist das?» fragte er und zeigte auf eine Illustration.

«Spaghetti mit Tomatensauce, glaube ich.»

Er dachte einen Augenblick nach. «Sieht aus wie Hirn.»

Mir waren Spaghetti noch nie so vorgekommen; deshalb betrachtete ich das Bild genauer.

«Hast du schon einmal ein Gehirn gesehen?» fragte Kevin.

«Ja. In einer Metzgerei. Ich glaube, man kann sie mit Rühreiern essen.»

«Nein, ich meine ein richtiges Gehirn.»

«Das sind richtige, vom Rind. Es gibt Leute, die das mögen, aber ich selbst hab noch nie den Mut gehabt, es zu versuchen.»

«Nein», sagte Kevin, «ich meine ein *richtiges* Gehirn. Was man hier drin hat.» Er schlug sich an die Stirn. «Menschenhirn.»

Ich antwortete nicht sofort. Ich hatte schon menschliche Gehirne gesehen, als ich an der Uni Biologie studiert hatte.

«Ich weiß, wie die aussehen», sagte Kevin, bevor ich mich dazu äußern konnte. «Sie sind rot und gelblich und gewunden. Wie diese Spaghetti.»

«Hmmm.»

«Wird dir davon übel?» fragte er, indem er mich forschend ansah.

«Sollte mir übel werden?»

«Sag schon!»

«Ich kann mir Dinge vorstellen, an die ich lieber denke, wenn du das meinst», erwiderte ich.

Er musterte mich immer noch mit durchdringendem Blick. Ich wußte nicht, was er von mir wollte. Dann wandte er sich wieder der Illustration zu. «Ich könnte keine Spaghetti essen», sagte er. «Jedenfalls nicht, wenn sie so aussehen – wie Gehirn, das man herausgequetscht hat.»

Ich nickte.

Er entspannte sich ein wenig und lehnte sich zurück. «Gehen wir zur nächsten Seite über», sagte er, «und sehen wir uns was anderes an.»

Meistens geschah in diesen Oktobertagen nichts Außergewöhnliches. Die Hektik der ersten Wochen, als ich mich so verzweifelt bemüht hatte, Kevin zum Sprechen zu bringen, war vorüber, und wir gewöhnten uns aneinander. Ich lernte seine Ängste kennen und verstand sie zu mildern. Er nahm es hin, wenn ich einmal ungeduldig wurde. Ich brachte ihm Dinge von draußen mit. Dinge, die ihn freuten, wie Zusammensetzspiele und Malbücher. Ich brachte ihm Schokolade und Zeitschriften und anderes mehr, was er seit Jahren nicht gesehen hatte. Er unterhielt sich mit mir meistens über Alltägliches, über all die Kleinigkeiten, die sich in so vielen Jahren des Schweigens angesammelt hatten.

Nach und nach gelang es uns, unter dem Tisch hervorzukommen. Es geschah nicht auf einmal. Ich setzte mich nur ein wenig weiter vom Tisch weg, ein paar Zentimeter jeden Tag – und Kevin, der ins Gespräch vertieft war, rückte nach. Schließlich waren wir beide außerhalb der Tischplatte; und als wir es so weit geschafft hatten, blieben wir auch draußen. Kevin saß jedoch weiterhin auf dem Boden. Von dort aus konnte er sich notfalls in Sicherheit bringen. Unter normalen Umständen fand er es aber nicht mehr nötig, sich die ganze Zeit zu verstecken.

Die Angst fiel allmählich von ihm ab. Sobald er sich im kleinen weißen Zimmer befand und die Tür zur Außenwelt geschlossen war, setzte er sich ganz entspannt hin und sprach nicht anders als sonst ein sechzehnjähriger Junge. Erschien aber jemand an der Tür oder hörte er irgendwo außerhalb des Zimmers ein Geräusch, packte ihn wieder panische Angst. Er wurde dann blaß, die Pupillen erweiterten sich, sein Atem ging schneller. Und er verstummte sofort. Das änderte sich nicht. Er entspannte sich zwar etwas, blieb aber immer wachsam und mißtrauisch.

Ich brachte ihm ein Buch mit Elefantenwitzen mit. Sie waren so dämlich, daß man nicht einmal überzeugend über sie stöhnen konnte. Doch Kevin mochte sie alle. Für einen Jungen, der in einem Heim lebte, hatte er viel Sinn für Humor, mehr als ich in vielen andern Fällen feststellen konnte. Es machte Spaß, mit ihm Witze zu reißen. Damals erzählte er dauernd eine Geschichte über Frösche in einer Mischmaschine, und da ich sie schon mindestens zwanzigmal gehört hatte, brachte ich ihm die Elefantenwitze mit.

Ich hatte vom Therapieraum ein paar Kissen geholt und sie an den Heizkörper unter dem Fenster gelegt. Dann lehnte ich mich bequem zurück, während Kevin mit gekreuzten Beinen auf dem Boden saß und mir die Witze vorlas. Das Buch bestand aus etwa dreißig Seiten mit ein oder zwei Witzen pro Seite. Kevin las sie mir alle vor, und als er damit zu Ende war, fing er wieder von vorne an und wiederholte diejenigen, die ihm am besten gefallen hatten.

«Wo hast du das her?» fragte er, als er das Buch schließlich zuklappte.

«Aus dem Einkaufszentrum.»

«Haben sie noch mehr solche?»

Ich nickte. «Nicht Elefantenwitze, aber dafür andere Witzbücher.»

Er sah mich einen Augenblick an. «Könntest du mir noch eins bringen? Ein anderes?»

«Ja, vielleicht. Später. Sie kosten viel Geld, wenn man bedenkt, wie wenig Seiten sie haben.»

Er sah mich unverwandt an. Es war ein freundlicher Tag, die Morgensonne schien durchs Fenster. Sie wärmte eine Seite seines Gesichts und ließ seine Augen aufleuchten. Sogar im Sonnenlicht waren sie richtig grau. Es gab keine andere Farbe darin.

Und immer noch sah er mich an. «Du haßt mich doch nicht, oder?» fragte er leise.

«Nein, ich hasse dich nicht.»

Ein flüchtiges Lächeln huschte über sein Gesicht. «Das hab ich auch nicht angenommen.» Er wandte den Blick ab und sah aus dem Fenster. «Weißt du . . .» begann er. Er hielt ein und blätterte im Witzbuch. «Weißt du, ich habe mit dir gesprochen.»

Ich nickte.

«Ich wollte mit dir reden.» Er blickte auf. «Ich wußte nämlich, daß du mich nicht haßt.»

«Da hast du recht.»

«Ich wußte es. Von Anfang an. Du hast mich nicht gehaßt, und ich spürte das.» Das seltsame Lächeln war wieder da, und wieder sah er über meinen Kopf in die Sonne. Sie schien ihm voll in die Augen, aber er blinzelte nicht einmal. Er war in Sonne getaucht, saß einfach da und starrte hinaus wie ein dünner Buddha.

«Kevin», sagte ich, «kann ich dich etwas fragen?»

Er blickte mich an.

«Warum hast du gesprochen? Warum hast du dich dazu entschlossen?»

Er seufzte und sah wieder in die Sonne. «Nun, ich habe mit dir gesprochen, weil . . . eben darum. Weil ich wußte, daß du mich nicht haßt. Das hab ich schon gesagt.»

«Aber warum hast du dich überhaupt entschlossen zu reden, nach so vielen Jahren?»

Er schwieg. Er schwieg so lange, daß ich dachte, ich würde keine Antwort bekommen. Er starrte einfach in die Sonne.

«Ich hatte mal eine Katze», sagte er zuletzt. «Aber sie ist nun tot. Sie ist in der Erde. Nur Knochen und Erde.» Er blickte mich an. «Wie kann ich darüber reden?» Er sah wieder in die Sonne. «Wie kann ich *nicht* darüber reden?»

8

Es gab, was Kevin betraf, zwei Probleme, mit denen ich mich früher oder später befassen mußte. Das erste war die Hygiene. Ich erkannte schon ganz am Anfang, daß seine Schwierigkeiten auf diesem Gebiet zum Teil in seinen unzähligen Ängsten begründet waren. Zum Beispiel fürchtete er sich so sehr vor Wasser, daß es ein hoffnungsloses Unterfangen war, ihn in eine Badewanne zu locken. Es war aber so unangenehm, in seiner Nähe zu sein, und er wirkte durch den Mangel an Hygiene so abstoßend, daß ich fand, man müsse diesem Problem Priorität einräumen. Niemand mochte einen Burschen, der aussah wie nach einem Vulkanausbruch und roch wie ein Umkleideraum nach einem Fußballspiel; da nützte es gar nichts, wenn ich oder Dana oder jemand anders sein sonstiges Verhalten günstig beeinflußten. Durchschnittliche Menschen sind einfach nicht so tolerant.

Kevin könnte niemals so gut aussehen, daß sich die Frauen nach ihm umdrehen würden. Er war eigentlich der typische häßliche Junge. Aber wenn sein Haar nicht ausgesehen hätte, als ob jemand einen Rasenmäher daran ausprobiert hätte, wenn seine Kleider groß genug und er sauber gewesen wären, hätte er schon eher das Bild eines Durchschnittsjungen abgegeben.

Leider mußte ich bald erfahren, daß ich auf vieles, was Kevin betraf, keinen Einfluß hatte. Das Haar zum Beispiel. Er hatte den üblichen Anstaltsschnitt, hinten und an den Seiten kurz, vorn eine lange Strähne, die ihm in die Stirn fiel. Er sah aus wie ein Mohikaner. Leider sahen alle Jungen im Garson-Gayer-Heim so aus. Zoe, die Köchin, brachte einmal im Monat ihre Haarschere mit und nahm sich die Köpfe der Jungen vor. Dagegen kam man nicht an. Sie war ein freier Mensch und konnte tun und lassen, was sie wollte. Ich kannte überhaupt keinen Friseur, geschweige denn einen, der Hausbesuche machte. Und ich selbst konnte nicht Haare schneiden. Ich hatte es einmal versucht, als ich in einem Staatskrankenhaus unterrichtete. Einer der Jungen hatte geklagt, er sehe wie ein Mädchen aus. Da nahm ich die große Schere hervor und stutzte ihm die Lockenpracht. Nachher hielt ihn zwar niemand mehr für ein Mädchen, aber das Resultat setzte allen meinen Hoffnungen auf eine Karriere als Friseuse ein Ende – wenn ich je welche gehabt hätte.

Kevins Kleider waren keinen Deut besser als sein Haarschnitt. Sie hatten offensichtlich schon mehrmals den Besitzer gewechselt und waren seit mindestens zehn Jahren aus der Mode. Das hätte nicht so viel ausgemacht, wenn sie ihm nicht zu klein gewesen wären. Bei manchen Hemden konnten die Manschetten nicht zugeknöpft werden, da die langen Arme des Jungen so weit daraus hervorragten, daß sie zu eng waren. Er besaß keine Hose, bei der man nicht das obere Ende der Socken gesehen hätte. Noch schlimmer, die Hosen waren ihm alle zu eng ums Gesäß. Zuerst hatte ich gemeint, er onaniere ständig, aber ich fand bald heraus, daß er nur versuchte, die Hose ein wenig herunterzuzerren, damit er bequemer sitzen konnte. Es fiel mir schwer, diese Tortur täglich mit anzusehen.

Das schlimmste war womöglich Kevins Haut. Mit diesem Problem hätte sich ein Dermatologe ein Leben lang beschäftigen können. Die Akne war überall, und zweifellos wurde sie immer schlimmer, weil Kevin sich nicht wusch. Er hatte Pickel auf den Wangen, auf der Nase, dem Kinn, auf der Stirn und sogar auf den Ohren. An den schlimmsten Stellen sah es aus, als säßen auf einem Pickel weitere Pickel. Es war schauderhaft, wenn man gezwungen war, eine solche Verwüstung aus der Nähe zu betrachten. Und wenn es schon mich derart anwiderte, konnte ich mir vorstellen, wie es auf Außenstehende wirken mußte. Kevins Aussehen und Hygiene mußten also gründlich überholt werden. In der Zeit, als wir uns aneinander gewöhnten, dachte ich darüber nach, wie man vorgehen könnte. Bevor ich mich aber auf irgendeinen verrückten Verschönerungsplan einließ, wollte ich mir die Mitarbeit Danas und der andern Helfer, die sich um Kevin kümmerten, sichern.

Ich brachte das Problem in einer unserer Teamsitzungen zur Sprache. Ich argumentierte, es wäre angenehmer, einem sauberen Kevin Gesellschaft zu leisten, die Leute würden sich nicht gleich ein so negatives Bild von ihm machen, und die Vorurteile, die sich um ihn gebildet hatten, würden abgebaut. Jetzt mache er den Eindruck, zurückgeblieben und gestört zu sein, obwohl es mich gar nicht wundern würde, wenn er einen durchschnittlichen IQ hätte. Wenn er nicht mehr so abstoßend wäre, würde Kevin zweifellos selbstsicherer, denn niemand sei gern häßlich. Dies seien Gründe genug, sagte ich, daß wir alle in dieser Sache zusammenarbeiten sollten. Es gebe bestimmt einen Arzt, der Kevins Haut im Heim behandeln könne, und neue Kleider könnte man mit staatlichen Zuwendungen bezahlen. Ich fragte, wann seine Augen zum letzten Mal untersucht worden seien. Und das Haar . . . könnten wir Zoe nicht von dieser Aufgabe entbinden, wenigstens vorübergehend?

Ich stieß auf unerwartete Opposition. Oder eher auf Apathie. Dana sagte rundheraus, sie habe Kevin schon so lange ansehen müssen, daß sie sich an seinen Anblick gewöhnt habe. Es sei ohnehin nicht viel zu machen. Er habe keine Chance, Mr. Amerika zu werden. «Das stimmt», gab ich zu, «aber ich erwarte auch keinen Mr. Amerika.» Das sei jedoch kein Grund, daß er wie ein Irrer aus der geschlossenen Abteilung des Staatskrankenhauses aussehe. Jemand am Tisch zuckte die Achseln und meinte: «Was macht's schon aus? Dort landet er ohnehin bald.»

Dana hatte andere Einwände, die ich nicht so leicht entkräften konnte. Warum sollte man ihm neue Kleider besorgen, wo er sich doch weigerte, sich zu waschen, und sich sogar jedesmal sträubte, wenn er die Kleider wechseln mußte. Wie könnte man ihn zu einem Dermatologen oder zu einem Augenarzt bringen, wo er es ablehnte, das Gebäude zu verlassen? Warum sollte man ihm diese Unannehmlichkeiten nicht ersparen, da es ihm sowieso egal sei, wie er aussehe?

Wie konnten wir wissen, ob es ihm egal war? «Ich wette, es ist ihm nicht egal», sagte ich, aber ich überzeugte nicht einmal mich selbst. Wir wußten es nicht. Kevin schienen der Schmutz und die unmöglichen Kleider nicht zu stören. Jedenfalls hatte er mir gegenüber nie eine Bemerkung gemacht. Vielleicht war es wirklich egal. Also gab ich diesen Vorstoß vorläufig auf. Vielleicht wurde mir einfach bewußt, was alle andern schon längst wußten, wenn sie es auch nicht aussprachen. Was macht es so einem wie dem Zoojungen schon aus? Wo ging er denn schon hin?

Das zweite Problem konnte nicht so leicht abgetan werden. Angst. Die Angst war bei uns wie eine dritte Person im Raum. Sie hatte ein Eigenleben. Sie beherrschte und tyrannisierte uns. Nach einer gewissen Zeit betrachtete ich die Angst nicht mehr als Teil von Kevin, sondern als ein von ihm losgelöstes Wesen. Sie tyrannisierte ihn, und sie tyrannisierte mich. Wir konnten noch so sehr versuchen, die Angst zu überwinden; wenn wir zu weit gingen – wupp! – riß sie uns zurück wie zwei ungezogene Hündchen an der Leine. Kevin wurde dann augenblicklich zu einem zitternden, schluchzenden Häufchen Elend, und das nächste Mal fürchtete er sich davor, das, was ihn erschreckt hatte, noch einmal zu versuchen.

Diese Ängste waren überaus seltsam. Ich wußte nie, was in ihm Furcht erwecken könnte. Wie die Spiralen an den Heften, die in seiner Phantasie in jener Schachtel gelauert hatten. Oder Türangeln. Eine quietschende Türangel konnte ihn vor Angst wahnsinnig machen. Oder ächzende Stühle. Ich wurde eine Meisterin darin, das Quietschen zu beheben. Auch scharfe und beißende Gerüche erschreckten Kevin, und die konnte man kaum von ihm fernhalten. Mehr als einmal stopfte ich ihm sorgfältig kleine Wattebällchen in die Nasenlöcher, um ihn vor irgendeinem undefinierbaren Geruch abzuschirmen.

Nach einiger Zeit kam ich mir vor wie ein Eichhörnchen in einer Tretmühle. Wie schlimm es auch für mich war, für Kevin mußte es noch viel schlimmer sein.

«Manchmal liege ich nachts im Bett», sagte er eines Tages.

«Du weißt, wie es ist, wenn man im Dunkeln im Bett liegt. Sie lassen im Flur ein Licht brennen, aber in den Zimmern müssen nach zehn alle Lichter aus sein. Dann gibt es Schatten vom Licht auf dem Flur, und gewöhnliche Gegenstände ziehen sich in die Länge. Ich liege im Bett und sehe sie und sage mir, das sind nur gewöhnliche Gegenstände. Das ist nur mein Pult. Oder das ist nur ein Stuhl. Aber sie sehen in diesem Moment nicht so aus. Sie sehen wie etwas anderes aus.»

Er wandte sich um und suchte meinen Blick. Wie immer sprach er mit ganz leiser Stimme. Es war, als spreche er halblaut mit sich selbst und gar nicht mit mir.

«Sie sehen aus wie Menschen», sagte er. «Weißt du, wie Menschen, von denen du gedacht hast, sie liebten dich, und von denen du plötzlich weißt, daß sie dich nicht lieben. Die Stühle und das Pult und alles ändert sich in der Dunkelheit. Wie die Menschen sich ändern. Und ich liege im Bett und denke mir, daß der Stuhl in Wirklichkeit so aussieht wie in der Dunkelheit. Sein Aussehen am Tag hält einen nur zum Narren, damit ich meine, es sei alles in Ordnung. Ein Stuhl ist nachts ein abscheuliches Ding. Und sogar am Tag weiß ich, daß er eigentlich abscheulich ist. Er wird wieder so häßlich sein, wenn ich mit ihm allein bin. Wenn es dunkel ist.»

Kurze Zeit war es still zwischen uns. Die Morgensonne schien mir auf den Rücken und wärmte mich.

«Ich habe Angst vor Stühlen», sagte Kevin. Als ich keine Antwort gab, sah er mich fragend an. Dann senkte er den Blick, und seine Hände beschäftigten sich mit einem unsichtbaren Ding im Teppich. «Ich versuche ja, keine Angst vor solchen Dingen zu haben. Ich kämpfe dagegen an. Aber es will mir nicht gelingen. Es ist überall gleichzeitig. Es ist, als kämpfte ich gegen die Nacht.»

Es war schon November. In der Schule hatten die Feiertage Zäsuren gesetzt; aber nun verflogen die Tage und Wochen, die Monate gingen leise vorüber, ohne daß ich mir bewußt war, wann der eine aufhörte und der nächste anfing. Die sonnigen Tage wurden immer seltener, die grauen begannen zu überwiegen. Tote Blätter lagen in den Straßenrinnen, und die Welt richtete sich für den Winter ein.

Kevin und ich arbeiteten weiter. Irgendwann fand ich, dreißig Minuten seien nicht genug, und dehnte die Zeit, die ich mit ihm verbrachte, auf eine Stunde aus. Ich konnte es eigentlich kaum einrichten, da mich die andern Kinder in der Klinik auch sehr beanspruchten; es bedeutete, daß ich bis zum späten Abend arbeiten mußte. Ich besuchte Kevin immer noch jeden Tag. Er sprach weiterhin ausschließlich mit mir, aber wir berührten dieses Problem vorläufig nicht mehr. Alles in allem war es eine ruhige Zeit, in der nicht viel Aufregendes geschah.

Wir malten ein Bild aus. Kevin malte gerne, und ich hatte nichts dagegen einzuwenden, da es eine anspruchslose Beschäftigung war, die ich günstig fand; wir konnten dabei plaudern, ohne daß er merkte, daß das Plaudern die Hauptbeschäftigung war.

Ich hatte eines dieser riesigen Poster gebracht, die man mit Filzstiften ausmalen kann. Es zeigte ein Luftschiff zwischen Sternen.

Kevin malte die Besatzung am Fenster der Rakete aus, und ich den Himmel, da es eine große Fläche und langweilig auszumalen war. Kevin mochte das nicht. Ich tat es selbst nicht besonders gern.

«Hör mal», sagte ich, nachdem wir scheinbar schon stundenlang gemalt hatten, «ich bin auch nicht so begeistert von diesem Riesenhimmel. Wenn ich wenigstens einen breiteren Filzstift hätte!»

«Hmmm», meinte Kevin trocken, «du mußt es aber tun.»

«Wir könnten uns die Arbeit am Himmel teilen», schlug ich vor und überlegte, was alles noch zu machen war.

Es entstand ein langes, langes Schweigen. Kevin starrte auf das Poster. Ich sah, wie seine Knöchel weiß wurden, als er den Filzstift mit aller Kraft umklammerte. Er atmete heftig. Es waren die üblichen Anzeichen, und ich ließ meinen Blick rasch durch den Raum wandern und suchte, was ihn diesmal so erschreckt hatte.

«Nein, du mußt es tun», flüsterte Kevin. Die Muskeln an seinem Kiefer verkrampften sich.

Ich starrte ihn an; ich sah, wie die Angst ihn immer fester packte, aber ich wußte nicht, was sie ausgelöst hatte. Dann wandte ich mich wieder dem Poster zu und hoffte, ich könne ihn vielleicht ablenken.

«Warum lassen wir den Himmel nicht einfach weiß? Man muß zuviel anmalen. Ich könnte mir statt dessen die Sterne vornehmen, sie ausmalen und schwarz umranden. Dann würden sie sich gut abheben.»

«Nein», sagte er sehr ruhig.

Ich sah ihn an. Er blickte mir in die Augen. Vor Angst hatten sich seine Pupillen erweitert, doch dahinter lauerte noch etwas, was ich nicht deuten konnte.

«Was ist los, Kevin? Was ist geschehen?»

«Du mußt es tun. Du mußt den Himmel ausmalen.»

«Warum?»

Er begann zu zittern und wich ein wenig vor mir zurück. «Du *mußt.*»

Ich beobachtete ihn.

Seine Stimme war zu einem Flüstern herabgesunken. «Du mußt. Weil ich es dir sage, hörst du?»

Ich setzte mich anders hin. Ich hatte auf den Füßen gesessen und fühlte sie kaum mehr. Also bewegte ich mich.

«Au!» schrie Kevin. Der Filzstift flog in weitem Bogen aus seiner Hand. Er tauchte in die Sicherheit des Tischkäfigs.

«Kev?»

«Ich hab es nicht so gemeint!» schrie er, hielt die Arme schützend über den Kopf und rollte sich ganz klein zusammen. «Ich hab's nicht so gemeint, ich hab's nicht so gemeint! Du brauchst es nicht zu malen!»

Ich starrte ihn wie betäubt an.

«Es tut mir leid, es tut mir leid, tut mir leid, ich hab's nicht so gemeint!» Er brach in Tränen aus, schaukelte schluchzend. «Bitte, bitte, bitte, ich hab's nicht so gemeint. Ehrlich nicht. Bitte! Es tut mir leid!»

«Kevin, es macht mir nichts aus. Es ist nicht so wichtig. Du brauchst keine Angst zu haben, ich bin nicht böse. Du willst, daß ich den Himmel anmale? Es macht mir nichts aus. Ich male den Himmel, in Ordnung?»

«Bitte, bitte, bitte, bitte, bitte», flehte er, «glaub nicht, daß es mir ernst war. Es war nur Spaß. Bitte, es tut mir leid!»

«Kevin?»

Er war außer sich, schaukelte und weinte und schluchzte, ich solle es vergessen und ihm verzeihen. Ich war zu überrascht, daß ich so einen Riesenwirbel verursacht hatte, um mir überhaupt zu überlegen, was los war. Auf Händen und Knien kroch ich zu ihm, um ihm mit Zureden aus seiner Hysterie zu helfen.

WUMM!

Als ich mich näherte, stieß er den Tisch mit dem Rücken hoch. «Geh weg, geh weg!» schrie er. Er wurde ganz rot im Gesicht, und seine Augen waren vor Schrecken glasig. *«Geh weg!»*

Bevor ich mich fassen konnte, hatte er einen Stuhl gepackt. Er warf ihn gezielt nach mir und traf auch. Mühsam rappelte ich mich hoch.

Das Zimmer war zu klein, als daß mir Kevin hätte aus dem Weg gehen können, und es war ganz klar, daß ich es war, vor der er sich fürchtete. Er reagierte auf mich, als wäre ich der leibhaftige Teufel.

Da der Raum so klein war und er nicht vor mir flüchten konnte, hielt mich Kevin fern, indem er mich mit verschiedenen Gegenständen bombardierte. Das wäre nicht nötig gewesen. Ich hatte selbst panische Angst und wäre ihm bestimmt nicht zu nahe gekommen. Ich wußte, daß er gefährlich war, wenn er solche Angst hatte. Und wie er sich zu seiner ganzen Höhe von eins achtzig aufrichtete und den Stuhl über dem Kopf schwang, konnte er einen schon das Fürchten lehren.

Ich konnte nicht viel tun. Ich duckte mich und machte mich ganz klein. Kevin warf alles, was sich in seiner Reichweite befand. Stühle, Filzstifte, das Poster, meine Kiste, ihren Inhalt, sogar den Tisch. Die Angst verlieh ihm unheimliche Kräfte. Ich sprang und duckte mich wie ein Zirkusartist. Als sehr schmerzhafte Geschosse erwiesen sich die zahlreichen Holzklötzchen aus meiner Kiste, fünf Zentimeter große farbige Klötzchen, die wir zum Zählen brauchten. Sie hatten erstaunlich scharfe Kanten, und Kevin warf sie mit voller Wucht.

Verzweifelt sah ich mich um, ob irgendwo ein Klingelknopf oder sonst etwas, womit ich Hilfe herbeiholen könnte, angebracht war. Es gab nichts. Ich hatte einen Schlüssel zur Tür; der dumme Betreuer bestand immer noch darauf, uns einzuschließen. Aber solange Kevin in diesem Zustand war, wagte ich es nicht, ihm den Rücken zuzukehren, besonders nicht vor der Tür. Was konnte ich sonst tun? Ich ließ mir rasch alle Möglichkeiten durch den Kopf gehen. Könnte ich ihn durch Reden beruhigen? Würde er sich fassen, bevor er mich ernsthaft verletzte? Sollte ich einfach weiterhin ausweichen und hoffen, daß ich mehr Ausdauer hatte als er? Ich bin sicher, er wollte mir nicht wirklich weh tun. Er wollte mich bloß von sich fernhalten. Das machte ihn sehr gefährlich. Jede meiner Bewegungen wurde als Angriff interpretiert und zog erneute Panik und weitere Geschosse nach sich. Es war ein Teufelskreis. Rührte ich mich, warf er etwas nach mir. Wenn er nach mir warf, mußte ich mich wieder bewegen, damit ich nicht getroffen wurde.

In diesem Kreis waren wir gefangen. Er schrie jetzt, zerrte an seinen Kleidern und warf sich gegen die Wände, um mir zu entfliehen. Als er bei der Tür ankam, wollte er sie aufreißen, aber sie war ja abgeschlossen.

Ich blieb schließlich vor den zwei leeren Wänden stehen und hielt mich vom Fenster und der Tür fern, damit er nicht dachte, ich wolle ihm die Ausgänge versperren. Mit einem Stuhl, den ich vor mich hielt, wehrte ich seine Geschosse ab, so gut es ging. Als ich den Stuhl packte, fing er an zu schreien; er meinte wahrscheinlich, ich wolle ihn damit angreifen. Er schrie und schrie und schrie.

Das half, man hörte uns. Im nächsten Augenblick drückten sich mehrere Gesichter ans kleine Fenster in der Tür, was Kevin noch mehr verängstigte. Dann hörte ich, wie rasch ein Schlüssel herumgedreht wurde. Kevin rannte von der Tür weg und stürzte über den Tisch. In panischer Angst rappelte er sich auf und warf sich gegen das Fenster.

Die Tür wurde aufgerissen, Menschen stürmten herein. Erleichtert über meine Rettung, lehnte ich mich an die Wand und ließ mich zu Boden gleiten. Sie stürzten auf Kevin zu und versuchten, ihn vom Fenster wegzuziehen. Er kreischte noch lauter und kämpfte wie ein verwundeter Tiger. Die Männer packten ihn an den Beinen, streiften ihm die Schuhe ab und zerrten ihn vom Fenstersims herunter. Ich hörte das Reißen von Stoff, als sie ihn hochhoben. Diesmal waren sie zu sechst, große, kräftige Männer mit tätowierten Armen und Herkulesmuskeln. Und doch konnten sie Kevin nicht bändigen. Sie hatten ihn zwar vom Sims heruntergeholt, aber nun lag er auf dem Boden und krümmte sich unter ihrem Griff. Er konnte sich befreien und warf sich sofort – wie ein gefangener Vogel – wieder gegen das Fenster. Zwei weitere Männer und eine Krankenschwester tauchten auf. Dana war auch da. Ebenfalls der Psychologe und zwei Männer in Straßenkleidung, die ich nicht kannte. Ich hielt mich so weit wie möglich von Kevin fern, da ich befürchtete, seine Raserei könnte noch schlimmer werden, wenn ich mich ihm näherte. Am Schluß brauchte es neun Männer, um diesen mageren Jungen zu bändigen und aus dem Zimmer zu schleppen. Ich hörte, wie er im Flur draußen weiterschrie, durchdringend hoch und hysterisch.

Dana stellte die Stühle und den Tisch wieder an ihren Platz. Dann kam sie zu mir. Von allen Menschen im Zimmer war sie die einzige, die sich nach dem Vorfall um mich kümmerte. Ich rollte den Ärmel meiner Bluse hoch und sah mir meinen Arm an. Der ganze Körper tat mir weh. Nun, da man Kevin weggebracht hatte, sehnte ich mich nach etwas Mitgefühl.

Der Stuhl hatte meinen Arm getroffen und einen großen, rotvioletten Fleck hinterlassen, der sich über den ganzen Oberarm zog. Dana berührte ihn leicht mit der Hand.

«Man hat für Kevin den Arzt geholt», sagte sie. «Er soll sich das ansehen, bevor er geht. Tut es weh?»

Ich nickte.

«Sie haben auch einen Kratzer auf der Nase.» Sie strich mit dem Finger darüber und sah mich dann fragend an. «Was ist geschehen?»

«Das möchte ich auch gern wissen.»

«Hat er plötzlich damit angefangen?»

Ich zuckte die Achseln.

Ich wollte im Heim bleiben, bis sich Kevin beruhigt hatte, und mit ihm reden. Als ich aber in den Wohntrakt hinaufging, war er immer noch im Absonderungsraum und schrie und stieß gegen die Wände. Deshalb ging ich zum Arzt hinunter. Gewöhnlich war kein Arzt im Heim, doch wenn man in Notfällen eine höhere Dosis eines Beruhigungsmittels einsetzen wollte oder wenn man ein Kind in den Absonderungsraum einschloß, wurde der für das Heim zuständige Psychiater gerufen. In solchen Fällen war seine Unterschrift nötig. Ich ging also ins Zimmer hinter dem Empfangsschalter, wo der Psychiater eine Tasse Kaffee trank. Er war ein großer, schwerer Mann Ende Fünfzig, weißhaarig und jovial. Er desinfizierte meine Kratzer und klebte mich mit Pflastern voll; dabei erzählte er mir von den Riesensonnenblumen, die er für einen Wettbewerb in seinem Garten gezogen hatte. Nachher ging ich in Danas Büro und machte mich an die unangenehme Aufgabe, den Vorfall in Kevins Akten einzutragen. Die meisten Betreuer, denen ich begegnete, bedachten mich mit einem schiefen Lächeln; das war wohl der Galgenhumor, den man entwikkelt, wenn man in solchen Institutionen arbeitet. Wenigstens, sagten sie, hätten sie alle jetzt Kevin gehört. Als ich eine Stunde später noch einmal in den Wohntrakt hinaufging, stand Kevin unter dem Einfluß einer zweiten Beruhigungsspritze. Er warf sich aber immer noch gegen die Wände. Ich sah kurz durchs Fenster in der Tür. Er war ganz nackt. Man hatte alles entfernt, womit er sich hätte verletzen können, sogar die Brille. Er torkelte von einer Seite des Zimmers auf die andere, stieß an die Wand, prallte ab und fiel wieder dagegen. Er bewegte sich wie ein Betrunkener, vielleicht wegen der Spritze, vielleicht auch aus Erschöpfung. Aber er ließ nicht locker. Er schrie immer noch, doch klang es schon eher wie ein Jammern, dünn und schrill. Die Augen hatte er geschlossen, und mit den Händen zerrte er an Gesicht und Brust herum, als wolle er sie aufreißen.

Ich stand am Fenster, starrte aber auf die Holzmaserung der Tür. Daß sich jemand so sehr vor mir fürchten konnte, mutete mich unheimlich an. Eine der Pflegerinnen trat zu mir. Sie sprach nicht, stand aber ganz nahe bei mir, so daß ich ihre Körperwärme fühlte.

«Er ist psychotisch», sagte sie leise, als ob sie mich trösten wollte. Ich fühlte mich hundeelend. Mir war zum Heulen zumute, ohne daß ich wußte, warum. Ich war nicht enttäuscht von Kevin, denn mit so etwas hatte ich rechnen müssen. Mein Elend hatte wahrscheinlich nicht viel mit dem Jungen zu tun. Mein Arm schmerzte. Ich war müde und fühlte mich sehr verletzlich. Was ich wirklich wünschte, war, daß die Pflegerin, die ich gar nicht kannte, mich in die Arme nehmen würde. Ich brauchte Trost.

Schließlich mußte ich gehen. Ich konnte nicht länger warten. Das war vielleicht das Schlimmste: zu gehen, während Kevin noch in diesem Zustand war. Doch ich hatte keine andere Wahl. Ich war für meine nächste Sitzung ohnehin schon verspätet, und es gab keine Anzeichen, daß sich Kevin bald beruhigen würde. So ließ ich ihn allein in der Gummizelle, allein mit seiner Angst.

9

Am folgenden Tag kam Kevin nicht. Ich saß im kleinen weißen Zimmer und wartete. Schließlich erschien eine Pflegerin und sagte mir, Kevin sei krank. Ich fragte, ob ich hinaufgehen und ihn besuchen könne. Sie hatte nichts dagegen einzuwenden. Ich war noch nie in Kevins Zimmer gewesen. Eigentlich handelte es sich um einen kleinen, abgeteilten Raum in einem großen Schlafsaal. Auf diese Weise hatte die Heimleitung versucht, jedem Kind eine Privatsphäre zu geben.

Als ich eintrat, lag Kevin auf dem Bett und hatte der Tür den Rücken zugewandt. Ich sah mich in dem kleinen Raum um. Er war genauso kahl wie unser Therapiezimmer.

«Kev?» sagte ich ganz leise; es war möglich, daß er sich immer noch vor mir fürchtete. Er hatte geweint oder weinte vielleicht noch, denn er hielt die Hände vors Gesicht. Man sah, wie elend ihm zumute war. Ich setzte mich auf den Rand des Bettes und streichelte seinen Arm. Soweit ich mich erinnern konnte, war es das erste Mal, daß ich ihn berührte. «Kev, es ist Zeit für unsere Sitzung. Willst du nicht hinunterkommen?»

Er schüttelte den Kopf.

Ich lehnte mich über ihn, um sein Gesicht zu sehen. «Schau, Kevin, ich weiß, daß gestern einiges schiefgegangen ist. Aber das kann schon mal geschehen. Wir werden's überstehen.»

Er schüttelte wieder den Kopf. Die Tränen quollen ihm durch die Finger; er verbarg immer noch sein Gesicht.

«Es wird alles gut. Auch wenn es jetzt nicht danach aussieht. Du hast eine richtige Weltuntergangsstimmung, nicht wahr? Aber die Erde dreht sich weiter. Und ich bin hier. Ich wäre nicht wiedergekommen, wenn ich es nicht wollte. Aber ich will es. Weil ich gern mit dir zusammen bin.»

Kevin reagierte überhaupt nicht.

Ich versuchte es noch einmal, versicherte ihm, alles werde gut und ich hätte mich schon wieder ganz erholt von allem, was tags zuvor geschehen sei. Kevin rührte sich nicht; er lag nur still da mit den Händen vor dem Gesicht. Ich befürchtete, er werde nun überhaupt nicht mehr mit mir sprechen.

«Kevin, willst du nicht doch runterkommen? Wir haben nur noch eine halbe Stunde. Komm doch. Steh auf und komm mit hinunter, dann lösen wir zusammen Kreuzworträtsel. Du magst doch Kreuzworträtsel. Also, gehen wir?»

Er rührte sich nicht. Er wollte nicht antworten, mich nicht einmal ansehen. Ich wartete noch fünf Minuten, dann stand ich auf. Ein andermal, sagte ich. Wir würden es an einem anderen Tag wieder versuchen.

Bevor ich den Wohntrakt verließ, verlangte ich von einer

Krankenschwester Kevins Akte. Ich mußte alles, was ich mit ihm unternahm, eintragen. Ich ging mit der Akte zum Aufenthaltsraum für das Personal hinüber, setzte mich an den Tisch und begann zu schreiben.

Kevin erschien an der Tür. Außer mir war niemand im Aufenthaltsraum. Ich saß mitten in einem Chaos von schmutzigen Kaffeetassen, Heften mit Eintragungen des Personals und haufenweise losen Blättern. Er kam einfach an die Tür und stand da, bis ich merkte, daß mich jemand beobachtete, und aufsah.

Die Spuren des gestrigen Tages waren deutlich sichtbar. Die eine Hälfte von Kevins Gesicht war geschwollen, und er hatte überall blaue Flecken. Ich lächelte ihm zu.

«Hallo.»

Er gab keine Antwort.

Ich sah auf meine Eintragungen, dann wieder zu ihm hinüber. Uns trennte ein Schweigen, das zerbrechlich war wie das Schweigen nach Auseinandersetzungen, nach Zornesausbrüchen. In diesem Fall aber hatte es, wenigstens für mich, keine Auseinandersetzungen, keinen Zorn gegeben.

Kevin starrte mich an.

Ich fingerte an meinem Kugelschreiber herum.

Das Schweigen stand fühlbar zwischen uns.

«Kann ich mich setzen?» fragte er.

Ich nickte und wies auf einen Stuhl auf der andern Seite des Tisches. Er trat ins Zimmer, zog den Stuhl hervor und setzte sich.

Das Schweigen zog sich in die Länge, es legte sich wie Watte über eine Wunde. Ich beugte mich über die Akte und begann wieder zu schreiben. *Kevin kam in den Aufenthaltsraum, nachdem ich ihn in seinem Zimmer besucht hatte. Er setzte sich auf einen Stuhl, nicht auf den Boden. Er schien nicht mehr verängstigt zu sein.*

Vom Flur her drangen alltägliche Geräusche zu uns herein. Pfleger und Kinder eilten hin und her. Krankenschwestern plauderten miteinander. Ich hatte tödliche Angst, daß jemand hereinkommen und fragen könnte, was Kevin an einem für ihn verbotenen Ort wie dem Aufenthaltsraum zu suchen habe; es hätte die Vertrautheit zwischen uns, die sich allmählich ins Schweigen mischte, zerstört.

Kevin legte die Arme auf den Tisch und ließ den Kopf darauf sinken.

«Macht dich das Beruhigungsmittel immer noch schläfrig?» fragte ich.

Er nickte.

Ich schrieb weiter an meinem Bericht.

«Weißt du, was er mir einmal angetan hat?» sagte er, halb ins Leere, halb zu mir.

«Nein. Was?» Ich wußte nicht einmal, wovon er sprach.

«Ich aß meine Hafergrütze nie auf. Es war das einzige, wirklich das einzige, was ich nicht aß. Meine Mutter machte die Grütze zum Frühstück. Jeden Tag. Dann sagte er immer, ich müsse sie essen. Er blieb bei mir am Tisch sitzen, bis der Teller ganz leer war. Und wenn ich zeigte, wie sehr mir die Hafergrütze zuwider war, holte er noch mehr.»

Ich sagte nichts, ich wagte es nicht.

«Wenn ich die Grütze nicht aufaß und dann zur Schule oder sonst irgendwohin mußte, hob er sie fürs Mittagessen auf. Und einmal setzte er sie mir noch nach zwei Tagen vor. Mir wurde schon vom bloßen Anblick übel.»

Er hielt ein, atmete tief. Ich befürchtete, daß uns gleich jemand unterbrechen könnte.

«Er packte mich am Haar und riß daran, bis ich den Mund öffnete. Dann stopfte er mir die Grütze hinein. Ich erbrach alles wieder, alles über den Tisch. Ich konnte nichts dafür. Der Brei war schon schimmlig. Es war schrecklich. Aber weißt du, was er dann tat? Er befahl mir, das Erbrochene zu essen.»

Ich schrieb und schrieb.

«Es war das einzige, was ich nicht essen mochte. Alles andere hab ich gegessen. Ich gab mir Mühe, alles andere zu essen. Aber das machte ihm wohl keinen Eindruck.»

«Du mußt eine furchtbare Wut gehabt haben», sagte ich und

blickte auf. Sein Hemd war naß vor Schweiß.

«Er machte mich wirklich wütend. Ich hätte ihn umbringen können!» Kevin sah mich an. Seine Augen verengten sich. «Und eines Tages werde ich es tun. Wenn ich hier rauskomme. Dann wird er mir nicht mehr befehlen können. Und wenn er's doch tut, schneide ich ihn in ganz kleine Stücke.»

«Weißt du, was wir dann taten?» sagte Charity, lehnte sich auf meinem Sofa zurück und schwang die Füße auf die Armlehne. «Nun, wir gingen raus auf die Veranda zum Schlafen. Sandy und ich. Wir holten unsere Wolldecken und schliefen draußen!»

«Ihr habt im November auf der Veranda geschlafen?»

«Klar, das war wie zelten. Genau wie im Fernsehen. Mama hatte nichts dagegen, weil ja Sandy dabei war. Sandy ist zwölf. Also hat Mama gesagt, es sei in Ordnung.»

«War's nicht ein wenig kalt?»

«Überhaupt nicht. Wir hatten eine Menge Wolldecken.» Charity legte sich der Länge nach aufs Sofa und streckte die Beine in die Luft. Sie machte «Radfahren». «Am Morgen standen wir auf und brieten Pfannkuchen, ich und Sandy. Sandy ist zwölf. Sie darf den Herd benutzen.»

«Ich verstehe.» Eigentlich verstand ich es nicht. Ich konnte mir kaum vorstellen, wo Charity die Zeit hernahm, dies alles zu tun; sie hatte sich nämlich in den letzten Wochen bei mir häuslich eingerichtet. Wenn ich von der Arbeit kam, fand ich Charity, immer noch in ihren Schulkleidern, vor meiner Tür kauern. Sie blieb bis zum Abendessen und aß mit, wenn ich sie nicht nach Hause schickte. Dann setzte sie sich vor den Fernseher. Wenn ich etwas zu schreiben hatte, stellte sie sich hinter mich, kletterte am Stuhl hoch und sah mir über die Schulter, während der Stuhl gefährlich hin und her schwankte. Sie versuchte zu lesen, was ich geschrieben hatte, doch mit ihren Lesekünsten war es nicht weit her. Meistens rief sie einfach ein paar Buchstaben, die sie erkannte. B! R! H! tönte es in fortwährendem Singsang hinter mir, und ich versuchte, mich zu konzentrieren, da ich an einem Bericht über Zweisprachigkeit und psychogene Sprachschwierigkeiten arbeitete. Charity blieb jeden Abend, bis ich sie hinauswarf. Auch am Wochenende beglückte sie mich mit ihrer Gesellschaft. Eines Samstags kam sie schon morgens um Viertel nach sechs!

Charitys Familie schien es zu gefallen, wie sich die Dinge entwickelten. Ich muß zugeben, wenn Charity mein Kind gewesen wäre, hätte ich ebenso reagiert. Anfangs hatte ich verlangt, daß sie die Erlaubnis ihrer Mutter einholte, wenn sie zum Essen bleiben wollte. Doch es war hoffnungslos. Die Familie besaß kein Telefon, und die paarmal, da ich sie mit dem Wagen nach Hause fuhr, um die Erlaubnis zu holen, hatte sie dort niemand vermißt. Ich vermute, ihre Familie hatte gemerkt, daß Charity einen Unterschlupf und Futterplatz gefunden hatte; sie waren wohl zufrieden, wenn sie die Gelegenheit möglichst gut ausnützte. Zuerst ärgerte es mich. Es war, als hätte ich eine herumstreunende Katze aufgenommen. Doch mochte es sich um Katzen oder kleine Mädchen handeln, ich brachte es einfach nicht übers Herz, sie hungrig nach Hause zu schicken.

Tatsache war, daß Charitys Familie selbst genug Probleme hatte, und Charity war nicht das geringste. Sie lebten sehr ärmlich in einem kleinen Häuschen unten am Fluß. Ich war Charitys Mutter nur einmal begegnet, als ich das Mädchen nach Hause brachte. Sie war eine junge Frau, sah aber uralt aus. Ihr Körper war von Mühsalen gezeichnet, und die Wunden, die ihr das Leben geschlagen hatte, gingen wohl auch mitten durchs Herz. Das Haus war ständig voll von Verwandten, die alle mehr oder weniger dort zu wohnen schienen. Charity hatte zwar keinen Vater, doch fehlte es bei ihr zu Hause nie an Männern; die Stellung, die sie in dieser Familiengemeinschaft einnahmen, war mir jedoch nie ganz klar.

Charity stellte für mich nach wie vor eine persönliche Herausforderung dar. Sie war eine Meisterin darin, einen unbewußt zu beleidigen, und hatte es fertiggebracht, mein Selbstbewußtsein in drei Monaten mehr zu untergraben als andere Kinder zeit ihres Lebens. Hätte ich Charity früher getroffen, wäre ich bestimmt Arzthelferin geworden, wie es der Wunsch meiner Mutter war.

Und doch hatte sie einen angeborenen Charme. Wenn sie laut jammernd vor meiner Haustür stand oder wenn sie gegen die Tücke des Objekts kämpfte – wie damals, als sie sich die Fingernägel lackiert hatte und dann ihre Handschuhe nicht mehr ausziehen konnte –, dann dachte ich, was ist denn mit dir los? Du solltest doch eine *Autoritätsperson* sein! Dreißig Kilo schiere Herausforderung, das war Charity.

Es war an einem Mittwochabend, als sie sich auf meinen Polstern räkelte und mir Geschichten über sich und Sandy erzählte.

«Kann ich zum Essen bleiben? Was gibt's denn?» fragte sie, als ich aufstand und in Richtung Küche ging. Sie rutschte vom Sofa herunter und rannte, wie ein aufgeregtes Hündchen hin und her tanzend, mir voran in die Küche.

«Eintopf», sagte ich. «Eintopf und Salat und Brot.»

«Ist das alles?»

«Das ist alles.»

«Warum hast du nie was Gutes im Haus?»

«Was zum Beispiel?» fragte ich.

«Eis oder Cola oder so was.»

«Weil mein Abendessen nicht aus Eis oder Cola besteht.»

«Na ja», meinte sie versöhnlich, «wenn es Eintopf sein muß, dann gibt's halt Eintopf.»

Ich nickte.

Ich wies sie an, den Salat zu waschen und die Karotten zu schneiden.

«Getroffen!» rief sie und stach mit dem Messer in die Luft, indem sie gegen eine unsichtbare Gefahr anging. Ich nahm ihr das Messer weg und ließ sie statt dessen die Flasche mit der Salatsauce schütteln.

Als ich das Essen in die Suppenteller schöpfte, hüpfte Charity herbei und sah mir, über meinen Arm gelehnt, zu.

«Torey?»

«Ja?»

«Kann ich heute nacht bei dir bleiben?»

«Nein, das geht nicht. Du hast morgen Schule.»

«Und? Das macht doch nichts. Ich gehe ja zur Schule.»

«Du mußt nach Hause und ein Bad nehmen und . . .»

«Warum?» unterbrach sie mich und sah an sich hinunter. «Bin ich etwa schmutzig? Und hast du hier keine Badewanne?»

«Das hat nichts damit zu tun. Morgen mußt du zur Schule. Du solltest zu Hause schlafen und morgen deine Schulkleider anziehen und in der Schule sein, bevor die erste Stunde eingeläutet wird. Das wäre von hier aus zu schwierig. Ich wohne am andern Ende der Stadt. Und ich muß viel früher zur Arbeit fahren, als du zur Schule mußt.»

«Es wäre nicht so schlimm, es ginge schon. Ich könnte wieder die Kleider anziehen, die ich jetzt anhabe. Sie sind nicht schmutzig. Ich könnte ganz, ganz früh aufstehen. Also, in Ordnung? Kann ich? Bitte!»

Ich schüttelte den Kopf und gab ihr den Teller in die Hand. «Nein. Nicht, wenn du am andern Tag in die Schule mußt, Charity. Vielleicht einmal am Wochenende. Aber nicht an einem Werktag. Punktum.»

Vorsichtig trug sie den Teller zum Tisch. Sie stellte ihn an ihren Platz und kletterte auf den Stuhl. «Es kommt dich heut nacht wohl ein Mann besuchen? Kann ich darum nicht bleiben?»

Ich sah sie an. «Nein, Charity, das ist es nicht. Ich hab dir den Grund gesagt.»

Sie hatte sich schon über die Suppe hergemacht und zuckte nur noch die Achseln. «Schon gut, ich hab verstanden. Meine Mama arbeitet auch um diese Zeit. Jede Nacht außer montags.»

Am folgenden Morgen war es trüb und düster; als ich um halb acht zum Garson-Gayer-Heim fuhr, brannten die Straßenlampen noch.

Kevin war vor mir im Therapieraum. Als ich eintrat, stand er am Fenster und sah hinaus. Es war das erste Mal, daß ich ihn einfach dastehen sah, außer wenn ich den Tag zuvor mitzählte, als er unter der Tür des Aufenthaltsraums gestanden war. Sonst war er ständig in Bewegung gewesen. Es schien nun, als habe er vorübergehend die Last seiner Ängste abgeworfen.

Er drehte sich nicht um, als ich eintrat, sondern starrte unverwandt aus dem Fenster. Draußen war es grau, ein dunkler Novembertag, der den Winter ankündete und die eisige Dunkelheit, die auf uns zukam, tausend Jahre lang erscheinen ließ. Es schneite nicht. Es rührte sich überhaupt nichts draußen. Es war still und kalt wie der Tod.

Ich trat hinter Kevin, stellte meine Kiste auf den Heizkörper unter dem Fenster und schwieg. Ich muß zugeben, daß ich mich ein wenig vor ihm fürchtete. Die Szene von vorgestern war mir noch in lebhafter Erinnerung. Die blauen Flecken schmerzten immer noch und bewiesen, wie stark Kevin war. Das war ganz anders als damals im Klassenzimmer. Ich war selbst recht kräftig und konnte auch die älteren Kinder, zehn- bis zwölfjährige Jungen, ganz gut bändigen, wenn es nötig war, mochten sie noch so sehr außer Rand und Band geraten. Ich hatte immer das nötige Selbstvertrauen gehabt, um rasch und furchtlos zu handeln, denn ich war groß gewachsen, sportlich und konnte zupacken. Doch Kevin war kein Kind mehr, er war ein Mann. Ich fand es etwas unheimlich, daß ich mich bei ihm nur auf mein Köpfchen verlassen konnte. Das Köpfchen war nicht immer in Hochform.

Kevin wandte sich immer noch nicht vom Fenster ab, und irgendwie scheute ich mich, das Schweigen zu brechen. Ich schaute ebenfalls aus dem Fenster. Der kleine Hof lag verlassen da. Kevin stand ruhig, mit straffen Schultern, die Hände hinter dem Rücken gefaltet. Die eine Hälfte seines Gesichts war immer noch geschwollen, und am Kiefer, wo die Prellungen am schlimmsten waren, erschien die Haut nun blaugrün. Als ich ihn von der Seite betrachtete, merkte ich, daß er seine Angst eigentlich nicht überwunden hatte, daß sie im Augenblick nur von etwas anderem verdrängt worden war. Er kam mir plötzlich sehr alt vor; das war mir nie zuvor aufgefallen. Und er schien müde.

«Ich wollte, ich könnte mehr sehen», sagte er endlich.

«Wie meinst du das?»

«Von diesem Fenster aus. Das ist kein sehr gutes Fenster. Es läßt einen nichts sehen, außer wo man ist. Ich weiß schon, wo ich bin. Ich wollte, ich könnte mehr sehen.»

Dann wieder Schweigen.

Das Schweigen zog sich in die Länge. Mir war dabei unbehaglich zumute, wahrscheinlich nur, weil ich es nicht zu unterbrechen wagte. Kevin schien in Gedanken weit weg zu sein, und ich wußte nicht, ob ich ihn zurückrufen sollte oder nicht. Das war ein ganz anderer Kevin, nicht mehr der Zoojunge. Ich kannte ihn nicht mehr.

Er wandte sich halb um und sah mich kurz an. «Man bezahlt dich, nicht wahr?»

«Wer?» fragte ich. «Wofür?»

«Daß du hierherkommst.»

Ich nickte.

«Du kommst hierher und gibst dich mit mir ab, weil dich jemand dafür bezahlt.»

«Es ist mein Beruf, wenn du das meinst.»

Schweigen.

«Das hast du gewußt», sagte ich. «Das hast du von Anfang an gewußt.»

Er zuckte die Achseln, halbwegs nur, er hob nur eine Schulter. Die Geste drückte Resignation aus.

«Was plagt dich, Kevin?»

«Nichts.»

«Das glaube ich dir nicht.»

Wieder dieses Achselzucken. Und dann Schweigen. Er war ein Meister des Schweigens. Es schützte ihn genausogut wie ein Kettenpanzer. Aber ich spielte das Spiel auch nicht schlecht. Auch ich konnte schweigen. So standen wir nebeneinander am Fenster und starrten in das müde Grau hinaus. Die Minuten vergingen.

«Ich dachte», sagte er leise, «daß du vielleicht kommst, weil du es willst.»

«So ist es.»

«Und nicht, weil du dafür Geld bekommst.»

«Das Geld ist nicht so wichtig. Ich komme, weil ich kommen will. Niemand kann mir soviel Geld zahlen, daß ich irgendwohin gehe, wo ich nicht hingehen will. Das Geld ist also Nebensache.»

Er zuckte die Achseln. «Ist ja egal. Ich bin daran gewöhnt.» Er blickte zu mir hinüber. «Man hat dir gesagt, ich hätte keine Familie, nicht wahr? Man hat dir gesagt, daß sie mich einfach hierhergebracht und hiergelassen haben und daß ich sie seither nie mehr gesehen habe.»

«Nein, das hat man mir eigentlich nicht gesagt.»

«Ich habe mir nur vorgestellt», sagte er, «wie schön es wäre, wenn es wenigstens einen Menschen auf der Welt gäbe, der mich mag, ohne daß man ihn dafür bezahlt.»

10

Mitte November wurden die Tage immer düsterer. Um diese Zeit näherte sich gewöhnlich leise und sanft der Winter, und die ersten großen Schneeflocken schwebten aus einem hellen Himmel herunter. Aber nicht dieses Jahr. Das Thermometer fiel fast bis zum Gefrierpunkt. Finstere Wolken hingen über dem Land, so daß man den ganzen Tag das Licht brennen lassen mußte. Es fiel jedoch kein Schnee. Als sich die Tage so träge und gleichförmig dahinzogen, stieg Nebel über dem Land auf. Er hüllte die Todesblässe der Natur in ein weiches, weißes Leichentuch. In Wales hat man dafür eine Bezeichnung: Mabinogi-Tage. Da werden Gespenster und urzeitliche, längst vergessene Dinge wach. Kevin schien auf die gleiche geheimnisvolle Art verändert wie die Natur. Er erholte sich nie von seinem Anfall wegen des Raumschiff-Posters. Was damals auch geschehen war, es hatte eine nachhaltige Wirkung.

Besonders in den ersten zehn Tagen nach dem Vorfall war mir Kevins Verhalten ein Rätsel. Er sprach wenig und beschäftigte sich kaum mit den Dingen, die ihm vorher Spaß gemacht hatten. Kreuzworträtsel, Bücher und die kleinen Modellautos blieben unbeachtet. Er wurde in diesen zehn Tagen ganz plötzlich erwachsen, und das jungenhafte Gebaren verschwand. Statt dessen wirkte er unruhig und verbrachte die Therapiestunden meistens am Fenster oder schritt im kleinen weißen Zimmer auf und ab. Am meisten verwunderte mich, daß seine Ängste verschwunden waren; er schien sie abgestreift zu haben wie eine alte Schlangenhaut. Den Aufzeichnungen der Pfleger entnahm ich, daß er sich im Wohntrakt und in der Schule immer noch fürchtete und unter dem Tisch Schutz suchte. Aber wenn er mit mir zusammen war, legte er seine Angst ab. Er kam nun immer in aufrechter Haltung ins Zimmer und setzte sich auf einen Stuhl, auf den Tisch oder den Heizkörper unter dem Fenster. Er schien überhaupt ein ganz anderer Mensch zu sein als zuvor. Doch statt der Angst bedrückte ihn nun etwas anderes, eine Art Müdigkeit, die ihn sehr alt, aber nicht verletzlich erscheinen ließ. Vielleicht war er depressiv. Ich wußte es nicht sicher, aber ich spürte seine mutlose Müdigkeit.

Ich begriff nicht, was ihn bedrückte. Ich gab auch nicht vor, es zu verstehen. Doch beobachtete ich ihn aufmerksam. Nun fürchtete ich mich nicht mehr vor ihm wie die ersten paar Tage nach seinem «Ausbruch». Da ich so wenige konkrete Hinweise hatte, was in ihm vorging, blieb ich jedoch auf der Hut. Irgendwie war ich beunruhigt wie nach einer Sturmwarnung und wartete gespannt auf den weiteren Verlauf der Dinge.

«Ich habe für dich eine Zeichnung gemacht», sagte Kevin, als ich kam. Wie schon oft war er vor mir da. Er saß auf dem Heizkörper am Fenster, doch als ich eintrat, kam er zum Tisch hinüber. Er ging mit großen, kräftigen Schritten wie ein Mann. Man sah ihm nicht an, daß er sich noch vor wenigen Wochen nur geduckt fortbewegt hatte. Er zog einen Stuhl heran und setzte sich. «Schau», sagte er, «was ich für dich gezeichnet habe.»

Er legte ein Stück braunes Papier auf den Tisch. Es war eine Papiertüte, die er sorgfältig aufgeschnitten hatte.

«Es ist nicht sehr gut», sagte er. «Wir bekommen hier keine eigenen Bleistifte, ich mußte einen aus dem Schulzimmer mitnehmen. Es war ganz leicht. Sie beobachten mich nicht, wenn ich unter dem Tisch sitze. Aber siehst du, es ist nur ein schäbiger kleiner Stift. Und fürs Rot mußte ich eine Zeichenkreide verwenden. Wenn ich Farbstifte hätte, wäre es besser herausgekommen. Aber ich habe eben keine. Schade, daß es nicht besser geworden ist.»

Es war jedoch ganz gut, auf eine scheußliche Art gut. Die gekonnt ausgeführte Zeichnung auf der Papiertüte zeigte einen Mann, der mit aufgeschlitztem Bauch auf der Straße lag. Seine Eingeweide waren in ekelhaftem Durcheinander über die ganze Straße verstreut. Ein Vogel – ich glaube, es war ein Rabe – saß auf dem einen Bein, aus dem ein Knochen hervorragte, und zog ein langes, sehniges Stück Fleisch aus dem offenen Bauch. Alles war blutbespritzt, Blut lag in Lachen auf der Straße und rann in Bächlein durchs Gras. In einer Ecke bemerkte ich sogar die roten Spuren irgendeines Ungeziefers, das durch eine Blutlache gekrochen und am Rand des Papiers verschwunden war.

Es war ein schreckliches Bild! Es schockierte durch seine fotografische Genauigkeit und die schauderhaften Details. Daß Kevin unleugbar Talent hatte, machte es noch unheimlicher.

«Es wäre besser herausgekommen», sagte Kevin ruhig, «wenn ich Farbstifte gehabt hätte.»

«Es ist auch so sehr gut. Ich wußte gar nicht, daß du so gut zeichnen kannst.»

«Ich kann *sehr* gut zeichnen», erwiderte er. Das Selbstbewußtsein in seiner Stimme wirkte drohend wie immer, wenn einer ganz genau weiß, welche Macht ihm durch seine Fähigkeiten erwächst.

«Das sehe ich.»

Er beobachtete mich. Ich glaube, er wollte feststellen, ob mich das Bild schockierte oder anwiderte. Es hatte auf mich tatsächlich diese Wirkung, besonders weil es so meisterhaft ausgeführt war. Ich gab mir jedoch alle Mühe, mir nichts anmerken zu lassen. Es schien das beste zu sein.

Als ich ihn anblickte, lächelte Kevin. Es war dasselbe etwas naive Grinsen, das er immer aufsetzte und das einen glauben ließ, er sei zurückgeblieben. Ich wußte aber schon lange, daß er das keineswegs war.

«Das werde ich ihm antun», sagte er. «Ich will seinen dummen Körper aufschlitzen und zusehen, wie die Würmer seine Därme fressen.»

«Oh», sagte ich, und mir fiel ein, daß ich nicht einmal wußte, wem er dieses Schicksal zugedacht hatte. Ich fragte ihn.

«Natürlich meinem Stiefvater.» Er runzelte die Stirn, als hätte ich das wissen müssen. Aber er hatte mir nie etwas davon erzählt.

Und wieder schaute er mir prüfend ins Gesicht und sah mir unverwandt in die Augen. Ich war nicht sicher, was er suchte. Vielleicht hatte es ihn verwirrt, daß ich nicht wußte, wen das Bild darstellte, und er fragte sich nun, ob er mir trauen konnte. Vielleicht überlegte er, wieviel er mir erzählen, wie weit er sich gehenlassen durfte. Ich konnte nur vermuten, was hinter seiner Stirn vor sich ging. Jedenfalls starrte er mich lange an, die Augen hinter den dicken Brillengläsern leicht zusammengekniffen. Der Blick drang bis in mein Innerstes.

Endlich wandte er sich wieder der Zeichnung zu. «Das werde ich ihm antun. Eines Tages wird es nicht nur eine Zeichnung sein.»

Am nächsten Tag brachte er die Zeichnung wieder mit. Er hatte sie ganz klein zusammengelegt und vorne ins T-Shirt gestopft. Da er weder gebadet noch die Kleider gewechselt hatte, war die Zeichnung nicht entdeckt worden. Ich hatte in Kevins Akte die neuesten Eintragungen gelesen, bevor ich ins kleine weiße Zimmer ging. Es war keine Zeichnung erwähnt, also hatte sie niemand entdeckt. Diese Darstellung hätte die Pfleger bestimmt beeindruckt, und sie hätten einen Vermerk darüber gemacht. Da ich keinen fand, wußte ich, daß die Zeichnung unser kleines Geheimnis war.

Als ich ins Zimmer trat, war Kevin über die Zeichnung gebeugt. Er saß am Tisch und glättete mit der Hand das Papier. Als ich mich zu ihm setzte, betrachtete er das Bild lange Zeit. Er strich mit dem Finger über gewisse Einzelheiten, über die heraushängenden Därme, über die Blutlachen neben der Leiche. Dann wandte er sich ab und starrte aus dem Fenster. Minuten vergingen, und er starrte immer noch in die dumpfe, neblige Stille des Hofes hinaus.

«Das ist ein guter Ort», sagte er so leise, als sei nur ein Gedanke laut geworden.

Ich gab keine Antwort.

«Das ist der beste Ort.» Er sah mich immer noch nicht an. Es gab eine lange Pause. «Du bist eine Zauberin, nicht wahr?» sagte er dann.

Ich verstand nicht, was er damit meinte.

«Wenn du hier bist, kann mir nichts geschehen. Du mußt wohl eine Zauberin sein. Du hältst das Böse von mir fern.»

Es war sehr schwierig, darauf eine Antwort zu finden. Da ich nicht wußte, was hinter seinen Worten steckte, wagte ich mich nicht an eine Erklärung. Es gab zuviel, was ich nicht verstand.

«Du fühlst dich hier sicher», erwiderte ich nur.

Er nickte. Liebevoll übers Papier streichend, nickte er noch einmal.

Tags darauf war die Zeichnung wieder da.

«Du haßt ihn furchtbar, nicht wahr?» sagte ich, als er wieder mit dem Finger über Einzelheiten des Bildes fuhr.

«Er ist ein verdammter Lump», erwiderte Kevin. Es war das erste Mal, daß er solche Ausdrücke gebrauchte.

Ich nickte.

«Ich kriege ihn schon noch», sagte Kevin. «Wenn ich hier rauskomme, besorge ich mir ein Messer. Dann suche ich ihn, und dann ist er dran. Du wirst schon sehen!»

«Du willst ihn töten.»

«Töten? Ermorden will ich das Schwein, sein Gehirn soll über den ganzen Boden spritzen. Seine ekelhaften Därme werden wie Hundefutter herumliegen.»

Am folgenden Tag nahm er das Bild wieder mit. Kevin war besessen davon. Er wollte von nichts anderem mehr reden. Er hatte noch etwas hinzugefügt: in einer Ecke war nun ein zerschmetterter Schädel zu sehen. Darum herum war das Gehirn verspritzt, etwa wie Überreste von Tieren, die auf der Straße überfahren worden sind. Auch darüber wollte Kevin sprechen. Seine Erklärungen waren kurz und bündig. Ganz steif saß er auf seinem Stuhl. Die Spannung knisterte um uns wie die Luft vor einem Gewitter.

Die ersten Tage saß ich einfach bei ihm und versuchte ihn nicht zu beeinflussen. Ich mußte mir erst überlegen, wie ich mich verhalten sollte. Ich beobachtete ihn und bemühte mich verzweifelt, herauszufinden, was in ihm vorging; versuchte, aus seinem Gesicht, seinem Verhalten, seinen Worten etwas herauszulesen, was mir Klarheit verschaffen würde. Immer mehr befürchtete ich, daß er gefährlich sein könnte. Hatte ich eine Art Frankenstein-Monster geschaffen, als ich ihn aus seinem Gefängnis, in das er sich freiwillig begeben hatte, herausholte?

Die Tausende von lähmenden kleineren Ängsten waren verschwunden, wenigstens in diesem kleinen weißen Zimmer. Und mir dämmerte, daß an ihre Stelle das trat, was die Ängste die ganze Zeit verdeckt hatten: Haß. Als Kevin sich immer ausschließlicher mit den brutalen Mordbildern beschäftigte und nur noch über Gewalt sprechen wollte, kam ich zur Überzeugung, daß er seine Ängste dazu gebraucht hatte, um seinen Haß zu unterdrücken. Vielleicht war dies sogar der Grund für die langen Jahre des Schweigens. Wenn man nicht sprach, lief man nicht Gefahr, etwas auszusprechen, was man nachher bereute. Kevin hatte einfach getan, was er konnte, um seine Emotionen unter Kontrolle zu halten. Wenn irgend etwas gefährlich schien und ihn aufregte, bekam er Angst davor und sprach nicht darüber. Zuletzt war es ihm ergangen wie einem Drogensüchtigen: Er brauchte immer mehr Ängste, um seine Emotionen zu unterdrücken, und er schwieg immer öfter, um die Dinge ungesagt zu lassen – bis er plötzlich in der Falle saß, beherrscht von seinen Ängsten und dem Schweigen. Aber eins mußte man ihm zugute halten. Der Zoojunge hatte alles getan, was er unter diesen Umständen tun konnte. Er hatte den Schuldigen eingesperrt.

Dies erklärte auch bis zu einem gewissen Grad Kevins Ausbruch wegen des Raumschiff-Posters. Er hatte es damals gewagt, seine Gefühle zu zeigen, und was vielleicht noch wichtiger war, er hatte mir seinen Willen aufzuzwingen gewagt. Dann aber war die Angst, die sich daraus ergab, zu groß geworden.

Doch schließlich hatte er es überlebt, und ich auch. Ich glaube, er erkannte sehr richtig, daß dieses kleine weiße Zimmer für ihn Sicherheit bedeutete. Was er mir auch für magische Kräfte zuschrieb – das würde vorübergehen. Doch im Therapiezimmer würde er sich immer geschützt fühlen. Er hatte es gewagt zu sprechen, und Gott hatte ihn nicht mit dem Tod bestraft. Hier hatten wir seinen Ausbruch wegen des Posters erlebt und überstanden. Nun konnte er mir seine Zeichnungen bringen und über Dinge sprechen, die er bisher verschwiegen hatte – und nichts geschah. Langsam, aber sicher erkannte Kevin, daß die Welt nicht so gefährlich war, wie er geglaubt hatte; jedenfalls nicht dieser kleine Teil der Welt.

Dies waren natürlich reine Vermutungen, die nur auf Einfühlung gründeten. Ich ging sonst bei den Kindern, die ich behandelte, nicht so vor. Doch schien es mir eine plausible Erklärung. Wir hatten damals keine leichte Zeit, aber es war immerhin befreiend, daß Kevins Ängste nachließen.

Nachdem er sich fast eine Woche lang in zorngeladenen Gesprächen über die Zeichnung ausgelassen hatte, schien Kevin immer noch nicht genug zu haben. Wir saßen am Freitag morgen am Tisch, als der Pfleger kam, um ihn abzuholen. Er war ein wenig früher als gewöhnlich, und Kevin fuhr erschrocken zusammen, als er draußen den Schlüssel klirren hörte. Er beugte sich sofort vor, ließ den Kopf hängen und warf sich schützend über das Bild. Als die Tür aufschwang, war er wieder der alte, verrückte Zoojunge. Er glitt vom Stuhl hinunter und nahm Papier und Bleistift mit sich unter den Tisch.

«Wirst du denn da nie hervorkommen?» fragte der Pfleger und spähte unter den Tisch. In der Stimme des Pflegers schwang gutmütige Ungeduld mit. «Komm schon, Kevin. Es ist Zeit. Beeil dich!» Er streckte einen Fuß unter den Tisch und stieß Kevin an.

Kevin kam hervorgekrochen. Bevor er hinausging, drückte er mir die Zeichnung, die er ganz klein zusammengefaltet hatte, in die Hand. Er wollte offensichtlich nicht riskieren, sie ins T-Shirt zu stecken, denn der Pfleger hätte ihn dabei beobachten können. Dann schlich er zur Tür hinaus.

Ich blieb am Tisch sitzen und entfaltete die Zeichnung, um sie mir in aller Ruhe noch einmal anzusehen. Am oberen Rand stand eine eilig hingekritzelte Nachricht:

Bring mir Papier! Und bring mir Stifte. Farbstifte, bitte. Ich brauche sie!

Am folgenden Morgen hatte ich drei Zeichenblocks und eine Schachtel mit vierundzwanzig Farbstiften dabei. Kevin war schon da, er saß auf dem Boden beim Fenster. Er wandte sich um, als ich eintrat.

«Da», sagte ich, als ich mich neben ihn setzte.

Kevin strahlte übers ganze Gesicht. «Hast du die für mich gekauft?»

«Ja.»

«Weil ich dich darum gebeten habe? Für mich ganz allein?»

Ich nickte.

Er nahm die Tüte und riß sie auf. Vergnügt blätterte er durch die Zeichenblocks. Dann öffnete er die Farbstiftschachtel und befühlte die Spitzen. «Ja, die sind gut.» Er zog einen Farbstift heraus und kritzelte damit auf den Rand der Tüte. «Ja, ja, die gefallen mir. Ich möchte sie gleich ausprobieren. Kann ich sie herausnehmen und zeichnen?»

«Sie gehören dir. Du kannst damit tun, was du willst.»

«Gut.» Er leerte die ganze Schachtel Farbstifte auf dem Boden aus und öffnete einen Block. «Ich zeichne ein Bild für dich. Was soll ich zeichnen? Du mußt es nur sagen. Ich zeichne, was du willst.»

Ich überlegte. Von meinem Platz auf dem Boden aus konnte ich aus dem Fenster blicken. Direkt davor stand ein großer Baum, eine Art Pappel, glaube ich. Die kraftlose Sonne brach durch die Wolken und schien zwischen den nackten Ästen hindurch. Einen

Augenblick lang nahm mich das Licht- und Schattenspiel gefangen. Als ich mich umdrehte, war Kevin schon über den Zeichenblock gebeugt. Ich lehnte mich vor und sah ihm zu.

Er zeichnete ein kleines Mädchen, sechs oder sieben Jahre alt, mit strähnigem, ziemlich langem braunem Haar und mit geöffneten Lippen.

Ich sah, wie es unter seinen Händen Gestalt annahm, und war wieder von seinem Talent beeindruckt. Wie war es möglich, daß es so viele Jahre unbemerkt geblieben war? Oder hatte man es bemerkt? Kevin wußte, daß er Talent hatte. Und er wußte gutes Zeichenmaterial zu schätzen und konnte damit umgehen. Er zeichnete nicht wie ein Anfänger. War sein Talent irgendwie, irgendwo gefördert worden?

Wie das unheimliche erste Bild zeichnete sich auch dieses wieder durch fotografische Genauigkeit aus. Nun, da er mit Farben arbeiten konnte, nahm das Bild rasch feine Schattierungen und Zwischentöne an. Das Mädchen war sehr lebendig gezeichnet, doch gleichzeitig wirkte sie geheimnisvoll, ein Eindruck, der durch den Einsatz der Farben erreicht wurde.

Die Kleine sah unglücklich aus und war mit ihrem zerzausten Haarschopf eigentlich nicht hübsch zu nennen. Sie lächelte nicht, sondern starrte den Betrachter aus dem Bild so an, daß er sich wie ein Eindringling vorkam. Mir fielen besonders die Lippen auf. Sie standen offen, und der volle Schmollmund verlieh ihrem Gesicht einen Ausdruck kindlicher Sinnlichkeit. Es war ein erstaunliches Bild, präzise wie eine Fotografie und doch so feinsinnig, wie nur Kunst sein kann.

«Wer ist das?» fragte ich.

«Carol.»

Er zeichnete weiter. Seine Hand huschte so rasch übers Blatt, als könne er das Bild nicht rechtzeitig beenden. Das Kind wurde immer lebendiger.

«Wer ist Carol?»

«Meine Schwester.»

«Ein hübsches Kind.»

Er nickte.

Dann schwiegen wir beide, und in der Stille war nur das Geräusch des Farbstifts auf dem Papier zu hören. Ich drehte mich um, so daß ich ihm gegenüberstand, und lehnte mich an die Wand. Ich sah ihm beim Zeichnen zu und beobachtete, wie er sich bewegte.

Überrascht stellte ich fest, daß er eigentlich gar nicht so übel aussah. Er war kein häßlicher Junge. Beim Zeichnen entspannte er sich. Wie er so in die Arbeit vertieft war, nahm er eine gelöstere, natürlichere Haltung ein, als ich je an ihm beobachtet hatte.

Ich dachte über ihn nach und fragte mich, wie ich mich wohl in seiner Haut fühlen würde. Ich versuchte mir vorzustellen, was in seinem Kopf vor sich ging. Er gab mir mehr Rätsel auf als jedes andere Kind, mit dem ich mich je befaßt hatte.

Er arbeitete immer noch schweigend. Ich blickte auf die Uhr. Zum Fenster hinüber. Ich zupfte an meiner Manschette. Die Stille setzte mir zu, das Geräusch des Farbstifts irritierte mich. Endlich hielt Kevin das Bild auf Armlänge vor sich hin, um es zu begutachten. Dann drehte er es um und zeigte es mir. Bevor ich es aber richtig betrachten konnte, hatte er es schon wieder hingelegt und beugte sich darüber; er verwischte mit dem Finger eine allzu harte Linie.

«Gut», murmelte er. Dann sah er auf. Er lächelte. Es war ein komisches kleines Lächeln, sanft und beruhigend. Dann wandte er sich wieder der Zeichnung zu.

«Weißt du», sagte er, «ich wollte Carol einmal ein Schiff kaufen. Hab ich dir das schon erzählt?»

«Nein.» Er hatte Carol überhaupt noch nie erwähnt.

«Also, ich wollte ihr dieses Schiffchen kaufen. Im Laden bei der Garage gab es kleine Plastikschiffe, die man im Wasser schwimmen lassen konnte. Du weißt schon, in der Badewanne oder so. Aber man mußte danach fragen. Der Mann im Laden hatte sie auf ein Regal hinter dem Ladentisch gestellt, weil die Kinder sie sonst gestohlen hätten. Es waren gute Schiffchen. Jedenfalls kosteten sie fast drei Dollar. Ich hatte soviel gespart und versprach Carol, ich würde ihr ein Schiffchen kaufen. Ich ging also hin und trat in den Laden. Ich dachte, nun bittest du den Mann, dir ein Schiffchen zu zeigen. Aber ich konnte es einfach nicht. Du verstehst schon, ich mußte ihn ja *fragen*. Ich konnte es nicht. Ich ging hinaus und setzte mich für eine Weile auf den Randstein. Dann stand ich wieder auf und ging hinein und nahm mir vor, nun fragst du den Mann, ob er dir ein Schiffchen zeigt. Aber ich konnte es nicht! Ich ging also noch einmal hinaus und setzte mich wieder auf den Randstein.»

Kevin starrte immer noch auf die Zeichnung. Ich schloß die Augen und sah das kleine Mädchen vor mir. Sie sah genauso aus wie viele meiner Kinder. Ich stellte sie mir vor mit ihrem wirren, langen Haar, in ihrem schäbigen Kleidchen und mit diesem herausfordernden Ausdruck, den viele Gassenkinder, die sich selbst behaupten müssen, an sich haben. Ich sah auch den kleinen Kevin, der nicht den Mut aufbrachte zu reden.

«Nach einer Weile», fuhr Kevin fort, «dachte ich mir, nun mußt du wirklich reingehen und den Mann bitten, dir ein Schiffchen zu zeigen. Also ging ich wieder in den Laden. Aber ich konnte es nicht. Ich stand da und wußte genau, daß der Mann meinte, ich sei eines der Kinder, die in den Laden kamen, um etwas zu stehlen. Er fragte: ‹Was willst du, Junge?›, und ich hatte Angst und rannte wieder hinaus. Und setzte mich wieder auf den Randstein. Ich sagte mir immer wieder, du mußt das doch können. Du hast Carol versprochen, du würdest ihr das Schiffchen kaufen. Du *mußt*, du blöder Dussel. Also, sagte ich zu mir selbst, du gehst jetzt dort hinein und bittest den Mann, dir ein Schiffchen zu zeigen. Und so ging ich rein und sagte: ‹Würden Sie mir eins der Schiffchen zeigen?› Er nahm eines vom Regal, ein rotes, doch Carol konnte Rot nicht ausstehen. Ich sagte: ‹Könnte ich noch ein blaues sehen?› Er fragte: ‹Hast du denn Geld, Junge, oder schaust du sie dir nur an?› Und ich sagte: ‹Ich will meiner Schwester eines kaufen.› Da zeigte er mir ein blaues, und es gefiel mir. Ich kaufte es, nahm es nach Hause und schenkte es Carol.

Aber später, als ich draußen war, kam mein Stiefvater. Carol kam ums Haus gelaufen mit dem Schiffchen in der Hand, und er fragte: ‹Wo hast du das her?› Sie antwortete: ‹Kevin hat es mir im Laden bei der Garage gekauft.› Er sagte, das sei eine Lüge. Er sagte: ‹Du hast es gar nicht kaufen können, Kevin, du hast es bestimmt gestohlen.› Er meinte, weil ich nie mit ihm sprach, könne ich auch mit dem Mann im Laden nicht reden. Aber Carol sagte: ‹Doch, er hat es für mich gekauft.› Er befahl ihr, sie solle das Maul halten. Dann nahm er ihr das Schiffchen weg, warf es auf den Boden und trat darauf.»

Kevin hielt das Bild wieder hoch und betrachtete es.

«Dann weinte Carol. Nicht etwa wegen des Schiffchens; wegen so was weinte sie nicht. Sondern wegen mir. Ich tat ihr leid. Ich glaube, wenn ich allein gewesen wäre, hätte es mir nicht soviel ausgemacht. Aber Carol war dabei. Warum mußte er so gemein gegen mich sein? Vor Carol? Warum brachte er sie zum Weinen?»

Dann blätterte Kevin die Seite des Zeichenblocks um und begann eine andere Zeichnung. Ich schaute ihm über die Schulter. Unter seiner Hand entstand die lange, schmale Linie eines Toten. Er griff nach dem Rotstift, und das Blut begann zu fließen. Der blaue Farbstift fügte die langen Spinnenfinger des Gekröses bei. Mit dem Silberstift fuhr Kevin den heraushängenden Därmen entlang und verlieh ihnen einen schleimigen Glanz.

Ich war so überrascht, daß ich wie gebannt zusah. Er hielt den Zeichenblock fest in der Hand und zeichnete mit raschen, sicheren Bewegungen. In fiebriger Spannung war er über das Papier gebeugt, und sein Gesicht war vor Erregung gerötet. Er wollte die Zeichnung so rasch wie möglich beenden.

«Ich werde ihn umbringen. Ich muß», flüsterte Kevin. «Mit einem Messer werde ich ihn umbringen.»

«Das ist wahrscheinlich nicht die beste Art, Probleme zu lösen, Kevin», wandte ich ein. «Was würde denn mit dir geschehen, wenn du es tätest . . .»

«Ja, ich weiß», unterbrach er mich. «Ich muß ins Gefängnis. Ich bekomme wahrscheinlich lebenslänglich. Es ist ja vorsätzlicher Mord. Wahrscheinlich würde ich lebenslänglich kriegen.» Er sah mich über den Zeichenblock an. «Aber es ist mir ganz egal. Es würde sich lohnen. Was ist schon dabei? Ich bin mein halbes Leben lang eingesperrt gewesen, und dabei habe ich noch gar nichts getan.»

11

Dann geschah das Unmögliche.

Wegen einer Konferenz hatte ich in Garson Gayer angerufen, ich würde früher zu meiner Sitzung mit Kevin kommen. Es war bitter kalt und noch fast dunkel, als ich an jenem Montag im Dezember ins Heim fuhr. Ich hatte mir vorgenommen, zuerst Dana in ihrem Büro zu besuchen und eine Weile mit ihr zu plaudern, denn ich hatte sie in letzter Zeit nicht oft gesehen. Außerdem war am Abend zuvor ein ehemaliger Freund von mir aufgetaucht, und wir hatten bis vier Uhr morgens bei einer Flasche Wein alte Erinnerungen aufgewärmt. Ich fühlte mich ganz zerschlagen und war überzeugt, daß nur Danas Kaffee, ein rabenschwarzes Gebräu, mich wieder halbwegs lebendig machen konnte.

«Hallo! Da ist sie ja! Dana, Torey ist hier!» rief eine der Sekretärinnen hinter der Glaswand am Empfangsschalter. Die andere trat sogar auf den Flur hinaus.

Ich hatte keine Ahnung, was los war.

«Torey ist hier», hörte ich jemanden ein paar Türen weiter sagen. Zwei Pflegerinnen kamen auf mich zu. Dann erschien Dana. «Gratuliere», sagte sie und strahlte. Als ich immer noch nichts begriff, wurde ihr Lächeln noch breiter. «Hat man es Ihnen nicht gesagt?»

«Was gesagt?»

«Kevin hat geredet!»

Kevin hatte tatsächlich geredet. Nicht nur ein oder zwei Wörter. Er sprach richtig. Dana hatte am Sonntag nachmittag irgendeine Bemerkung zu ihm gemacht, und Kevin hatte wie selbstverständlich geantwortet, als wäre er niemals stumm gewesen. Es zeigte sich bald, daß es nicht bei diesem einen Mal blieb. Er antwortete nun auf alle Fragen, die man ihm stellte, und noch vor dem Abend sprach er ganz spontan und unterhielt sich mit den Pflegerinnen und den andern Kindern.

Dana war überglücklich. Ja, alle Angestellten des Heims waren in Festtagsstimmung. *Kevin redete!* Sie feierten mich wie einen heimkehrenden Helden.

Kevin redete? Es traf mich völlig unerwartet. Ich konnte mir keinen Reim darauf machen. Nach all den Monaten des Schweigens, in denen ich immer wieder versucht hatte, ihn dazu zu bewegen, mit anderen zu reden . . . Warum gerade jetzt? Warum diese plötzliche Bereitschaft? Es war wirklich merkwürdig. Ich hatte es keineswegs erwartet. Und weil es so unerwartet kam, verwirrte es mich, ja es kam mir ziemlich unheimlich vor.

Aber wie konnte ich das Dana erklären? Oder dem Pflegepersonal? Sie feierten mich mit herrlich duftendem Kaffee und klebrigem Gebäck. Sie meinten, ich hätte das Wunder vollbracht, und nannten mich eine Zauberin. Ich stotterte etwas in meine Kaffeetasse hinein und sagte, es habe mich genauso überrascht wie alle andern, ich hätte es nicht erwartet. Ich versuchte zu erklären, daß ich leider sehr wenig damit zu tun hätte. Doch ich merkte sofort, daß man mich der falschen Bescheidenheit verdächtigte, wo es doch nichts als reine Wahrheit war.

Ich blieb bei Dana und den andern, so lange es die Höflichkeit erforderte, dann aber entschuldigte ich mich und ging den Flur hinunter zum kleinen weißen Zimmer. Kevin würde zwar noch eine ganze Weile nicht kommen, da es noch so früh war, aber ich mußte einfach von den Pflegerinnen weg. Daß er nun sprach, war kaum mein Verdienst, jedenfalls nicht so, wie sie es auffaßten. Sie meinten offenbar, ich sei Herrin der Lage, und mir war nicht ganz wohl bei dem Gedanken. Im kleinen weißen Zimmer dachte ich darüber nach und fand, daß ich bei Kevin die Dinge gar nicht im Griff hatte. Ich stellte meine Kiste auf den Tisch, trat ans Fenster und starrte, die Hände tief in den Taschen meiner Jeans vergraben, in den Hof hinaus. Ich konnte nicht voraussagen, was Kevin als nächstes tun würde. Er hatte die Initiative ergriffen. Ich mochte ihm den ersten Anstoß gegeben haben, nun lief er jedoch aus eigener Kraft und in seine eigene Richtung weiter. Es dämmerte mir langsam, daß ich vielleicht nicht einmal mit ihm Schritt halten konnte.

Draußen hatte sich der Himmel aufgehellt. Die Zeit der grauen, ewig gleichen Tage war zu Ende gegangen, und nun schien tagsüber die Sonne, nachts war es kalt – das typische Wetter für diese Jahreszeit. Die kahlen Bäume hoben sich prächtig vom tiefblauen Himmel ab. Ich stand mit den Händen in den Hosentaschen und schaute zu, wie der Wind die toten Blätter der Pappel herumwirbelte. Was ging vor? Es war, als setze man ein Puzzle zusammen: man hat noch so viele Teile einzusetzen, daß man nicht ausmachen kann, was das Bild darstellt; und plötzlich merkt man, daß die Hälfte dieser Teile zu einem ganz andern Puzzle gehört. Was ging vor? Und warum?

Kevin war auf seine Leistung ebenso stolz, wie Dana mit ihm zufrieden war. Siegesbewußt lächelnd, trat er ins Zimmer. Wie ein großzügiger König entließ er den Pfleger mit einem Wink. Dann kam er zum Fenster und schwang sich auf den Heizkörper. Ich stand immer noch an derselben Stelle, so daß wir uns nun ganz nah waren.

«Man hat es dir wohl erzählt», sagte er. Dann sprang er hinunter und trat zum Tisch. Er öffnete die Kiste und nahm einen Zeichenblock und einen Bleistift heraus. Er schloß die Kiste und kam wieder ans Fenster.

«Ja, man hat es mir gesagt.»

«Ich hätte es dir lieber selbst erzählt. Aber ich wußte natürlich, daß sie dich vor mir sehen würden.» Er begann zu zeichnen.

«Ja, sie sind alle ganz begeistert. Das ist zu verstehen. Du weißt, was es für sie bedeutet . . .» Ich brach ab, da mir nichts mehr einfiel.

Kevin sah auf, als ich verstummte. Er lächelte mir vertraulich zu und beschäftigte sich dann wieder mit seiner Zeichnung. Er hatte überhaupt keine Angst mehr. Er war ihr entwachsen und hatte sie abgestreift, und ein ganz neuer Mensch war darunter zum Vorschein gekommen. Kaum erkannte ich in ihm jenen furchtsamen, schaukelnden Jungen unter dem Tisch, der er nur drei Monate zuvor noch gewesen war. Aber beim Zoojungen hatte ich mich nie so unbehaglich gefühlt.

«Du bist also stolz auf mich?» fragte Kevin. «Weil ich endlich rede, wie du es gewollt hast?»

«War es schwierig?» fragte ich.

Sein Blick schweifte zum Fenster. Er nickte. «Ja, es war schwierig. Ich wußte, daß ich es tun konnte. Verstehst du? Ich hatte in letzter Zeit viel darüber nachgedacht. Aber es wirklich zu tun, war schwierig.»

Ich nickte. Aus irgendeinem Grund hatte ich ein ungutes Gefühl. Ich spürte es körperlich, ganz seltsam. Die Haare im Nacken kribbelten. Ich fühlte mich auch in der Defensive, als wäre ich für diese Veränderung in Kevin nicht zu loben, sondern zu tadeln.

«Und nun», begann er wieder, «bist du also stolz auf mich? Das wolltest du doch erreichen, nicht wahr?»

Ich schaute ihn an und versuchte zu verstehen, was ich nicht verstehen konnte. Ja, ich hatte es gewollt. Doch war ich nicht ganz sicher, ob ich es immer noch wollte.

Kevin beobachtete mich auch. Er war über den Zeichenblock gebeugt, mit dem Bleistift in der Hand, aber er sah mich an und suchte wohl in meinem Gesicht die gleichen Auskünfte, die ich in seinem zu finden hoffte. Wir waren uns vertraut und fremd zugleich. Jeder hatte gemeint, er kenne den andern viel besser, als er ihn eigentlich kannte.

«Warum hast du es getan, Kev?» fragte ich. «Warum hast du dich jetzt entschlossen zu reden?»

«Weil du es so wolltest.»

Ich schüttelte den Kopf.

Seine Lippen zuckten. Er sah auf den Zeichenblock hinunter. «Nun, weil ich fand, es sei jetzt an der Zeit.»

«Warum?»

«Weil ich wußte, wenn ich nicht redete, würden sie mich nie

hier rauslassen. Und wenn ich hier nicht rauskäme, dann . . . »

«Könntest du ihn nie umbringen?»

Das Schweigen zwischen uns war wie Granit. Man hätte es berühren können.

Kevin nickte. «Ja. Dann könnte ich ihn nicht umbringen.»

In den folgenden Tagen stellte ich fest, daß Kevins Haß immer offener zutage trat. Mir war bewußt, daß es hauptsächlich mein Fehler war, daß es soweit gekommen war. In diesem kleinen Zimmer fühlte er sich sicher. In den sechzig Minuten unseres Zusammenseins konnte er sich gehenlassen. Meine Beziehung zu Kevin war von Anfang an ungewöhnlich gewesen: Er sprach mit mir fast so, als sei ich ein Teil seiner selbst. Wenn er über seinen Stiefvater sprach, hatte ich das Gefühl, er erzähle diese Dinge eher sich selbst als mir. Irgendwie kam ich mir fast unsichtbar vor. Für Kevin zählte ich als Person nicht, ich war nur ein Spiegel seiner selbst.

Für mich nahm dieser Fall die Ausmaße einer Horrorgeschichte an, wie ein Roman, der sich im tiefsten Dunkel der Nacht abspielte. War er gefährlich? Diese Frage drängte sich mir auf. Ich stellte sie in den folgenden Tagen und Wochen immer wieder. Kevins Mord- und Gewaltschilderungen paßten so gar nicht in die Weihnachtszeit.

Ich meisterte die Situation nicht, das wußte ich. Dachte er ernsthaft daran, seine Zeichnungen in die Wirklichkeit umzusetzen? Würde er zufällig seine aufgestaute Wut an einem nichtsahnenden Helfer oder an einer Krankenschwester auslassen? An einem andern Kind? Oder an mir? Würde er plötzlich auch die Angst überwinden, die ihn daran hinderte, das Gebäude zu verlassen – so wie er die Angst vor dem Reden überwunden hatte –, und wegrennen? Könnte er diese Angst, wie manche andere, durch rasches Handeln besiegen? War ihm bewußt, daß er außerhalb der Heimmauern seine mörderische Wut vielleicht nicht bezähmen konnte?

Diese Gedanken beschäftigten mich fortwährend. Würde er? Könnte er? Ich wußte es nicht. Das war das Schreckliche daran.

Ich wußte es wirklich nicht. Ich ahnte damals, wie es Frankenstein zumute gewesen sein mußte.

Doch trotz meiner Unsicherheit wollte ich nicht mit den Pflegerinnen darüber sprechen; ich schrieb nur gelegentlich eine Bemerkung in die Akten. Ich hatte keine Beweise, daß Kevin gefährlich sein könnte. Zeichnungen und Gespräche, in denen sein Haß zum Vorschein kam, genügten nicht. Im Gegenteil, man würde sie als geeignete Mittel ansehen, um seinen Haß abzubauen. Jeder Mensch hat irgendeinmal solche Gefühle, und wenn man Kevins Kindheit bedachte, war zu erwarten, daß er mehr als den üblichen Anteil aufgestaut hatte. Seine Zeichnungen waren also noch kein Grund zur Befürchtung, er würde Mord und Totschlag auch tatsächlich ausführen.

Aber konnte ich das überhaupt beurteilen? Und wie könnte ich es je vor mir rechtfertigen, wenn ich so etwas vermutet, aber niemanden darauf aufmerksam gemacht hätte?

Es war eine schlimme Zeit für mich. Mißtrauisch beobachtete ich «mein Geschöpf», und immer schwerer lastete die Verantwortung auf mir. Weihnachten stand vor der Tür, doch kam bei mir keine weihnächtliche Stimmung auf. Wegen der beruflichen Frustrationen ärgerten mich die hektischen Weihnachtsvorbereitungen mehr denn je. Ich hatte manchmal Lust, aus dem Wagen zu springen und die klingelnden Weihnachtsmänner an den Straßenecken auszurauben. Und wenn ich im Lift zu meinem Büro hinauffuhr, war ich immer drauf und dran, den blöden Lautsprecher, aus dem pausenlos Weihnachtslieder ertönten, zu zertrümmern. Aber vor allem wollte ich schreien. Ich hätte mich am liebsten unter die Leute, die Weihnachtseinkäufe machten, gemengt und dann einfach losgeschrien.

Als ob Kevin mir nicht genug Kopfzerbrechen bereitet hätte, mußte ich mich auch noch mit Charity herumplagen. Sie tauchte immer öfter bei mir auf. Ich hatte kaum mehr eine Minute, wo ich mit mir allein sein konnte. Außerdem brachte Charitys Anwesenheit meine Beziehungen zum männlichen Geschlecht auf den Nullpunkt. Die paar Männer, die sich an ihr vorbei über die Schwelle meiner Wohnung wagten, wurden gewöhnlich nach kurzer Zeit durch die schockierenden Bemerkungen, die nur Charity einfallen konnten, verscheucht. Oder noch schlimmer, sie mußten sich Geschichten über meine früheren Liebesaffären anhören, die schrecklich übertrieben waren. Es dauerte nicht lange, bis Charity sie alle in die Flucht gejagt hatte, und wir beide blieben allein.

Einmal kam ich nach einem besonders anstrengenden Tag müde nach Hause. Ich hatte mich nicht nur mit Kevin auseinandersetzen müssen, sondern auch mit einem Jungen, der Staubsaugerfetischist war; er hatte mich in ein stundenlanges Gespräch über das Eigenleben von Staubsaugern und ihrem Zubehör verwickelt. Als ich die Klinik verließ, war die Sonne untergegangen, und der Wind wirbelte stürmisch die Blätter von der Straße auf. Vor der Haustür begrüßte mich Charity. Sie saß auf der Treppe und drückte sich in die windgeschützte Ecke des Vorbaus.

«Uff!» sagte sie, als ich aus dem Wagen stieg. «Ich hab schon gemeint, du würdest überhaupt nicht mehr nach Hause kommen. Wo hast du denn so lange gesteckt? Warum kommst du so spät?»

Der Streß und die Müdigkeit hatten mir das letzte bißchen Energie geraubt. Alles, was ich wollte, war ein wenig Ruhe.

«Was tust du hier?» fragte ich.

«Warum kommst du so spät?»

«Ich hab noch was zum Essen eingekauft.»

«Oh, fein. Was gibt's zum Abendessen?»

Ich zog die Schlüssel hervor und suchte den zur Haustür, während ich aufpassen mußte, daß mir die Einkaufstüte nicht herunterfiel.

«Ich habe gefragt, was es zu essen gibt.» Charity ließ nicht locker. «Etwas Gutes, hoffe ich. Pizza? Hast du Pizza gekauft?»

«Wer hat gesagt, du könntest hier essen? Was hast du hier eigentlich zu suchen? Es ist fast zehn Grad unter Null. Du wirst dir noch den Tod holen.»

«Ich bin immer hier», sagte Charity fröhlich und griff nach der Tüte, um nachzusehen, was darin war.

«Ich weiß. Darum frage ich auch. Warum bist du immer hier?» Ich stieß die Tür auf und schaltete das Licht im Flur an. «Warum gehst du nicht einmal zu dir nach Hause und läßt mich in Ruhe?»

«Weil es mir hier gefällt», sagte sie, taub wie immer gegen alles, was ich sagte.

«Aber du *wohnst* nicht hier. Das ist meine Wohnung.»

Ich ging noch einmal zum Wagen und holte die zweite Tüte mit Lebensmitteln. Charity stand immer noch unter der Tür. Ihre Augen waren in dem schwachen Licht, das aus dem Flur drang, ganz schwarz. Sie hielt mir die Tür auf. Ich stellte die Tüte auf einen Stuhl im Flur. «Charity, ist dir noch nicht aufgefallen, daß du sehr oft hier bist? Daß ich vielleicht manchmal etwas zu tun hätte?»

«Ich halte dich doch nicht davon ab, etwas zu tun.»

«Doch, eben. Ich möchte manchmal etwas alleine tun.»

Sie legte die Stirn in Falten. «Du willst mich nicht?» Sie hatte plötzlich ein ganz leises Stimmchen.

So war es. Ich wollte sie nicht. Ich wollte hineingehen und mich hinsetzen und einmal einen Abend ganz für mich allein haben, ein heißes Bad nehmen, den Plattenspieler aufdrehen, bis die Wände wackelten, etwas Warmes und Tröstendes trinken und mich in irgendein anspruchsloses Buch vertiefen, um das es nicht schade war, wenn es in die Badewanne fiel. Wenn Charity hier war, konnte ich nichts von all dem tun. Und doch, als ich sie so in dem trüben Licht stehen sah und die Enttäuschung auf ihrem Gesicht geschrieben stand, brachte ich es nicht übers Herz, sie wegzujagen.

Aber Charity legte mein Schweigen ganz richtig aus: Sie war unerwünscht. Plötzlich standen ihre Augen voller Tränen. Sie war ein Häufchen Elend, und ich schämte mich in Grund und Boden.

«Doch, doch, natürlich will ich dich hier haben, Charity. Komm rein. Ich habe halt Sorgen, das ist alles.»

Charity rührte sich nicht von der Stelle. Sie vergrub das Gesicht in den Händen, um ihre Tränen zu verbergen.

Ich kauerte mich neben ihr nieder, um besser mit ihr sprechen zu können. «Na ja, Charity, ich war gemein. Es tut mir leid. Natürlich will ich dich haben. Komm rein, wir machen das Abendessen, okay?»

«Ich hab dir sogar meine guten Schulaufgaben gebracht», schluchzte sie durch die Finger. Dann fischte sie ein schmuddeliges Bündel Papier aus der Tasche. «Ich hab gedacht, du möchtest sehen, wie gut ich in der Schule bin. Und jetzt willst du mich überhaupt nicht.» Sie heulte herzzerbrechend.

«Ich habe gesagt, es tut mir leid, Charity. Nun komm schon und vergiß es. Ich habe Fischstäbchen gekauft. Komm, wir braten sie fürs Abendessen.» Ich legte meinen Arm um sie, aber sie wollte sich nicht trösten lassen.

Es half nichts. Sie heulte noch lauter.

«Gut, wie du willst. Ich gehe jetzt rein. Wir heizen die ganze Straße, wenn wir noch länger hier stehen bleiben.» Ich zog sie ins Haus hinein und schloß die Tür hinter ihr. Dann ließ ich sie stehen und trug die Einkaufstüten in die Küche. Ich breitete sie auf dem Tisch aus und begann alles wegzuräumen. Als ich die Anweisungen auf der Schachtel mit den Fischstäbchen las, kam Charity hereingeschlichen. Ihre Nase rann, und sie rieb sich mit großen, dramatischen Bewegungen die Augen.

«Magst du mich?» fragte sie, als ich die Fischstäbchen auf ein Backblech auslegte.

«Natürlich mag ich dich.» Ich strich ihr übers Haar.

«Bist du immer noch meine Große Schwester?»

Ich blieb stehen und sah sie an. «Natürlich bin ich das. Manchmal ist man müde, Charity, und ein wenig gereizt. Das hat aber nichts mit dir zu tun. Es ist nicht deine Schuld, daß ich müde bin.»

«Kann ich einen Keks haben?» fragte sie, und ihre Augen blitzten schon wieder.

«Du kriegst nach dem Essen einen. Wir essen gleich, wenn diese Dinger da fertig sind.»

«Mama gibt mir immer einen Keks, wenn ich aufhöre zu weinen.»

«Das glaube ich dir schon, Charity. Aber ich bin nicht deine Mama, nicht wahr?»

«Nein», sagte Charity und kletterte auf die Anrichte, um bei mir zu sitzen. «Aber ich hätte nichts dagegen, wenn du meine Mama wärst.»

Charity machte es sich vor dem Fernseher bequem mit drei Keksen und einer Schale voll Popcorn. Ich ging ins Schlafzimmer, um meine Ordner durchzusehen. Ich hatte sehr viel über die Behandlung von Kindern mit Haßgefühlen gelesen und erinnerte mich, daß ich einen Artikel darüber aus einer psychiatrischen Zeitschrift ausgeschnitten und in irgendeinem Ordner verstaut hatte.

Das war ein Fehler. Als ich die mittlere Schublade des Aktenschranks öffnete, lag mein ganzes altes Unterrichtsmaterial vor mir. Ordner um Ordner voll gesammelter Ideen, Folien für den Hellraumprojektor, Bilder, die ich ans Anschlagbrett gehängt hatte, Anregungen, die ich aus Schulzeitschriften geschnitten hatte, Blätter, die ich bekommen, und andere, die ich selbst ausgeteilt hatte, Zeitungsartikel, die mir aufgefallen waren, und anderer Krimskrams, der nicht direkt mit der Schule zu tun hatte. All das war in einer persönlichen, eigenwilligen Reihenfolge zwischen die Deckel eines Ordners gepreßt. Gleich daneben lagen die Ordner mit Arbeiten meiner ehemaligen Schüler. Ich zog sie aus der Schublade, setzte mich auf den Boden und begann sie alle einen nach dem andern durchzusehen. Ich sah mir alles an, ihre Zeichnungen, die kleinen Zettel, die sie mir geschrieben hatten, ihre Geschichten, die Hausaufgaben. Manche dieser Papiere waren im Lauf der Jahre schon ein wenig vergilbt. Die sorgfältig hingemalten Buchstaben lösten sich vor meinen Augen vom Papier und verwoben sich mit meinen Erinnerungen.

Ich war mit Phantasie gesegnet. Wenn ich diese Schulpapiere mit den Eselsohren betrachtete, konnte ich mir meine Welt von damals wieder so lebhaft vorstellen, daß die Wirklichkeit um mich herum versank. Mein Adrenalinspiegel, der schon durch die Schwierigkeiten mit Kevin recht hoch war, stieg. Es war ein

Gefühl, das ich in den Jahren, die ich im Klassenzimmer verbracht hatte, gewohnt war. Es wirkte wie eine Droge, und als ich die Sonderklassen aufgab, brauchte ich Jahre, bis ich es nicht mehr vermißte. Auch jetzt, trotz meiner Sorge wegen Kevin, war ich nicht stundenlang ununterbrochen gefordert, wie damals, als mein Herz immer etwas zu rasch pochte. Ich konnte mir damals ein Dreitausend-Kalorien-Mittagessen gönnen, ohne zuzunehmen. In meiner Erinnerung tauchten jene Kinder, jene Zeit, sogar der Geruch des Klassenzimmers wieder auf. Und mein Körper reagierte ohne äußere Einwirkung darauf. Wieder verspürte ich dieses wohlbekannte Kribbeln in den Armen, bis meine Hände so sehr zitterten, daß mir das Blatt aus der Hand fiel.

Was war mit der Schule geschehen? Warum war ich nicht mehr dabei? Nur ungern hatte ich dem Schulzimmer den Rücken gekehrt. Als ich das Material von damals wieder in den Händen hielt, lebloses Material, das nur in meiner Phantasie zum Leben erwachte, sehnte ich mich danach, die Zeit zurückzudrehen, wieder im Klassenzimmer zu stehen.

Es war damals für mich einfacher gewesen, obwohl es mir nicht so vorgekommen war. Doch als ich jetzt zurückschaute, mußte ich feststellen, wie groß der Unterschied in der Verantwortung war. Wenn ich die Tür zu meinem Klassenzimmer schloß und meine eigene kleine Welt im Auge des Hurrikans schuf, meinte ich, daß ich dort die Entscheidungen fällte. Im kleinen war es vielleicht so gewesen, aber nur bei nebensächlichen Dingen. Im großen und ganzen entschied die Erziehungsdirektion, wer in meine Klasse kam, wer sie wieder verließ und wie lange ein Kind blieb. Sie hatte sogar darüber zu befinden, ob ich weiterhin gebraucht würde.

Nun lagen die Dinge ganz anders. Plötzlich verfügte ich tatsächlich über die Kompetenzen, die ich mir in jenen Jahren immer gewünscht hatte. Ich konnte nicht nur über mein eigenes Schicksal, sondern auch über das anderer Menschen entscheiden: über die Unschuldigen, die Kevin verletzen oder töten könnte, wenn ich eine falsche Entscheidung traf, über die Kinder, mit denen ich arbeiten könnte, wenn sich Kevin als hoffnungsloser Fall herausstellen sollte und man ihn in eine psychiatrische Klinik oder ins Gefängnis einliefern müßte, und natürlich besonders über Kevin selbst. Sein Schicksal hing buchstäblich von mir ab. Ich konnte etwas tun oder sagen, was ihn Jahre seines Lebens, vielleicht den Rest seines Lebens kosten würde. Umgekehrt – aber das war viel schwieriger – konnte ich ihm seine Zukunft zurückgeben, wenn wir Glück hatten.

Es war einfach zuviel Verantwortung für einen einzelnen Menschen. Der Ausspruch «den lieben Gott spielen» traf auf meinen Beruf ganz besonders zu. Ich wünschte nur, daß nicht gerade ich diese Rolle spielen müßte.

Unter den Papieren auf meinem Schoß war ein kleines Gedicht, das eines meiner Kinder vor Jahren geschrieben hatte.

Ein Papagei ist ein komischer Vogel,
Weiß er, wenn er spricht,
Daß er Menschenworte redet
Und doch wie ein Papagei denkt.

Das war ich, der Papagei Gottes.

12

Die letzten Tage im Dezember flogen rasch vorüber. Ich wurde immer wachsamer, war immer mehr von Kevin beansprucht. Ich versuchte, wenigstens den Anschein zu erwecken, daß ich die Dinge im Griff hätte. Ich kam mir schließlich vor, als reite ich ein scheu gewordenes Pferd: Einerseits fürchtet man sich davor, abgeworfen zu werden, anderseits entwickelt man bald eine Art nervösen Leichtsinn, der vom Schrecken lebt, und früher oder später macht es einem sogar Spaß. Ich nahm ab. Ich schlief schlecht. Und doch wurde ich irgendwie süchtig. Ich ging Tag für Tag wieder hin, um zu beobachten, was für Kräfte ich freigesetzt hatte.

Der Januar kündigte sich mit viel Schnee und Temperaturen von minus 15 Grad an. Als ich eines Morgens nach meiner Sitzung mit Kevin im Büro eintraf, saß Jeff auf seinem Stuhl und ließ den Kopf zwischen die Knie hinunterhängen. Ich mußte mich zuerst aus mehreren Hüllen befreien, bevor ich mich mit ihm befassen konnte.

«Was, um Himmels willen, tust du?» fragte ich.

«Ich habe Kopfschmerzen. Ich versuche, das Blut in den Kopf zu leiten, damit es aufhört.»

«Und du willst Arzt sein? Gott bewahre! Warum nimmst du nicht einfach ein Aspirin? Ich habe ein paar in meinem Pult.» In meiner Jacke, ein Halstuch hinter mir herschleppend, ging ich zum Schreibtisch und wühlte in einer Schublade. «Hier!»

Er ließ den Kopf bis zum Boden hängen. «Ich will meinen Körper nicht verseuchen», erwiderte er.

Er überraschte mich immer wieder. So ein Heuchler! Er trank ja auch regelmäßig das Bier, das er und sein Freund, mit dem er die Wohnung teilte, in der Badewanne brauten. «Nimm schon das blöde Aspirin, Jeff.»

«Ich bin nur müde, das ist alles», sagte er und setzte sich auf. Er nahm die Tablette entgegen. «Ich war fast die ganze Nacht auf, im Krankenhaus.»

«Ich hole dir ein Glas Wasser», sagte ich. Als ich zurückkam, hatte Jeff das Aspirin mit dem stumpfen Ende eines Bleistifts auf seiner Handfläche zu Pulver zerdrückt. Er war der einzige Arzt, den ich kannte, der keine Tabletten schlucken konnte.

«Was war denn im Krankenhaus los?» fragte ich.

«Cheri Bennett. Wieder einmal.» Und er verdrehte die Augen.

Am Abend brachte ich Charity nach Hause und kehrte in meine Wohnung zurück. Als ich den Wagen in die Garage stellte, hörte ich das Telefon klingeln. Ich fummelte mit dem Schlüsselbund herum und schloß auf, doch als ich das Telefon erreichte, war es schon zu spät.

Obwohl es erst etwas nach neun Uhr war, machte sich nach

den anstrengenden Wochen eine bleierne Müdigkeit bemerkbar. Ich wollte ein heißes Bad nehmen und früh zu Bett gehen. Eben als ich ins Wasser eintauchte, klingelte das Telefon wieder.

Es war Jeff. Er hatte am Morgen doch mehr als nur Kopfschmerzen gehabt; es war Angina. Nun lag er mit 40 Grad Fieber zu Hause im Bett und fragte mich, ob ich für ihn einspringen könnte, falls sich im Krankenhaus etwas ereigne. Zitternd und tropfnaß stand ich am Telefon und versprach alles. Dann stieg ich wieder ins nicht mehr so heiße Bad.

Jeff mußte gewußt haben, was geschehen würde. Kaum eine Stunde später – ich lag im warmen Bett und las – rief mich die psychiatrische Abteilung des Krankenhauses an. Ob ich sofort kommen könne. Cheri Bennett war Amok gelaufen und hielt nun die Krankenschwestern mit einer zerbrochenen Glühbirne in Schach.

Müde rollte ich mich aus dem Bett. Es war halb elf.

Ich wußte alles über Cheri Bennett. Sie war fünfzehn und vermutlich in Jeff verknallt. Sie war ein sehr gestörtes Mädchen, das immer wieder versuchte, sich umzubringen. Nichts, was Jeff unternahm, schien sie auf dem gefährlichen Weg zur Selbstzerstörung aufzuhalten. Als man Cheri am vorhergehenden Montag eingeliefert hatte, nachdem sie von einer Überführung gesprungen war, hatte Jeff beinahe geweint.

Zwar hatte ich Cheri Bennett noch nie gesehen, aber sie war nicht schwer zu erkennen. Sie war das Mädchen, das mit dem Rücken zum Fenster auf dem Sims stand und mit der Glühbirne tapfer wie ein Fechter in die Luft stach.

«Wer, zum Teufel, sind Sie?» schrie sie mich an.

«Herr Dr. Tomlinson ist krank», rief ich zurück und versuchte, die Krankenschwestern zu übertönen.

«Aber wer, zum Teufel, sind *Sie*?»

«Ich bin Torey Hayden. Eine Kollegin von Dr. Tomlinson.»

«Sind Sie Ärztin?»

«Nein, aber ich arbeite mit Dr. Tomlinson zusammen. Ich vertrete ihn heute. Er ist krank. Ich bin hier, um dir zu helfen.»

«Wer hat gesagt, ich will Ihre Hilfe? Wen kümmert's überhaupt, wer Sie sind. Sie sind nicht einmal Ärztin. Wie können Sie mir denn helfen?»

Es wurde keine angenehme Nacht. Ich schloß zwar Cheri wegen ihres heldisch-ungestümen Benehmens sofort ins Herz, doch leider war diese Zuneigung nicht gegenseitig. Ich brauchte über eine Stunde, bis ich sie bewegen konnte, vom Fenstersims herunterzukommen und sich aufs Bett zu setzen.

Ich blieb die ganze Nacht dort. Nach mehreren Stunden hatte sie sich so weit beruhigt, daß ich ihr die Glühbirne, die Nagelfeile, den Bademantelgürtel und alle anderen Waffen, die sie sich zugelegt hatte, wegnehmen konnte. Als das gelungen war, brachte ich es nicht über mich, sie den Krankenschwestern zu überlassen, die ihr Elend mit einem Beruhigungsmittel bekämpft hätten. Sie wäre dann im Dunkeln gelegen und hätte auf den Schlaf – oder was sonst alles in der Nacht kommt – warten müssen. Als sie sich beruhigt und etwas entspannt hatte, unterhielten wir uns.

Die Krankenschwestern der Nachtschicht wurden abgelöst. Die andern brachten ausgeruht und scherzend das Frühstück. Als ich ging, zuckte Cheri nur die Achseln, wandte sich ihrem Tablett zu und begann zu essen.

Um 8 Uhr 20 war ich wieder zu Hause. Kaum hatte ich die Tür hinter mir zugemacht, klingelte das Telefon: es war wieder Jeff. Mit schrecklich krächzender Stimme gab er Anweisungen, was ich im Büro für ihn tun sollte. Nur ein paar Dinge, sagte er, die er noch nicht habe erledigen können. Als ich im Büro eintraf, mußte ich feststellen, daß es mehr unerledigte als erledigte Dinge gab. Ich war viel zu müde, mich damit zu befassen. Ich rief Dana im Garson-Gayer-Heim an und erklärte ihr, was geschehen war. Dann ging ich im Sekretariat vorbei und meldete, das Büro von Hayden, Tomlinson & Cie. sei geschlossen. Ich fuhr nach Hause und schlief bis am Mittag.

Als ich am folgenden Morgen Kevin wiedersah, wirkte er bedrückt. Er war wie gewöhnlich vor mir dort und saß auf dem

Heizkörper am Fenster. Er hatte das eine Bein angezogen und das Kinn aufs Knie gelegt. So starrte er aus dem Fenster. Als ich eintrat, wandte er sich nicht um und schwieg.

Ich legte meine Sachen auf den Tisch.

«Wo warst du gestern?»

«Dana hat's dir doch ausgerichtet, nicht?» erwiderte ich. «Ich mußte die ganze Nacht im Krankenhaus verbringen. Hat sie's dir gesagt?»

Er nickte und wandte sich langsam nach mir um. «Aber das war in der Nacht. Warum bist du nicht gekommen?»

«Weil ich todmüde war. Ich war die ganze Nacht wach gewesen, dann ging ich nach Hause und legte mich schlafen.»

«Du hättest doch zuerst hierherkommen können.»

«Ich war zu müde. Es hätte gar keinen Spaß gemacht.»

«Du hättest aber kommen können. Es war ja nur für eine Stunde. Nicht den ganzen Tag. Oder die ganze Nacht wie bei diesem Mädchen.»

«Es tut mir leid, Kevin. Ich fühlte mich einfach nicht wohl, nachdem ich so lange gewacht hatte. Ich brauchte den Schlaf.»

Kevin drehte sich um und starrte aus dem Fenster. Er gab keine Antwort.

Ich brachte ihn nicht dazu, mit mir zu reden. Verdrossen blieb er auf dem Heizkörper sitzen, schaute hinaus und sprach kein Wort. Ich öffnete die Kiste und nahm ein Kreuzworträtselbuch heraus. Fünfundzwanzig Minuten lang saß ich am Tisch und löste ein Kreuzworträtsel. Als ich einmal aufblickte, bemerkte ich, daß mich Kevin beobachtete.

«Machst du mit?» fragte ich.

Er wandte sich ab.

Ich widmete mich wieder dem Kreuzworträtsel.

«Ich habe gestern etwas für dich gemacht», sagte er.

Ich sah auf. Er schaute mich prüfend an, wandte aber den Blick sofort wieder zum Fenster. Es war wie ein Ballett, dieses Hinsehen und Wegsehen, Kopf hoch und hinunter.

«Ich hab etwas für dich gemacht, und du bist nicht einmal gekommen.»

«Möchtest du's mir jetzt zeigen? Hast du's hier?»

Er zuckte die Achseln.

«Du schmollst, Kevin. Du bist böse, weil ich nicht gekommen bin. Es tut mir leid, daß ich dir den Tag verdorben habe, aber es ging nicht anders.»

Keine Antwort. Ich beschäftigte mich wieder mit dem Kreuzworträtsel.

«Es ist schon fast Zeit zu gehen», bemerkte er.

«Mmm-hmm.»

«Kann ich heute länger bleiben? Um die Zeit von gestern nachzuholen?»

Ich schüttelte den Kopf. «Dann kämst du zu spät in die nächste Stunde. Das geht nicht.»

Schon klirrte draußen der Schlüssel, und Kevin erhob sich.

Er schaute mich einen Augenblick prüfend an. «Weißt du», sagte er dann, «ich mag dich wirklich nicht besonders.»

Ich hatte erwartet, daß am folgenden Tag Gras über die Geschichte gewachsen wäre; doch Kevin schmollte immer noch. Ich war früh gekommen und hatte mich ans Fenster gestellt, damit er sich nicht wieder auf den Heizkörper flüchten konnte. Das ärgerte ihn offensichtlich, und er ging im Zimmer auf und ab. Am gegenüberliegenden Ende blieb er stehen und sah mich an.

Ich wühlte in der Kiste herum, zog einen Zeichenblock heraus und schob ihn ihm über den Boden zu. Ein Bleistift folgte.

«Hier, zeichne.»

Kevin schaute mich an. Dann kniete er sich langsam nieder und hob den Block auf. Die Versuchung war zu groß. Er setzte sich auf den Teppich, schlug den Block auf und blätterte seine Zeichnungen durch, bis er ein leeres Blatt fand. Er hielt den Bleistift startbereit und starrte aufs Blatt. Dann sah er zu mir auf.

«Was soll ich zeichnen?» fragte er.

«Weiß nicht.» Ich hob die Achseln. «Irgendwas. Schaff dir deine eigene Welt.»

Er sah mich unverwandt an.

«Ich hab das immer getan, als ich so alt war wie du. Ich konnte nicht zeichnen und hab statt dessen geschrieben. Und ich hab mir eine ganz eigene Welt geschaffen, wie es mir gefiel. Ich schrieb Geschichten. Geschichten und Geschichten und Geschichten. Aber du kannst zeichnen. Ich glaube, das ist besser. Da kann man sehen, wie deine Welt ausschaut. Ich habe mir immer gewünscht, ich hätte meine Welt illustrieren können, damit andere Menschen die Dinge gesehen hätten, wie ich sie mir vorstellte.»

Kevin sah mich aufmerksam an. «Hast du das wirklich getan? Dir deine eigene Welt gemacht?»

Ich nickte. «Ja, und es gab auch Menschen darin. Und es war alles genau so, wie ich es immer haben wollte.»

«Tust du das immer noch?»

«Manchmal. Ich schreibe immer noch kleine Geschichten, einfach so, und es sind immer meine besten. Weil sie für mich sind.»

Es entstand eine Pause. Kevin zupfte am Teppich. «Soll ich dir was sagen?» Pause. «Etwas, was ich noch niemandem erzählt habe? Keinem einzigen?»

«Ja?»

«Weißt du, ich habe auch so eine Welt für mich. Ich glaube, ich habe sie schon immer gehabt. Wenn ich sie auch nie gezeichnet habe. Sie war einfach in mir drinnen.» Er lächelte und zupfte wieder am Teppich. «Weißt du, irgendwie steckt ein anderer in mir drin. Ich nenne ihn Bryan. Bryan ist ein starker Name, finde ich. Ein Name, den ein ganzer Kerl haben würde. Und siehst du, da in dem dummen Kevin drin, da ist dieser richtig nette Bryan. Manchmal stelle ich mir vor, daß ich in Wirklichkeit Bryan bin. Nicht äußerlich vielleicht, aber innerlich bin ich Bryan. Niemand weiß das außer mir. Niemand weiß, daß ich in mir drin wirklich außergewöhnlich bin. Das ist meine eigene Welt, irgendwie, wie du deine hattest. Das mit Bryan ist immer ein Geheimnis gewesen. Ich möchte nicht, daß es jemand erfährt. Sie würden es doch nicht glauben, und ich will nicht, daß sie mir Bryan wegnehmen. Ich will ihn mit niemandem teilen.» Er streifte mich mit einem Blick. «War deine Welt auch so?»

«Ja, ganz ähnlich.»

«Ich habe das noch nie jemandem erzählt.»

Ich lächelte.

«Aber du hast es gewußt, nicht wahr? Du weißt doch alles?»

Wieder lächelte ich und schüttelte den Kopf. «Nein, das stimmt nicht. Es ist nur so, daß jeder Mensch eine eigene kleine Welt in sich trägt. Jeder hat das.»

«Du wirst es doch niemandem erzählen?»

«Nein.»

«Und es auch nicht in die Akte schreiben oder sonstwohin? Es ist nur für dich und mich. Unser Geheimnis.»

«Ja, unser Geheimnis.»

Er schenkte mir ein freundliches Lächeln. «Weißt du, es macht mir nichts aus, daß du es weißt. Du könntest mich sogar Bryan nennen, manchmal. Wenn wir zum Beispiel allein sind. Wie jetzt. Du könntest mich Bryan nennen, als wäre ich wirklich Bryan. Als wäre ich gar nicht Kevin.»

Ich nickte.

«Meinst du, du könntest das tun?»

Wieder nickte ich.

Er lächelte. «Dann tu's doch, okay? Nenn mich jetzt gerade Bryan. Ich möchte hören, wie du sagst, ich sei Bryan. Ja? Wirst du's tun?»

«Okay, Bryan.»

Ich war glücklich. Idiot, der ich war! Ich fühlte mich wie im Paradies, als wir so beisammen saßen und plauderten, während Kevin das Blatt vollkritzelte. Dann warf ich einen Blick auf die Uhr und stellte fest, daß uns nur noch fünf Minuten blieben, bis der Pfleger kam.

«Die Zeit ist fast um», sagte ich. Kevin sah von seiner Zeichnung auf. Ein Anflug von Mißmut huschte über sein Gesicht, und ich dachte schon, er würde darum bitten, die Sitzung zu verlängern. Das hätte meine Hoffnung, daß wir heute etwas erreicht hatten, zerstört, denn es hätte bedeutet, daß er mein Wegbleiben vor zwei Tagen immer noch nicht akzeptierte. Er fragte jedoch nicht. Nach einem letzten, langen Blick auf sein Werk klappte er den Block zu und stand auf, um ihn in die Kiste zu legen.

«Weißt du was?» sagte er und lächelte mir zu. «Ich bin froh, daß ich hierherkommen kann.»

«Gut. Es freut mich, wenn es dir gefällt.»

«Es gefällt mir hier besser als den Rest des Tages zusammengenommen.»

Er ging mit ein paar zerknüllten Blättern zum Papierkorb in der andern Ecke des Zimmers. Da rutschte ihm etwas aus der Tasche seiner Hose heraus. Ein länglicher Gegenstand, der in braunes Papier gewickelt war.

Kevin blieb sofort stehen, als er merkte, daß er es fallen gelassen hatte. Er bückte sich und hob es auf.

«Was ist das?» fragte ich.

«Nichts Besonderes.»

«Was ist es?» Ich erhob mich und trat zu ihm.

Kevin zog es wieder aus der Tasche und hielt es auf der Handfläche. Ich merkte, daß er es mir nicht gern zeigte, doch anderseits wirkte die kameradschaftliche Atmosphäre dieser Stunde nach. Er lächelte verschwörerisch.

«Es ist etwas, was ich selbst gemacht habe», erklärte er stolz. «Möchtest du es sehen?»

Ich nickte.

Mit sorgfältigen, zärtlichen Bewegungen wickelte er das Ding aus. Es war offensichtlich, daß es ihm viel bedeutete; das war schon an der Art, wie er das Papier entfernte, zu erkennen.

Ich wußte nicht recht, was es sein sollte. Es war etwa zwanzig Zentimeter lang, ein Stück blaubemaltes Metall. Das eine Ende lief in eine Spitze zu, das andere war abgerundet. Kevin bemerkte meine Verwunderung.

«Es ist ein Messer», sagte er sanft, als erkläre er es einem Kind. «Ich habe es aus einem Stück Metall gemacht, das ich von meinem Bett weggenommen habe. Siehst du, ich habe es im

Fernsehraum an der Wand gerieben, da sind nämlich Backsteine.»

Als ich stumm blieb, lächelte er wieder auf diese sanfte, geduldige Art. Dann griff er nach meinem Arm und drehte ihn um.

«Schau, ich habe es scharf gemacht, damit es schneidet.» Er ließ die Spitze rasch über die Haut meines Arms gleiten. Ein Kratzer erschien, Blutströpfchen quollen heraus.

«Ich verstehe», sagte ich und zog den Arm weg.

Er lächelte immer noch, ein eigenartiges Lächeln, bei dem er nur den einen Mundwinkel anhob. Es wirkte nicht besonders unheimlich, oder es hätte nicht so gewirkt, wenn dies alles nicht so kurz auf unser kameradschaftliches Einverständnis gefolgt wäre. Aber nun fühlte ich mich zutiefst verletzt. Alles, was ich sah, war ein Mensch, der mir den Arm umdrehte, mich schnitt und dabei noch lächelte.

Kevin hob das Messer und betrachtete die Schneide. «Ich werde ihn kriegen. Du mußt mir nur helfen, mich wieder hinauszuwagen. Wenn ich das kann, dann gehe ich und schlitze ihm den Bauch auf, daß die Därme herausquellen.»

Er muß gefühlt haben, daß ich protestieren wollte. Er schnellte nämlich herum und hielt mir das Messer unters Kinn. Er lächelte wieder. «Erinnerst du dich, daß wir vorhin über Geheimnisse gesprochen haben?»

«Ja.»

«Nun, das ist noch eines, das du besser für dich behältst. Du würdest doch niemandem erzählen, daß ich das Messer gemacht habe?» Es war keine Frage, sondern eine Drohung.

«Warum sollte ich?»

Wieder grinste er.

Er ließ das Messer sinken, strich zärtlich darüber, prüfte die Schneide, betrachtete die Spitze. «Es ist ein gutes Messer. Scharf. Man könnte damit leicht jemanden umbringen.»

«Kev», sagte ich, «gib mir das Messer. Ich werd's für dich aufbewahren. Du kannst es nicht hier behalten. Man würde es finden.»

«Ich hab's schon eine Weile. Ich habe ein gutes Versteck. Sie werden es nie finden.»

«Doch, sie würden es finden, Kevin. Früher oder später. Und sie würden es dir wegnehmen. Ich möchte es für dich aufbewahren. Wie ich das Bild aufbewahre, du weißt schon.»

Er blickte mich an. «Du würdest mir das Messer nicht zurückgeben.»

«Doch, bestimmt. Warum sollte ich nicht? Du kannst mir vertrauen. Ich halte Wort. Und mir würde man es nicht wegnehmen; nicht, wenn ich es habe.»

«Nein.»

«Doch, gib es mir. Ich bringe es jeden Tag mit. Ich verspreche es, Kevin. Laß es mich aufbewahren.»

Er drehte das blaue Stück Metall in den Händen herum, streichelte darüber, befühlte die Spitze, die scharfe Schneide. In einem Punkt hatte er recht: Man konnte damit töten. Es war eine kunstlose, aber wirkungsvolle kleine Waffe, vielleicht gerade deshalb um so wirksamer, da sie nicht gleich als Messer zu erkennen war.

Kalter Schweiß rann mir den Rücken hinunter; es fühlte sich scheußlich an, ganz kalt und klebrig. Das Ticken der Uhr oben an der Wand kam mir vor wie der Atem eines Raubvogels. Ich befürchtete, daß gleich der Schlüssel klirren und Kevin erschrekken würde, bevor er mir das Messer gab.

Er hob es hoch, legte es sich unters Kinn und ließ es vorschnellen. Dann legte er es wieder mir an den Hals. Er lächelte. «Ich glaube, ich könnte schon jemanden umbringen. Wahrscheinlich würde es mir sogar Spaß machen.»

«Das ist ein gutes Messer, Kevin. Es gefällt mir. Aber gib es mir zum Aufbewahren, damit man es dir nicht wegnimmt. Wir möchten doch nicht, daß es soweit kommt, oder?»

Er stand da und überlegte es sich. Ich sagte nichts mehr. Ich wollte nicht, daß ich zu begeistert wirkte. Oder zu ängstlich. Die Sonne schien frühlingshaft hell ins Zimmer wie im Mai; man hätte nicht gedacht, daß uns die leichenhaften Schatten des Winters erwarteten.

«Hier», sagte Kevin endlich und legte das Messer in meine Hand. «Du kannst es für mich aufbewahren.» Er lächelte wieder. «Ich vertraue dir.»

13

Ich steckte bis über beide Ohren in der Sache drin. Ich hatte das wohl schon seit einiger Zeit gewußt, ohne es mir einzugestehen. Kevin war ein zorniger Bursche und konnte womöglich Gewalt anwenden. Ich hatte viele gewalttätige Kinder gekannt. Ich war gestoßen, geschlagen, gebissen, geohrfeigt und bedroht worden. Darauf wies jeweils schon die Stellenbeschreibung hin; es war ein Berufsrisiko, das ich freiwillig eingegangen war. Mich konnte so leicht nichts erschüttern. Aber bei Kevin war es anders. Er war mir unheimlich. Nie zuvor hatte ich mich vor einem Kind gefürchtet. Natürlich hatte es Situationen gegeben, in denen ich zu Tode erschrocken war, doch nie hatte ich mich vor einem Kind selbst gefürchtet. Doch vor Kevin hatte ich Angst. Es war eine Angst, die mich berauschte. Ähnliches mußten Fallschirmspringer oder Deltaflieger empfinden. Irgendwie stieg mir diese Angst zu Kopf und verhinderte, daß ich die Gefahr richtig erfaßte. Ich war wie eine Maus, die vor dem starren Blick einer Kobra gebannt stehenbleibt – schreckerfüllt, aber zu fasziniert, um zu fliehen.

Als ich jedoch in meinem Büro am Pult saß und die scharfe Schneide des primitiven Messers befühlte, gab es für mich keinen Zweifel mehr, daß Kevin gefährlich war.

Was sollte ich tun?

Als ich Kevin am folgenden Tag besuchte, steckte ich das Messer in die Tasche meiner Jeans. Konnte er es sehen? Er fragte sofort danach. Also zeigte ich es ihm. Er prüfte es, drehte es in den Händen herum, befühlte die Schneide und die Spitze. Dann lächelte er. Es war sein Lächeln, das mir am meisten Angst einjagte; es wirkte so naiv, so voll Narrenunschuld, und doch wußte ich nun, ebenso wie er, daß dies immer nur eine Art Spiel gewesen war. Dann gab mir Kevin das Messer zurück. Ich steckte es wieder in die Tasche, und wir wandten uns anderen Dingen zu, als existiere das Messer gar nicht.

Es war eine unheimliche Sitzung. Kevin war fröhlich und freundlich. Er spielte mit kleinen Modellautos, die er in der Kiste fand, und ließ die Marionetten tanzen, lachte über sie und über mich und über sich selbst. Die ganze Stunde über betrachtete ich ihn verstohlen. Ein unglaublicher Junge! In kaum vier Monaten hatte er mir so viele verschiedene Gesichter gezeigt. Und doch kannte ich keines.

Nach der Sitzung ging ich in den Aufenthaltsraum, um meine Eintragungen zu machen. Ich durfte meine Befürchtungen nicht länger verschweigen. Also setzte ich mich an den unaufgeräumten Tisch, öffnete die Akte und begann zu schreiben. «Ich mache mir um Kevin Sorgen», schrieb ich. «Ich glaube, er ist . . .» Was? Gefährlich? Der Junge macht aus Bestandteilen alter Betten Messer? Der Junge zeichnet Bilder von Leuten, die er umzubringen gedenkt? Der Junge hätschelt seinen Haß wie andere kleine Kätzchen hätscheln? Konnte ich das schreiben? Und dann? Was würden sie tun, wenn sie es lasen? Kevin war schon in einer Anstalt. Wo konnte man ihn noch hinbringen? Das Garson-Gayer-Heim war sauber, hell und freundlich, doch war es mit seinen abgeschlossenen Türen und Gummizellen kaum ein Freiheitsideal. Würde man Kevin von hier wegschicken? Wohin? Ins Staatskrankenhaus? In einen Absonderungstrakt? Würde man ihn für verrückt erklären? Oder nur für gewalttätig? Oder beides? Und war er das?

Ich wußte es nicht. Ich strich das, was ich geschrieben hatte, durch und versuchte es noch einmal. Wieder strich ich es durch. Ich konnte die Seite nicht wegwerfen, weil auch andere Leute darauf Eintragungen gemacht hatten. Also nahm ich nochmals einen Anlauf, strich die Sätze wieder durch und schrieb «Irrtum» daneben. Ich saß da und starrte aufs Papier. Schließlich notierte ich: *In Therapiesitzungen zeigt er Tendenz zu gewalttätigem Verhalten. Sorgfältig beobachten.* Die Sicherheit des Berufsjargons.

Mozarts Flötenmusik schwebte durch die Korridore der Klinik. Es war nach halb sechs Uhr abends, und alle Büros waren geschlossen und dunkel. Nur die Sicherheitslichter brannten im Flur.

Dr. Rosenthal war an seinem Schreibtisch über einige Papiere gebeugt. Zwar trug er sein Jackett, und die Krawatte saß immer noch gerade, doch hatte er sich bei seiner Arbeit den Luxus eines Kassettengerätes erlaubt. Die Musik plätscherte daraus hervor.

Ich klopfte zögernd, und er kehrte sich nicht sofort um.

«Einen Augenblick», sagte er dann, ohne von seiner Schreibarbeit aufzusehen. Mit der linken Hand bedeutete er mir, ich solle mich setzen. Ich legte meine Jacke auf die Armlehne des riesigen Polstersessels, der neben dem Schreibtisch stand, und setzte mich.

Dr. Rosenthal war der Direktor der Klinik. Er war ein großer Mann mit krausem Haar und grauen Schläfen – genau der Typ, der in Hollywood immer den älteren Liebhaber verkörpert. Er war nicht besonders gutaussehend, aber er hatte jene besondere männliche Ausstrahlung, welche man oft bei Intellektuellen feststellt. Er war über eins fünfundneunzig groß und immer sehr korrekt angezogen, mit Anzug und Krawatte. Die jüngeren Mitarbeiter nannte er Hayden und Tomlinson oder einfach Doktor, wenn jemand Anspruch auf den Titel hatte. Dr. Rosenthal und ich waren zwei sehr verschiedene Menschen. Unsere Auffassungen von Psychiatrie und Psychologie waren einander beinahe entgegengesetzt – der Theist und der Atheist. Er war ein fanatischer Freudianer, ich lehnte jede Schule fanatisch ab. Seine Ideen gründeten auf der Theorie, meine auf den eigenen Erfahrungen in der Welt draußen. Er gab Erklärungen ab, ich hingegen war der Auffassung, daß es nicht für alles eine Erklärung gab oder zumindest daß wir sie nicht immer kannten. Trotz allem, was uns trennte, achtete ich wohl keinen Menschen mehr als ihn. Sein Verstand war messerscharf, und ich kannte niemanden, der ihm ebenbürtig war, wenn es darum ging, bis ins Innerste einer Angelegenheit vorzudringen.

Ich saß also im großen Ledersessel und hörte Mozart, während er das, woran er schrieb, beendete. Neben mir stand ein Regal, das mit Büchern über Psychiatrie vollgestopft war. Dr. Rosenthals Spezialgebiet war Säuglingspsychiatrie, ein Fachgebiet, von dem ich nie gehört hatte, bevor ich an die Klinik gekommen war. Dr. Rosenthal hatte selbst zwei Bücher über das Thema geschrieben, und auf dem Regal bemerkte ich noch etliche andere Bücher darüber. Es amüsierte mich immer ein wenig, wenn ich daran dachte. Er war so ein Riese, so brummig und professionell, so sorgfältig auf seine äußere Erscheinung und auf gesellschaftliche Formen und Formalitäten bedacht, daß ich ihn mir kaum mit Babys vorstellen konnte. Doch wirkte er für sie Wunder.

Endlich schwenkte er seinen Bürostuhl in meine Richtung. Ich sei wegen Kevin zu ihm gekommen, sagte ich. Dr. Rosenthal hatte seit einiger Zeit meine Tätigkeit im Garson-Gayer-Heim genau verfolgt, und ich war nun zu ihm gekommen, weil ich nicht wußte, an wen ich mich sonst wenden konnte. Ich brauchte Hilfe.

Zu den Tönen von Mozarts Musik besprachen wir alles gründlich. Kevins Vorgeschichte, soweit ich sie kannte, seine traumatischen Ängste, seine überraschenden Veränderungen, die plötzliche Überwindung seiner Stummheit. Es tat mir wohl, darüber zu sprechen.

Wir redeten und redeten. Dr. Rosenthal fragte mich nach meiner Forschungsarbeit und nach anderen freiwillig Stummen, mit denen ich gearbeitet hatte. Er wollte wissen, wie man sie mit Kevin vergleichen könne, und erkundigte sich nach tausend Einzelheiten meiner Arbeit. Er fragte, wie ich Kevins Schwierigkeiten auf weite Sicht, für sein späteres Leben beurteile.

Dann schweifte unser Gespräch ab. «Wie wär's mit einer Tasse Tee?» schlug er vor. «Eine Tasse Tee täte uns gut, nicht wahr.» Er zog die unterste Schublade seines Schreibtisches heraus und nahm einen Teekrug, einen Tauchsieder und Teebeutel hervor. Das Zimmer war erfüllt von Musik, die mich an grüne Sommerwiesen erinnerte. Dr. Rosenthal paffte seine Pfeife, lehnte sich im Bürostuhl zurück und betrachtete mich nachdenklich. Warum ich gerade diesen Beruf gewählt hätte, wollte er wissen. Was für Bedürfnisse er in mir befriedige. Ob ich mich das je gefragt hätte.

Ja, sehr oft, erwiderte ich. Und ich könne darauf wirklich keine Antwort geben. Dann schwiegen wir beide. Er paffte weiter und betrachtete mich. Ich starrte einfach in die Luft und hing meinen eigenen Gedanken nach. Der Tee war heiß und stark und schmeckte wunderbar. Dann blickte ich ihn wieder an. Es sei hauptsächlich die Herausforderung, sagte ich, die mir an diesem Beruf gefalle. Ich konnte die ganze Breite und Tiefe und Länge meiner Fähigkeiten ausschöpfen, und es gab immer wieder neue Situationen.

Dr. Rosenthal lächelte nur.

Dann sprachen wir erneut über Kevin. Inzwischen hatte Dr. Rosenthal einen Vorschlag. «Wie wär's mit Tomlinson?» fragte er. «Wäre es Ihnen lieb, wenn Tomlinson für eine Weile mit Ihnen gemeinsam die Sitzungen abhalten würde? Er könnte seine Ideen zur Behandlung beisteuern, und wenn es zum Schlimmsten kommt – nun, Tomlinson ist ein kräftiger Mann. Im Notfall sollte er mit dem Jungen schon fertig werden.»

Das schien eine gute Lösung zu sein. Jeff hatte ich am meisten über den Fall Kevin erzählt, so daß er gut informiert war. Außerdem ergänzten Jeff und ich uns ausgezeichnet. Aufgrund seiner Ausbildung kannte sich Jeff in den theoretischen Aspekten der Therapie besser aus, während ich eher auf praktische, wirklichkeitsnahe Art an einen Fall heranging. Wir hatten schon mehrmals erfolgreich zusammengearbeitet, so daß ich Dr. Rosenthals Vorschlag sehr begrüßte.

Jeff war erfreut. Der Fall Kevin war so komplex, daß er auch für ihn eine Herausforderung bedeutete. Doch leider fand unsere Idee bei Kevin gar keinen Anklang. Er war empört.

«Du bringst jemanden mit? Was soll das heißen? Wozu?»

«Jeff arbeitet mit mir zusammen, Kev. Wir haben dieselben Aufgaben. Ich dachte, es wäre gut, zur Abwechslung einmal jemand anderen dabeizuhaben.»

Kevin schritt auf und ab. An der mir gegenüberliegenden

Wand blieb er stehen und wandte sich mir zu. «Hast du mich gefragt? Hast du gefragt, ob *ich* das gut finde?» Er raufte sich die Haare. «Nein, nein, das hast du nicht getan. Du hast dich keinen Augenblick gefragt, ob mir das paßt. Mich fragt ja keiner. Mich fragt man überhaupt nie.»

Er ging zum Fenster hinüber und lehnte sich vor, bis seine Stirn die Scheibe berührte. Die Sonne, die durch die Pappel schien, warf ein Schattenmuster auf sein Gesicht.

«Das ist *mein* Ort», murmelte er gegen das Fenster, und sein Atem beschlug die Scheibe. «Das war ganz allein mein Ort.» Er wandte sich um. «Und nun hast du alles kaputtgemacht.»

«Es wird immer noch dein Ort sein. Das wird sich durch Jeff nicht ändern.»

«Doch, bestimmt. Ich werde nicht mehr mit dir reden können. Ich werde nicht wie jetzt mit dir reden können, weil *er* dann dabei ist und zuhört. Ich will nicht, daß er zuhört.»

«Es wird sich nichts ändern. Jeff ist genau wie ich, Kev. Man kann ganz leicht mit ihm reden, du wirst schon sehen.»

Mit einem müden Seufzer stieß sich Kevin vom Fenstersims ab. Er schritt wieder im Zimmer umher, diesmal langsamer. Zuletzt ließ er sich neben mir auf den Boden nieder. Er sagte kein Wort. Er beschäftigte sich mit den Manschetten seines Hemdes und begann dort Fäden abzuzupfen.

Ich sah ihm hilflos zu und fühlte mich plötzlich ganz elend. Sein Leben war so tragisch. Ich vergaß dies manchmal im Trubel der täglichen Ereignisse. Aber nun sah ich es wieder klar: das Universum fand für ihn hinter verschlossenen Türen statt, seine Welt war in einem kahlen weißen Zimmerchen mit einem häßlichen Teppich zusammengedrängt.

Kevin streckte den Arm aus und legte sich auf den Boden. Er lag quer zu mir, so daß ich sein Gesicht nicht sehen konnte. Er bohrte mit dem Finger in der rauhen Oberfläche des Teppichs herum.

Dann hob er den Kopf und sah mich an. «Torey?»

«Ja?»

«Warum kommt er?»

«Ich wollte, daß mir jemand hilft, Kevin. Ich wollte sicher sein, daß ich alles tue, was ich kann, damit es dir bessergeht und du eines Tages vielleicht hier rauskannst. Aber ich war nicht sicher, ob ich allein wirklich alles tun konnte.»

«Hab ich etwas falsch gemacht?»

«Nein, eigentlich nicht. Niemand hat etwas falsch gemacht.»

Schweigen. Kevin lag immer noch auf dem Boden, seine Augen waren auf einen unsichtbaren Punkt in der Ferne gerichtet.

«Torey, kann ich dich noch etwas fragen?»

«Klar.»

«Magst du mich?»

«Natürlich mag ich dich, Kevin.»

«Ich war nicht ganz sicher. Weißt du, manchmal schließe ich die Augen, damit ich nicht sehen kann, wo ich bin. Dann spiele ich mir was vor. Ich tue so, als sei ich ein Mensch. Ein richtiger Mensch. Verstehst du? Ich habe mich schon gefragt, ob du das manchmal auch tust, ob du mich deswegen magst?»

«Ich mag dich so, wie du bist, Kevin. Und du bist ein richtiger Mensch.»

«Nein, das bin ich nicht. Ich meine, ein richtiger, lebendiger Mensch. Eine wirkliche Person. Nicht das. Nicht ich. Nicht hier.»

14

Die ersten paar Sitzungen mit Jeff waren eine Qual für uns alle. Kevin trotzte und wollte nicht mit uns zusammenarbeiten; er weigerte sich, mit Jeff zu sprechen, und sah ihn nicht einmal an. Doch war seine Wut hauptsächlich gegen mich gerichtet. Unsere Beziehung war von Anfang an außergewöhnlich gewesen. Ich hatte ihn nicht in meine Welt hinausgezogen, er hatte mich vielleicht in seine aufgenommen. Er war es, der entschieden hatte, er würde mit mir reden, und er wählte den Zeitpunkt, um mich in seine eigene Welt einzulassen. Kevin hatte mich eigentlich eher wie einen Teil seiner selbst behandelt und hatte darauf vertraut, daß ich nichts tun würde, was er selbst nicht tun würde. Es war eine seltsame Beziehung gewesen, einseitiger als die Beziehungen, die ich zu andern Kindern gehabt hatte, aber nun war sie zerbrochen. Ich hatte ihn verraten. Ich hatte Jeff mitgebracht. Nun war Kevin gezwungen, uns als das zu sehen, was wir waren: Therapeuten, Außenseiter. Jeff *und* ich. Und die kleine Privatwelt, die Kevin in den vier Wänden des weißen Zimmers aufgebaut hatte, zerfiel.

Kevin hatte schon zu große Fortschritte gemacht, als daß er sich wieder unter den Tisch und in seine Ängste hätte zurückziehen können. Deshalb war er vorübergehend verletzlich. Er versuchte mehrere Tage lang, sich irgendwie mit Jeff und mir einzurichten. Als wir erkannten, daß er sich nicht leicht in die neue Situation fügen würde, zogen wir aus dem kleinen weißen Zimmer aus und hielten unsere Sitzungen im Therapieraum mit dem Einwegspiegel ab. Kevin ließ sich aber nicht täuschen. Er wußte, daß Jeff hinter dem Spiegel stand und uns beobachtete. Was ihn noch wütender machte, war, daß ich diesen Raum ebensowenig gemocht hatte wie er – das wußte er –, und nun benutzte ich ihn wie die Pflegerinnen und die andern Therapeuten. Für ihn war es ein weiteres Zeichen dafür, daß ich mich gegen ihn gewandt hatte. Aber dort konnte ich ihn wenigstens für kurze Zeit ablenken, weil Jeff nicht im Raum war, und für ein paar Minuten war es dann wie in den alten Zeiten. Doch bald wurde Kevin unruhig, und seine Wut auf mich war wieder da.

«Mein Gott», sagte Jeff nach der ersten Sitzung, «er ist der häßlichste Junge, den ich je gesehen habe. Himmel, das ist ja ein scheußlicher Anblick!»

«Also wirklich, red nicht so dummes Zeug. *So* schlimm ist er gar nicht.»

«Du hast dich eben schon daran gewöhnt, Hayden.»

Sobald Jeff bei uns war, hörten Kevins Haßäußerungen auf. Nach all den Wochen im November und Dezember und den ersten Januarwochen, als ich nichts anderes gesehen hatte als brutale Zeichnungen und nichts anderes gehört hatte als blutrünstige Geschichten, vergingen drei oder vier Tage, bis mir bewußt wurde, daß er das Thema nicht mehr berührte. Ich glaube, ich hatte einfach genug zu tun, das Trauma von Jeffs Kommen zu verarbeiten. Vielleicht erging es Kevin ebenso.

Die Winterwochen, die viel Schnee brachten, gingen vorüber, ehe sich Kevin auch nur einigermaßen beruhigte. Wir trafen uns weiterhin im Therapieraum. Zuerst waren Kevin und ich allein und beschäftigten uns wie vor der Zeit mit Jeff. Später rief ich Bemerkungen zur Wand mit dem Spiegel und hielt unsere Kreuzworträtsel und die Spiele hoch und sprach mit Jeff hinter dem Spiegel und mit Kevin. Dann begann Jeff, Antworten hinter dem Spiegel hervorzurufen. Kevin nahm nie an diesen lautstarken Gesprächen teil, aber er machte schließlich zu mir Bemerkungen, die ich an Jeff weiterleiten sollte. Nach langer Zeit – es war schon Februar, und Jeff hatte sich mehrere Wochen hinter dem Spiegel aufgehalten – konnte er wenigstens zeitweise hervorkommen und sich zu uns setzen. Kevin sprach immer noch nicht mit ihm, aber er sprach in Jeffs Gegenwart mit mir und ließ es zu, daß Jeff mit ihm sprach, ohne daß er ihn völlig wie Luft behandelte.

Während unserer Sitzungen geschah nichts Außergewöhnliches, manchmal waren sie sogar langweilig. Es war fast genauso wie am Anfang, vor dem Ausbruch wegen des Raumschiff-Posters. Wir beschäftigten uns mit Malbüchern, Witzen und anderen Dingen, die eigentlich nicht zu einer Therapie gehören. Es war meistens Kevin, der bestimmte, was wir tun würden, und er zog es vor, persönlichen Themen auszuweichen.

Dann änderte er sich plötzlich wieder. Mitte Februar ließ er sein Mißtrauen gegenüber Jeff fallen. Er wurde sehr lebhaft und gesprächig und wandte sich direkt an Jeff. Auf einmal benahm er sich so liebenswürdig, als wäre Jeff ein alter Freund, den er aus den Augen verloren und erst kürzlich wieder entdeckt hatte. Auch mir gegenüber war er freundlich, aber Jeff schien es ihm besonders angetan zu haben.

Diesmal fand ich keinen Grund für den plötzlichen Umschwung, obwohl es eine ebenso große Veränderung war wie die Abkehr von der Angst im November und vom Haß im Januar. Er und Jeff wurden Kumpel. Kevin vergaß sein Messer (das er nie mehr erwähnt hatte, seit Jeff gekommen war), er vergaß seinen Zeichenblock, er vergaß seinen Stiefvater. Er vergaß all die Wochen, in denen er schmollend Widerstand geleistet hatte. Statt dessen stürzte er sich Hals über Kopf in die Kameradschaft mit Jeff. Jeff seinerseits war nicht untätig. Er brachte Kevin Monopoly und das Damespiel bei, und sie machten sich beide einen Spaß daraus, mich zu schlagen, denn ich war in beiden Spielen miserabel. Jeff trieb auch irgendwo zwei Bücher mit entsetzlich blöden Witzen auf, über die Kevin so lachen mußte, daß er buchstäblich auf dem Boden herumkugelte. Jeff sprach mit ihm auch über Dinge, die für einen heranwachsenden Jungen wichtig waren: Rasieren, Essen, Frauen.

Mich ließen sie links liegen. Eine Zeitlang ignorierten sie mich so gründlich, daß ich mich ein wenig ärgerte. Und wenn sie mich einmal nicht ignorierten, verschworen sie sich gegen mich. Sie spielten «erwisch Torey». Torey wurde zur Zielscheibe der schwachsinnigen Witze, Torey verlor bei allen Spielen, und zwar gründlich – Kevin wollte mich wirklich beim Spiel schlagen, er trieb mich beim Monopoly in den totalen Bankrott und schüchterte mich beim Damespiel mit fünf Damen ein. Ich glaubte zu verstehen, was vor sich ging. Tief im Unterbewußtsein war mir verständlich, was er tat, und ich wußte, daß es so sein mußte, aber an der Oberfläche tat es weh, und die Spiele machten mir keinen Spaß mehr. Ich mußte mich zurückhalten, damit ich nicht selbst allzu ehrgeizig wurde und versuchte, es ihm heimzuzahlen.

In dieser Zeit hatte ich öfter Gelegenheit, ruhig dabeizusitzen und ihm einfach zuzusehen, denn er und Jeff vertieften sich manchmal ganz in ein Spiel. Kevin setzte mich in Erstaunen. Er war so unberechenbar. In den fünf Monaten, in denen wir zusammen waren, hatte er sich völlig verändert, und es handelte sich nicht um die unmerklichen, chamäleonartigen Veränderungen, die ich bei andern Kindern festgestellt hatte. Er konnte wirklich seine ganze Persönlichkeit umkrempeln. In meinem Bauch fühlte ich, daß er diese Veränderungen wahrscheinlich mehr oder weniger steuern konnte, daß er sie, wenn nicht arglistig, so doch wohlbedacht herbeiführte. Und tief in meinem Innern hegte ich den Verdacht, daß uns Kevin immer einen Schritt voraus gewesen war. Von allem Anfang an. Sogar als er unter dem Tisch saß und schaukelte, war es ihm gelungen, zu zählen, wie oft die Tür des Beobachtungszimmers geöffnet und geschlossen wurde. Ich wußte zwar vieles über ihn nicht, aber eines wußte ich ganz sicher: Wir hatten alle seine Intelligenz und noch mehr seine Schlauheit gewaltig unterschätzt.

Als ich Kevin in diesen Wochen beobachtete, hatte ich immer mehr das Gefühl, daß etwas nicht stimmte. Wenn Jeff und ich allein in unserm Büro waren, versuchte ich ihm oft beizubringen, daß irgend etwas an Kevin mich störte, aber ich konnte es nie richtig ausdrücken. «Was denn genau?» fragte mich Jeff. «Äußere dich genauer.» Doch ich konnte es nicht. Ich hatte einfach so ein Gefühl im Bauch. Jeff hörte mir zu, aber schließlich schüttelte er nur noch den Kopf, wenn ich wieder davon anfing. Ich sei bloß eifersüchtig. Kevin gehe durch eine mühsame Phase der Therapie und müsse sehr starke Emotionen mir gegenüber und wahrscheinlich auch seiner Mutter gegenüber verarbeiten. Darum greife er mich beim Spielen und auch mit Worten immer so heftig an. Darum halte er durch dick und dünn zu ihm. Es sei verständlich, sagte Jeff, daß es mir allmählich unter die Haut gehe, aber es sei wichtig, daß Kevin diese Emotionen einmal verarbeiten könne. Nein, sagte ich, da sei noch etwas. Ich konnte ihm aber nicht sagen, was. Jeff warf mir vor, ich sei der einzige Mensch, der *nur* mit dem Bauch denke. Ich solle die Sache vergessen.

Meine Besorgnis hielt noch eine Weile an, aber dann wurden andere Überlegungen wichtiger. Jeff hatte in einem Punkt recht: Ich war eifersüchtig. Kevin hatte ihn so rasch ins Herz geschlossen. Nach all der Arbeit, die ich in diesen Jungen gesteckt hatte, wollte ich nicht, daß Jeff ihn ganz und gar übernahm. Es tat mir weh. Rasch entwickelten er und Kevin ihre eigenen Späße und machten Anspielungen, die ich nicht verstand. Das mußte ich zugeben; also hatte Jeff die Lage wahrscheinlich richtig eingeschätzt.

Kevin machte endlich phantastische Fortschritte. Vielleicht war es das, was ihm die ganze Zeit gefehlt hatte: ein gescheiter, rücksichtsvoller und interessanter Mann, der ihm als Vorbild diente. Das hatte ich ihm natürlich nicht geben können. Das ungute Gefühl im Bauch machte sich noch eine Zeitlang bemerkbar, aber als die ersten Märzwinde wehten, hatte ich die andern Kevins, die ich gekannt hatte, schon beinahe vergessen. Ich konnte seinen und Jeffs Possen einfach nicht mehr widerstehen. Ich empfand nur noch Schuldgefühle wegen meines Mißtrauens und weil ich so ein Spielverderber war. Deshalb schloß ich mich ihnen an und konnte kaum mehr verstehen, warum ich mir Sorgen gemacht hatte.

Kevin schwebte. Wie ein Vogel, der aus seinem Käfig entwichen war, bewegte er die Flügel und erhob sich in die Luft. Er wollte alles auf einmal wissen: Was ist hinter den Mauern des Garson-Gayer-Heims? Wie sehen die Straßen aus, die darauf zu führen? Wie entsteht der Schnee? Warum hat man so ein komisches Gefühl im Magen, wenn man sich fürchtet? Wo ist Indien? Warst du schon mal dort? Gibt es dort Elefanten? Wie sieht ein Regenwald aus? Findest du Linda (die neue Pflegerin) hübsch?

Kevin war im kleinen weißen Zimmer ständig in Bewegung, er rannte zwischen Jeff und mir hin und her mit einem Buch in der Hand, aus dem er einige erstaunliche Dinge vorlas. Sieh dir das mal an! Hör zu, was da steht! Oder er klebte am Fenster, die Nase an die Scheibe gedrückt. Siehst du das? Siehst du den andern Teil des Gebäudes? Kennst du das Kind dort draußen? Weißt du, wie sie heißt? Das ist Kelly. Sie wohnt im 4D.

Seine Fortschritte waren nicht auf das kleine weiße Zimmer beschränkt. Zum ersten Mal ging es mit seiner Schularbeit voran. Er interessierte sich sehr für Bücher. Er wollte die Spiele der andern Kinder lernen: Tischtennis, Volleyball, Ringen. Und er wollte mit den andern Kindern spielen. Zum allerersten Mal wollte er sich tatsächlich zu ihnen gesellen. Dana und die Pflegerinnen waren im siebten Himmel.

Jeff stopfte Kevin mit wunderbaren Geschichten über die Außenwelt voll und hoffte, damit auch diese Schranke abzubauen, eine der letzten von Kevins Ängsten. Jeff erzählte so, als habe es ihm überall, wo er gewesen war, phantastisch gut gefallen. «Wo möchtest du am liebsten hin?» fragte er Kevin und erzählte ihm dann vom Zoo oder vom Naturwissenschaftlichen Museum, von unserem Büro, vom Theater, dem Vergnügungspark.

Später im Büro träumte Jeff immer noch. Wir würden Kevin die Welt schenken, wenn er uns nur ließe.

Es gab natürlich noch viel zu erreichen. Kevin mußte noch einiges lernen. Die eine unbesiegte Angst neben der, hinauszugehen, war Kevins Horror vor dem Wasser. Er sperrte sich, auch nur in einer Pfütze zu stehen. Man konnte ihn nicht einmal zu einem Fußbad bewegen, wenn er einen eingewachsenen Zehennagel hatte. Das Resultat war, daß er seit weiß Gott wie lange nicht mehr gebadet oder sich auch nur gewaschen hatte.

Jeff übernahm nun diesen Teil der Therapie. Schließlich gelang es ihm, Kevin unter die Dusche zu schleppen, mit Kleidern und allem, und ihn dort auszuziehen. Das ging erstaunlich gut. Kevin überstand die Dusche. Wenn das Wasser nicht allzu stark eingestellt war, wenn er genug Platz hatte, um hinauszuspringen, wenn er wollte, und wenn der Abfluß nicht verstopft war und das Wasser gut abfloß, konnte er es ertragen. Leicht war es nicht, aber er schaffte es.

Als nächstes kamen die Kleider. Nun, da Kevin einigermaßen sauber war, hatte er nichts anzuziehen, was dem neuen Stand der Hygiene entsprach. Er besaß im ganzen drei Hemden und zwei Hosen, die alle aus Paketen mit abgelegten Kleidern stammten. Wir nahmen uns also das Heimreglement vor und schauten nach, welche Summe ihm für Kleider zustand. Dann nahmen wir Kevins Maße, und eines Abends gingen Jeff und ich zum Shopping Center hinüber.

Nun fing das Theater an. Wir waren hoffnungslos. Wir stritten uns nur. Ich wollte diese Farbe, Jeff jene. Wenn ich diese Größe für richtig hielt, war Jeff überzeugt, es würde Kevin nicht passen. Wollte ich etwas kaufen, weil mir der Schnitt gefiel, stöhnte Jeff, das trage man schon seit 1934 nicht mehr. Oder es sehe aus wie eine Kindergolftasche mit Knöpfen. Ich behauptete, ich wisse, was Teenager gerne tragen. Frauen widmeten solchen Dingen mehr Aufmerksamkeit als Männer. Jeff schimpfte mich eine Feministin. Außerdem sei er selbst einmal in dem Alter gewesen, nicht wahr, und wisse ganz genau, daß kein Junge, der etwas auf sich halte, so was anziehen würde. Die Verkäuferin meinte, wir seien verheiratet und kauften für unsern Sohn ein. So wie wir uns zankten, mußte sie einen ganz miesen Eindruck von der Ehe bekommen. Was noch schlimmer war, sie merkte nicht, daß wir beide noch keine dreißig waren und bei der Geburt unseres Sohnes etwa elf Jahre alt gewesen wären. Aber schließlich verkaufte sie uns doch drei Jeans in der falschen Größe (Jeff schwor, ich hätte Kevins Beinlänge falsch gemessen). Wir erwarben auch eine Anzahl farbenfroher, leicht zu waschender T-Shirts, und Jeff bestand darauf, daß wir Kevin ein weißes Musselinhemd kauften, in dem er dann wie Mahatma Gandhi persönlich aussah.

Die Kleider und die Dusche verbesserten Kevins Erscheinung ganz erheblich, aber den letzten Schliff erhielt er erst, als Jeff seinen Friseur nach Garson Gayer mitbrachte. Kevin bekam die ganze Behandlung – Waschen, Schneiden und Fönen. Jeff und ich mußten es aus dem eigenen Sack berappen, aber es war das Geld wert. Obwohl Kevin immer noch nicht gerade wie Robert Redford aussah, war er doch rundum zufrieden mit sich. Nach der Sitzung standen Jeff und ich unter der Tür des kleinen weißen Zimmers und sahen ihm nach, als er mit dem Pfleger in den Wohntrakt zurückging. Er stolzierte wie ein Hahn, die magere Brust vorgestreckt. Die zu langen Jeans hatte er aufgerollt, und hinter ihm schwebte ein Duft von Old Spice.

«Er ist immer noch irgendwie häßlich», flüsterte mir Jeff zu.

«Meinst du? Ich finde, er sieht eigentlich ganz normal aus.»

Jeff dachte nach. Ein Lächeln spielte um seine Mundwinkel. «Jaaa, ich glaube, das ist er auch.»

Eine Woche danach entschlossen sich Jeff und ich, die Arbeitszeit zu teilen. Es war Mitte März, und Jeff war jetzt seit fast zwei Monaten dabei. Wir spürten beide, wie sehr uns die tägliche Therapiestunde beanspruchte. Nun reduzierten wir unsere Besuche auf dreimal pro Woche. Am Montag ging Jeff hin, am Dienstag ich, und freitags gingen wir beide.

Kevin nahm diese Veränderung erstaunlich ruhig hin. Wir erklärten es ihm, und er nickte. Das sei schon in Ordnung. Zum ersten Mal wurde mir bewußt, daß er in der Therapie gewachsen war und daß er uns vielleicht bald überflügeln würde. Noch ein paar Monate vielleicht, und Kevin würde uns nicht mehr brauchen.

«Kev?»

Es war Abend. Ich war in meiner Freizeit gekommen, da ich Kevin versprochen hatte, ihm bei einem Schulprojekt zu helfen. Wir machten für die naturwissenschaftliche Ausstellung des Schuldistrikts eine Profilkarte der USA aus Papiermaché. Ich hatte Kevin von der Ausstellung erzählt, und die Karte war seine Idee gewesen. Die Schüler des Garson-Gayer-Heims beteiligten sich gewöhnlich nicht an solchen Veranstaltungen; Kevin bedeutete es viel, als erster diese Regel zu durchbrechen. Er hatte die Idee zur Karte aus dem Buch, das seinem Lehrer gehörte, und ich war bereit, ihm in meiner Freizeit zu helfen, da ich mit meinen Kindern in der Schule schon Gegenstände aus Papiermaché hergestellt hatte.

Wir saßen beide mit aufgerollten Ärmeln auf dem Boden des kleinen weißen Zimmers. Zwischen uns stand ein Eimer mit aufgeweichtem Zeitungspapier. Ich formte die Rocky Mountains von Colorado. Kevin strich eifrig die großen Ebenen flach.

«Weißt du, worauf ich Lust hab?» fragte ich.

«Auf was?»

«Heiße Schokolade.»

«Mmm, jaaa», meinte er, ohne den Blick von Kansas zu nehmen.

«Komm, wir gehen heiße Schokolade trinken.»

Kevin sah auf. Ein Stück der nördlichen Rocky Mountains klebte ihm auf der Nase, da er sich zu tief über die Arbeit gebeugt hatte.

«Wie stellst du dir das vor? Die Köchin wird dich nicht in die Küche lassen. Es ist nicht Essenszeit. Das ist so in der Hausordnung.»

«Ich habe nicht an die Küche hier gedacht. Jeden Tag, wenn ich hierherkomme, fahre ich an einem kleinen Restaurant vorbei. Es ist gar nicht weit von hier. Wir könnten dorthin gehen.»

Kevin setzte sich auf. Seine Augen verengten sich zu Schlitzen. «Wie meinst du das?»

«Ich meine, wir gehen ins Restaurant und trinken eine heiße Schokolade.»

Er starrte mich an. Dann schüttelte er den Kopf. «Ich kann nicht. Ich habe keinen grünen Ausweis. Man braucht einen grünen Ausweis, wenn man das Heim verlassen will.»

«Sie würden dich trotzdem hinauslassen, Kevin, wenn wir zusammen gehen.»

Ich konnte die Angst in seinen Augen lesen, aber er erwähnte sie nicht. Seine Ängste waren ihm in letzter Zeit peinlich gewesen. Ich glaube, es war wegen Jeff; er wollte sie vor ihm verbergen. Kevin und ich waren schon alte Freunde, doch Jeff wollte er immer noch beeindrucken. Das war auch der Grund, warum ich allein mit ihm hinausgehen wollte.

«Es ist zu kalt draußen», sagte Kevin und beugte sich wieder über die Profilkarte.

«Ist es nicht. Es ist ein wunderschöner Abend. Ich war ja eben noch draußen.»

«Es ist zu weit.»

«Nur einen Häuserblock. Vielleicht zwei.» Ich legte meinen Spachtel nieder. «Komm schon. Das kann warten.»

«Es ist zu dunkel draußen.»

«Die Straßenlampen sind an.»

«Aber es ist wahrscheinlich schlüpfrig.»

«Ja, wahrscheinlich. Aber wir schaffen's schon.»

Nervös blickte er auf. «Ich habe keinen Mantel. Auch keine Stiefel.»

«Ich bin sicher, eine Betreuerin wird etwas Passendes für dich finden.» Ich hatte mich schon erhoben.

Kevin saß mit kläglich hängenden Schultern da. Nun fiel ihm keine Ausrede mehr ein. «Weißt du was?» sagte er leise und starrte auf seine Hände.

«Was?»

«Ich bin in letzter Zeit nicht gerade oft ausgegangen.»

«Ich weiß.»

«Ich will nicht gehen.»

«Das weiß ich auch.»

«Dann bleiben wir hier, okay?»

Ich schüttelte den Kopf. Kevins Blick wanderte über unsere Arbeit auf dem Boden. Geistesabwesend kratzte er ein Stück Papiermaché vom Rand des Brettes. «Ich ...» begann er, doch brachte er den Satz nicht zu Ende. Er atmete tief ein.

Ich kniete mich auf der andern Seite der Profilkarte nieder. «Vertrau mir doch, Kev, ja? Gib mir eine Chance!»

Dann herrschte Schweigen. Es fiel auf uns nieder, als ob jemand über uns gestanden hätte, als wären wir auf einer Marionettenbühne und der Puppenspieler hätte eine Daunendecke über uns geworfen. Es kam plötzlich und hüllte uns sanft ein.

Sachte berührte ich seine Hand. Seine Finger waren ganz kalt. «Was gibt es dir für ein Gefühl, Kevin?» fragte ich. «Was fühlst du da drin?»

Er zuckte die Achseln.

«Wie ist es, wenn man Angst hat?» Ich konnte mir eine so übermächtige Angst wirklich nicht vorstellen.

Kevin seufzte tief, zog seine Hand unter der meinen hervor und wischte sich eine Träne ab. Es machte ihn verlegen. Es war das erste Mal seit langem, daß er weinte. Seit der ersten Woche war es nicht mehr vorgekommen. Soviel hatte sich seither geändert. Sogar vor mir schämte er sich seiner Tränen.

Wieder zuckte er die Achseln. «Ich weiß nicht. Ich hab einfach Angst.»

«Wovor?»

«Vielleicht könnte was passieren.»

«Was zum Beispiel?»

«Weiß nicht.»

Wir kämpften immer noch gegen das Schweigen um uns. Wenigstens ich versuchte es. Es war, wie wenn man im Schlamm schwimmt.

«Ich frage mich manchmal», begann Kevin sehr langsam und musterte dabei das Teppichgewebe, «ich frage mich manchmal, warum die Menschen andere Menschen hassen. Was hat man getan, daß sie einen hassen?» Nun suchte er meinen Blick. «Was tut man, damit sie aufhören?»

Seine grauen Augen waren nun blaß. Sie hatten die Farbe von Wasser im Winter, bevor es friert.

«Einmal», sagte er zögernd und leise, «hatte ich ein Buch. Meine Großmutter hatte es mir gegeben. Über Kätzchen. Es waren so Kätzchen mit Kleidern an, und sie machten allerlei. Ich mag Kätzchen.» Er sah auf. «Hast du das gewußt? Daß ich Kätzchen mag? Auch große Katzen. Dann . . .» Er verstummte. Sein Blick war auf einen unsichtbaren Punkt gerichtet, und ich wußte, daß er nun eine Szene sah, die ich nicht sehen konnte. Lange Zeit sagte er nichts. «Und dann», fuhr er sehr leise fort, «als ich zurückkam, fand ich das Buch nicht mehr, nie mehr.»

Er hatte in dieser Geschichte etwas weggelassen; ich konnte sie mir nicht zusammenreimen. Aber seine Gefühle hatte er klar genug ausgedrückt. Es schien deshalb nicht angebracht, Fragen zu stellen.

Er sah zu mir auf. «Wenn dich einer haßt», sagte er, «dann tut er dir was zuleid. Du weißt nie, wann es geschieht. Du weißt auch nicht, was. Aber wenn dich einer haßt, weißt du immer, daß er etwas tun wird.»

Mein Gott, dachte ich, ich würde mich auch nicht mehr hinauswagen.

15

Wir gingen an jenem Abend nicht ins Restaurant. Aber am folgenden Abend gingen wir hin. Immer noch teilte ich mit dem lieben Gott das Privileg, den nordamerikanischen Kontinent zu schaffen, und war deshalb noch einmal ins Heim gegangen, um mit Kevin das Werk zu vollenden. Diesmal wußte Kevin, was auf ihn zukam. Als ich andeutete, ich sei durstig, erhob er sich widerspruchslos und ging zur Tür.

Einmal außerhalb des kleinen weißen Zimmers mußte ich den Pflegerinnen erklären, was wir vorhatten, und die Erlaubnis einholen, mit Kevin das Heim zu verlassen. Dann suchten wir für ihn eine Jacke, da er selbst keine besaß. Kevin ließ alles mechanisch und wortlos über sich ergehen.

Draußen war es für die Jahreszeit bitter kalt. Doch es war eine klare, von Tausenden von funkelnden Sternen erleuchtete Nacht. Die Milchstraße, ein breiter, weißer Weg am dunklen Himmel, war deutlich zu erkennen. Ich wies Kevin darauf hin, er aber hielt den Blick am Boden. Er fürchtete keinen Angriff von oben; das war die Richtung, aus der ihm am wenigsten Gefahr drohte. Deshalb konnte er keine Zeit damit vergeuden, nach oben zu schauen.

Unser Atem bildete große weiße Wolken. Die kalte Luft reizte die empfindlichen Schleimhäute in meiner Nase, so daß es mir beim Einatmen immer einen kleinen Stich gab. Ich liebte die Nacht; ich liebte den Winter. Es war eine schöne Zeit, um draußen zu sein. Wir waren ganz allein, doch mit so vielen Sternen konnte man sich in der irdischen Dunkelheit gar nicht einsam fühlen.

«Ich bin noch nie nachts draußen gewesen», sagte Kevin. Seine Stimme verriet, daß er auf der Hut war. «Jedenfalls kann ich mich nicht erinnern.»

«Es ist sehr schön nachts. Manchmal denke ich, es ist schöner als am Tag. Ich liebe die Nacht.»

«Ich nicht», sagte er. «Man kann nicht sehen, was auf einen zukommt.»

Das Restaurant war winzig und hatte eine Theke und sechs bis sieben Abteile mit hartgepolsterten, vinylüberzogenen Sitzen. Töpfe mit verblaßten Plastikblumen standen herum. Die Fenster hatten sich in der Kälte beschlagen, und die feuchte, fettdunstige Wärme begrüßte uns wie der Kuß einer dicken Tante.

Es waren noch ein paar Leute da, meistens Teenager, die sich um die Musikbox scharten. Wir blieben ganz hinten und setzten uns in ein Abteil, wo uns keiner beachtete. Ich studierte die Karte.

Kevin war merkwürdig ruhig. Äußerlich zeigte er keine Anzeichen von Angst, doch zehrte sie offenbar an ihm, denn er fing immer wieder an davon zu sprechen.

«Ich war noch nie draußen. Es sind fast vier Jahre her, seitdem ich das letzte Mal hinausging. Ich war nie mehr draußen, seit ich ins Garson-Gayer-Heim kam. Drei Jahre, sechs Monate, zwei Wochen und ein Tag. So lange bin ich drin geblieben.»

«Alles in Ordnung?» fragte ich.

Er nickte langsam.

«Also, was möchtest du? Heiße Schokolade?»

«Nein, nichts. Ich kann nichts trinken. Ich müßte sonst erbrechen.»

«Ich nehme eine heiße Schokolade. Ich bin gleich zurück.» Ich erhob mich und ging zur Theke, um die Bestellung aufzugeben. Als ich mit meiner Tasse zum Abteil zurückkam, war Kevin verschwunden.

«Kevin?» Ich sah mich um. «Kev?»

Jemand zupfte mich an den Jeans. Ich beugte mich hinunter. Kevin war unter den Tisch geschlüpft.

«Kevin! Was tust du da unten? Komm schon. Komm hervor und setz dich.»

«Ich kann nicht!» sagte er kläglich.

Meine Güte! Ich merkte, wie ich rot wurde. Rasch sah ich mich um, um festzustellen, ob jemand gemerkt hatte, daß mein Begleiter es vorzog, unter dem Tisch zu sitzen. Das schien nicht der Fall zu sein.

Das beste war wohl, mich einfach zu setzen, meine Schokolade zu trinken und zu warten, bis Kevin hervorkam. Wenn er nicht so groß gewesen wäre, hätte mir die Situation weniger ausgemacht, aber so war es mir schrecklich peinlich. Ich wollte auf keinen Fall die Aufmerksamkeit auf uns ziehen.

Ich beugte mich über meine Tasse. Wir sprachen nicht miteinander; eine Unterhaltung auf zwei Ebenen wäre auch nicht ganz einfach gewesen. Ich hörte, wie sich Kevin unter dem Tisch bewegte, aber er paßte auf, daß er nicht an meine Beine stieß. Die fest angeschraubten Sitze des Abteils gaben ein enges, aber sehr wirkungsvolles Versteck ab.

Um halb acht waren wir gekommen. Während ich die Schokolade in möglichst kleinen Schlückchen trank, sah ich, wie der Minutenzeiger auf acht und dann auf halb neun Uhr kroch. Der junge Mann hinter der Theke kam herüber und fragte, ob er mir noch etwas bringen könne. Ich erkundigte mich, wann sie schließen würden. Um elf, erwiderte er. Ich bestellte noch eine Tasse Schokolade.

Die Gesichter wechselten ab. Die Teenager, die um die Musikbox herumstanden, gingen, und es kamen Pärchen, die zwar auch noch unter zwanzig, aber doch schon etwas älter waren. Die Münzen fielen in die Musikbox. Ich mußte mir ein bestimmtes Lied von ABBA achtmal anhören.

«Kevin, wie geht's dir da unten?» flüsterte ich über den Rand meiner vierten Tasse Schokolade. Ich hatte dazu Pommes frites bestellt, welche die viele Flüssigkeit ausgleichen sollten. Er bewegte sich, gab jedoch keine Antwort. Ich wußte, daß er weinte. Wir waren schon fast zwei Stunden dort, er in dem kleinen Raum unter dem Tisch zusammengekrümmt. Ich versuchte, so sorglos wie möglich auszusehen, als ich so allein am Tisch saß und wartete und wartete.

Was sollte ich tun? Sollte ich Jeff anrufen? Oder eine Pflegerin? Vielleicht sollte ich mich einfach bücken und ihn hervorziehen.

Meine größte Sorge war, ich könnte ihn demütigen. Kevin fiel es sehr schwer, an dem bißchen Selbstachtung, das er sich erworben hatte, festzuhalten. Er hatte für ein Kind in seinen Lebensumständen ziemlich viel Würde. Und es hatte verteufelt viel Mut gebraucht, das zu tun, was er an diesem Abend getan hatte. Sogar wenn er jetzt unter einem Tisch saß, bedeutete es einen gewaltigen Schritt vorwärts.

Aber was konnte man tun? Es war schon halb zehn, und in anderthalb Stunden würde das Lokal schließen. Meine eigene Verlegenheit über die mißliche Lage war schon lange verflogen. Ich dachte nur noch verzweifelt darüber nach, wie wir hier herauskommen konnten, ohne mehr Aufsehen als nötig zu erregen.

«Kev? Hast du dich wieder gefaßt?» fragte ich. Ich schob einen Fuß neben den Tisch und tat so, als müsse ich einen Schnürsenkel binden. «Man schließt hier um elf. Bis dann müssen wir draußen sein.»

Diesmal bestellte ich ein Mineralwasser und noch eine Portion Pommes frites. Pommes frites eigneten sich am besten, wenn man sehr langsam essen mußte. Mir war schon fast übel von diesem Durcheinander, doch fühlte ich mich verpflichtet, immer wieder etwas zu bestellen. Der junge Mann hinter der Theke warf dauernd Blicke in meine Richtung, und das einzige, was ihn fernhielt, war, wenn ich etwas bestellte.

Aber es wurde mir allmählich zuviel. Um Viertel nach zehn beugte ich mich wieder hinunter. «Kev, ich gehe schnell ein paar Minuten weg. Ich habe den ganzen Abend soviel Zeug getrunken. Ich muß mal zur Toilette. Ich bin gleich zurück.»

Es war nur eine halbe Lüge. Ich mußte zur Toilette. Aber ich wollte auch telefonieren.

«Jeff?» flüsterte ich. Ich wollte nicht, daß Kevin oder der junge Mann hinter der Theke mich hörten. «Was soll ich tun, Jeff?»

Er wußte es auch nicht, und Gott sei Dank lachte er nicht. Ich empfand es schon als Wohltat, seine Stimme zu hören. Das war eigentlich alles, was ich brauchte: jemandem meine mißliche Lage anvertrauen. Als ich zu meinem Tisch zurückging, war mir immer noch nichts Besseres eingefallen, als zu warten, bis Kevin von selbst hervorkroch. Doch fühlte ich mich wenigstens nicht mehr ganz allein. Es wußte jemand davon.

«Kevin, es bleiben uns fünfzehn Minuten. In fünfzehn Minuten schließt der Mann dort drüben das Lokal, und wenn du bis dann nicht hervorkommst, muß ich es ihm sagen, und das wird furchtbar unangenehm. Hörst du mich? Fünfzehn Minuten!»

Er bewegte sich unter dem Tisch.

«Kevin, hörst du mich? Du mußt jetzt hervorkommen.»

Schweigen.

Ich tastete mit dem Fuß unter dem Tisch herum, bis ich Kevin fand. Ich stieß ihn hart an. «Hörst du mich?»

«Ja», flüsterte er heiser.

«Gut. Hör zu, ich stehe jetzt auf. Ich gehe zur Musikbox hinüber und wähle eine Platte, und wenn du hier rauswillst, ist das eine gute Gelegenheit. Niemand wird dich sehen.»

Ich stand auf, ging zur Musikbox und las alle aufgeführten Schlagertitel. Keiner davon gefiel mir besonders gut. Ich wählte etwas Lautes und Heiseres von Elvis Presley, damit man nicht hörte, wie Kevin unter dem Tisch hervorkroch.

Doch als ich zurückkam, war Kevin immer noch nicht draußen.

«Ich dachte, du wolltest hervorkommen», flüsterte ich. «Kevin, du mußt einfach!»

«Ich möchte ja. Gib mir noch eine Chance.»

«Soll ich noch einmal weggehen?»

«Ja.»

Ich stand also wieder auf, ging zur Musikbox zurück. Wir waren nun die einzigen Leute im Lokal, mit Ausnahme des jungen Mannes hinter der Theke natürlich. Er warf mir schon recht mißtrauische Blicke zu. Ich hatte keine Ahnung, ob er begriff, was los war. Wahrscheinlich nicht. Auch wenn er gar nicht bemerkt hatte, daß Kevin hereingekommen war, mußte ihm mein Benehmen seltsam erscheinen.

Ich blieb mehrere Minuten an der Musikbox stehen und wählte noch ein Lied.

«Wir schließen bald», rief der junge Mann. Ich nickte.

Als ich zum Abteil zurückging, saß Kevin da. Er hatte rote Augen und ein verschwollenes Gesicht und hielt den Kopf in beiden Händen. Ich war so erleichtert, daß ich ihn am liebsten umarmt hätte. Das ging aber nicht, da der Tisch zwischen uns war; so berührte ich nur sein Gesicht.

Er weinte immer noch.

«Komm, gehen wir», sagte ich.

«Ich hab mir die Hose naß gemacht», schluchzte er.

«Das macht nichts. Komm. Wir müssen hier raus. Rasch, gehen wir!» Ich stand auf. Über den Tisch hinweg packte ich ihn am Arm. Ich zog ihn aus dem Abteil, und wir rannten aus dem Restaurant und auf die Straße.

Kevin schluchzte immer noch. Er heulte auf dem ganzen Weg bis ins Heim, hauptsächlich wegen der nassen Hose, vermute ich.

«Nun, das haben wir überstanden!» bemerkte ich, als wir vor der Tür warteten, bis uns der Portier einließ. «Leicht war's nicht, aber wir haben's geschafft, hm?»

Er nickte durch die Tränen.

Die Pfleger der Nachtschicht, die ich noch nie getroffen hatte, sahen uns verwundert an, als wir an ihnen vorbeigingen, aber sie stellten keine Fragen.

In Kevins Zimmer zog ich seinen Pyjama unter dem Kissen hervor und warf ihn ihm zu. «Da, zieh das an. Dann wird niemand etwas von der nassen Hose merken. Ich gehe so lange in den Flur. Beeil dich und zieh dich um. Ich komme dann wieder.»

Kevin lag unter der Decke, als ich zurückkam. Seine Kleider waren im Wäschesack verschwunden. Ich setzte mich zu ihm aufs Bett.

«Nun, was meinst du? Das hätten wir geschafft, nicht wahr? Du bist draußen gewesen.»

«Es war furchtbar.»

«Nun ja, eine mustergültige Vorstellung war es gerade nicht, und doch haben wir's überstanden. Du kannst nicht erwarten, daß es gleich perfekt ist. Dreieinhalb Jahre ist schließlich eine lange Zeit.»

Kevin nickte.

«Aber wir haben's geschafft.»

«Der Typ dort hat wahrscheinlich gedacht, wir seien übergeschnappt.»

«Ja, wahrscheinlich schon», sagte ich lächelnd. «Kannst du dir vorstellen, was der sich gedacht hat? Ich holte vier Tassen heiße Schokolade, zwei Glas Mineralwasser und drei Portionen Pommes frites! Ich hatte schon fast kein Geld mehr und mußte die Münzen für die Parkuhr aufbrauchen. Alles Zehner und Zwanziger!»

Kevin nickte.

«Und ich mußte mir immer wieder dieses Lied von ABBA anhören. Vierzehnmal, ich hab's gezählt. Ich glaube, ich kann die Worte nie mehr vergessen.»

«Ich auch nicht», sagte Kevin und krächzte sie mit Fistelstimme.

Ich kicherte. «Und nachdem ich dreieinhalb Stunden ganz allein dort gesessen hatte und niemand war hereingekommen, stürmten wir beide plötzlich wie der Blitz hinaus; dabei hat er vorher wahrscheinlich gar nicht gemerkt, daß du da warst. Er muß sich gewundert haben, woher du so plötzlich aufgetaucht bist. Wir könnten einen Film darüber drehen. Das wäre zum Totlachen!»

Kevin schmunzelte. «Ja. Wir beide wären die Stars. Wir sollten eine Spionage-Geschichte draus machen. Der Typ hat wahrscheinlich gemeint, du seist eine Spionin oder so was Ähnliches, als du dich da so lange aufgehalten hast. Und wie ich dann plötzlich aus dem Nichts aufgetaucht bin!»

«Ja, schon möglich.»

«Wir müssen noch einmal hingehen», sagte Kevin, «und ihn richtig durcheinanderbringen.»

«Ich weiß nicht. Lieber nicht. Ich hatte fast kein Geld mehr und hab ihm nur gerade einen Zwanziger Trinkgeld dagelassen.»

«Das macht nichts», meinte Kevin. «Ich hab ihm dafür eine Lache hinterlassen.»

Wir schütteten uns aus vor Lachen.

16

Während Kevin sprunghafte Fortschritte machte, gab es für einen anderen Menschen in meinem Leben eher Rückschritte zu verzeichnen: für Charity.

Ich wußte, daß es ihr nicht besonders gut ging. Es hatte keine eigentlichen Krisen gegeben, doch war ihr ganzes Leben eine langsam dahinschleichende Katastrophe. Charitys Familie war eine riesige, nicht genau faßbare Gruppe von Leuten, die sich ausdehnte und zusammenzog wie ein schlafendes Tier. Ein Onkel, eine Tante oder ein paar Vettern zogen eines Tages ein, eine Großmutter oder eine Schwester zogen irgendeinmal aus. Soweit ich es beurteilen konnte, gab es vier oder fünf Zweige in Charitys Familienclan, von denen zwei in der Stadt und zwei oder drei im Reservat lebten. Die meisten Mitglieder dieses Clans zogen offenbar regelmäßig von einem Wohnsitz zum nächsten. Deshalb wußte ich nie genau, wer das nun wieder war, der mir die Tür öffnete. Es waren immer andere Gesichter. Aber mich kannten alle: ich war die Person, die ihnen Charity für ein paar Stunden abnahm.

In dieser ausgedehnten Sippe gab es manche Probleme: Alkoholismus, Gezänk und, wie ich vermutete, Prostitution, in die wohl auch Charitys Mutter verwickelt war. Aber es gab auch Gutes. Sie hatten einen ungeheuren Familiensinn und eine wundervolle Tradition des Geschichtenerzählens. Der Großvater mütterlicherseits, den ich nie kennenlernte, wußte anschaulich über die alten Zeiten zu berichten, und Charity und die andern Enkelkinder waren dankbare Zuhörer.

Der Mensch, der Charity am nachhaltigsten beeinflußte, war ihre Mutter. Sie hieß Michaela und war sehr jung, ziemlich viel jünger als ich, schätzte ich. Sie war dunkel, mit wilden Augen und einem nervösen Tick; sie zuckte krampfhaft mit den Schultern. Sie schien eine gequälte Seele zu sein, die zwischen heftigen Ausbrüchen und stiller Frömmigkeit hin- und herpendelte. Sie hatte Charity in drei verschiedenen Religionen taufen lassen und nahm sie am Sonntag immer in zwei verschiedene Gottesdienste mit. Doch manchmal schloß sie sich in ihrem kleinen Haus irgendwo ein und trank bis zur Bewußtlosigkeit. Und natürlich, wie Charity bemerkt hatte, arbeitete Michaela jede Nacht außer montags.

Charity kämpfte auf sehr kreative Art gegen die Probleme ihres Familienlebens. Als ich sie zum ersten Mal sah, hatte sie auf mich den Eindruck eines realistisch denkenden Kindes gemacht. Es schockierte mich deshalb nicht wenig, als ich herausfand, daß beinahe nichts, was sie mir je über sich erzählt hatte, der Wahrheit entsprach. Sie besaß keine Schwester namens Sandy, sie hatte überhaupt keine Schwestern. Sie war nicht die Jüngste, sondern die Älteste. Sie hatte vier jüngere Brüder. Für Charity war die Welt so, wie sie war, nie gut genug; sie mußte sie also ausschmücken. Die Lügen waren meistens ganz harmlos, obschon sie mich ärgerten, denn ich wußte nie, was nun tatsächlich stimmte und was nicht. Doch für Charity waren alle ihre Geschichten die reine Wahrheit. Was sie in der Wirklichkeit nicht haben konnte, machte sie sich in ihrem Herzen zum Geschenk. Sie legte sich ihre eigene Welt zurecht. Und sie zog gegen jeden los, der es wagte, ihr zu widersprechen.

Ich wußte, daß Charity zu Hause Schwierigkeiten hatte. Ich bemühte mich auch, etwas dagegen zu unternehmen. Unzählige Male rief ich die Organisatorin von «Großer Bruder/Große Schwester» an und dann die Familienfürsorge. Aber es war einer jener hoffnungslosen Fälle, bei denen man nichts unternehmen konnte, bis es zu spät war. So ging das Tag für Tag, Woche für Woche, während Charity munter von meinem Leben Besitz ergriff. Es war eine alte Geschichte, eine, die ich scheinbar hinter mir gelassen hatte, als ich dem Klassenzimmer den Rücken kehrte, eines der wenigen Dinge in meinem Lehrerdasein, an das ich nie wehmütig zurückdachte.

Wenn ich es wieder mal satt hatte, dachte ich sogar daran, aus der «Bruder/Schwester»-Organisation auszusteigen. Dieser Gedanke drängte sich mir hauptsächlich auf, als Charity an einem Wochenende um sechs Uhr morgens an die Tür polterte und Frühstück verlangte, oder wenn sie zum tausendsten Mal von zu Hause ausriß und mitten in der Nacht zu mir gerannt kam. Und dennoch würde ich nie aussteigen. Ich wußte, daß sie sonst niemanden hatte, an den sie sich wenden konnte, und daß ich, wie wenig ich auch tun konnte, manchmal doch ihre letzte Zuflucht war. Ich konnte einfach nicht aussteigen. Außerdem produzierte sie so herrlich phantasievolle Katastrophen.

Mitte März klingelte eines Morgens das Telefon in meinem Büro.

«Ist Mrs. Hayden am Apparat?» fragte eine Männerstimme. «Hier spricht Wachtmeister Cooper. Wir haben Ihre Tochter hier auf der Polizeiwache der Siebten Straße.»

Mir blieb vor Staunen die Spucke weg. Bevor ich ihm erklären konnte, ich hätte gar keine Tochter, ertönte eine andere Stimme aus dem Hörer.

«Hallo, Mama . . .»

«*Charity!* Was hast du bloß angestellt? Was, zum Teufel, ist los?»

«Hör zu, Mama, ich bin hier auf der Polizeiwache . . .»

«Charity!»

«Könntest du vielleicht herkommen?»

«Warum hast du ihnen erzählt, ich sei deine Mutter, Charity?»

«Sie haben gesagt, ich soll meine Eltern anrufen.» Lange Pause. Charity hätte nie ihre Mutter angerufen. Erstens besaßen sie gar kein Telefon. Und zweitens wußte Charity – sie war nicht auf den Kopf gefallen –, daß ich sie nie schlagen würde. Ihre Mutter aber würde es tun.

«Hör zu, Charity. Sie werden merken, daß du gelogen hast, sobald ich die Polizeiwache betrete. Sie werden nur einen Blick auf mich werfen und wissen, daß ich nicht deine Mutter bin. Das sieht ja jedes Kind.»

«O bitte, Mama», flehte sie, «ich habe dem netten Mann hier schon gesagt, wie wundervoll du bist, wie du und Daddy dieses kleine Indianerkind adoptiert haben. Ich weiß, daß ich dir viel Kummer bereite, aber du hast ein so gutes Herz!»

«Charity!»

Der Polizist übernahm den Hörer wieder. Er sprach freundlich und geduldig; ich vermutete, daß er sich nicht hatte täuschen lassen. Ich gab weder etwas zu, noch stritt ich es ab. Statt dessen fragte ich, warum sie auf der Wache gelandet sei.

«Na ja, Mrs. Hayden», sagte er freundlich, «sie hat versucht, Züge zum Entgleisen zu bringen.»

So was konnte nur Charity einfallen.

«Nein, Torey. Ehrlich, es stimmt nicht! Ich wollte nur wissen, wie es aussieht. Du weißt doch, wenn man etwas auf die Gleise legt und ein Zug fährt drüber, wird es ganz plattgedrückt. Ich wollte nur wissen, wie es dann aussieht. Das ist alles.»

Wir saßen im Auto und fuhren ziellos umher. Ich hatte ziemlich viel reden müssen, hatte meinen Klinikausweis und andere Papiere gezeigt, bis ich sie mitnehmen durfte, ohne vorher ihre Mutter zu verständigen. Nun hatte ich sie und wußte nicht, was ich mit ihr anfangen sollte.

«Warum bist du überhaupt an der Bahnlinie gewesen? Es ist ein Schultag. Warum bist du nicht in der Schule, wo du hingehörst? Dann hättest du nichts auf die Gleise gelegt und keine Schwierigkeiten bekommen.»

Sie zuckte die Achseln.

«Das ist keine Antwort. Ich will es wissen. Es ist mir ernst, Charity.»

«Bist du mir böse?»

«Das bin ich, jawohl. Ich finde es gar nicht lustig. Der Polizist hatte recht, weißt du, es hätte wirklich jemand verletzt werden können. Ein Zug hätte entgleisen können. Das hätte eine Menge Schaden angerichtet. Und vielleicht wäre jemand verletzt oder sogar getötet worden, weil du so eine Dummheit gemacht hast.»

«Aber ich wollte gar nicht, daß er entgleist.»

«Darum geht es nicht, Charity. Es geht darum, daß du an der Bahnlinie nichts zu suchen hattest. Du hättest in der Schule sein sollen, so einfach ist das.»

Ich fuhr in die Richtung ihrer Schule, doch kannte ich Charity gut genug, um zu wissen, daß sie die ganze Geschichte sofort vergessen würde, wenn ich sie einfach zur Schule zurückbrachte. Sie würde am gleichen Nachmittag wieder Gegenstände auf die Gleise legen, damit sie plattgewalzt würden. Anderseits wollte ich sie auch nicht zu ihrer Mutter nach Hause fahren. Was würde ihre Mutter tun? Sie schlagen? Die Geschichte ignorieren? Wahrscheinlich würde es ein paar saftige Ohrfeigen absetzen, und Charity wäre sogleich wieder sich selbst überlassen, während Michaela in düstere Depressionen versinken und sich sinnlos betrinken würde. Das alles unter der Voraussetzung, daß überhaupt jemand zu Hause war.

Ich befand mich in einer Zwickmühle. Ich hatte gar keine Rechte, keine gesetzlich abgeschirmte Verantwortung, nichts, was mich berechtigte, in Charitys Leben einzugreifen. Es war zehnmal schlimmer als die Machtlosigkeit, die ich als Lehrerin je empfunden hatte. Ich konnte mit ihrer Mutter sprechen, die Lehrerin besuchen, mit einer Sozialarbeiterin Kontakt aufnehmen, aber auf eigene Faust konnte ich nichts unternehmen. Ich war nur ein Rufer in der Wüste.

«Charity, hast du eigentlich Frühstück gehabt?»

Sie schüttelte den Kopf.

Ich bog zu einem McDonald's ein. «Dann halten wir hier, essen etwas und sprechen einmal über die ganze Angelegenheit.»

Charity saß über ihr Rührei gebeugt. Ihr Kampfgeist war erlahmt. Sie hatte wohl gemerkt, daß ich es ernst meinte, sehr ernst, und daß die Sache für sie nicht gut stand. Sie ließ die Schultern und den Kopf hängen.

«Also, willst du mir nicht alles erzählen?» fragte ich. «Wie kommt es, daß du nicht in der Schule bist?»

Sie zuckte die Achseln.

Schweigen. Ich beobachtete sie; sie starrte auf ihren Teller. Ich ließ das Schweigen auf sie einwirken. Wenn man so lange mit Stummen gearbeitet hatte wie ich, beherrschte man eine so mächtige Waffe wie das Schweigen.

«Ich mag die Schule nicht», sagte sie endlich. «Ich fahre nicht gern im Schulbus.»

«Weshalb?»

«Die andern Kinder lachen mich aus.»

«Warum denn?» wollte ich wissen.

Sie hob wieder die Achseln. «Einfach so.»

«Was soll das heißen, einfach so?»

«Halt einfach so.»

Wieder Schweigen. Es waren nicht viele Leute im Restaurant, nur ein paar Lastwagenfahrer und Mütter mit ihren Kindern. Ich sah ihnen zu. Charity stocherte im Rührei, zupfte Krümel aus ihrem Brötchen und steckte sie sich in den Mund.

«Sie rufen mir ‹Dicke› nach», sagte sie leise.

«Aha. Und das macht dich wütend.»

Sie nickte. «Ich bin doch nicht richtig dick. Ich habe nur große Knochen.»

Schweigen. Ich hatte mein Brötchen fertiggegessen und den Orangensaft getrunken. Ich saß nun da und betrachtete Charity.

«Die Kinder rufen dir Übernamen nach, und das ärgert dich. Deshalb willst du nicht mit dem Schulbus fahren. Ist es so?»

Sie zuckte wieder die Achseln. Am liebsten hätte ich ihre Schultern festgenagelt, um sie daran zu hindern. «Ich hasse auch Yolanda.»

«Wer ist das?»

«Die Aufseherin im Bus. Sie wird immer böse auf mich, dabei kann ich doch gar nichts dafür. Die Kinder rufen mir Übernamen nach, und sie wird wütend auf mich.»

«Ich verstehe. Du meinst, es ist nicht fair, wenn sie auf dich wütend ist, wo doch die andern Kinder dich schon aufs Korn nehmen?»

«Ja. Und deshalb hab ich ihr gestern abend gesagt, ich würde Sandy mitbringen, und die würde sie verhauen. Sandy ist zwölf, und ich sagte, sie sei meine große Schwester und sie werde Yolanda, diese blöde Kuh, verhauen.»

«Das hast du ihr gestern abend gesagt?»

Charity nickte. Sie stocherte noch ein wenig im Rührei herum, das sie kaum angerührt hatte. «Und sie sagte, ich sei blöd. Ich hätte gar keine große Schwester.»

«Hmmm. Das hat sie also gesagt.»

«Aber ich hab doch eine.»

«Ich glaube, du möchtest nur eine haben.»

Charity stand auf. Zum ersten Mal standen Tränen in ihren Augen. «Ich *hab* eine große Schwester! Tatsache! Und wenn du nicht sofort den Mund hältst, sag ich ihr, sie soll herkommen und dich auch verhauen.»

«Charity, beruhige dich. Du brauchst nicht so zu schreien.»

«Ich hab aber doch eine große Schwester! Sag das. Sag, daß ich eine große Schwester hab!» Ihre Stimme hatte sich zu einem Schreien erhoben. Die Leute an den andern Tischen sahen sich verstohlen nach uns um.

«Sie wird dich verhauen, Torey Hayden. Sie wird es tun. Ich erzähle ihr von dir, dann kommt sie sofort her und gibt dir eine Ohrfeige!» Charity heulte halb, halb schrie sie mich an. Die Leute sahen jetzt ganz offen zu uns her. Sie drehten den Kopf und starrten uns an. Charity brüllte in einem fort.

«Komm», sagte ich und stand auf.

Charity schrie.

Ich ging zu ihr hinüber, legte ihr die Hände unter die Achseln und hob sie hoch. Es war nicht einfach, sie war kein Federgewicht. Sie widersetzte sich heftig, schrie, wand sich und kämpfte, als ich sie aus dem Restaurant trug. Als wir schon fast an der Tür waren, schlug sie mir die Zähne in die Hand. Ich schrie vor Schmerz auf, doch sie ließ nicht los. Immerhin konnte ich sie durch die Tür schleppen.

Ich schob sie ins Auto, ging auf die andere Seite hinüber und stieg ein. Charity war außer sich. Vielleicht waren ihr die Dinge einfach über den Kopf gewachsen.

Einige Minuten saßen wir im Auto, ohne zu sprechen. Charity schrie immer noch. Ich wischte das Blut von meiner Hand und überlegte, wie unerfreulich meine Restauranterfahrungen in letzter Zeit gewesen waren.

«Komm her», sagte ich dann. Der Schalthebel war zwischen uns, und als sie sich nicht rührte, lehnte ich mich zu ihr hinüber und zog sie über die Barriere weg auf meinen Schoß. Ich hatte

Charity noch nie so gehalten. Sie war kein anschmiegsames Kind, und das mochte ein Teil ihres Problems sein. Sie weinte jetzt nur noch, und als ich sie in die Arme nahm, packte sie meine Bluse, drückte den Stoff an ihr Gesicht und schluchzte. Ich hielt sie ganz fest, das ganze Persönchen samt den klebrigen Toastkrumen, den widerspenstigen Zöpfen, dem scheußlichen Pullover, alles.

«Also, was ist los, Liebes?» fragte ich.

«Ich weiß nicht.»

«Geht's einfach nicht, wie's sollte?»

Sie nickte und schluchzte in meine Bluse.

«Manchmal ist es eben so. Es wird einem zuviel.»

«Magst du mich noch?» fragte sie und sah mich durch die Tränen an.

«Ich mag dich immer noch.»

«Willst du immer noch meine Große Schwester sein?»

«Ja.»

«Auch wenn ich unartig bin?»

«Wir tun alle manchmal ungehörige Dinge. Das ist so.»

Sie wimmerte und schmiegte sich ganz eng an mich.

«Weißt du was?» sagte sie dann.

«Was?»

«Diana, meine andere Große Schwester, mochte mich nicht besonders. Sie gab es auf, meine Schwester zu sein. Sie fragte, ob sie ein anderes Mädchen bekommen könnte, und jetzt ist sie Rosas Große Schwester. Sie mochte mich nicht.»

Es gab eine Pause. Charity wischte sich die Tränen ab. «Und Sandy auch nicht. Und Cheryl. Ich hatte wirklich Schwestern, Große Schwestern, ehrlich. Sie haben mich nur alle aufgegeben, außer du.»

Ich gab keine Antwort.

«Gibst du auch auf?»

«Nein, ich habe dir doch gesagt, das würde ich nicht tun.»

Sie seufzte und krabbelte von meinem Schoß hinunter und zu ihrem eigenen Sitz hinüber. «Das haben sie alle gesagt.»

Ich brachte sie zur Schule. Dann fuhr ich ins Büro und verarztete meine Hand. Wo Charity mich gebissen hatte, war die Haut schön halbmondförmig zerrissen, und alles war voll Blut. Vorher hatte ich nicht darauf geachtet, doch als ich wieder im Büro war, merkte ich, daß ich mich so nirgends zeigen konnte. Ich wusch meine Bluse im Waschraum aus und klebte mir ein Pflaster auf die Hand. Es hielt aber nicht, da ich die Hand ständig bewegen mußte. Also trocknete ich die Wunde gut ab und ließ es dabei bewenden.

Am Abend war mir heiß, und alles tat mir weh.

Am folgenden Morgen hatte ich 40 Grad Fieber. Ich mußte eine Woche im Bett bleiben und mir eine Tetanusspritze verpassen lassen.

17

Die Monate vergingen. Der Frühling zog ins Land. Ostern war vorüber, und bald würde der Flieder blühen.

Seit der Zeit, als Jeff zum ersten Mal an unseren Sitzungen teilgenommen hatte, hatte sich viel geändert. Es gab zwar immer noch Momente, in denen Kevin vor etwas zurückschreckte oder sich ängstlich benahm, doch im allgemeinen hatte sich sein Zustand so sehr gebessert, daß man in ihm jenen Jungen, der sich unter dem Tisch versteckt hatte, nicht wiedererkannte.

Wir gingen nun regelmäßig mit ihm aus. Jeff und ich holten ihn sogar am Wochenende ab und besuchten mit ihm den Zoo, wo es ihm besonders gut gefiel. Er hatte die Seehunde ins Herz geschlossen. Er sparte sein Taschengeld und kaufte davon ein Paket Fisch nach dem andern, um sie zu füttern. Aber am liebsten ging er in den Vergnügungspark. Das wunderte mich eigentlich, denn Kevin hatte vor den meisten Bahnen Angst. Das Geld für die Eintrittskarte schien mir deshalb immer eine Verschwendung zu sein; sie berechtigte nämlich zu zehn Gratisfahrten. Kevin aber spazierte die ganze Zeit nur herum. Er hatte kaum je Geld übrig, um sich Zuckerwatte oder Karameläpfel zu kaufen, außer wenn Jeff und ich es ihm spendierten. Und nebst den Bahnen gab es da nichts zu sehen. Trotzdem blieb der Park für ihn der Hauptanziehungspunkt. Die einzige Erklärung, die mir einfiel, war, daß Jeff und ich an manchen Bahnen unsern Spaß hatten und Kevin uns dafür seine eigenen Coupons gab. Vielleicht wollte er einfach eine Gelegenheit haben, etwas für uns zu tun.

Es rückte die Zeit heran, da Kevin das Garson-Gayer-Heim verlassen mußte. Er wurde im September jenes Jahres siebzehn, und das Heim nahm in der Regel nur Kinder unter fünfzehn auf. Es war also höchste Zeit, daß sich Dana nach etwas anderem für Kevin umsah.

Seine Zukunftsaussichten waren nun viel besser als noch im September vor einem Jahr. Das Staatskrankenhaus wurde kaum mehr erwähnt. Da Kevin seine Ängste zum größten Teil überwunden hatte, da er redete und Kontakt suchte, hatte er gute Aussichten, in eine freiere Umgebung versetzt zu werden. Auch äußerlich hatte er sich zu seinen Gunsten verändert. Seine Haut war behandelt worden, und die Akne war fast verschwunden. Mit dem neuen Haarschnitt, der modischen Kleidung und einer neuen Brille sah er aus wie jeder Junge seines Alters. Er würde jetzt kaum mehr auffallen.

Dana suchte mit großem Einsatz Pflegeeltern für Kevin oder, wenn ihr das nicht gelingen sollte, ein Gruppenheim, wo er mit andern, mehr oder weniger normalen Jungen seines Alters zusammenwohnen würde.

Kevin war sich bewußt, daß er in einen neuen Lebensabschnitt eintreten sollte. Er freute sich darauf und dachte oft darüber nach, was ihm die Zukunft bringen würde.

Als Mitte Mai der Anruf kam, waren wir darauf vorbereitet. Jeff und ich fuhren ins Heim, und Dana empfing uns strahlend an der Tür. Sie war wirklich eine Schönheit, wenn sie so lächelte, und sie steckte uns beide mit ihrer Freude an, bevor wir noch die näheren Einzelheiten erfahren hatten.

Ein Gruppenheim in Bellefountaine, einer Gemeinde auf dem Land, hatte sich bereit erklärt, Kevin aufzunehmen. Es war ein Haus für sieben Jungen, das für seine Erfolge mit schwierigen Jugendlichen bekannt war. Kevin sollte Ende des Monats dorthin gehen.

Dieses Heim übertraf meine kühnsten Hoffnungen. Es war ein kleiner Bauernhof außerhalb von Bellefountaine. Sie hatten zweieinhalb Hektar Land, das sie bewirtschafteten, und hielten Kühe, Schafe, Pferde und Schweine. Nach sieben Jahren Gefängnis würde Kevin endlich frei sein.

Er war vor Freude ganz aus dem Häuschen. Er sprang auf den Tisch und führte einen Freudentanz auf. «Ich bin frei!» rief er aus vollen Lungen. «Ich hab ein Zuhause, ich bin frei.»

Es würde sich in seinem Leben viel ändern. Jeff und ich hatten oft mit ihm darüber gesprochen und ihn darauf vorbereitet, noch bevor wir wußten, wo er landen würde. Nun nahte das Ende für uns, für unsere Sitzungen. Bellefountaine lag so weit weg, daß weder Jeff noch ich ihn in Zukunft besuchen konnten. Er mußte selbständig werden.

Als wir uns darüber unterhielten, wurde mir bewußt, daß für Kevin die Zeit für einen Wechsel wirklich reif war. Er sagte, es tue ihm leid, uns nicht mehr zu sehen, und befürchtete, wir könnten vergessen, ihm zu schreiben. Doch das beschäftigte ihn nicht lange. Er lebte fast nur noch in der Zukunft. Jeff und ich gehörten der Vergangenheit an.

In der allerletzten Sitzung am 27. Mai hielten Jeff, Kevin und ich im weißen Zimmer eine kleine Feier ab. Jeff brachte sein Kassettengerät, ein paar Kassetten und die Gitarre mit. Ich steuerte etwas Leckeres zum Essen bei. Gegen Ende der Stunde lag Kevin auf dem Boden und steckte sich Krümel um Krümel des Kuchens in den Mund. Jeff saß auf dem Tisch und ließ die Beine baumeln. Wir waren alle drei große Kinder. Irgendwie hatte uns das auch zusammengebracht und zusammengehalten, weit über die Zeit hinaus, da Kevin einen vollausgebildeten Psychiater und eine Psychologin brauchte. Jeff und ich waren selbst wie Kinder, zwei altkluge Kinder mitten in der Welt der Erwachsenen. Aber Kevin hatte uns ermöglicht, selbst wieder zu spielen, während wir ihm das Spielen beibrachten. Es hatte uns Spaß gemacht. Wir saßen da und aßen vergnügt die Reste unseres Kuchens auf, als aus dem Kassettengerät die ersten Takte eines Walzers ertönten. Jeffs Kassetten waren ziemlich originell zusammengestellt. *Geschichten aus dem Wienerwald.*

Jeff sprang vom Tisch hinunter. Er streckte mir die Hand entgegen und verbeugte sich. «Darf ich um diesen Walzer bitten, gnä' Frau?»

Ich kicherte verlegen. «Ich kann nicht tanzen.»

«Doch, Sie können. Mit mir schon. Kommen Sie, die Musik wartet nicht.»

«Bestimmt, Jeff, ich tanze furchtbar.» Aber er zog mich vom Boden hoch.

Er legte seinen Arm um mich und tanzte mit mir zu den Walzerklängen rund ums Zimmer. Er hatte einen sicheren Schritt und führte gut. Wie durch Zauber verschwand der enge, kahle Anstaltsraum, und die weißen Wände schmolzen hinweg, als ich in Jeffs Gesicht blickte. Seine Augen lachten. Ich befand mich in einem wunderschönen Ballsaal. Oder im kühlen, grünen Wienerwald?

«Schau, hinter dir», flüsterte Jeff und machte eine Drehung, so daß ich es sehen konnte.

Kevin hatte sich auch erhoben. Er hatte die Arme ausgestreckt und eine unsichtbare Partnerin umfaßt. Seine Augen waren geschlossen. Den Kopf zurückgebogen, wirbelte er herum. Er wirkte irgendwie elegant, fast unheimlich elegant.

Als die Musik verklang und Jeff und ich stehenblieben, drehte sich Kevin noch ein paar Takte lang zu imaginären Walzerklängen. Endlich blieb er schwankend, wie im Traum stehen. Er trat zu uns.

«Zeig mir, wie man das macht, Jeff. Laß die Musik noch einmal laufen und zeig es mir, bitte. Damit ich es richtig lerne.»

Jeff spulte die Kassette zurück.

«Also komm. Es ist ganz leicht. Einfach so.» Er legte seinen

Arm um Kevin und zeigte ihm die Schritte, dann tanzte er mit ihm durchs Zimmer.

Sie waren ein ungleiches Paar, der brillante junge Arzt und der ungehobelte Junge. Kevin war beinahe so groß wie Jeff, aber viel schmaler und weniger kräftig gebaut. Jeff war sehr behutsam und schob Kevin so herum, daß man seine Fehler gar nicht merkte. Auf Kevins Gesicht lag ein rätselhafter Ausdruck.

Ich war den Tränen nahe, als ich ihnen zusah. Es war schön, wie sie zu dieser Musik in der Frühlingssonne, die durchs Fenster strömte, tanzten. Es weckte in mir etwas Tiefes und Unausgesprochenes. Ich glaube, es berührte uns alle.

Als die Musik aufhörte, kam Kevin auf mich zu. «Wollen Sie nun mit mir tanzen, Frau Lehrerin?» fragte er.

Ich sah ihn an.

Er lächelte.

«Ich bin nicht so gut wie Jeff», sagte ich.

Der Walzer begann wieder, und ich fühlte Kevins Arm um mich. Er tanzte instinktiv, wie ich es nie gekonnt hatte. Er hielt mich voll Vertrauen. Vermutlich war es gar kein Walzer. Kevin erfand seinen eigenen Tanz. Den Tanz des Phönix.

Zweiter Teil

18

Ich hörte nur durch Dana von Kevin. Er verließ das Garson-Gayer-Heim am ersten Juni und zog nach Bellefountaine. Mitte Juni verbrachte er zwei Wochen in einem Sommerlager für Sonderschüler. Offenbar ging es ihm gut.

Dann vernahm ich nichts mehr. So war es meistens bei meinen Kindern. Man gewöhnte sich an den Abschied und das Schweigen danach. Zuerst schien es mir immer widersinnig, nachdem man eine so intensive und vertraute Beziehung aufgebaut hatte, doch das gehörte nun mal zu diesem Beruf.

Die ersten zwei Monate jenes Sommers arbeitete ich mit den Kindern in der Klinik und gab zwischendurch einen Ferienkurs an der Universität. Mir kam es vor, als hätte ich plötzlich sehr viel freie Zeit.

Am Wochenende des vierten Juni, des Nationalfeiertags, ging ich mit einigen Freunden und ihren Kindern zelten. Wir nahmen Charity mit. Mit einem Jeep fuhren wir hoch in die Rocky Mountains hinauf, bis die Straße aufhörte, und gingen dann zu Fuß noch fast fünf Kilometer weiter.

Charity beklagte sich die ganzen fünf Kilometer. Sie war es nicht gewohnt, so weit zu marschieren. Obwohl ich ein Paar ganz brauchbare Wanderschuhe für sie gefunden hatte, jammerte sie, die Füße täten ihr weh und der Rücken auch, und sie sei müde. Ich ärgerte mich ein wenig, da die Zwillingssöhne meiner Freunde, die fünf waren, und das kleine dreijährige Mädchen ihre Rucksäcklein selbst trugen, und sogar der Hund schleppte sein Futter selbst. Aber Charity kümmerte es nicht, daß sie schon fast neun war und nur ein Bündel Kleider trug. Sie war müde und verschwitzt und behauptete, es sei für sie zu schwer. Da wir es nicht eilig hatten, hielten wir an, wenn Charity über Müdigkeit klagte. Schließlich nahm ich ihr das Bündel doch ab, und am Ende schafften wir's.

Es war ein herrliches Wochenende. Charity lebte in den Bergen auf. Ich lehrte sie in den eiskalten kleinen Seen unter den Wasserfällen schwimmen. Sie war ganz in ihrem Element. Wir hatten keine Badeanzüge mitgenommen, und sie schwamm zuerst in ihren durchlöcherten, schmuddeligen Höschen. Nach kurzer Zeit waren aber beide, die sie dabeihatte, naß; da ließ sie ihre Hemmungen fallen und planschte nackt im Wasser umher. So mußte es auch sein, dachte ich, als ich ihr von den Felsen am Ufer aus zuschaute. Ich hatte Charitys lange, dicke Zöpfe aufgelöst, so daß sich das Haar wie ein schwarzer Mantel um sie legte. In ihren Polyesterkleidern sah sie dick aus, aber hier vor der Kulisse der gespensterhaften Kiefern, die bis ans Ufer reichten, wirkte sie nur kräftig. Sie war schön, ein Wald- und Wasserkind, mit ihrer Umgebung eins.

Sie lernte auch fischen, und das machte ihr am meisten Spaß. Mit dem sicheren Instinkt eines geborenen Jägers fand sie die besten «Löcher». Sie konnte stundenlang am Ufer sitzen und beobachten, wie sich die Fische in der Tiefe bewegten.

Es galt auch die üblichen Campingarbeiten zu verrichten. Man mußte Holz suchen, Feuer anmachen und am Morgen die Zelte straffen. Wir brieten Kartoffeln und Würstchen, und der Rauch stieg durch die Kiefern auf. Nach dem Essen saßen wir ums Lagerfeuer und erzählten einander Geschichten, während es langsam dunkel wurde. Von einem weit entfernten Waldbrand wehte Rauch herüber, und die Luft war von einem beißenden Geruch erfüllt, der uns gleichzeitig an Wärme und Tod erinnerte.

Wir formten seltsame Gebilde aus Bananen und Schokoladenstengeln, hüllten sie in Folie und backten sie in der Glut. Wir erzählten uns tolle Geschichten. Wir wußten alle eine, sogar Maggie, die Dreijährige. Und ich. Und erst Charity! Ich hätte eigentlich wissen müssen, daß sie eine gute Geschichtenerzählerin war, sie fabulierte einem ja immer etwas vor. Ihre Geschichten fesselten niemanden so sehr wie mich. Sie saß ein wenig vom Feuer entfernt, abseits von uns. Die Flammen erhellten ihr Gesicht nicht wie bei den andern. Die Dunkelheit verlieh der leisen, fast körperlosen Stimme etwas Geheimnisvolles, als sie vom Großen Unbekannten erzählte, dem Sohn von zwei Männern. Wir hörten von Lagern und Nachtquartieren, die schon lange nicht mehr existierten und sogar in der Erinnerung ausgelöscht waren, von Göttern, zu denen keiner mehr betete, von einem Volk, das wie Dunst in die Dunkelheit verschwunden war.

Es gab in Charitys Erzählungen lange Pausen. Nicht so sehr Denkpausen als Pausen, in denen sie lauschte. Mit geneigtem Kopf lauschte sie auf die Geräusche der Nacht, bevor sie mit ihrer Geschichte fortfuhr. Einmal verfiel sie mit einer Stimme, so sanft wie der Wind in den Kiefern, in ihre Muttersprache. Es machte gar nichts aus. Die leisen, fremden Worte brachten die Bedeutung der Geschichte genausogut zum Ausdruck.

Dann waren wir allein, Charity und ich, und kuschelten uns in unsere warmen Schlafsäcke. Die Luft war sommerlich warm, ein Lüftchen rauschte in den dunklen Bäumen, und die Sterne schimmerten nur schwach hinter den Rauchschleiern in der Ferne. Ich ließ den Eingang des Zeltes offen, so daß wir in die Nacht hinaussehen konnten.

Wir hatten die Zelte auf einem Grat zwischen zwei Bergen aufgeschlagen. Der höhere war links von uns, ein alter, erloschener Vulkan. Von unserm Zelt aus sahen wir das gewaltige Bergmassiv, das sich vom dunstigen Sternenhimmel abhob.

Lange nachdem es in unserm Lager ganz ruhig geworden war – ich war schon am Einschlafen –, rief Charity leise: «Torey?»

«Hmm?»

«Wo sind wir?»

Ich rollte mich schlaftrunken herum. «Im Zelt. Wir zelten, das weißt du doch.»

«O ja», erwiderte sie ein wenig beunruhigt.

«Hast du Angst, Charity?»

«Nein, nein. Ich nicht.»

Schweigen.

«Gibt es hier oben Bären?» erkundigte sie sich höflich.

«Nein», erwiderte ich. «Ich glaube kaum. Die sind anderswo.»

«Bist du ganz sicher?»

«Ja.»

«Es könnte hier schon Bären geben.»

«Nein.»

«Wie kannst du das wissen?»

«Weil ich die Bären kenne, Charity. Hier gibt es keine.»

«Und wenn es doch welche gäbe?»

«Ich würde sie alle von dir fernhalten, Charity. Ich würde dich beschützen. Nun schlaf schon.»

«Torey? Wie würdest du mich beschützen? Würdest du mit ihnen kämpfen?»

«Ich würde mit ihnen kämpfen. Und ich würde auch gewinnen. Nun schlaf gut.»

Schweigen.

«Torey?»

«Jaaa?»

«Gibt es hier Löwen?»

«Nein. Es gibt ganz bestimmt keine Löwen. Keinen einzigen. Nun schlaf wieder und hab keine Angst.»

«Und Berglöwen? Berglöwen könnte es hier doch geben.»

«Nein. Auch keine Berglöwen. Ich würde sie sonst hören. Ich höre aber keine. Wir sind also ganz sicher. Schlaf ruhig.» Ich schloß die Augen. Charity rückte ihren Schlafsack näher an meinen heran, und ich machte eine kleine Vertiefung, in die sie sich hineinkuscheln konnte.

Die Stille der Nacht senkte sich wieder auf uns, und ich glaubte, sie sei nun eingeschlafen.

«Torey?» flüsterte sie mit einem ganz dünnen Stimmchen.

«Ja, Charity?»

«Mama hat gesagt, ich solle nicht bei dir schlafen, wenn du mich nicht darum bittest. Aber wenn du mich darum bittest, dann könne ich schon, hat sie gesagt.»

«Hmm-hmm.»

«Ich dachte, ich sollte dir das sagen. Nur für den Fall, daß du mich bei dir haben möchtest.»

«Fürchtest du dich?»

«Nein, nein. Ich hab nur gedacht, dir sei vielleicht kalt oder so, und du möchtest nicht fragen. Aber wenn du willst, würde ich schon bei dir schlafen.»

Müde setzte ich mich auf. Ich lächelte ihr zu. «Ja, ich hab mir die ganze Zeit gewünscht, daß du bei mir schläfst.»

Sie lächelte überglücklich. «Das hab ich gedacht!»

Dann nahm ich einen Monat frei und ging nach Wales.

In den kühlen, nebligen Bergen im Norden dieses Landes fühlte ich mich wie zu Hause. Ich hatte nie ganz begriffen, warum; ich fühlte einfach diese Sehnsucht, «hiraeth», wie es die Waliser in ihrer Sprache nennen. Ende Juli packte ich meine Wanderschuhe in den Rucksack und ließ die Klinik, die Stadt und den heißen Sommer der Weststaaten hinter mir. Wochenlang wanderte ich durch feuchtes, wildes Land, durch die windgepeitschte Heide und über den Arrows-Paß, wo König Arthur besiegt wurde. Die Nächte verbrachte ich in kleinen Steinhäusern bei Freunden oder in Kneipen am Kohlefeuer, während der Nebel von der Irischen See heraufzog. Ein Dichter dieser Gegend sagte einmal, die Waliser verließen ihre Berge nur einmal, weil sie es kein zweites Mal ertragen könnten.

19

Im Geiste war ich immer noch irgendwo in Wales, als das Telefon klingelte. Ich hob den Kopf vom Kissen und konnte mich einen Moment gar nicht zurechtfinden. Es war Tageslicht. Morgen? Nachmittag? Gestern? Heute? Ich war mir darüber noch nicht klargeworden, als ich den Hörer abhob.

Es war Jeff. Ich war nicht in der Stimmung, mit ihm zu sprechen. «Mein Gott, Jeff, ich bin eben erst zurückgekommen.

Warum rufst du überhaupt zu dieser Tageszeit an? Wieviel Uhr ist es?»

«Halb neun.»

«Ah. Am Abend oder am Morgen?»

«Am Morgen. Ich bin im Büro.»

Ich spähte zur Küchenuhr hinüber. Ja, es war halb neun. «Ich muß heute noch nicht kommen, Jeff. Ich hab immer noch Ferien. Ich komme erst am Montag wieder.»

«Ich weiß.»

«Was willst du denn eigentlich?»

Er seufzte schwer. «Du erinnerst dich doch an Kevin Richter? Vom Garson-Gayer-Heim?»

«Natürlich erinnere ich mich.»

«Er ist im Mortenson-Krankenhaus, in der psychiatrischen Abteilung.»

Ich wurde hellwach. Ich wünschte, ich hätte noch geschlafen. Ich wünschte, ich wäre wieder in Wales und das wäre alles nur ein Traum.

In einer heißen Augustnacht hatte Kevin in Bellefountaine in einen Streit eingegriffen, in den ein paar Jungen und eine Heimleiterin verwickelt waren. Niemand wußte genau, was geschehen war, aber Kevin hatte im Verlauf des Streits die Frau angegriffen. Er brach ihr den Arm und renkte ihr die Schulter aus. Die Polizei wurde gerufen, und Kevin mußte auf der Stelle das Heim verlassen; er wurde in die Jugendabteilung des Untersuchungsgefängnisses gebracht.

«Das ist ja furchtbar!» stöhnte ich.

«Wart's ab», erwiderte Jeff, «das ist erst der Anfang.»

Kevin blieb drei, vier Tage in Untersuchungshaft, während man beriet, was mit ihm geschehen sollte. Dann riß er aus. Zwei Tage versteckte er sich in der Stadt, und letzte Nacht war er dann in die Klinik eingebrochen.

«In die Klinik?» wiederholte ich.

Jeff bestätigte es. «In unser Büro.»

«Was, zum Teufel, hatte er in unserem Büro zu suchen?» fragte ich.

Ganz einfach. Er suchte sein Messer, das blaumetallene Bettstattmesser, das er mir vor so vielen Monaten zum Aufbewahren gegeben hatte. Ob ich mich daran erinnere, fragte Jeff. Wie hätte ich es vergessen können! Offenbar hatte Kevin nur ein Ziel vor Augen, als er aus der Untersuchungshaft ausriß: seinen Stiefvater umzubringen. Er wußte, daß ich das Messer hatte. Ein Junge, der nach der Beschreibung Kevin sein mußte, war am Tag zuvor in die Klinik gekommen und hatte der Sekretärin am Empfang gesagt, er müsse mich unbedingt sehen. Als er erfuhr, daß ich noch in den Ferien weilte, war er gegangen. Dann, in der Dunkelheit, war er eingebrochen.

Die Polizei faßte ihn, ihn und sein Messer, das er in der Schublade meines Schreibtisches gefunden hatte. Nun war er in der Sicherheitsabteilung des Mortenson-Krankenhauses.

Jeff und eine Menge anderer Leute konnten es kaum erwarten, bis ich wieder zur Arbeit erschien. «Du solltest sehen, wie unser Büro aussieht», sagte Jeff. «Wart's nur ab, bis die Leute von Mortenson dich erwischen. Sie wollen dich unbedingt sprechen.»

Ich ging ins Badezimmer, füllte das Waschbecken mit Wasser und schrubbte mich gründlich. Als ich mir mit dem Waschlappen übers Gesicht fuhr, betrachtete ich mich im Spiegel. Ich war keine vierundzwanzig Stunden zurück und noch ganz unausgeschlafen. Man sah meinem Gesicht die Erschöpfung an; das konnte ich auch mit viel Seife und Wasser nicht abwaschen.

Als ich ins Büro kam, sah ich die Bescherung. Alle Schubladen waren aus unseren beiden Schreibtischen herausgezogen worden, und der Inhalt lag über dem ganzen Boden verstreut. Die Bücherregale waren leergefegt. Papier überall.

Jeff saß mittendrin auf seinem Bürostuhl. Er sah genauso aus, wie ich mich fühlte: zerschmettert.

«Vielleicht hätten wir es voraussehen sollen», sagte er tonlos, als ich mir einen Weg durch das Durcheinander bahnte und mich auf meinen Stuhl fallen ließ. «Es mußte einfach noch etwas in dem Jungen stecken. Es konnte gar nicht so einfach sein, wie es schien, nicht nach all diesen Jahren.»

«Ich hatte gehofft, es sei alles in Ordnung», erwiderte ich.

«Ja, ich auch. Aber . . .» Jeff drehte sich ziellos auf seinem Stuhl hin und her. «Ich muß zugeben, daß mir der Junge eigentlich nie viel erzählt hat. Nein, eigentlich nicht. Um ganz ehrlich zu sein, glaube ich nicht, daß er mir je was erzählt hat.»

«Wie meinst du das?» Ich sah ihn fragend an.

Jeff zuckte die Achseln. «Du weißt schon, was ich meine. Er hat eigentlich nie was *gesagt*. Es war immer nur oberflächliches Geplauder. Aber . . .» Jeff überlegte. «Aber ich konnte es schon nicht mehr hören, wie du immer sagtest: ‹Mein Bauch sagt dies, mein Bauch sagt das.›» Er lächelte bitter. «Ich wußte die ganze Zeit, daß du recht hattest. Ich wußte, daß der Junge mir nie etwas anvertraute, verdammt noch mal – daß er uns nur etwas vorspielte. Aber es hing mir schon zum Hals raus, von dir und deinem Bauch zu hören . . .»

Ich schnitt eine Grimasse.

Jeff zuckte wieder die Achseln. «Ich habe gar nichts aus ihm herausgebracht. Und nach einer Weile glaubte ich, daß da auch nichts herauszufinden sei.»

«Ich meinte auch», sagte ich leise, «daß es ihm bessergehe. Ich dachte, wir hätten ihm geholfen.»

Mir war zum Heulen zumute. Ich hatte nicht gewollt, daß Jeff so etwas zu mir sagte. Und auf gar keinen Fall wollte ich recht haben.

«Nun ja», sagte Jeff sanft, «ich habe ihm vielleicht auch geglaubt.» Er lächelte mir zu. «Du mußt dir keine Vorwürfe machen.»

«Aber es ist ihm doch bessergegangen. Er hat tatsächlich Fortschritte gemacht. Sogar so ist es besser, Jeff, als wenn er immer noch unter dem Tisch kauerte. Das glaube ich jedenfalls. Ich kann nicht zaubern. Ich habe keine Antworten bereit. Fragen stellte ich eine Menge, aber ich hatte keine Antworten darauf.»

«Nein», sagte er. «Wir fanden nie Antworten. Wahrscheinlich hatten wir nicht einmal alle Fragen. Wir haben eigentlich gar nichts.»

Das Mortenson-Krankenhaus bat mich, herzukommen. Sie erkannten vermutlich die seltsame Rolle, die ich in diesem Drama spielte. Außerdem war Kevin in seine Stummheit zurückgefallen. Er hatte zu keinem Menschen außer zur Polizei ein einziges Wort gesprochen. Nachdem ich also mit Jeff zusammen eine Stunde lang unsere Schubladen wieder eingeräumt hatte, stieg ich in den Wagen und fuhr quer durch die Stadt ins Mortenson-Krankenhaus.

Es war ein riesiges Krankenhaus, das ich nicht kannte, da es nicht mit der Klinik in Verbindung stand. Wie ein gigantisches schlafendes Tier lag es auf dem Felsen über dem Fluß. Ein Teil des Gebäudes war zehn Stockwerke hoch, während ein anderer wegen des Abhangs nur sieben oder acht Stockwerke aufwies.

Das Krankenhaus hatte hauptsächlich medizinische Fälle zu betreuen, doch war darin auch die größte Psychiatrie-Abteilung des Distrikts untergebracht. Ein Teil davon war für kriminell gefährdete Patienten eingerichtet. Der ganze fünfte Stock war für die Psychiatrie reserviert, und dorthin vorzudringen, war ein richtiges Erlebnis. Man mußte einen öffentlichen Lift zum vierten Stock hinauf nehmen, dann den Privatlift suchen, der in den fünften Stock fuhr. Den Privatlift konnte man nur benutzen, wenn eine Krankenschwester mitkam oder wenn man sich einen besonderen Schlüssel besorgte. Im fünften Stock trat man aus dem Lift in eine Empfangshalle. Dort mußte man sich bestätigen lassen, daß man eine Verabredung hatte, und dann wurden die großen, metallenen Doppeltüren elektronisch geöffnet. Dahinter befand sich noch einmal eine Flügeltür. Man mußte klingeln, und eine Pflegerin ließ einen herein.

Ich war schon in manchen Psychiatrie-Abteilungen gewesen, doch hatte ich noch nie ein so imposantes Sicherheitssystem angetroffen. Als ich mich einmal auskannte, brachte ich die ganze Prozedur in etwa vier Minuten hinter mich, falls die Lifte sofort kamen. Doch an jenem ersten Tag verirrte ich mich mehrmals, und eine Unmenge Leute in weißen Kitteln brachten mich nur noch mehr durcheinander. Es dauerte mindestens zwanzig Minuten, bis ich zu Kevin vorgedrungen war.

Er war in seinem Zimmer. Es war ein langer, schmaler Raum mit einem ziemlich großen Fenster an der Schmalseite. Das Bett und die Kommode ließen den Raum noch schmaler erscheinen. Ein Stuhl war auch vorhanden, ein kleiner, stapelbarer Plastikstuhl. Dort saß Kevin und streckte seine langen Beine aus.

Er blickte auf, als mich die Krankenschwester hineinführte. Er schien nicht besonders überrascht zu sein, mich zu sehen. Vielleicht hatte er die ganze Zeit gewußt, daß das, was er getan hatte, mich auf irgendeine Weise zurückholen würde.

Er war gewachsen, seit ich ihn das letzte Mal gesehen hatte. Er mußte während des Sommers die Größe von eins achtzig erreicht haben. Seinem Haar merkte man immer noch den Schnitt an, den ihm Jeffs Friseur im Frühling verpaßt hatte, doch war es nun viel länger und struppig. Er sah etwas zerzaust, aber eigentlich gar nicht übel aus. Seine Haut war viel besser geworden. Entweder war dies der Sommersonne zu verdanken, oder die Antibiotika hatten endlich gewirkt. Er war nun siebzehn und sah wirklich schon wie ein Mann aus. Seit dem letzten September hatte sich viel geändert.

Ich bat die Krankenschwester, uns allein zu lassen. Als sie ging, schloß ich die Tür hinter ihr leise, aber fest zu. Dann kehrte ich zu Kevin zurück. Es gab in dem winzigen Zimmer nur einen Stuhl, also setzte ich mich aufs Bett.

Wir sahen einander schweigend an.

«Und?» sagte ich zuletzt.

Kevin blickte auf seine Hände hinunter und zuckte die Achseln.

«Was ist eigentlich geschehen?» fragte ich.

Noch ein Achselzucken.

Schweigen. Es war ein unheilvolles Schweigen, das mich an der Gurgel packte und nicht mehr losließ. Ich mußte mehrmals schlucken.

Tief drinnen war ich wütend. «Was hast du dir bloß gedacht, Kevin? Was ist in Bellefountaine geschehen? Und was, zum Teufel, hast du mit dem Messer gewollt?»

Schweigen. Und nochmals Schweigen. Wie alle meine andern

Gefühle saß mir auch die Wut im Bauch. Sie kochte. Als ich die Hand auf den Magen legte, fühlte ich sie schwer im Rhythmus meines Herzens pulsieren.

«Du willst wohl deinem Vater alle Ehre machen? Ist es das, was du willst? Du willst allen beweisen, daß du genauso ein brutaler Kerl wie dein Stiefvater bist? Du wirst ihn nie loswerden! Möchtest du etwa sein wie er?»

Kevin seufzte.

«Es gibt einen besseren Weg für dich. So geht es einfach nicht. Leg es nicht darauf an zu beweisen, daß alles, was er über dich gesagt hat, wahr ist.»

Kevin verzog keine Miene. Sein Gesicht war fast ausdruckslos. Er saß nur da und spielte mit seinen Fingern. Er sah mich nicht an.

«Also was hast du dir nun dabei gedacht?» fragte ich. «Was ist in dich gefahren?»

Er ließ die Schultern hängen und atmete tief ein. «Ich glaube», sagte er leise, «daß in meinem Leben alles schiefgeht, was überhaupt schiefgehen kann.»

20

Und so begannen wir von neuem.

Kevin stürzte innerhalb weniger Tage nach seiner Einlieferung in Mortenson in eine Depression. Vielleicht deshalb, weil er die Gelegenheit, seinen Stiefvater umzubringen – dieses zentrale Ziel in seinem Leben –, verpaßt hatte. Oder vielleicht wollte er einfach dem Krieg in seinem Innern ausweichen, den wir Außenstehende nicht völlig erfassen konnten. Es konnte alles mögliche sein, jedenfalls flüchtete er sich an uns vorbei Hals über Kopf in die Depression, und wir waren mehr denn je auf Vermutungen angewiesen.

Die Voraussetzungen, unter denen ich die Sitzungen mit Kevin wieder aufnahm, waren äußerst ungünstig. Was das Krankenhaus von mir erwartete, war, daß ich Kevin wieder zum Sprechen brachte, denn damals sprach er anscheinend mit niemandem außer mit mir. Sie wollten mich jedoch nicht für die Therapie. Sie hatten ihren eigenen Therapeuten, und Kevin bekam nun auch einen Psychiater. Jeff würden sie deshalb nicht brauchen. Die Weisungen des Krankenhauses waren, was die Psychiater anbetraf, sehr streng.

Außerdem wollten sie der Klinik meine Zeit mit Kevin nicht vergüten. Mit welcher Art Vertrag konnten sie meine Dienste beanspruchen? Konnte ich für meine Arbeit garantieren, wenn sie die Klinik im voraus bezahlten? Guter Gott, es klang, als ob ich Kraftfahrzeuge oder irgend etwas ähnliches reparierte. Und wie stand es mit meiner unorthodoxen Vorliebe, den Patienten mehr als einmal pro Woche zu sehen? Würde das entsprechend mehr kosten? Geld, Geld, Geld. Alles drehte sich ums Geld.

Ich wollte Jeff dabeihaben. Und Jeff wollte auch kommen. Aber es ging nicht. Als vollausgebildeter Psychiater war er überqualifiziert, obwohl er damit einverstanden war, offiziell unter mir, der Psychologin, an diesem Fall zu arbeiten.

Schließlich mogelten wir ein wenig. Meine Ehrlichkeit ging nicht so weit, daß ich gegen einen kleinen Schwindel etwas einzuwenden gehabt hätte. Man wußte im Krankenhaus nicht, wie Jeff aussah; also gaben wir zum Schein nach und sagten, wir verzichteten auf ihn als Mit-Therapeuten, und erwähnten die Sache nicht mehr. Dann schlüpfte Jeff in die schmähliche Rolle eines Assistenten, der mir bei meiner Forschungsarbeit über Mutismus half, und besuchte nun Kevin als mein Helfer. Die Klinik konnte es sich angeblich nicht leisten, ihn während der Arbeitszeit gehen zu lassen; deshalb erklärte sich Jeff bereit, die Besuche in seine Freizeit zu legen. Als ich ihm anerbot, ihm aus dem Stipendium, das ich für den Forschungsauftrag bekam, ein dürftiges Gehalt zu zahlen, schüttelte er nur den Kopf und sagte lächelnd, ich solle mir darüber keine Gedanken machen.

Als ich mich durch dieses Gestrüpp von Geldfragen schlug, erkannte ich allmählich einen der Hauptunterschiede zwischen meiner Schultätigkeit und der Arbeit in der Klinik. Eigentlich war es widerlich, dafür bezahlt zu werden, wenn man sich eines Menschen annahm, und auf Grund von finanziellen Überlegungen zu entscheiden, ob und wie lange man sich mit einem Mitmenschen befassen sollte. In meiner Unterrichtstätigkeit war ich nur dafür bezahlt worden, Wissen zu vermitteln. Es blieb mir überlassen, wie sehr ich mich um die Kinder kümmerte. Doch in der Klinik hatte ich immer ein wenig das Gefühl, ich würde mich prostituieren.

Die ersten paar Wochen waren eine Qual. Kevin war furchtbar bedrückt. Wir mußten uns wieder mit dem Problem des selektiven Sprechens herumschlagen, da er zwar ohne weiteres mit mir und Jeff, aber sonst mit niemandem redete, und nichts, was wir taten oder sagten, konnte ihn dazu bewegen. Eigentlich war es unsere Rettung, denn wenn er mit andern geredet hätte, wären Jeff und ich unweigerlich als überflüssig entlassen worden.

Auch wir waren jedoch nicht immer in seiner Gunst. Er sprach nur, wenn ihm danach zumute war, und diese Gelegenheiten wurden immer seltener. Wenn ich kam, wußte ich nie, ob er zur Zusammenarbeit bereit war, ob er mit uns zusammensitzen und reden würde. Manchmal verkroch er sich die ganze Stunde unter den Bettlaken, zog die Wolldecke übers Gesicht und sah uns nicht einmal an. Wir mußten die Sitzungen wegen Jeff auf fünf Uhr festlegen, und das schien für uns alle die ungünstigste Zeit. Ich war gewöhnlich müde und hungrig und brachte nicht soviel Verständnis auf wie üblich. Jeff war zu dieser Tageszeit viel aktiver als sonst. Und was Kevin anbetrifft – es ging mit ihm einfach keinen Schritt vorwärts.

Eines Abends im September – ich saß in der Dämmerung, weil wir das Licht nicht eingeschaltet hatten – dachte ich an die Zeit vor einem Jahr zurück. Damals hatte Kevin noch unter dem Tisch geschaukelt. Ich hörte Kevins und Jeffs leisem Atem zu und erinnerte mich, wie Kevin früher die Stühle um den Tisch herum gestellt und im Halbdunkel gesessen hatte und wie ich am Anfang zu ihm unter den Tisch hatte kriechen müssen. Ganz plötzlich sehnte ich mich nach diesen ersten Tagen zurück,

Tische und Stühle hatten niemals eine so starke Schranke bilden können, wie Kevin sie nun um sich herum aufgebaut hatte.

Die Wochen vergingen. Ich kann mich jetzt kaum mehr an die Zeit erinnern. Nichts geschah, nichts änderte sich. Kevin blieb in seine Depressionen versunken. Er stand unter der Wirkung von so vielen Medikamenten, daß er unzusammenhängend sprach, er war in ein inneres Gefängnis eingeschlossen. Ich wußte nicht, was ich tun sollte, um ihn herauszuholen. Niemand wußte es, weder Jeff noch ich, noch die Krankenschwestern, noch der Psychiater, der ihn behandelte. So belagerten wir ihn einfach und warteten ab.

Jeff und ich gingen nach der Sitzung immer öfter miteinander essen, hauptsächlich weil wir uns darüber hinwegtrösten mußten, daß wir wieder die ganze Stunde schweigend dagesessen hatten, teilweise aber auch als Anreiz, damit wir bereit waren, die Sitzungen weiterzuführen. Wenigstens sah es nicht ganz so hoffnungslos aus, wenn wir etwas hatten, worauf wir uns freuen konnten. Zuerst aßen wir in Schnellimbißrestaurants in der Nähe des Krankenhauses, dann kam Jeff immer häufiger zu mir, und ich kochte, weil wir das fettige Zeug nicht länger ausstehen konnten und außerdem nach dem Essen gern noch eine Weile sitzen blieben und uns unterhielten. Ich glaube nicht, daß wir uns in das Leben des andern einmischen wollten. Es geschah ganz automatisch. Kevins Depressionen waren ansteckend.

Dann teilten wir uns die Sitzungen auf, ich nahm drei und Jeff zwei, weil es uns einfach zuviel wurde. Das gab uns wieder mehr freie Zeit, aber wir fanden beide, wir sollten die Gewohnheit des gemeinsamen Nachtessens nicht aufgeben, damit wir nicht durchdrehten.

Vom Fenster an der Schmalseite des Zimmers aus hatte man eine überwältigende Aussicht. Die Stadt erstreckte sich weit hinaus, und unterhalb des Felsens wand sich der Fluß gewaltig schäumend in Stromschnellen durch eine enge Schlucht, die er in den steinigen Boden gegraben hatte. Im Hintergrund schmiegten sich

Wohnhäuser und Geschäftsgebäude an die baumbestandenen Abhänge, deren scharfe Konturen durch die Bäume, die in Herbstfarben prangten, gemildert wurden.

Kevin verbrachte in diesen Wochen immer mehr Zeit am Fenster. Jedesmal wenn ich kam, stand er dort, die Hände auf dem Rücken, und blickte auf einen unsichtbaren Punkt hinter der Scheibe. Jenes Fenster wurde der Fixpunkt, um den sich unser Leben drehte. Kevin konnte dort stehen und mit mir sprechen, ohne mich ansehen zu müssen. Oft stand er auch dort, ohne zu sprechen. Ich war anscheinend keine große Konkurrenz für die Dinge, die er draußen betrachtete.

«Ich frage mich, was aus meinen Schwestern geworden ist», sagte er an einem Nachmittag zu mir. Die Sonne war untergegangen, aber er stand immer noch am Fenster, eine Silhouette vor den hellen Lichtern der Stadt. Ich hatte ihn schon sehr lange nicht mehr von seiner Familie sprechen hören.

«Ich weiß nicht», erwiderte ich.

«Manchmal denke ich an sie. Weißt du, wie lange ich sie nicht mehr gesehen habe?» Er sah mich kurz an. Als ich den Kopf schüttelte, wandte er sich wieder dem Fenster zu. «Eine lange Zeit. Sechs Jahre. Fast sechs. Fünf Jahre, acht Monate und etwa anderthalb Wochen.» Er rechnete einen Augenblick schweigend nach. «Acht Monate, eine Woche und drei Tage. Weißt du, warum ich das weiß?»

«Warum?»

«Ich erinnere mich. Ich vergesse eben nichts, ich habe ein sehr gutes Gedächtnis.»

«Ich weiß.»

«Das ist eine lange Zeit im Leben eines kleinen Kindes. Meine Schwestern waren noch klein, als ich sie zum letzten Mal sah. Ich frage mich, wie es ihnen geht.»

Ich sagte nichts.

«Mein Stiefvater kam oft betrunken nach Hause. Manchmal holte er meine Schwester Carol aus dem Bett. Ich glaube, er hat manchmal etwas mit ihr gemacht. Du weißt schon. Schmutzige

Dinge. Sie hat nie darüber gesprochen, aber ich glaube, er tat's. Carol wäre es peinlich gewesen, darüber zu sprechen, sogar mit mir. Aber ich hab es geahnt. Ich habe ihn immer beobachtet. Und einmal holte er auch Barbara aus dem Bett. Meistens war es aber Carol. Sie war die Älteste.»

Er hielt ein.

«Einmal mußte man Carol ins Spital bringen, nachdem er sie aus dem Bett geholt hatte.»

Kevin wandte sich zu mir um. Die Dämmerung war hereingebrochen, und ich konnte sein Gesicht kaum erkennen, als er mit dem Rücken zum Fenster stand, vor den Lichtern der Stadt. «Ich frage mich, wie es meinen Schwestern jetzt geht. Ich habe sie nicht mehr gesehen, seit . . . Nun, in all den Jahren. Seit meine Mutter mich nicht mehr besucht. Das ist lange her. In dieser Zeit kann viel geschehen.»

Er drehte sich wieder zum Fenster. «Weißt du was, Torey? Manchmal mache ich mir Sorgen um sie. Ich liege da und denke an sie. Vielleicht tut mein Stiefvater immer noch etwas mit ihnen. Vielleicht tut er's jetzt sogar mit dem Baby, nein, sie wäre gar kein Baby mehr. Aber vielleicht tut er's. Vielleicht hatten sie nicht soviel Glück wie ich. Ich bin rausgekommen.»

Glück? dachte ich.

«Ich bin sicher, es geht ihnen gut, Kevin. Die Familienfürsorge wird sich schon um sie kümmern. Nachdem du weggegangen bist, hat man deinen Stiefvater bestimmt überwacht.»

Er schüttelte den Kopf. «Nein, glaub ich nicht.» Langsam entrang sich ihm ein tiefer Seufzer. «Sie kümmern sich nicht um einen. Wenn man nur ein wenig Prügel bekommt, wenden sie sich ab und tun so, als merkten sie nichts. Wenn man nur ein wenig im Dreck herumgezogen wird, dann schenken sie dem keine Beachtung. Es gibt zu viele *große* Dinge, um die sie sich kümmern müssen. Was sie nicht wissen, ist, daß es nicht die großen Dinge sind, die dich am Ende fertigmachen. Es sind die kleinen Dinge. Wenn dich einer jede Nacht deines Lebens einmal ohrfeigt, nur weil es dich gibt, tut das viel mehr weh, als wenn du einmal halb tot geprügelt wirst.

Ich nickte und setzte mich aufs Bett. Mein Herz krampfte sich zusammen. Es war ein trauriger und trostloser Schmerz in meiner Brust, schwer wie ein nasses Handtuch.

Er wandte sich mir wieder zu und sah mich an. «Wie kannst du eine solche Welt lieben? Ich will da nicht mitmachen. Ich bin verrückt. Verrückt zu sein, ist gar nicht so schlimm. Im schlimmsten Fall pumpen sie dich mit so Zeugs voll, und du spürst nichts mehr. Aber Carol hatte nicht soviel Glück. Sie ist nicht vorher verrückt geworden. Es wäre besser gewesen für sie. Ich glaube, es gibt viel Schlimmeres, als verrückt zu sein.»

21

Kevin hatte sich offenbar entschieden. Was immer in diesem Sommer während seines kurzen Liebäugelns mit der Außenwelt in ihm vorgegangen war, er war zurückgekommen mit der Überzeugung, Normalität sei nichts für ihn. Er war verrückt; er hatte sich vollends damit abgefunden, es auch zu bleiben. Und vielleicht war es diese Entscheidung, die ihn so unglaublich bedrückte.

Diese Haltung erschwerte die Therapie. Außerdem bekam er alle vier Stunden Tabletten, die ihn ganz benommen machten. Genauso schlimm war das Punktesystem, das alle Patienten mitmachen mußten. Sie verdienten sich Punkte für angemessenes Verhalten, und diese Punkte bestimmten ihren ganzen Tagesablauf, auch die Therapiesitzungen und die internen Schulprogramme. Die Patienten konnten sich damit die Erlaubnis erwirken, hie und da das Krankenhaus zu verlassen. Es war ein perfektes System für jemanden, der sich entschlossen hatte, verrückt zu bleiben.

Kevin weigerte sich in jeder Beziehung, mitzumachen. Wenn er morgens keine Lust hatte, aufzustehen, stand er nicht auf. Und verlor Punkte. Wenn er sich nicht waschen wollte, wusch er sich nicht. Noch mehr Punkte verloren. Wenn er nicht ins

Klassenzimmer gehen wollte, ging er nicht. Jedesmal verlor er Punkte, oder er verpaßte die Gelegenheit, sie zu verdienen. Er war so unmotiviert, daß keines der Privilegien, die er verlor, ihm die Anstrengung wert war. Zuunterst auf der Punkteskala drohte ihm «Stubenarrest», entweder in seinem Zimmer oder in der Einzelzelle. Nach einigen Wochen mußte sich Kevin fast ständig in seinem winzigen Zimmer aufhalten. Es gefiel ihm. Man hätte ihm nur noch das Fenster mit Brettern zunageln sollen.

Natürlich waren die Krankenschwestern sehr beunruhigt. Er war so passiv und nicht zur geringsten Zusammenarbeit bereit, daß sie einfach nicht wußten, wie sie sich verhalten sollten. Er tobte und schrie nicht und benahm sich auch nicht aggressiv. Das hätte ihm ein paar Stunden im Absonderungsraum eingebracht. Aber wenn sie am Ende ihrer Weisheit waren, sperrten sie ihn trotzdem für kurze Zeit dort ein, nur um zu sehen, ob es ihn aus seiner Lethargie reißen würde. Es half aber nichts. Der Psychiater erhöhte die Dosis der Mittel gegen Depressionen. Keine Veränderung. Die Krankenschwestern entschlossen sich, das Gegenteil von ihren üblichen Strafmaßnahmen zu versuchen: Kevin durfte sein Zimmer nicht mehr betreten, bis er sich das Privileg dazu verdient hatte. Doch die einzigen Orte, wo er sich sonst aufhalten konnte, waren der Fernsehraum oder das Spielzimmer, und diese waren kaum geeignet, die Maßnahme wirkungsvoll zu gestalten. Manchmal wurde er auch in den Flur verbannt, wo er dann schweigend vor seinem Zimmer auf dem Boden saß und den vorbeigehenden Krankenschwestern und Besuchern nachstarrte. Seine langen Beine streckte er über den halben Flur aus, und wer nicht aufpaßte, stolperte darüber.

Es wurde für mich immer schwieriger, ihn zu besuchen. Oft durfte ich nicht zu ihm. Er mußte sich nämlich auch Punkte verdienen, damit Jeff oder ich kommen durften, und sehr oft verdiente er sie nicht. Kevin hatte wie schon zuvor eine etwas engere Beziehung zu Jeff, und manchmal schien es, als gebe er sich Mühe, sich Jeffs Besuch an den zwei Abenden pro Woche zu verdienen, doch sogar diese verlor er häufig.

Es war, als schwimme man in Melasse – viel Anstrengung und

wenig Fortschritte. Jeff war durch die Situation noch mehr beunruhigt als ich, denn er störte sich nicht nur daran, daß wir keinerlei Kompetenzen hatten, sondern auch an der Art und Menge der Medikamente, die Kevin einnehmen mußte. Ich war ganz seiner Meinung, aber weil ich mit Medikamenten auch sonst nie etwas zu tun hatte, wurmte es mich nicht so sehr. Doch für Jeff, der es gewohnt war, selbst Medikamente zu verschreiben, war es schlimm. Er mußte sich in die Anordnungen eines andern Psychiaters, die er unangemessen fand, fügen, nur weil ihm sein unwürdiger Status in diesem Krankenhaus nicht erlaubte, dagegen zu protestieren.

Ich hätte beinahe das Handtuch geworfen. Mehrmals hatte ich mich schon dazu entschlossen, Kevin aufzugeben – es wäre besser für uns alle, dachte ich. Kevin war ein Junge, der als Kind geprügelt und mißhandelt worden war, der lange Zeit in Anstalten verbracht hatte, der gewalttätiges und aggressives Verhalten an den Tag legte und, was vielleicht am wichtigsten war, ein Junge, den niemand wollte. Draußen gab es überhaupt niemanden, den es kümmerte, wie es Kevin ging. Nur ich. Und Jeff. Und wir zählten nicht viel. In meiner Laufbahn hatte es eine Menge Kinder gegeben, die bessere Voraussetzungen gehabt hatten als Kevin und es doch nicht geschafft hatten. Nicht viele schafften es. Warum hatte ich überhaupt geglaubt, diesem Jungen würde es glücken? Warum hatte ich endlos Zeit und Energie auf ihn verschwendet? Es gab wirklich kaum Anzeichen, daß es ihm besserging.

Es fiel mir immer leichter, ans Aufgeben zu denken. Ich wußte, was diese Gedanken bedeuteten, denn ich machte diese Erfahrung nicht zum ersten Mal. Auf diese Weise löste ich mich innerlich von einem Fall, so daß ich mich besser damit abfinden konnte, wenn das Unausweichliche eintraf und ich ihn aufgeben mußte. Schon bevor ich die Entscheidung traf, zog ich mich im Unterbewußtsein zurück.

Diese Gedanken ließen mich nicht mehr los. Besonders wenn ich mir die Mühe gemacht hatte, quer durch die Stadt ins

Mortenson-Krankenhaus zu fahren und dann in der letzten Minute abgewiesen wurde, weil Kevin wieder Punkte verloren hatte. Oder wenn vier oder fünf Sitzungen hintereinander ausgefallen waren und ich mich schon fast an den Tagesablauf ohne die Fahrt um halb fünf gewöhnt hatte. Oder wenn wir uns gegenübersaßen – oder eigentlich hintereinandersaßen, denn er kehrte mir immer den Rücken zu und starrte aus dem Fenster – und ich stumm und untätig verharrte und spürte, wie die Minuten meines Lebens ungenutzt zerrannen, während sich dieser Junge überhaupt keine Mühe gab. Es war so unglaublich leicht, sich vorzustellen, man gäbe auf. Ich versuchte es sogar einige Male. Ich hätte hingehen sollen, tat es aber nicht. Ich rief an und gab irgendeine Entschuldigung. Dies war nun gar nicht mehr dasselbe wie einige Monate zuvor, als Kevin so aufgebracht war, weil ich eine Sitzung ausgelassen hatte. Wir sahen uns so unregelmäßig, daß ich nie wußte, ob er mich vermißte oder nicht. Wenn er mich vermißte, sagte er es jedenfalls nicht.

Aber ich gab ihn doch nicht auf. Ich weiß nicht, warum. Kevin seinerseits schien jedoch schon lange aufgegeben zu haben. Es wurde immer schwieriger, ihn zu besuchen, und immer schwieriger, mit ihm etwas anzufangen. Ich wollte Verständnis aufbringen. Wenn ich mit Jeff im Büro war oder wenn wir abends zusammen aßen, versuchte ich, intellektuell zu analysieren, warum Kevin sich so verhielt und sich selbst schadete. Doch wenn ich bei ihm in seinem Zimmer saß, fühlte ich mich furchtbar frustriert. Meine eigene Unsicherheit kam immer mehr zum Vorschein. Vielleicht mochte er mich nicht. Vielleicht war er böse auf mich. Vielleicht dachte er, ich hätte ihn im Stich gelassen oder nicht genug für ihn getan. Vielleicht hielt er mich einfach für blöd. Oft aber wurde ich wütend. Als die Tage und Wochen vergingen, wurde ich immer wütender auf ihn und nahm es ihm übel, daß er meine Zeit verschwendete. Es erging uns wie einem Liebespaar, das Probleme hat; wir konnten nicht miteinander, aber auch nicht ohne einander leben.

Ich hatte Kevin mehrere Tage nicht gesehen, da er wieder einmal nicht genügend Punkte verdient hatte. Auch Jeff hatte ihn in jener Woche nicht besuchen dürfen. Ich vermutete, daß die Pflegerinnen zuletzt resigniert hatten und mich zu ihm ließen, denn als ich in seinen Akten nachsah, fand ich nichts, womit er sich an jenem Tag meinen Besuch verdient hätte.

Das Wetter war fürchterlich. Es war Ende Oktober, und ein leichenhafter Novemberhauch lag schon in der Luft. Die Sommerzeit galt aber immer noch und schenkte uns abends eine Stunde länger Tageslicht. Doch das half nicht viel. Ich hatte mich an jenem Nachmittag etwas verspätet, und es war schon dämmrig.

Kevin stand wie gewöhnlich am Fenster. Er sah sich nicht einmal um, als ich eintrat. In seinem Zimmer brannte das Licht nicht, und als er in die Dämmerung hinaussah, verschmolz seine Gestalt mit dem Grau vor dem Fenster.

Ich drehte das Licht an.

Keine Reaktion.

«Kevin, ich bin's.»

Keine Antwort.

«Was siehst du, wenn du aus dem Fenster schaust?» fragte ich.

Keine Antwort.

«Kevin?»

Die Sekunden vergingen.

«Kevin!»

Keine Bewegung. Nichts, gar nichts, als habe er mich nicht gehört.

Die Wut über all die nutzlos verstrichenen Wochen stieg in mir hoch. «Kevin», sagte ich, «dreh dich um!»

Als er nicht reagierte, ging ich auf ihn zu. «Ich habe gesagt, du sollst dich umdrehen!»

Nichts.

«Dreh dich um, Kevin. Wenn ich sage, dreh dich um, dann meine ich es auch.» Ich packte ihn an der Schulter. Er sah mich nicht an, sondern bot mir Widerstand; seine Muskeln verkrampften sich. Aber er war mir nicht gewachsen. Ich gab ihm einen Schubs und drehte ihn herum.

«Verdammt noch mal, Kevin, sieh mich an, wenn ich mit dir spreche. Mir reicht's bald. Es hängt mir zum Hals heraus, in diesem blöden Zimmer herumzusitzen, während du mich wie Luft behandelst. Dreh dich jetzt um und bleib so.»

Er starrte mich an.

«Was, zum Teufel, bildest du dir eigentlich ein, Kevin? Dich so zu benehmen! Willst du etwa für immer hierbleiben?»

«Ist mir egal.»

«Was ist los mit dir? Du verschwendest dein Leben hier drin.»

«Was ist schon dabei?» Er zuckte die Achseln und wandte sich wieder dem Fenster zu. «Es ist mir scheißegal.»

Ich packte ihn an der Schulter und zog ihn mit einem Ruck herum, so daß er mich ansehen mußte. Er verlor das Gleichgewicht und fiel gegen das Fenster. Dort blieb er stehen und sah mich an. Ich hatte keine Ahnung, was in seinem Kopf vorging.

Schweigen. Wir beobachteten einander.

«Was hast du von diesem Leben hier, Kevin? Willst du dich einfach hinlegen und sterben? Willst du alles, was dein Stiefvater über dich gesagt hat, wahr machen? Willst du einfach aufgeben?»

«Es ist mir egal. Geh weg. Laß mich allein.»

«Es darf dir nicht egal sein, Kevin.»

«Warum?»

«Darum. Weil dies alles ist, was du hast, Kevin. Nur wenn du dich änderst, kann es besser werden. Sonst hilft gar nichts, keine Träume, keine Phantasien, keine guten Feen. Du mußt es selbst tun, es geht nicht von allein.»

«Ist mir alles egal.»

«Es darf dir nicht egal sein!» rief ich.

«Warum?»

«*Mir* ist es nicht egal!»

«Warum? Wer hat dich darum gebeten, dich um mich zu kümmern? Wer hat dich gebeten, dich in mein Leben einzumischen?»

«Du, wie ich mich erinnere.»

«Das ist nicht wahr. Ich nicht. Ich habe die Leute im Garson-Gayer-Heim nicht gebeten, sie sollen dich holen. Ich habe dich auch diesmal nicht gebeten, wiederzukommen. Und ich habe dich bestimmt nie gebeten zu bleiben.»

Ich konnte ihm nicht das Gegenteil beweisen.

«Warum kommst du also überhaupt her? Warum bist du wütend, wo du doch hier gar nie erwünscht warst? Warum kommst du immer wieder, wenn ich dich gar nicht will?»

Darauf gab es bestimmt eine gute Antwort, doch leider fiel sie mir nicht ein. «Darum», sagte ich.

«Was heißt das? Weil dich jemand dafür bezahlt? Weil das Leiden anderer Leute dein Beruf ist?»

«Nein.»

«Warum denn? Weil du meinst, du könntest mir helfen? Kommst du, weil du meinst, wenn du dich lange genug um mich kümmerst, könntest du mich vor mir selbst retten, ist es das?»

Ich schüttelte den Kopf.

«Aber warum dann? Warum mischst du dich ein? Es geht dich ja gar nichts an.»

«Weil ich einfach nicht aus meiner Haut kann. Sowenig wie du.»

«Das ist ja blöd. Du bist ziemlich dumm, muß man schon sagen. Dümmer, als ich glaubte.»

«Ich habe nie behauptet, ich sei gescheit.»

Feindseliges Schweigen. Wir starrten einander an.

«Um ganz ehrlich zu sein», sagte er dann, «ich hasse dich.»

Seine Stimme war ganz leise und sachlich. «Du kommst hier herein, wo kein Mensch das Recht hat zu sein, und steckst deine Nase in Angelegenheiten, die niemanden was angehen. Du hast mir Hoffnungen gemacht, ich könne wie alle andern sein. Du hast mir vorgeschwatzt, das sei mein gutes Recht. Dabei wissen wir beide, daß alles nur eine große Lüge ist. Wer bist du überhaupt, daß du meinst, du wissest alles? Du hast nie in meiner Haut gesteckt. Du sitzt einfach da und tust so, als wissest du's. Aber du hast nie erlebt, was ich erlebt habe. Du hast nur in Büchern darüber gelesen. Ich hab's erlebt. Warum bildest du dir also ein, mir helfen zu können?»

Das tat weh. Ganz unerwartet hatte er mir meine eigenen

Argumente weggenommen und sie gegen mich verwendet. Und er hatte mich dabei tief verletzt. Nur mit Mühe konnte ich die Tränen zurückhalten. Ich schluckte sie hinunter, da ich jetzt nicht heulen wollte.

Kevin musterte mich erbarmungslos. Ich wußte, daß er mich in diesem Augenblick tatsächlich haßte.

«Schau», sagte ich, «vielleicht bin ich keine große Hilfe. Und es stimmt, ich werde bezahlt für die Zeit, die ich mit dir verbringe. Es mag dir scheinen, daß ich so meine Gefühle prostituiere, aber ich bin da, nicht wahr? Von allen Menschen, die dich kennen und hier sein könnten, bin ich diejenige, die hier ist. Wenn du mich nicht willst, gehe ich. Wenn du das wirklich wünschst, dann wünsche ich es auch.»

Er gab keine Antwort.

«Soll ich gehen?»

Keine Antwort. Er fixierte mich.

«Willst du das?»

Schweigen.

Die ganze Welt lastete auf mir. Ich war müde und unglücklich und fühlte mich nicht wohl. «Hör zu», sagte ich, «ich gehe jetzt.» Ich wandte mich um und ging zum Bett. Ich hob den Deckel von meiner Kiste. Kevin blieb am Fenster stehen, beobachtete mich jedoch.

«Möchtest du die haben?» Ich nahm die Zeichenblocks aus der Kiste.

Er schüttelte den Kopf.

«Ich habe sie für dich gekauft. Mir nützen sie nichts, ich kann nicht zeichnen. Willst du sie wirklich nicht?»

«Nein.»

«Die Farbstifte?» Ich hielt die Schachtel mit den Farbstiften hoch.

Er schüttelte den Kopf.

Ich warf alles in den Papierkorb. «Du willst nichts davon?»

Kevin zuckte die Achseln.

Dann zog ich meine Jacke an und schloß die Kiste. «Ich weiß nicht, was du von mir erwartet hast, Kevin. Ich kann die Dinge für dich nicht ändern. Ich kann nicht in deinem Kopf arbeiten wie ein Chirurg und alle faulen Teile herausnehmen. Ich kann die bösen Dinge, die du erlebt hast, nicht ungeschehen machen. Niemand kann das. Es gibt keinen Psychologen oder Psychiater oder Zauberer oder Hexenmeister, der das kann. Ich kann herkommen und dir Gesellschaft leisten. Aber deinen Weg mußt du selber suchen.»

Er senkte den Blick. Ich machte den Reißverschluß an meiner Jacke zu und ging zur Tür.

«Du hättest mich Bryan nennen können», sagte er leise.

«Was?»

«Ich sagte, du hättest mich Bryan nennen können, wenn ich dir wirklich nicht gleichgültig wäre.»

Von der Tür her sah ich ihn an. Er lehnte immer noch am Fenster. Die Hände hatte er in den Taschen vergraben, die Schultern hochgezogen. Er sah auf seine Schuhe hinunter.

«Hätte das etwas genützt, Kevin?»

Nun war er es, der gegen die Tränen kämpfte. Ich war immer noch verärgert und wollte so rasch wie möglich weg. Mein Zorn saß tief. Ich wußte, wenn ich jetzt zur Tür hinausging, war es endgültig. Kevin würde niemals darum bitten, daß ich wieder käme. Sogar wenn ich ihm die Möglichkeit ließe, es ohne Gesichtsverlust zu tun, würde er sich weigern. Ich stand unbeweglich an der Tür.

Das Schweigen zwischen uns zog sich in die Länge, ein zerbrechliches Schweigen.

Kevin schluckte die Tränen hinunter, so lange er konnte. Er ließ den Kopf hängen, zog die Schultern hoch und drückte die Augen zu. Dann glitt er – ein Häufchen Elend – langsam zu Boden. Er vergrub das Gesicht in den Armen und weinte in langgezogenen, unbeholfenen Schluchzern.

Ich trat nicht zu ihm. Es war nicht diese Art von Tränen. Ich hörte, wie man im Flur das Abendessen verteilte. Ich roch die vertrauten Düfte von Rindfleisch und Kartoffeln, die sich mit dem Desinfektionsgeruch des Krankenhauses vermischten.

Schließlich ging ich doch zu Kevin und kauerte neben ihn auf den Boden. Er weinte heftig, aber nicht lange. Bald tauchte sein Gesicht wieder auf. Er schlang die Arme um den Kopf und sah mich an.

Ich lächelte traurig wegen all der Dinge, die wir verloren hatten, wegen der Unschuld, wie auch immer sie zwischen uns beschaffen gewesen war. Dann streckte ich die Hand über den Abgrund, der uns trennte, und nahm ihn in die Arme. Diese Geste war schon lange fällig gewesen; wir klammerten uns aneinander wie Überlebende eines Schiffbruchs.

«Wenn ich nur Bryan sein könnte», sagte er zuletzt, als wir einander losließen. «Nicht einmal für dich war ich Bryan. Nicht einmal du konntest ihn sehen.» Kevin blickte mir einen Augenblick fragend ins Gesicht. «Manches ist falsch in dieser Welt, weißt du. So viele Menschen hätten nie geboren werden sollen.»

Er hielt ein und seufzte.

«Wir sind wie Geister. Wie Spiegelgeister eigentlich. Statt Geist ohne Körper sind wir Körper ohne Geist. Leere Schalen, in denen die falschen Menschen gefangen sind. Oder in denen gar niemand ist. Spiegelgeister. Eine halbe Million, eine halbe Milliarde, wahrscheinlich eine halbe Welt von Spiegelgeistern. Nur Körper, die Platz brauchen und leer umhergehen.»

Er wischte sich die letzten Tränenspuren aus den Augen.

«Wenn ich nur Bryan wäre! Aber ich bin es nicht. Ich bin auch nur ein Spiegelgeist.»

22

Der Mensch, der mich damals vor der Verzweiflung bewahrte, war Jeff. Obwohl wir die Therapiesitzungen nicht mehr gemeinsam abhielten, kam er abends gewöhnlich zu mir zum Essen. Das einzige, was sich änderte, war, daß er nun oft den Deutschen, der mit ihm die Wohnung teilte, mitbrachte. Sie waren beide keine enthusiastischen Köche, und ich war jeweils nach den Sitzungen mit Kevin so dankbar für ihre Gesellschaft, daß ich nichts dagegen hatte, für uns alle zu kochen.

Jeffs Freund war ein großer, stämmiger Mann namens Hans, der an der Universität seine Muttersprache Deutsch unterrichtete und als Halbprofi Hockey spielte. Ich mochte Hans sofort. Er hatte die höfliche, urbane Art, die man so oft bei Europäern findet, und er besaß viel Humor. Charitys Attacken ließ er gutmütig über sich ergehen, und sie hielt bald große Stücke auf ihn. Hans machte sich auch in der Wohnung nützlich. Zum ersten Mal seit Jahren waren alle Abläufe entstopft; es quietschten keine Türangeln mehr, und richtige Bücherregale ersetzten die behelfsmäßigen Bretter und Ziegelsteine.

Jeff war der einzige Mensch, den ich kannte, der sich dauernd selbst zum Essen einladen konnte und einem dabei noch das Gefühl gab, er erweise einem eine große Ehre. Hans hatte dabei vermutlich ein wenig Gewissensbisse und machte sich deshalb als Handwerker nützlich, während Jeff keinerlei Hemmungen hatte. Ihm war es jedoch zu verdanken, wenn ich in diesen furchtbar schwierigen Wochen mit Kevin nicht den Verstand verlor. Er stand jeweils mit mir in der Küche und half mir beim Kartoffelschälen, während wir uns unterhielten. Hans gab sich indessen mit Charity ab, wenn sie da war, oder werkelte irgendwo in der Wohnung herum. Nach dem Essen räumten wir gemeinsam das Geschirr weg, ich wusch ab, Jeff trocknete ab, und Hans warf dauernd das Geschirrtuch nach Charity, die vor Vergnügen kreischte und gar nicht genug davon bekommen konnte. Jeff war ein fanatischer Brettspieler, und wenn er nicht Nachtdienst hatte, saßen wir nach dem Essen am Tisch und spielten Scrabble, Dame oder Monopoly. Hans wollte uns Backgammon beibringen, gab es aber zuletzt auf. Für meinen Geschmack war das Spiel zu intellektuell, und Jeff zog es vor, mich mit kindlicher Schadenfreude beim Monopoly zu schlagen.

Aber mitten in unserem Gelächter kamen Jeff und ich immer wieder auf Kevin zurück und versuchten, den Jungen zu verstehen. Die Schwierigkeit dabei war, daß es uns auch viel Zeit kostete, einander und uns selbst zu verstehen. Wir waren zwei grundverschiedene Menschen, Jeff und ich; somit konnten wir das Problem zwar von verschiedenen Seiten angehen, es gab aber auch Meinungsverschiedenheiten.

Die größte Schwierigkeit, auf die ich bei der Behandlung von psychisch Kranken immer wieder stieß, war, daß ich eine Atheistin unter lauter Gläubigen war. Ich konnte mir nicht vormachen, irgendeine der Lehren ehrlich zu glauben, sei sie nun von Freud, Skinner, mir selber oder von jemand anderem. Sie waren alle nur Vermutungen, mehr nicht. Und so schienen mir die psychologischen Schulen, die aus den Lehren der großen Theoretiker hervorgegangen waren, aus dem gleichen Gewebe zu sein wie des Kaisers neue Kleider.

Natürlich schätzte ich eine interessante Theorierunde genausosehr wie alle anderen. Es gab nichts Aufregenderes für mich als den Gedanken, daß man nun vielleicht den Grund für ein bestimmtes Verhalten eines Menschen gefunden hatte. Aber über dieses intellektuell-neugierige Stadium hinaus konnte ich es nie ernst nehmen. Das stempelte mich rasch zu einer Häretikerin ab.

Jeff machte es wahnsinnig. Er gehörte zwar in der Psychiatrie nicht zu den absolut Gefolgstreuen wie Dr. Rosenthal, doch war er durchaus ein Theorieanhänger. Er ärgerte sich, daß er so, wie er mit Kevin arbeitete, innerlich nicht genug Distanz wahren konnte. Aber was ihn noch mehr störte, war die Rolle, die ich dabei spielte, und daß er mich nicht zu dem bekehren konnte, was er für die Grundwahrheiten des menschlichen Geistes hielt. Es wäre ihm wahrscheinlich lieber gewesen, wenn meine Überzeugung der seinen entgegengesetzt gewesen wäre, aber daß ich überhaupt keine Überzeugung hatte, wollte ihm nicht in den Kopf. Natürlich erging es mir mit ihm nicht viel besser. Wie konnte ein so gescheiter Mensch glauben, er habe Erklärungen anzubieten, wo er doch offensichtlich keine hatte?

Ich zog nicht einmal die Jacke aus, bevor ich mich im Wohnzimmer aufs Sofa fallen ließ. Jeff und Hans waren schon vor mir gekommen, und Jeff hatte in einem seiner seltenen Anfälle von Menschenliebe das Abendessen in Form von Pommes frites,

Coca-Cola und einem halben Dutzend Hamburgern mitgebracht. Charity war außer sich vor Freude. Das ganze Haus stank nach Hamburgern. Jeff hatte den Inhalt von zwei Big Macs vor sich ausgebreitet und vergewisserte sich, daß er alle Stückchen von sauren Gurken herausgefischt hatte, damit er ja nicht vergiftet würde. Als ich aufs Sofa plumpste, warf mir Jeff einen Hamburgerbehälter voll Gurkenstückchen zu. Er sauste durch die Luft wie eine fliegende Untertasse.

Die hitzige Diskussion, die ich mit Kevin geführt hatte, beschäftigte mich immer noch, und ich brauchte Jeffs Trost. Er lehnte sich zurück und hörte mir zu.

Nach Jeffs Ansicht kam bei Kevin viel Unbewältigtes aus seiner Kindheit an die Oberfläche: Haß, Ödipuskomplexe, unterdrückte Wünsche; und er übertrug alles auf mich. So wie ich arbeitete, konnte ich zum Patienten nicht genug Distanz halten, und Distanz war nötig, das hatte Jeff in seiner Ausbildung gelernt. Weil ich nicht kühl und unbeteiligt blieb, konnte Kevin seine Probleme vielleicht nicht richtig verarbeiten. Ich tat vieles, wovor man Jeff in seiner Ausbildung gewarnt hatte. Doch weil ich in meiner Arbeit genausoviel Erfolg wie alle andern in der Klinik hatte, geriet Jeff in ein intellektuelles Dilemma.

Er schüttelte den Kopf, als er meine Geschichte gehört hatte. «Wie, zum Teufel, gehst du eigentlich vor? Hast du überhaupt eine Theorie, von der du ausgehst?»

«Ja, ich glaube schon. Die Wahrscheinlichkeitstheorie.»

«Was heißt das?»

«Wenn ich es lange genug versuche, werde ich aller Wahrscheinlichkeit nach früher oder später Erfolg haben.»

Wieder schüttelte er den Kopf. Mir war klar, daß er das, was an diesem Abend in der Sitzung geschehen war, gar nicht gut fand. Ich war wütend geworden und hatte Kevin zum Weinen gebracht. Jeff hielt mich für eine Art Trapezkünstlerin, die gefährlich in der Luft schwebte und nirgends festen Boden unter den Füßen hatte. Er griff nach dem Coca-Cola-Becher und fischte ein Stück Eis heraus. Er starrte in den Becher, schüttelte den Kopf und seufzte.

«Für mich, Jeff», erklärte ich, «ist es wie ein Zusammensetzspiel, bei dem man nicht nach dem fertigen Bild auf der Schachtel arbeiten kann. Man hat tausend kleine Teilchen, die man in einer bestimmten Zeit zusammensetzen muß. Ich weiß nicht, wie das Bild aussieht, also vergesse ich es und versuche einfach, so viele Teile zusammenzusetzen, wie ich kann. Mir kommen alle Theorien so vor, wie wenn man lange dasitzt und sich vorstellt, wie das Bild auf der Schachtel aussehen muß, und dann die Teile sucht, um dieses Bild zusammenzusetzen. Vielleicht ist das für einige Psychologen das richtige Vorgehen. Aber ich packe es lieber anders an. Manchmal setze ich ein paar Teilchen falsch zusammen, doch das passiert anderen auch. Alles, was ich will, ist das Bild zusammenzusetzen, und zwar so rasch wie möglich, denn für die Kinder ist jeder Tag ein verlorener Tag. Und nicht nur für die Kinder.»

Jeff runzelte die Stirn. «Aber du mußt wissen, *warum*, Torey. Du mußt *verstehen*, was du tust.»

«Verstehst du's etwa, Jeff? Niemand versteht es. Es sind alles nur Vermutungen. Die Theorien sind nur für *uns*, Jeff, damit wir uns nicht so dumm vorkommen, wenn wir nichts verstehen, damit wir uns nicht so unsicher fühlen vor dem, was im Kopf der Patienten vorgeht. Und vielleicht auch, weil Theorien eine gewisse Faszination auf uns ausüben. Aber es ist pure intellektuelle Naivität zu meinen, wir würden etwas begreifen. Und was schlimmer ist, die Theorien lassen uns vergessen, warum wir das, was wir tun, eigentlich tun. Der Zweck des Zusammensetzspiels ist nicht, das fertige Bild zu bewundern, sondern die Teilchen zusammenzusetzen.»

Jeff schwieg. Er kratzte die Wachsschicht am Coca-Cola-Becher ab. «Scheiße», sagte er schließlich ganz leise und starrte trübsinnig in den Becher. «Du hast nicht recht, weißt du. Ich glaube nicht an Haydens Tausend-Teilchen-Theorie!» Er schwieg und seufzte tief. «Aber was glaube ich schon? Was verstehe ich? Es hat doch keinen Sinn. Ich meine, wenn man sich wirklich die Mühe nimmt, darüber nachzudenken. Es hat keinen Sinn, was wir tun. Denn eigentlich wissen wir nichts.»

Trotz aller Unterschiede waren Jeff und ich ein wundervolles Team. Ich schätzte die Abende, an denen er zu mir kam, immer mehr; dann konnten uns das Telefon und die Hektik der Klinik nicht stören, und wir unterhielten uns in aller Ruhe. Er war ein idealer Partner für geistige Duelle. Wir diskutierten stundenlang und bauten uns eine eigene Welt auf.

Ich überlegte mir nie, wie Charity oder sonst jemand diese Abende interpretieren würde. Ich hatte die Monate zuvor nicht gerade ein reges gesellschaftliches Leben geführt, und so genoß ich nun die Diskussionen und die Brettspiele. Jeff kam dreimal in der Woche, und Hans begleitete ihn oft, obschon es offensichtlich Jeff und ich waren, die unbedingt die Gesellschaft des andern brauchten. Doch war es eine rein geistige Beziehung. Hans gab es schließlich auf, sich an unseren Unterhaltungen zu beteiligen; er zog das Fernsehprogramm vor. Er nannte das, was Jeff und ich taten, «geistigen Netzball», und er konnte es kaum glauben, daß wir uns so lange und so oft damit beschäftigen konnten. Es war für mich ein ganz und gar harmloses Vergnügen. Bald erfuhr ich jedoch, daß es darüber auch andere Ansichten gab . . .

Eines Abends räumten wir eben das Geschirr weg, als Charity ihren Mantel holte. «Ich muß jetzt nach Hause», erklärte sie.

«Mußt du?» erwiderte ich. Normalerweise ging sie nicht, bis ich sie nach Hause schickte. «Warum?»

«Mama hat's gesagt.»

«Will sie, daß du heute früh nach Hause kommst?» fragte ich.

«Nein, nein», sagte Charity. «Aber Mama meint, ich solle dich nicht so spät noch stören, weil du doch am Morgen arbeiten mußt.»

«Es ist aber erst halb sieben, Charity.»

«Ja, aber Mama hat gesagt, du mußt sehr müde sein.»

«Wie meinst du das? Warum hat deine Mama das gesagt?»

Charity lächelte honigsüß. «Weißt du, ich hab meiner Mama erzählt, daß du eine *richtige* Frau bist», sagte sie stolz.

«*Was?*»

«Meine Mama hat nur *einen* Freund. Aber ich hab ihr erzählt, daß du zwei brauchst.» Wieder dieses engelhafte Lächeln. «Da hat meine Mama gesagt, ich solle lieber früh nach Hause kommen.»

«Kev», sagte ich eines Nachmittags, «ich muß dich etwas fragen, und du mußt mir eine Antwort geben.»

Kevin wandte sich vom Fenster ab und sah mich fragend an.

«Was ist in Bellefountaine geschehen?»

Schweigen. Er starrte wieder in die Dämmerung hinaus.

«Kevin, du mußt es mir sagen. Ich kann dir nicht helfen, wenn du mir nicht hilfst. Um etwas zu verändern, muß ich mehr wissen.»

«Ich will deine Hilfe nicht», sagte er leise. Es klang nicht trotzig, sondern ganz sachlich.

«Ich weiß.»

Wieder Schweigen. Es herrschte vollkommene Stille. Die Türen waren ziemlich dick, so daß kaum Geräusche von draußen ins Zimmer drangen. Es gab nur Kevin und mich, und ich stand zu weit von ihm entfernt, um ihn auch nur atmen zu hören.

«Die Sache ist uns über den Kopf gewachsen, Kevin. Du steckst hier in diesem Krankenhaus. Du fühlst dich die ganze Zeit miserabel. Am liebsten würde ich es aufgeben, doch weiß ich, daß dies nicht gut wäre, für dich nicht und für mich nicht. Deshalb müssen wir die Sache wieder in den Griff bekommen. Wir können es. Aber du mußt mir dabei ein wenig helfen, okay?»

Er gab keine Antwort.

«Okay, Kevin?»

«Nichts ist in Bellefountaine geschehen.»

«Du bist doch jetzt hier. Warum?»

Er ballte die Hand zur Faust und legte sie an die Fensterscheibe. «Weil ich den Arm dieser Frau kaputtgemacht habe.»

«Warum?»

Er zuckte die Achseln.

«Warum hast du's getan, Kevin?»

«Ich war einfach wütend, das ist alles.»

«Aber warum?»

«Ich weiß nicht. Ich hab's einfach getan.»

«Warum bist du wütend geworden, Kevin? Was ist geschehen? Was hat sie getan?»

«Nichts. Sie hat mich nur wütend gemacht. Das ist alles.»

«Man wird nicht einfach wütend, so ohne Grund.»

«Ich schon.» Er lehnte sich vor und preßte sein Gesicht an die Scheibe. Er beobachtete etwas, was ich nicht sehen konnte. «Schau, sie räumen das leere Grundstück dort drüben auf. Sie räumen den Abfall weg.»

«Kevin, komm von diesem Fenster weg.»

Er rührte sich nicht.

«Kevin, komm her. Komm von diesem Fenster weg und komm zu mir.»

Einen Augenblick lang dachte ich, er würde nicht kommen. Er blieb am Fenster stehen. Es war wie eine Geliebte, und ich bedeutete im Vergleich dazu nicht viel.

Aber langsam wandte er sich doch um. Er kam zum Bett herüber, wo ich saß.

«Setz dich», sagte ich und deutete auf das Fußende des Bettes.

Er setzte sich.

«Also, was ist geschehen, Kevin? Du hast es mir noch nicht gesagt.»

Er zuckte die Achseln.

«Ich hasse es, dich auszufragen, aber du hast mir von dir aus nichts erzählt. Und ich stecke fest. Ich weiß überhaupt nicht, was ich als nächstes tun soll, wenn du mir nicht sagst, was los war. Ich hasse es, dir weh zu tun. Ich hasse es, zu fragen, aber ich muß es tun.»

Er wirkte verwirrt. Ich wußte nicht recht, warum er auf mich diesen Eindruck machte, ob es seine Haltung oder sein Gesichtsausdruck war, jedenfalls berührte es mich zutiefst. Es war eine starke, unterschwellige Empfindung, wie wenn man die tiefen Töne auf dem Klavier sehr laut spielt, so daß sie die weichen inneren Organe zum Vibrieren bringen. Wie der Anfang von Beethovens Neunter.

«Ich weiß nicht, was geschehen ist», sagte er wieder. «Ehrlich, Torey, ich weiß es nicht. Ich habe sie gern gehabt. Wirklich. Sie hieß Margaret, und sie war sehr nett zu mir.»

«Was ist denn an jenem Abend im Heim geschehen?»

«Wir sahen uns ein Programm im Fernsehen an. Nachher ging ich zu Bett. Die andern Jungen fingen an zu streiten. Da stand ich wieder auf und sah nach, was los war.»

«Hatten die Jungen mit Margaret Streit?»

«Nein, nur untereinander. Margaret stand dabei. Da brach ich ihr den Arm.»

«Du brachst ihr den Arm? Margaret stand da, und die Jungen stritten sich, und du kamst aus deinem Bett und brachst ihr den Arm? Warum? Bist du wütend geworden, weil sie sich stritten? Warum hast du dann Margaret den Arm gebrochen und nicht einem der Jungen?»

Kevin schüttelte den Kopf. «Ich kann mich nicht erinnern.»

«Du hast vorhin gesagt, du seist wütend gewesen. Aber warum?»

Kevin überlegte. «Ich weiß es nicht. Ich war einfach wütend auf sie. Und schon war's geschehen, und ich hatte ihr den Arm gebrochen. Ich stieß sie gegen die Wand.»

Ich sagte nichts.

«Weißt du noch, damals im Garson-Gayer-Heim?» fragte Kevin. «Damals im kleinen Zimmer, als du und ich das Raumschiff-Poster ausmalten?»

«Ja.»

«Und ich mich so aufregte.»

«Ja, ich erinnere mich.»

«Ich hätte dir damals den Arm brechen können.»

«Ja, das hättest du tun können.»

«Ich hab's aber nicht getan», sagte er. «Sie sind gekommen und haben mich geholt.»

«Hättest du mir den Arm gebrochen, wenn sie nicht so rasch gekommen wären?»

Er dachte nach. Dann schüttelte er den Kopf. «Ich glaube nicht. Das war anders.»

«Wie anders?»

Kevin antwortete nicht sofort. Er zögerte so lange, daß ich schon dachte, ich würde keine Antwort bekommen.

«Ich war nicht wütend auf dich. Ich hatte Angst. Wenn ich dir weh getan hätte, wäre es nicht absichtlich geschehen.» Er warf mir einen Blick zu, sprang vom Bett hinunter und ging wieder zum Fenster. «Aber ich glaube, *sie* hätte ich umbringen können, wenn ich die Gelegenheit dazu gehabt hätte.»

23

Dann ging es mit Kevin langsam, ganz langsam aufwärts. Er war schon zehn Wochen im Krankenhaus, als wir endlich Anzeichen einer Besserung feststellten, und auch dann waren sie kaum merklich. Er stand vielleicht an einem Morgen auf, wenn man ihn dazu aufforderte. Ein andermal ging er in die Schulstunde, zur Therapiesitzung oder zum Essen, ohne daß man ihn dazu zwingen mußte. Mit quälender Langsamkeit begann er sich Punkte zu verdienen, und zuletzt konnten Jeff und ich zu jeder Sitzung kommen.

Es war nicht klar, was diese Besserung eingeleitet hatte. Zweifellos wirkte Verschiedenes zusammen. Diesmal enthüllte Kevin jedoch keine neue Facette seiner Persönlichkeit. Die langsame Wendung zum Guten war keine von Kevins Chamäleon-Veränderungen, und das gab Jeff und mir die Hoffnung, daß wir es jetzt mit dem wirklichen Kevin zu tun hatten und daß die Besserung – so langsam sie auch voranschritt – echt war.

Jeff beschäftigte sich immer mehr mit Kevins Vergangenheit. Die Akten waren keine große Hilfe. Für ein Kind, das schon so lange von der Bürokratie des Fürsorgewesens erfaßt war, gab es erstaunlich wenig Schriftliches über ihn. Beinahe schien er ein Mensch ohne Vergangenheit, obwohl Jeff und ich aus unseren Gesprächen mit Kevin wußten, daß er keine gewöhnliche Kindheit gehabt hatte.

Als ich eines Morgens ins Büro trat, kniete Jeff auf dem Boden, und um ihn herum waren Dutzende von Papierschnitzeln ausgebreitet. Sorgfältig schob er die Papierchen von einem Platz auf den andern.

«Was tust du da?» fragte ich. Er mußte an jenem Morgen auf einer Konferenz sprechen und hatte sich dafür in Schale geworfen. Als ich ihn auf allen vieren auf dem Boden herumkriechen sah, dachte ich, er habe vielleicht irgendwelche Zettel fallen lassen, die ihm als Unterlagen für den Vortrag dienten.

Jeff erhob sich auf die Knie und betrachtete die Auslegeordnung. «Als ich gestern nacht im Bett lag, habe ich mir so einiges überlegt. Ich versuchte mir vorzustellen, wie alle die Bruchstücke von Kevins Vergangenheit zusammenpassen. Deine alte Zusammensetzspiel-Theorie, weißt du. Aber ich kam einfach zu keinem Ergebnis.» Er grinste auf seine jungenhafte Art. «Dann holte ich eine Schere und machte das Zusammensetzspiel.»

«Du Dummkopf», lachte ich. «Das war doch nur bildlich gemeint.»

«Nun, ich hab mir gedacht, wenn ich eine Art Zeitraster machen würde und alles in der richtigen Reihenfolge . . .» Er studierte die Zettel auf dem Boden.

Ich ging um die «Schneeflocken» herum und kniete mich auf den Boden, um zu sehen, was Jeff auf die Zettel geschrieben hatte.

«Schau, hier ist sein Stiefvater», sagte Jeff. «Und dort Carol. Ich glaube, Carol ist ziemlich wichtig. Seine Beziehung . . .»

Ich hob einen andern Zettel auf.

«Wie viele Schwestern hat Kevin?» fragte Jeff. «Da ist Carol . . .»

«Und Barbara. Er hat mir von Barbara erzählt.»

«Wer ist dann Ellen?»

«Ellen? Von Ellen habe ich nie gehört. Wir haben jetzt zwei, und in seinen Akten sind nur zwei Schwestern erwähnt. Wir wissen von Carol und Barbara.»

«Aber es gibt auch eine Ellen. Er hat Ellen einmal erwähnt. Möglicherweise ist Carol ein Bruder?» meinte Jeff.

«Nein. Er hat mir einmal ein Bild von ihr gezeichnet. Und er sagt ‹sie›, wenn er von ihr spricht.»

Jeff verschob einen Zettel. «Gut. Also hier ist seine frühe Kindheit, bevor er in eine Anstalt abgeschoben wurde. In welche Zeit fallen wohl die Mißhandlungen, von denen er uns erzählt hat? In seinen Akten steht gar nichts darüber, oder irre ich mich?»

Ich schüttelte den Kopf.

«Du glaubst doch, daß er die Wahrheit gesagt hat?» Jeff sah auf. «Oder meinst du, er habe sich das meiste ausgedacht? Er kann einen ja manchmal ganz schön an der Nase herumführen.»

«Nein, ich habe seinen Rücken gesehen. Du etwa nicht? Alle diese kleinen Narben. Mißhandelt wurde er bestimmt, dann ist das andere wahrscheinlich auch wahr.»

«Ich muß dich etwas fragen, Torey, etwas, was mir keine Ruhe läßt. Nur scheint es ein wenig weit hergeholt. Meinst du, er habe Carol erfunden? Könnte sie eine Art Phantasieperson sein? Vielleicht weil das Leben für ihn so unerträglich wurde, daß er jemanden erfinden mußte, der ihn mochte?»

Derselbe Gedanke war mir auch schon durch den Kopf gegangen, doch hatte ich ihn wieder verworfen. Aber hatte mir nicht Charity alle diese phantastischen Geschichten erzählt, und ich hatte ihr zumindest die Hälfte davon geglaubt, bevor ich die Wahrheit entdeckte? Und Kevin war viel schwieriger zu durchschauen als Charity. «Ich weiß nicht», erwiderte ich.

Jeff verschob wieder ein paar Zettel. Dann stand er auf und setzte sich auf seinen Bürostuhl, damit er einen Überblick bekam. Ich lehnte mich zu ihm hinüber und wischte ihm den Staub von den Knien seines Anzugs.

«Seine Mutter . . .» sagte Jeff nachdenklich und hob einen Zettel auf. «Wo ist jetzt wohl seine Mutter? Wie lange ist es her, seit sie das letzte Mal in Erscheinung trat?»

«Seit Garson Gayer, glaube ich. Ich bin nicht ganz sicher.»

«Scheiße!» rief Jeff plötzlich und zerknüllte den Zettel, den er in der Hand hielt. Er warf ihn quer durchs Zimmer. «Scheiße. Scheiße. Scheiße.» Er blickte mich an, die Stirn wütend gerunzelt. «Verdammt noch mal, Torey, wie zum Teufel sollen wir etwas erreichen können? Schau dir das an. Schau dir diese verdammte Jahrmarktsbude an, die wir betreiben. Wir wissen überhaupt nichts. Wie kann man einem Kind helfen, wenn man nicht einmal weiß, wer seine Mutter ist? Das Kind könnte ebensogut nicht existieren, so wenig wissen wir von ihm. Verdammt noch mal! Wir sind die reinsten Wahrsager. Warum lesen wir nicht den Kaffeesatz?» Er stieß mit dem Fuß nach den Zetteln, und sie flatterten in die Luft.

Als ich am Abend desselben Tages Kevin besuchte, hielt mich eine Krankenschwester an. Sie sagte, Kevin habe einen Mantel gestohlen.

Einen Mantel?

Sie wußten, daß er der Schuldige sein mußte. Er war als einziger in der fraglichen Zeit in der Nähe gewesen, und alle andern Kinder hatte man schon befragt. Alles deutete auf Kevin hin. Da er sich immer noch weigerte, mit andern zu reden, baten sie mich, die Sache in die Hand zu nehmen.

Schreckliche Gedanken jagten sich in meinem Kopf. Warum in aller Welt sollte Kevin einen Mantel stehlen? Ich konnte mir höchstens vorstellen, daß der alte Spuk, sein Stiefvater, ihn wieder verfolgte und er sich vorgenommen hatte, auszureißen und ihn ein für allemal umzubringen. Die Gespräche zwischen Kevin und mir hatten sich langsam wieder seiner Familie zugewandt, deshalb war dies die einzige Erklärung, die mir einfiel. Es war ein furchtbarer Gedanke.

Aber warum einen Mantel stehlen? Das ergab eigentlich doch keinen Sinn. Kevin hatte schließlich einen eigenen Mantel. Er hing in seinem Zimmer.

Ich haßte es, in eine Angelegenheit verwickelt zu werden, mit der ich eigentlich nichts zu tun hatte. Mißlaunig ging ich in Kevins Zimmer. Er saß auf der Kommode. Er hatte sie näher zum Fenster geschoben und hatte die Füße auf dem Sims abgestützt.

«Kev», begann ich, «es ist mir zuwider, schlechte Nachrichten zu überbringen, aber man hat mir gesagt, hier oben gebe es Schwierigkeiten.» Ich schloß die Tür mit Nachdruck.

«Oh? Davon weiß ich nichts.»

«Wegen eines Mantels.»

«Aha, das meinst du», erwiderte er.

«Ja, der Mantel. Könntest du mir das erklären? Sie meinen, du habest etwas damit zu tun. Stimmt das?»

«Ich?»

Ich nickte.

«Wozu brauche ich einen Mantel?» fragte er.

«Das habe ich ihnen auch gesagt. Aber sie glauben trotzdem, du habest ihn genommen.»

«Stimmt nicht.»

«Wenn du nichts dagegen hast, werde ich mich jetzt in deinem Zimmer etwas umsehen. Nur damit ich sagen kann, ich hätte den Mantel gesucht. Okay?»

«Ich habe ihn nicht genommen, Torey. Ich habe ihnen einen Zettel geschrieben. Darauf stand, daß ich den Mantel nicht genommen habe. Und das ist die Wahrheit. Warum schicken sie dich jetzt her, ihn zu suchen?»

«Macht es dir etwas aus, wenn ich mich umsehe?»

«Ich habe ihn nicht genommen! Ja, such schon. Such, wenn du willst. Durchsuch mich. Durchsuch das Zimmer. Schau selbst, ob ich den blöden Mantel genommen habe. Wozu brauche ich einen Mantel? Ich gehe ja nie aus.»

Ich hatte langsam das Gefühl, daß er ihn tatsächlich genommen hatte. Seine Stimme wurde immer schriller, und sein Verhalten deutete darauf hin, daß er sich schuldig fühlte. «Ja, das habe ich auch gedacht, aber die Frage ist: Hast du ihn genommen?»

«Nein! Wie oft muß ich es dir noch sagen?»

Ich sah ihn schweigend an.

«Nein!»

«Wenn du ihn genommen hast, dann wäre es besser, wenn du ihn nun holst und nicht darauf wartest, daß ich ihn suche. Dann können wir zur Tagesordnung übergehen.»

Sein Gesicht verzog sich, und ich dachte schon, er würde anfangen zu weinen. «Ich sagte doch, ich hätte ihn nicht genommen. Warum glaubst du mir nicht?»

Ich zog den orangeroten Plastikstuhl zu ihm hinüber und setzte mich. «Manchmal tut man eben so etwas. Die Menschen sind einfach so. Jeder tut gelegentlich so etwas.»

Kevin saß da, sein Gesicht zur Grimasse erstarrt. Er weinte nicht, aber er war nahe daran.

«Hol doch einfach den Mantel. Ich bringe ihn dann den Krankenschwestern, und die Sache ist erledigt. In Ordnung, Kevin?»

Es gab eine längere Pause. «Ich habe ihn nicht genommen», murmelte er noch einmal und schlug mit dem Fuß gegen die Kommode. Als ich keine Antwort gab und auch nicht aufstand, um das Zimmer zu durchsuchen, sah er mich durch die Wimpern hindurch an. Dann ließ er sich langsam von der Kommode hinuntergleiten. Er bewegte sich schwerfällig, als gehorchten ihm seine Glieder nicht. Er trat zum Bett und hob die Matratze hoch. Zwischen Matratze und Sprungfedern lag, sorgfältig gefaltet, ein Dufflecoat mit Knebelverschluß und einer Kapuze. Kevin zog ihn behutsam hervor und reichte ihn mir. Dann ging er ans Fenster zurück. Ich brachte den Mantel ins Büro der Krankenschwestern.

«Kev?»

Er wußte, was ich ihn fragen würde. «Du hast gesagt, die Sache sei erledigt, wenn ich ihn dir gebe.»

«Ich habe mich nur gewundert . . . Es bleibt zwischen uns.»

«Du hast es versprochen.»

«Ja, das hab ich. Wenn du nicht willst, frage ich nicht mehr.»

«Ich will nicht.» Er drehte sich um, kam zum Bett und setzte sich.

Die Sitzung verlief ruhig. Wir sprachen von anderen Dingen. Doch der Mantel war wie ein Gespenst, das hinter unseren Gesprächen lauerte. Am Schluß, als ich die Kiste packte, gab Kevin nach.

Er stand auf, schritt durchs Zimmer und stieß mit dem Fuß

nach der Kommode und dem Stuhlbein, bevor er sich am Fenster niederließ. Er verbrachte wahrscheinlich halbe Tage an diesem Fenster.

«Weißt du», sagte er ruhig, «Kleider geben einem das Gefühl, dazuzugehören. Hast du das je bemerkt?»

«Ja.»

«Es war seltsam. Ich sah diesen Mantel . . . Ich sah ihn und dachte, nun . . .» Er schwieg. Auf dem Sims lag ein wenig Staub; er streckte den Finger aus und wischte ihn weg. «Das ist ein Bryan-Mantel. Verstehst du, was ich meine? Das ist die Art Mantel, die Bryan anziehen würde, er ist so schön!» Er wandte sich zu mir um. «Ich habe ihn nicht gestohlen, Torey, ehrlich nicht. Ich wollte ihn nur anprobieren. Ich wollte nur wissen, wie ich darin aussehe.» Er lächelte traurig. «Das war alles, nur anprobieren. Aber ich konnte nicht gut fragen, oder?»

«Warum denn nicht?» meinte ich.

«Nein.» Er schüttelte den Kopf. «Nein, ich hätte nicht fragen können. Sie hätten es nicht verstanden. Warum sollte ich so was fragen. Der plumpe, blöde Kevin. Bryan hätte fragen können, aber ich nicht. Sie haben Bryan nicht gesehen. Sogar wenn ich den Mantel angehabt hätte, hätten sie Bryan nicht bemerkt. Es wäre nur der verrückte Kevin im Mantel eines andern gewesen.»

«Ich verstehe.»

«Ja», sagte er, «darum mußte ich ihn mir ausleihen, damit sie mich nicht auslachten. Nur zum Anprobieren.» Er starrte wieder aus dem Fenster.

Ich schwieg.

«Torey?» fragte er, ohne mich anzusehen.

«Ja?»

«Hat dir der Mantel auch gefallen?»

«Ja, es war wirklich ein schöner Mantel.»

Er nickte. «Bryan hätte ihn tragen können, hm?»

«Mm-hmm.»

Ich ging zum Fenster und stand neben ihm. Ein Lächeln lag auf seinen Lippen und blieb lange dort, bevor es sich verlor. Ich glaubte, er würde noch etwas sagen. Aber er blieb stumm. Er stand nur da mit den Händen in den Taschen. Draußen fiel Schnee, und der bedrückende, graue Schmutz der Stadt am Fuß des Felsens verschwand unter dem flaumigen Weiß.

24

Die Hockey-Saison war angelaufen, und Hans hatte uns Karten für eines der Heimspiele versprochen. An einem Samstag abend vor Weihnachten gingen wir uns also ein Hockeyspiel ansehen. Ich persönlich hatte für diesen Sport wenig übrig, doch das konnte ich Hans nicht gut sagen. Mir kam Hockey immer wie ein Gladiatorenkampf auf Eis vor, unnötig brutal und blutrünstig. Als ich Hans kennenlernte, war ich sehr erstaunt, daß er im Hockeyteam unserer Stadt mitspielte, denn er schien ein so netter, ausgeglichener Mensch zu sein und entsprach in keiner Weise dem Bild, das ich mir von einem Hockeyspieler gemacht hatte. Ich mußte mir eingestehen, daß ich mich darauf freute, Hans spielen zu sehen. Er brachte es nie fertig, Charity ordentlich die Leviten zu lesen, wenn sie wieder mal einen Unfug ausgeheckt hatte, und deshalb war ich neugierig, ob er den Spielern der andern Mannschaft wirklich lustvoll den Schädel einschlagen würde.

Ich mußte an diesem Wochenende Babysitter spielen. Meine Nachbarn waren ein liebenswürdiges, aber etwas seltsames Paar, ein Überbleibsel der Blumenkinder-Bewegung, und sie hatten ein liebenswürdiges, aber etwas seltsames Töchterchen. Es hieß Shayna-Jasmine und aß kein Fleisch und überhaupt nichts, was nicht aus dem Reformhaus stammte, und für eine Vierjährige äußerte sie sich manchmal sehr emanzipiert. Sie war zu früh und mit einem Magengeschwür auf die Welt gekommen, weshalb man ihr den größten Teil des Magens hatte entfernen müssen. Das bedeutete, daß ich ihr sechsmal am Tag zu essen geben mußte statt dreimal und daß sie sich häufig erbrach.

Am Samstag abend war das Spiel, für das Hans Karten besorgt

hatte, und so packten Jeff, Charity, Shayna-Jasmine und ich einen Picknickkorb und fuhren zum Sportplatz.

Charity war begeistert. Das Blutrünstige an diesem Spiel lag ihr. Auch Jeff erwies sich als Fan. Die beiden schrien und feuerten Hans' Mannschaft an. Shayna-Jasmine und ich hingegen sahen dem Spiel, dessen Regeln wir nicht kannten, ziemlich verständnislos zu.

«Was tun sie?» fragte Shayna-Jasmine, als ein halbes Dutzend Männer sich mit fliegenden Schlägern auf einen armen Kameraden stürzten, der auf dem Eis gefallen war.

«Ich weiß nicht genau», erwiderte ich.

«Wozu dient das Ding dort?» fragte sie und zeigte auf einen seltsam aussehenden Gegenstand in einem der Tore.

«Ich bin nicht sicher», sagte ich.

Wir verfolgten das Spiel schweigend. Die Spieler glitten an uns vorbei, und einmal versuchten sie wild gestikulierend ein Tor zu schießen, was damit endete, daß sie alle gerade unterhalb unserer Plätze in einem Haufen zusammenprallten. Sie schrien wüst durcheinander, doch alles, was sie schrien, war in Shayna-Jasmines Wortschatz schon vorhanden.

Shayna zupfte mich am Ärmel. «Warum kämpfen sie miteinander?»

«Sie versuchen, die kleine Scheibe dort zu erwischen.»

«Warum bitten sie nicht einfach darum?»

«Die andern würden sie ihnen nicht geben.»

«Na, sie könnten ja *bitte* sagen», meinte sie mit Nachdruck.

Ich lächelte ihr zu. «Das ist nicht in den Spielregeln.»

«Oh», sagte sie und seufzte verstimmt. «Es ist ein blödes Spiel, nicht wahr?»

Nach dem Match, als sich die Spieler umgezogen hatten und gegangen waren und einige Männer schon das Eis wischten, kam Hans mit mehreren Paar Schlittschuhen aus dem Umkleideraum.

«Ich dachte, wir könnten alle ein wenig Schlittschuh laufen, während sie das Eis in Ordnung bringen und bevor sie die Eisfläche wieder einfrieren. Es wäre dann für die Mädel nicht so glatt.»

Hans grinste. Er hatte dies offensichtlich als kleine Überraschung für Charity und Shayna-Jasmine geplant. Ich wollte darauf hinweisen, daß es schon nach elf sei und beide Mädchen die Augen kaum offenhalten könnten. Außerdem hatte Jeff Shayna während des ganzen Spiels mit Lakritze gefüttert, und ich befürchtete, sie würde erbrechen, wenn sie sich zu heftig bewegte. Aber Charity war hell begeistert; ihre Müdigkeit war sofort verflogen. Sie hatte ihre Schuhe ausgezogen und schlüpfte in die Schlittschuhe, bevor ich etwas dagegen einwenden konnte.

Es wurde zu einem jener verrückten Erlebnisse, die soviel Spaß machen, wenn man einmal alle Vernunft beiseite läßt. Wie sich herausstellte, hatte Hans gar kein Augenmaß für die Füße kleiner Mädchen. Charitys Schlittschuhe waren mindestens drei Nummern zu groß; wir mußten in jeden Schuh einen von Hans' schweißstinkenden Socken hineinstopfen. Shaynas Schuhe waren hingegen zu klein, und sie protestierte heftig, als ich ihre Füße hineinzwängte. Aber als wir aufs Eis hinausglitten, war dies schnell vergessen.

Hans war natürlich ein ausgezeichneter Eisläufer, und es gelang ihm in kürzester Zeit, Charity und Shayna-Jasmine sicher auf die Füße zu stellen. Ich war als Kind auf dem Bach bei meinem Elternhaus eislaufen gegangen. Als ich erwachsen wurde, hatte ich das schwebende Gefühl fast vergessen, und so wurde mir auf dem großen Eisfeld ganz schwindlig, als ich um die erschrockenen Reinigungsmänner und ihre langen Besen herumkurvte.

Jeff war ausnahmsweise einmal hoffnungslos. Ich war trunken vor Stolz, als ich entdeckte, daß es tatsächlich etwas gab, was ich viel besser beherrschte als unser Wunderknabe. Ich neckte ihn erbarmungslos, als er sich unsicher am Geländer festhielt.

Wir alberten beinahe bis um Mitternacht herum, als die Reinigungsmannschaft sich anschickte, Wasser aufs Eisfeld zu spritzen. Das Ende kam, als ich Shayna-Jasmine vermißte. Sie hatte das Eisfeld verlassen, um einen Schluck Wasser zu trinken. Ich fand sie bald friedlich schlummernd. Sie hatte sich auf unsern Mänteln zusammengerollt, ohne die Schlittschuhe auszuziehen.

Wir fuhren zu meiner Wohnung zurück, damit ich Shayna ins Bett bringen konnte. Charity blieb ebenfalls über Nacht. Ich wollte ihr noch heiße Schokolade und für Hans und Jeff Irish coffee brauen, bevor sie nach Hause gingen.

Wir waren alle hundemüde. Es war spät, und das Herumtollen in der frischen Luft hatte das Seine beigetragen. Jeff versuchte gar nicht erst, quicklebendig zu erscheinen. Er ließ sich in einen Lehnstuhl plumpsen und drehte den Fernseher an. Hans kam mit mir und Charity in die Küche und half, die Getränke zuzubereiten.

Als ich die Tassen schließlich auf den Tisch stellte, war Charity friedlich eingeschlafen. Ihr Kopf war auf den Tisch gesunken. Ich stellte ihren Kakao auf die Anrichte zurück und brachte Jeff seinen Irish coffee. Bequem in seinen Lehnstuhl eingenistet, schlief er ebenfalls. Aus dem Fernseher erschallte die Nationalhymne.

In der Küche tanzte Hans unterdessen mit seiner Kaffeetasse Walzer und summte «Ach, du lieber Augustin». Jeffs Tasse in der Hand, grinste ich ihm zu.

«Hier», sagte Jeff, als ich am Montag morgen ins Büro kam. Er warf einen Notizblock auf meinen Schreibtisch hinüber.

«Was ist das?» Eine Telefonnummer stand darauf.

«Ich habe Kevins Mutter ausfindig gemacht.»

Ich riß die Augen auf.

«Wollen wir sie zusammen besuchen? Ich habe mit ihr gesprochen. Ich hoffe, daß sie uns einige Auskünfte geben kann.»

Jeff und ich fuhren hundertsechzig Kilometer weit, um einen Nachmittag bei Kevins Mutter zu verbringen. Wir fanden sie in einem kleinen, verfallenen Haus etwas außerhalb eines Dorfes. Es war kärglich möbliert und furchtbar schmutzig. Im Wohnzimmer befanden sich nur ein durchgesessenes Sofa, ein Fernseher und eine Pappschachtel, die als Sofatisch diente. Ein kleiner Junge mit nassen Hosen öffnete uns die Tür.

Kevins Mutter grüßte uns zurückhaltend, doch hatte sie sich

alle Mühe gegeben, uns einen angenehmen Empfang zu bereiten. Obwohl wir lange nach der Mittagszeit ankamen, setzte sie uns etwas zu essen vor. Es war wirklich rührend. Sie hatte teure Dinge eingekauft – Käse, saure Gurken, Früchte, mitten im Winter –, die ihren Scheck vom Wohlfahrtsamt wahrscheinlich empfindlich geschmälert hatten. Sie mußte das Essen auf einem Spieltisch in der Küche auslegen, denn es gab keine andern Möbel außer zwei Holzbänken. Sie hatte nur so viel eingekauft, daß es für Jeff und mich reichte, nicht aber für sie selbst oder den Kleinen, der in seinen nassen Höschen schlotternd dastand und sehnsüchtig auf die Tomaten und die Kekse blickte, jedoch nicht darum bettelte.

Wir mußten essen; es war so eine Situation, in der wir auf keinen Fall ablehnen durften, obwohl wir gar nichts essen wollten und sie es nötiger gehabt hätten. Es war mir peinlich zu essen, während sie und der Kleine nur zusahen. Jeff erging es ebenso; seine Wangen liefen rot an.

«Wie geht es Kevin?» fragte sie schüchtern.

«Er hat immer noch Probleme», sagte Jeff. «Wir haben gehofft, Sie könnten uns etwas mehr über die Zeit erzählen, als er noch bei Ihnen wohnte.»

«Er ist nicht mehr mein Sohn», sagte sie leise. «Es gibt nichts zu erzählen. Sie wissen doch, daß ich ihn aufgeben mußte?»

Jeff runzelte die Stirn. «Ich hatte den Eindruck, daß Sie freiwillig auf das Sorgerecht verzichtet haben.»

Sie verstand offenbar nicht ganz.

«Wir dachten, Sie hätten ihn aufgegeben, weil es Ihr Wunsch war», sagte ich.

Sie senkte den Blick und schwieg. «Wir hatten Schwierigkeiten.»

«Ja?»

«Wir konnten ihn nicht mehr behalten.»

«Warum das?»

«Wegen Malcolm, meinem Mann.»

«Wie viele Kinder haben Sie und Ihr Mann?» fragte Jeff.

«Kevin mitgezählt?»

Jeff nickte.

«Nun, ihn.» Sie deutete auf den kleinen Jungen. «Ihn und die Mädchen und natürlich Kevin.»

«Wie viele Mädchen?»

«Nur die beiden. Barbara und Ellen. Barbara . . .» Sie hielt ein. «Sie haben Barbara in ein Heim gebracht, wissen Sie. Aber Ellen geht jetzt zur Schule.»

Jeff warf mir einen Blick zu und wandte sich dann wieder an die Frau. Ich hatte Mitleid mit ihr. «Und was ist mit Carol?» fragte Jeff sanft.

Sie blickte auf ihre Hände hinunter. «Nur die beiden Mädchen. Nur Ellen und Barbara. Nur die.»

Es entstand eine Gesprächspause. Der Kleine wimmerte, und sie hob ihn auf den Schoß und wärmte seine nackten Füßchen in ihren Händen.

«Malcolm, Ihr Mann, hat sich mit Kevin nicht verstanden?» fragte Jeff.

Sie schüttelte den Kopf.

«Wollte Malcolm, daß Sie Kevin weggeben?»

Sie gab keine Antwort und drückte das Gesicht an den Kopf des kleinen Jungen. Dann schüttelte sie langsam den Kopf. «Nein, es war das Gericht.»

Wie Jeff hatte ich immer geglaubt, daß die Eltern Kevin freiwillig den Behörden überlassen hatten. Ich hatte das so in Kevins Akte im Garson-Gayer-Heim gelesen; deshalb war ich jetzt verwirrt.

«Das Gericht hat also verfügt, daß man Ihnen Kevin wegnimmt?» fragte ich.

Sie fühlte sich bei dem Gespräch offensichtlich nicht wohl. Sie drückte den Kleinen enger an sich. Ihr Atem ging rascher. Und wieder schüttelte sie den Kopf. «Nun, nach . . . Sie wissen schon, nach dem letzten Zwischenfall . . .»

«Was für ein Zwischenfall?» fragte Jeff. Wir hatten beide keine Ahnung.

Sie vermied unsere Blicke. «Das . . . was Malcolm ihm angetan hat, dem Kevin . . . Sie wissen . . .»

«Nein», sagte Jeff, «leider wissen wir nichts. Das ist ja unser Problem.»

«Nun, dieses letzte Mal. Als er ihn prügelte.»

Wir blickten sie beide an. Sie hatte die Schulter, die uns zugekehrt war, fast bis zum Ohr hinaufgezogen, als ob Jeff sie schlagen wollte.

«Malcolm, nun, er hat ihn verprügelt. Er, ich meine Kevin, mußte ins Krankenhaus. Dann haben die Richter uns gesagt, Malcolm dürfe nicht mehr in Kevins Nähe kommen. Sie sagten, er müsse sonst . . . Er müsse in den Knast. Wenn sie ihn je wieder bei Kevin antreffen. Darum . . .»

Schweigen breitete sich aus. Der Raum war nicht geheizt, und der kleine Junge fröstelte. Er trug nichts außer den Höschen, keine anderen Kleider, keine Schuhe, keine Socken.

«Und darum», sagte sie, «mußte ich Kevin weggeben. Sonst hätte Malcolm nicht zu mir zurückkommen dürfen. Er hätte nicht herkommen dürfen, wenn ich Kevin behalten hätte. So war's.»

Auf der Heimfahrt entlud sich mein Zorn. Wie mußte dieser Junge mißhandelt worden sein, daß er ins Krankenhaus eingeliefert wurde und der Stiefvater ihn nicht mehr sehen durfte! Und warum, zum Teufel, stand nichts davon in Kevins Akte? Ich war wirklich wütend. Ich schrie fast, und weil Jeff die einzige andere Person im Wagen war, schrie ich ihn an. Was dachten sich diese gottverdammten Narren bei der Fürsorge, wenn sie uns diese Tatsachen verschwiegen? Jeff sagte kein Wort. Er wußte, daß sich meine Wut nicht gegen ihn richtete. Aber wie konnte man in Worte fassen, daß eine Frau einen brutalen Mann mehr liebte als den eigenen Sohn?

Am folgenden Tag begann ich vom Büro aus herumzutelefonieren. Es mußte irgendwo in dieser Stadt jemanden geben, der Kevins Geschichte kannte. Erst am späten Nachmittag fand ich die Person, eine Sozialarbeiterin namens Marlys Menzies, die immer noch in der Kinderfürsorge arbeitete.

Kevin war zwölf, sagte sie, als es geschah. Er war eben aus einem Gruppenheim nach Hause gekommen und wohnte seit etwa drei Monaten wieder bei seiner Familie. Reibereien zwischen Kevin und seinem Stiefvater waren nichts Außergewöhnliches, berichtete Marlys Menzies, und der Stein des Anstoßes war, daß Kevin sich weigerte, mit ihm zu reden.

Es hatte eines Abends einen kleinen Zwischenfall gegeben; niemand wußte später genau, worum es gegangen war. Kevin und sein Stiefvater waren sich in die Haare geraten, und der Stiefvater hatte vom Jungen eine Erklärung gefordert. Kevin antwortete ihm natürlich nicht. Der Vater schlug ihn. Dann sperrte er ihn in eine Besenkammer, weil er wußte, daß sich Kevin in der Dunkelheit fürchtete. Er sagte, er würde ihn nicht mehr herauslassen, bis er ihm eine Antwort gebe. Aber Kevin blieb stumm. Da nahm ihn der Vater ins Schlafzimmer, zog ihn vor den Augen seiner kleinen Schwester aus und band ihn an Händen und Füßen ans Bett. Die Mädchen zwang er dann, Kevin sexuell zu berühren und zu küssen.

Am folgenden Morgen lag Kevin immer noch angebunden da. Die Schwestern mußten zusehen, wie er sich naß machte – er konnte ja nicht aufstehen –, und ihn unter Androhung von Prügeln auslachen. Als Kevin den Mund immer noch nicht auftat, um sich zu rechtfertigen, entlud sich der ganze Zorn des Stiefvaters über ihn. Er schnitt Kevin los und schlug ihn mit einer Bratpfanne, bis der Junge ohnmächtig wurde.

Nachdem der Stiefvater das Haus verlassen hatte, nahm die Mutter Kevin ins Wohnzimmer und pflegte ihn. Sie verband ihm die Wunden, und als das Blut durch den Verband drang, wechselte sie ihn. Dann verbrannte sie die blutigen Tücher und räumte die Bratpfanne weg. Sie zog Kevin nicht einmal an, damit die Kleider nicht blutig würden. Als ihr klar wurde, daß Kevin ernsthaft verletzt war und unbedingt einen Arzt brauchte, holte sie eine Nachbarin. Diese verständigte die Polizei.

Während Kevins Mutter den Vorfall zu Protokoll gab, wurde der Junge ins Krankenhaus gebracht und auf der Notfallstation wegen einer Gehirnblutung operiert.

Die Sozialarbeiterin hatte eine schöne, melodische Stimme, die einen bizarren Gegensatz zu dem bildete, was sie erzählte.

Die Mutter habe uns gesagt, berichtete ich, daß der Stiefvater nur eine Buße bekommen habe und Kevin nicht mehr sehen durfte. Warum war er nicht vor ein Strafgericht gekommen?

«Ach ja», sagte Marlys Menzies, «da war ein Haken an der Sache. Die Mutter war nicht bereit, gegen ihn Klage zu erheben, und Kevin wollte ja nicht sprechen. Die Mutter hatte alle Beweise zerstört, daß der Junge wirklich mißhandelt worden war. Der Stiefvater wurde nur wegen eines minderen Delikts verurteilt.»

«Es gibt doch aber in diesem Staat Gesetze betreffend Kindsmißhandlung», wandte ich ein.

Marlys Menzies zögerte. «Ja, das stimmt», sagte sie zuletzt. «Sie können aber nicht immer angewendet werden.»

Der Zorn, den ich auf der Heimfahrt nach dem Besuch bei Kevins Mutter verspürt hatte, wallte wieder auf. Was für eine erbärmliche Komödie war denn das, wenn einer ein Kind halb tot schlagen konnte und kaum dafür bestraft wurde, ja wenn man sofort wieder Gras über die Sache wachsen ließ?

Einige Tage später sagte ich Kevin, daß wir seine Mutter aufgespürt und besucht hatten. Wir waren wie gewöhnlich in seinem Zimmer. Ich hatte ihm ein Buch mit Kreuzworträtseln mitgebracht; dies war eine der wenigen Neigungen, die er beibehalten hatte. Er saß auf dem Bett und suchte Lösungswörter, während wir redeten.

«Kommt sie mich besuchen?» fragte er, aber seine Stimme klang nicht hoffnungsvoll. Er sah nicht einmal vom Kreuzworträtsel auf.

«Ich glaube nicht.»

«Ich hab's auch nicht erwartet.»

Ich sah zu ihm hoch. Ich hockte auf dem Boden und hatte die Augen auf der Höhe seiner Tennisschuhe, die vom Bett herunterbaumelten. «Sie hat uns erzählt, warum sie dich nach Garson Gayer brachten.»

«Hat sie dir alles erzählt?» Seine Stimme war ausdruckslos.

«Nein. Aber ich hab's herausgefunden. Ich habe Marlys Menzies angerufen. Erinnerst du dich an sie?»

«Ja.»

«Sie hat mir den Rest erzählt.»

«Nun», meinte Kevin, «dann solltest du ja wissen, daß nicht meine Eltern mich nach Garson Gayer gebracht haben, sondern Mrs. Menzies. Ich habe meine Mutter an dem Tag, an dem mein Stiefvater mich verprügelte, zum letzten Mal gesehen. Seither habe ich sie nicht mehr gesehen.»

«Möchtest du sie sehen?»

Er hob den Blick vom Kreuzworträtsel und starrte vor sich hin. Einige Zeit war er ganz in Gedanken versunken. Dann schüttelte er den Kopf und wandte sich wieder dem Rätsel zu. «Nein, ich glaube nicht. Eigentlich nicht. Es gibt Wünsche, die man aufgibt. Und nach einer Weile sind sie nicht mehr da, ganz und gar verschwunden, und man hat nicht einmal die Erinnerung daran, daß man sich etwas gewünscht hat.»

25

Dann sprach Kevin wieder.

Es war wie im Garson-Gayer-Heim. Nach Tagen, Wochen, Monaten des Schweigens entschloß sich Kevin plötzlich, mit dem Krankenhauspersonal zu reden. Es muß ihm schwergefallen sein, denn alle hatten sich schon ganz an sein Schweigen gewöhnt. Die ersten paar Tage machten sie viel Aufhebens davon. Kevin war das nicht recht, und er schlich verlegen umher. Mir schien, er genieße all die Aufregung, die er verursacht hatte, gar nicht, obwohl er sich vielleicht im geheimen doch freute.

Weihnachten war nicht mehr fern, und Kevin war schon seit dem September im Krankenhaus. Wie das letzte Mal fragte ich ihn, warum er sich entschlossen habe zu reden und warum jetzt. Ich überlegte, ob etwas, was Jeff oder ich getan hatten, den

Anstoß gegeben hatte. Wie immer schien Kevin seinen Weg ganz allein zu gehen. Er machte Fortschritte, aber es gab keine Anzeichen, daß dies auf unsere Arbeit zurückzuführen war. Vielleicht hätte er auf jeden Fall Fortschritte gemacht, auch ohne uns.

Er konnte keinen genauen Grund angeben, warum er sprach, und ich glaubte ihm. Jeff gegenüber äußerte er zwar, er sei es leid, ein Einzelzimmer zu haben. Und solange er nicht redete, würden sie ihn nicht mit einem andern Jungen einquartieren. Also redete er. Zuerst sprach er mit einem andern Jungen auf der Abteilung, den alle nur den «verrückten Larry» nannten (und der wirklich völlig gestört war), dann mit ein paar Krankenschwestern, die er besonders gut mochte. Nach einigen Tagen zog Kevin in ein Zweierzimmer um, das er mit dem verrückten Larry teilte.

Kevin war offensichtlich froh, daß er nicht mehr die meiste Zeit allein war, doch für Jeff und mich ergaben sich aus der neuen Anordnung unerwartete Schwierigkeiten. Wir hatten für die Sitzungen Kevins Zimmer nicht mehr zur Verfügung, und damit war auch die spontane und natürliche Beziehung, die sich entwickelt hatte, verloren. Nun mußten wir den Therapieraum benützen. Er war ganz typisch ausgestattet, mit einem Linoleumboden, einem Tisch und Stühlen, einer Couch und einem Einwegspiegel. Als ich zum ersten Mal dort hineinging, mußte ich unwillkürlich an meine erste Begegnung mit Kevin denken, und es wurde mir wieder bewußt, wie weit wir es inzwischen gebracht hatten.

Das Zimmer war zugig und der Boden nicht besonders gut gekehrt; deshalb blieben wir auf den Stühlen sitzen. Das hatten Kevin und ich die ganze Zeit, da wir zusammen waren, nie getan. Erst jetzt realisierte ich, wieviel Zeit ich während meiner Arbeit auf dem Boden verbrachte. Es schien ganz natürlich, wenn man sich intensiv mit Kindern beschäftigte, denn ich war so groß, daß ich sonst nie auf gleicher Höhe mit ihnen gewesen wäre. Das war zwar bei Kevin gewiß nicht der Fall, doch weil wir am Anfang immer auf dem Boden gesessen hatten, hatten wir diese

Gewohnheit weitgehend beibehalten. Nun aber saßen wir ziemlich steif auf unsern Stühlen und konnten uns kaum ungezwungen bewegen.

Außerdem hatte Kevin sein Fenster aufgeben müssen, denn sein neues Zimmer befand sich auf der andern Seite des Flurs, und von dort sah man nun nicht mehr das gewaltige Panorama der Stadt am Fuß des Felsens, sondern nur noch den Parkplatz des Krankenhauses. Und im übrigen stand Larrys Bett am Fenster. Im Therapieraum gab es überhaupt keine Fenster mit Aussicht. Sie waren alle hoch oben angebracht und hatten Milchglasscheiben.

Wir richteten uns jedoch ein, so gut wir konnten. Unsere Sitzungen waren nicht mehr so locker, sondern glichen mehr richtigen Therapiesitzungen, was vielleicht gar nicht so schlecht war. Kevin schien es jedenfalls nichts auszumachen, und ich fügte mich in die Umstände.

Nachdem sich Kevin entschlossen hatte, wieder zu sprechen, machte er raschere Fortschritte. Es ging immer noch langsamer als im Frühling zuvor, doch hatten wir wenigstens den Stagnationspunkt überwunden. Die lähmende Depression war endlich verschwunden, und Kevin begann sich wieder für die Außenwelt zu interessieren. Glücklich über diese Wende, ermutigten Jeff und ich Kevin dazu, genügend Punkte zu erwerben, um einmal mit uns auszugehen. Wir lockten ihn mit allen möglichen Versprechungen. Der Vergnügungspark war zwar im Winter geschlossen, aber wir konnten das Museum besuchen, in den Zoo oder ins mexikanische Restaurant gehen. Kevin machte jedoch einen ganz anderen Vorschlag.

Er hatte nur eine seiner Ängste noch nicht verloren, oder wenigstens nur eine, die ihn im täglichen Leben behinderte. Er fürchtete sich immer noch vor dem Wasser. Er ertrug es, wenn in der Dusche Wasser über ihn floß, aber das war auch alles. Schon der Gedanke daran, in Wasser einzutauchen, und sei es auch nur in ein kleines Becken, ängstigte ihn.

Und doch zog ihn das Wasser auch mit einer schrecklichen

Faszination an. Eines Abends, als ich bei Kevin saß, fragte er mich, ob es wohl möglich wäre – wenn er sich genug Punkte für einen Ausgang verdiente –, daß ich ihn zum Schwimmen mitnehmen würde.

Schwimmen? Der Gedanke schien absurd.

Würde ich ihn mitnehmen? Würde ich mit ihm ins Wasser kommen? Wohin würden wir gehen?

Ich lächelte. Ja, wir könnten es versuchen, wenn er das wirklich wolle.

Kevin wollte. Aber nur wir beide, sagte er. Nicht Jeff. Er wollte Jeff damit überraschen. Kevin würde schwimmen lernen und dann mit Jeff ins Schwimmbad gehen und ihn überraschen. Kevin grinste mir zu, als er mich in seinen Plan einweihte. Wir würden den guten alten Jeff damit überraschen. Jeff würde denken, es sei Kevin, der da schwimme, doch in Wirklichkeit wäre es Bryan. Sogar äußerlich.

Wir teilten dieses Geheimnis, während sich Kevin genügend Punkte für einen Ausgang verdiente. Anfang Januar war es soweit. Als er am Eingang des Krankenhauses auf mich wartete, spürte ich, wieviel Überwindung es ihn kostete. Die neu gekaufte Badehose hatte er unter den Arm geklemmt; sie steckte noch in der Papiertüte. Er hatte offensichtlich Angst, doch seine Augen – Bryans Augen – funkelten.

Wir gingen an einem Dienstag am frühen Abend, weil Jeff an diesem Tag nie kam und im Hallenbad auch keine Schwimmkurse stattfanden. Einem Impuls folgend, nahm ich Charity mit. Kevin hatte sie im Frühling des vorangegangenen Jahres einige Male getroffen, und ich wußte, daß sie im Wasser ihren Spaß haben würde. Ich hoffte zudem, sie würde eine Art Ausgleich schaffen. Wenn Kevin Schwierigkeiten hatte, konnte ich mich mit ihr beschäftigen und warten, bis er sich von selbst wieder entspannt hatte.

Das Hallenbad hatte zwei Schwimmbecken, eines von olympischen Ausmaßen und ein Kinderbecken, das an der tiefsten Stelle nur etwa sechzig Zentimeter tief war. Da wir um halb sechs kamen, waren keine andern Kinder mehr da, und ich beabsichtigte, im kleinen Becken anzufangen.

Charity kam in einem rosaroten Bikini, mit vorstehendem Bäuchlein, aus dem Umkleideraum herausgehüpft. Sie sprang mit dem Hintern voran ins kleine Becken. Von Kevin keine Spur. Ich wartete. Ich saß am Rand des kleinen Beckens, steckte die Füße ins Wasser und spitzte die Ohren in Richtung des Umkleideraums.

Nach etwa zehn Minuten schlenderte ich zur Tür des Umkleideraums für Männer hinüber. «Kev?» rief ich zögernd.

Keine Antwort.

«Kev? Kevin? Bist du da drin?»

Keine Antwort.

«Kevin!»

Keine Antwort.

Ich sah mich um. Es war sonst niemand da, außer dem Mann, der die Badetücher herausgab. Er saß hinter einer Glastrennwand. Verstohlen ging ich einen Schritt in den Umkleideraum hinein.

«Kevin! Bist du fertig? Bist du da?»

Nichts.

«Antworte bitte!»

Nichts deutete darauf hin, daß er dort drin war, und das kam mir nicht ganz geheuer vor. «Kevin? Ist was? Ich kann wirklich nicht hereinkommen. Es ist nur für Männer, ich kann dir also nicht helfen. Komm zur Tür.»

Guter Gott, dachte ich, warum hatte ich mich von Kevin dazu überreden lassen? Das war wirklich eine Situation für Jeff. Aus der Garderobe drang nicht das geringste Geräusch. Nun war aber Charity auf mich aufmerksam geworden. Sie kletterte aus dem Wasser und kam zu mir herüber.

«Du darfst hier nicht rein, Torey», sagte sie.

«Ich weiß.»

«Es sind nackte Männer drin.»

«Ich weiß, Charity. Aber ich mache mir Sorgen, weil Kevin vielleicht was zugestoßen ist.»

«Soll ich für dich hineingehen?» fragte sie, und der Gedanke gefiel ihr offensichtlich.

«Nein! Geh jetzt. Geh wieder ins Wasser und spiel.»

«Was wirst du tun? Gehst du hinein?» Sie grinste maliziös. «Es sind splitternackte Männer drin. Du darfst nicht hinein.»

«Geh ins Becken und spiel, bitte! Ich komme gleich. Ab mit dir.»

«Soll ich dir helfen? Ich möchte dir gern helfen. Kevin!» rief sie aus vollem Hals. *«Kevin!»* Ihre Stimme dröhnte durchs ganze Hallenbad. *«Kevin, komm sofort heraus, sonst kommt Torey rein und holt dich!!»*

«Charity!»

Der Mann, der die Badetücher verwaltete, spähte um die Ecke seiner Glaswand.

«Hör gut zu. Du gehst jetzt zum Schwimmbecken zurück und spielst. Hast du verstanden?»

Sie trat einen Schritt zurück, doch das Grinsen auf ihrem Gesicht verschwand nicht. «Ich werde zusehen, wie jetzt gleich alle diese nackten Männer herausgerannt kommen», sagte sie mit fast unhörbarer Stimme. Sie wußte, ich würde hineingehen.

Vorsichtig drückte ich mich um die Ecke des Eingangs. Sofort war Charity an meiner Seite, eng an die Wand gedrückt wie ein Filmdetektiv.

«Charity, raus mit dir. Ich brauche deine Hilfe nicht.»

Sie sah mich herausfordernd an.

«Willst du sehen, wie böse ich werden kann? Willst du etwa wissen, ob ich einer Neunjährigen den Hintern versohlen kann? Ich kann's bestimmt!»

Sie schien etwas beunruhigt.

«Wenn du nicht augenblicklich nach Hause gehen willst, verschwindest du jetzt und gehst ins Becken zurück. Und zwar sofort, verstanden!»

In diesem Augenblick erschien ein Mann in Badehosen. Er warf uns einen merkwürdigen Blick zu und marschierte an uns vorbei zum Becken. Ich gab Charity einen Schubs und stieß sie auch in diese Richtung.

«*Raus hier!*» zischte ich. «Es ist mir ernst.» Das muß sie gespürt haben, denn sie zog endlich ab.

Was ich nun tun mußte, war mir unbeschreiblich peinlich. Ich schlich in den Umkleideraum hinein. Dort standen Reihen von Schließfächern mit Bänken dazwischen. Offenbar waren irgendwo einige Männer, denn ich bemerkte eine Menge Tennisschuhe und Squashschläger. Und ich hörte die Dusche rauschen.

«Kevin, antworte mir. Wo, zum Teufel, steckst du?» flüsterte ich heiser. Es war mir so peinlich, daß ich richtig ungehalten wurde. Am liebsten hätte ich geschrien.

Endlich fand ich ihn. Er saß zwischen den letzten beiden Reihen von Schließfächern auf einer Bank. Er trug nur seine Unterhose und hatte die neue Badehose vors Gesicht gedrückt. Er weinte.

«Was ist denn los?» Ich setzte mich auf die Bank neben ihn. Wenn ich nicht in voller Größe dastand, war die Gefahr, entdeckt zu werden, wenigstens etwas kleiner.

«Ich weiß nicht, wie man sie anzieht», schluchzte er.

«Na, na, na», beruhigte ich ihn und legte den Arm um ihn. «Ich weiß, es ist unangenehm, aber du mußt nicht gleich weinen.» Meine Verlegenheit darüber, daß ich mit einem weinenden Siebzehnjährigen im Umkleideraum für Männer saß, war plötzlich verschwunden, und ich fühlte nur noch Mitleid und Zuneigung. Kevin war so unschuldig. Ich konnte ihm die Verzweiflung nachfühlen: Er war allein an einem fremden Ort, und wenn er durch jene Tür schritt, erwartete ihn das Wasser. Das ungewohnte Kleidungsstück hatte ihm den Rest gegeben.

Ich streckte die Hand aus. «Zeig her, vielleicht verstehe ich das besser.»

Um ehrlich zu sein, meine Kenntnisse über Männerbadehosen sind begrenzt. Eine Pflegerin hatte für Kevin eine gekauft, und sie sah etwas kompliziert aus. Ein weißer Teil war an einen blauen angenäht; ich sah vier Öffnungen für die Beine und keine, um hineinzusteigen. Es war mir wirklich ein Rätsel. Mit unsicheren Fingern begann ich daran herumzuzupfen und versuchte, den weißen Teil in den blauen hineinzustopfen. Als mir das gelungen war, wußte ich immer noch nicht recht, was vorne und was hinten war und ob es überhaupt eine Rolle spielte. Kevin saß neben mir und sah schweigend zu. Dann geschah es doch. Um die Ecke kam ein Mann, der ein Badetuch um die Hüften gewickelt hatte. Wir waren beide verblüfft, als wir einander bemerkten.

Totenstille.

Die Badehose immer noch in der Hand haltend, entschied ich mich für entwaffnende Offenheit. Ich streckte ihm die Badehose entgegen. «Können Sie uns sagen, wo vorne und wo hinten ist? Wir wissen es nicht.»

Erstaunt nahm er die Hose entgegen. Er sah hinein. «Hier», sagte er und gab sie mir zurück.

«Hast du gehört, Kevin? Das ist vorn. Nun zieh sie an, ich warte beim Schwimmbecken auf dich.» Und ich eilte aus dem Ankleideraum, ohne nach rechts oder links zu schauen.

Kevin erschien ein paar Minuten später. Zögernd kam er näher. Charity ging ihm entgegen und zog ihn an den Rand des Beckens, wo ich saß und die Füße ins Wasser hängen ließ.

Dann versuchten wir behutsam, Kevin mit dem Wasser vertraut zu machen. Leider war es nach dem nervenaufreibenden Zwischenfall beim Umziehen schon weit über sechs; nun kamen Eltern mit ihren Jüngsten und benutzten das Kinderbecken.

Das verletzte Kevins Stolz zu sehr, und bevor er sich im kleinen Becken auch nur die Füße benetzt hatte, fragte er, ob wir nicht zum großen hinübergehen könnten.

Dieses war furchterregend groß. Charity sprang aber unbekümmert hinein und stellte sogleich fest, daß ihr das Wasser auf der niedrigen Seite des Beckens bis an die Schultern reichte. Sie schrie vor Angst, ruderte mit wilden Bewegungen zu mir herüber und kletterte auf meinen Rücken. Ich mußte sie auf dem Arm halten (was ich auf dem Trockenen niemals gekonnt hätte), bis sie genug Mut gefaßt hatte, um zu den Stufen hinüberzuschwimmen. Dann holte sie vom Bademeister einen Schwimmreifen.

Ein paar Stufen führten ins niedrige Ende des Beckens hinunter. Ich setzte mich dorthin, so daß ich bis zur Taille im Wasser war. Kevin setzte sich zuerst auf eine Bank, die mehr als einen Meter vom Wasser entfernt war, dann erhob er sich aber und ließ sich in meiner Nähe auf den Zementboden nieder. Ich machte keine Bemerkung darüber; wir plauderten einfach miteinander wie zwei Freunde, ich im Wasser sitzend, er draußen. Wir wußten beide, was sich unter der Oberfläche unserer Worte abspielte. Sein Mut wuchs. Er kam näher.

«Weißt du was?» sagte er.

«Was?»

«Erinnerst du dich an letztes Jahr? Als wir ins Restaurant gingen?»

Ich kicherte. Wie hätte ich es vergessen können!

«Jetzt ist es ähnlich, nicht wahr?» sagte er und lächelte. «Weißt du noch, wie ich mich fürchtete?» Mit einem Finger fuhr er den Unebenheiten im Zement nach. «Heute muß ich lachen, wenn ich daran denke. Ich hatte ja solche Angst! Ich machte mir die Hose naß, erinnerst du dich?»

Er sah mich an. Es war ein langer, nachdenklicher Blick. Ich fröstelte, denn ich war schon ziemlich lange im Wasser. Langsam schob ich mich eine Stufe höher hinauf.

«Du magst mich, nicht wahr?» fragte er. Es lag Vertrauen in seiner Stimme.

Ich nickte, ohne ihn anzusehen.

«Darum machst du das alles mit. Darum stört es dich nicht, daß ich ein solcher Idiot bin, hm? Weil du mich magst.»

«Ja.»

Er lächelte mich an und lächelte über sich selbst, während er an einem Zehennagel zupfte. «Das wußte ich», sagte er. «Es ist gut so. Ich bin froh, daß ich das weiß.»

Die Uhrzeiger rückten auf sieben, dann auf acht. Das Hallenbad schloß um neun. Charity, die ganz allein herumgetollt war, wurde langsam müde. Sie fing an zu quengeln. Sie wollte ein Eis. Ihr war kalt, und sie wollte nach Hause gehen.

Kevin saß immer noch mit gekreuzten Beinen am Rand des Beckens.

Ich ließ mich ins Wasser hinunter. «Da, gib mir deinen Fuß», sagte ich, als ich am Rand des Beckens zum tieferen Ende paddelte.

Kevin beobachtete mich, ohne sich zu rühren.

«Nur einen Fuß. Da. Komm her zu mir.»

Er erhob sich und kam zur Stelle, wo ich mich am Beckenrand festhielt. Er setzte sich und streckte vorsichtig einen Fuß aus. Ich nahm ihn in die Hand und umfaßte ihn behutsam, aber fest. Sehr langsam zog ich den Fuß zum Wasser hinunter, hielt aber ein, als meine Hand das Wasser berührte. Mit der freien Hand schaufelte ich Wasser auf Kevins Fuß und netzte ihn an. Dabei redete ich irgend etwas Belangloses und versuchte, das Wasser ruhig und ohne Spritzer über seinen Fuß zu gießen.

Eine Sekunde lang ließ er es geschehen, dann machte er eine heftige Bewegung und spritzte mich ganz naß. «Ich kann nicht!» rief er. «Ich kann es nicht. Ich kann mich nicht überwinden.»

«Okay. Ist schon gut. Es braucht halt seine Zeit.»

Charity paddelte mit ihrem Schwimmreifen zu uns herüber. Sie ließ ihn los und stieg auf mich um, schlang mir die Arme um den Hals, die Beine um die Taille. Sie schmiegte sich an meinen Rücken, legte das Kinn auf meine Schulter und beobachtete Kevin. Wieder ergriff ich seinen Fuß, diesmal den anderen, und zog ihn zum Wasser hinunter. Diesmal schaufelte ich das Wasser nur auf meinen Arm, der den Fuß festhielt. Trotzdem konnte er es nur einen Augenblick aushalten, bevor er den Fuß zurückzog.

«Warum hast du Angst, Kevin?» fragte Charity. «Ich bin erst neun, aber ich habe keine Angst. Wovor fürchtest du dich?»

«Ich weiß nicht», erwiderte er.

«Du würdest nicht ertrinken, weißt du», fuhr sie fort. «Der Mann dort drüben ist der Bademeister. Er würde dich retten. Vielleicht würde sogar Torey dich retten. Hm, Torey? Du würdest ihn doch nicht ertrinken lassen?»

Ich schüttelte den Kopf.

«Mich auch nicht? Mich würdest du auch retten, nicht?»

«Klar.»

«Also, siehst du, Kevin, du brauchst dich überhaupt nicht zu fürchten. Warum hast du noch Angst? Warum willst du nicht einmal die Füße ins Wasser stecken?»

«Laß ihn in Ruhe, Charity», sagte ich. Kevin ließ den Kopf hängen.

«Ich lasse ihn ja in Ruhe. Ich frage nur.»

Ich stieß Charity mit dem Ellbogen an, worauf sie sich noch fester an meinen Hals klammerte.

«Ich weiß nicht, warum ich Angst habe. Ehrlich, ich weiß es nicht.»

«Es macht nichts, Kevin», erwiderte ich. «Das geht vorbei. Wie alle andern Ängste. Du hast dich doch vor so vielem gefürchtet, und jetzt hast du fast nie mehr Angst. Auch die Angst vor dem Wasser wird einmal verschwinden.»

Charity hielt sich ganz eng an mich gedrückt, ihr Kinn lag immer noch auf meiner Schulter, und ihr langes schwarzes Haar war im Wasser um uns ausgebreitet.

Kevin streckte die Hand aus und berührte Charitys Haar. Er tauchte rasch einen Finger ins Wasser und beobachtete dann, wie die Tropfen hinunterrannen. «Ich glaube, ich habe Angst zu ertrinken. Man kann mir lange das Gegenteil einreden, ich weiß, daß ich ertrinke. Ich fühle es.»

Er kniete nun am Rand des Beckens und blickte ins Wasser. Es war an der Stelle, wo ich stand, ziemlich tief, etwa einen Meter zwanzig. Ohne ihren Schwimmreifen wagte Charity nicht, mich loszulassen. Sachte berührte Kevin die Wasseroberfläche und beobachtete die Kreise, die sich bildeten.

«Ich habe manchmal einen Traum», sagte er, «von einem See. Habe ich dir schon davon erzählt?»

Ich schüttelte den Kopf.

«Ich hatte diesen Traum früher sehr oft, jetzt nur noch selten. Da ist dieser See. Ich weiß nicht, wo er ist. Ich habe ihn nie wirklich gesehen, ich meine, als ich wach war. Ich höre, wie meine Schwester mich ruft. Sie ist auf der andern Seite, und sie weint. Sie fürchtet sich. Ich weiß nicht, wovor, aber ich weiß, daß sie sich fürchtet. Und ich weiß, daß ich sie holen muß, doch es gibt keinen andern Weg als durch den See. Ich weiß, daß ich ertrinke, wenn ich in diesen See gehe. Er ist schwarz. Das Wasser ist rabenschwarz wie die Nacht.»

Kevin richtete sich auf und sah mich an. Sein Blick wanderte zu Charity und dann zu mir zurück. Dann kniete er wieder und schaute ins Wasser hinunter.

«Schwarzes Wasser. Nicht wie hier, das ist grün und klar. Ich weiß also, daß ich in diesen See hinein muß. Und ich weiß, wenn ich es tue, muß ich ertrinken. Ich bin ganz sicher. Aber ich weiß auch, daß ich gehen muß. Ich *will* gehen. Niemand hilft Carol, wenn ich ihr nicht helfe. Keiner ist da, der sie hört. Ich renne am Ufer hin und her und rufe zu ihr hinüber. Und dann falle ich in den See. Das Wasser schließt sich über mir. Es ist ganz schwarz. Es ist rund um mich herum, ich kann nicht mehr atmen, und Carol weint noch lauter als zuvor, weil sie weiß, daß ich ertrinke. Ich bin ganz unter Wasser, ich kämpfe und will hinaus, aber ich kann nicht. Ich ertrinke. Ich kann nicht raus. Ich kann niemandem helfen. Ich kann Carol nicht helfen, ich kann mir selbst nicht helfen.»

«Das ist ein schlimmer Traum», sagte ich.

Er nickte. «Ein Alptraum. Und dann wache ich auf und meine, ich müsse erbrechen, so sehr habe ich Angst. Es ist, wie wenn man stirbt, dieser Traum. Ich meine jedesmal, ich sterbe, und ich fürchte mich so. Wenn ich diesen See je sehe, werde ich ertrinken. Dieser See ist irgendwo dort draußen, und ich werde ertrinken, wenn ich ihn sehe.»

Charity rutschte von meinem Rücken auf meine Seite hinüber. Sie streckte eine Hand aus und berührte Kevin. «Du mußt keine Angst haben», sagte sie. «Ich habe auch so einen See in mir. Ich glaube, alle haben einen.»

26

Normalerweise war Jeff vor mir im Büro. Ich hatte um acht und um neun Uhr eine Therapiesitzung in einer nahe gelegenen

Schule, so daß ich an den meisten Tagen nicht vor halb zehn in die Klinik kam. Jeff konnte deshalb seine Morgentherapie im Büro abhalten, anstatt eines der Besuchszimmer zu benützen.

Da ich mich gewöhnlich darauf verlassen konnte, ihn um halb zehn anzutreffen, war ich am Montag morgen enttäuscht, als ich ins Büro trat und Jeff nicht vorfand. Ich hatte über Kevins Traum nachgedacht, und obwohl ich Jeff nicht in Kevins Schwimmpläne einweihen wollte, mußte ich doch unbedingt diesen Traum mit ihm besprechen und ihn fragen, ob er während seiner Sitzungen mit Kevin je etwas Ähnliches erfahren hatte. Jeff war aber nicht da, offenbar hielt er sich überhaupt nicht in der Klinik auf, denn sein Mantel hing nicht am Haken. Ich vergaß die ganze Sache, setzte mich an den Schreibtisch und begann zu arbeiten.

Dann konnte ich meine Schere nicht finden. Ich stand auf, ging zu Jeffs Pult hinüber und wühlte in der obersten Schublade herum. Verflixt, wo hatte Jeff sie diesmal versteckt? Er verdiente eine Ohrfeige, wirklich. Er entführte mir ständig meine Schere und legte sie nie zurück. Ich suchte überall und konnte das blöde Ding nicht finden. Verärgert stürmte ich aus dem Büro und zur Empfangssekretärin, um die ihre zu borgen.

«Weißt du vielleicht, wo Jeff steckt?» fragte ich, als sie mir ihre Schere gab.

Shirley, die Empfangssekretärin, und eine Bürohilfe tranken Kaffee und aßen Berliner Pfannkuchen, unsern traditionellen Montagsimbiß, den Dr. Rosenthal stiftete. Shirley warf mir einen merkwürdigen Blick zu, gab aber keine Antwort.

Ich sah die andere Frau an. Sie senkte den Blick. Ich wandte mich wieder Shirley zu. «Stimmt etwas nicht?» fragte ich.

Der Ausdruck auf Shirleys Gesicht gab mir zu verstehen, daß tatsächlich etwas nicht stimmte, aber ich konnte mir nicht vorstellen, was es war.

«Hat es dir Dr. Rosenthal nicht gesagt?» fragte Shirley schließlich ruhig.

«Was gesagt?»

Ich war sehr beunruhigt. Jeff mußte etwas Schlimmes zugestoßen sein. Wahrscheinlich ein Unfall, und er war schwer verletzt. Oder tot. Bei Jeff dachte man unwillkürlich an einen Unfall. Er lebte gefährlich.

«Was ist geschehen?» fragte ich, als niemand sprach.

Shirley warf ihrer Kollegin einen Blick zu und sah mich dann an. Sie schluckte ein Stück ihres Berliners hinunter. «Hat Dr. Rosenthal nichts erwähnt? Überhaupt nichts?»

Wieder schüttelte ich den Kopf.

«Jeff ist gegangen worden.»

«*Was?*»

«Sie haben es ihm am Freitag abend gesagt.»

«Was meinst du? Haben sie ihn gefeuert? Warum das?»

«Nun, nicht gerade gefeuert. Sie haben ihm nur nahegelegt zu gehen. Anderswohin zu gehen.»

Ich verstand die Welt nicht mehr. Jeff wollte gar nicht anderswohin gehen. Da war ich ganz sicher. Er liebte die Klinik, und er liebte die Stadt. Vor ein paar Wochen erst hatte er mit mir über ein Stipendium für eine wissenschaftliche Arbeit gesprochen, für das er sich beworben hatte. Ich wußte, daß Jeff Ende Frühjahr, wenn seine Ausbildung ganz abgeschlossen war, hierbleiben wollte. Er hatte es mir selbst gesagt.

Was hatte dies also zu bedeuten? Warum in aller Welt sollten sie Jeff feuern? Er war doch so erfolgreich.

Shirley machte ein bekümmertes Gesicht. Sie knabberte noch einmal an ihrem Berliner und warf den Rest in den Papierkorb.

«Jeff ist homosexuell, Torey», sagte sie. «Und nach allem, was in der Stadt in letzter Zeit los war, hat der Aufsichtsrat . . . Du weißt, wie so was läuft. Sie meinten einfach, es sei besser, wenn er nicht mehr mit Kindern arbeitet.»

«Er ist schwul?» fragte ich halblaut. Das hatte ich nicht gewußt. Doch im Unterbewußtsein hatte ich es geahnt. Deshalb war ich nicht besonders erstaunt. Hans war offenbar mehr als nur ein Freund, mit dem Jeff die Wohnung teilte.

«Sie haben eine andere Stelle für ihn gefunden», sagte Shirley. «In Kalifornien. Er ist nicht arbeitslos, Torey. Sie haben ihn eigentlich nicht entlassen. Es ist nur, weil er hier mit Kindern arbeitet.»

«Er ist aber ein guter Kindertherapeut, Shirley», sagte ich und hörte selbst, wie hilflos es klang. «Wir brauchten ihn hier.»

«Aber sie haben eine gute Stelle für ihn gefunden. Dr. Rosenthal gab ihm ein hervorragendes Empfehlungsschreiben. Ich muß es wissen, denn ich habe es getippt. Er geht in ein Rehabilitationszentrum für Alkoholiker.»

«Alkoholiker? Jeff weiß gar nichts über Alkoholiker, Shirley. Was wird er dort tun? Er kann gut mit Kindern umgehen, nicht mit Alkoholikern.»

«Er wird auch dort gut sein, Torey. Und sie brauchen ihn dort.»

«Was spielt das für eine Rolle», fragte ich, «wenn ich ihn hier brauche?»

Niedergeschlagen ging ich ins Büro zurück. Ich konnte nicht einmal denken. Jeff mußte die endgültige Entscheidung erst am Freitag abend erfahren haben, denn als ich mich im Büro umsah, fehlte nichts; es gab keinen Hinweis auf das, was vorgefallen war. Jeffs Schreibtisch war immer noch Jeffs Schreibtisch, auf dem unordentliche Stapel von Aktenordnern, Psychologiebüchern und medizinischen Wörterbüchern lagen. Zwei Tafeln Schokolade waren in einer Ecke. Ganz hinten stand eine Reihe von Hamburgerbehältern, in denen Jeff Büroklammern, Gummibänder und andere Dinge aufbewahrte. An seinem Anschlagbrett hing nur ein länglicher Kleber mit der Aufschrift: «Hier amüsiert sich Jeff!» Sonst nichts.

Als ich mich an mein Pult setzte, wurde mir so richtig bewußt, wie gut Jeff und ich uns beruflich ergänzten. Sechs Fälle behandelten wir nun gemeinsam. Aus mit der Zusammenarbeit. Aus mit dem perfekten Team. Was sollte nun aus mir und den Kindern werden?

Und Kevin. *Kevin.* Oh, mein Gott. Ich ließ den Kopf hängen. Was sollte ich bloß Kevin sagen? Wie würde er es aufnehmen? Für ihn mußte es so aussehen, als habe wieder ein Mensch sein Vertrauen mißbraucht, als sei noch einer aus seinem Leben verschwunden, ohne auf Wiedersehen zu sagen.

Ich begann zu weinen, ebensosehr aus Selbstmitleid wie aus

Mitleid für Jeff oder Kevin. Dieser Beruf war so frustrierend, wie wenn man ein Kartenhaus in einem zugigen Zimmer aufbaute. Jedesmal, wenn man dachte, es sei nun endlich gelungen, das Werk sei vollendet, kam ein Luftzug aus einer völlig unerwarteten Richtung und ließ das Kartenhaus einstürzen.

Um halb fünf packte ich meine Sachen zusammen und fuhr zu Kevin. Er saß auf dem Bett, als ich eintrat, und steckte seine Nase in ein Kreuzworträtselbuch. Ich schloß die Tür und setzte mich neben ihn. Der verrückte Larry war auch im Zimmer; er lag auf seinem Bett und starrte an die Decke.

Kevin sah auf. «Was tust du denn hier? Das ist doch Jeffs Abend.» Und noch bevor ich etwas sagen konnte, fügte er bei: «Weißt du was? Ich habe heute wieder zwölf Punkte verdient. Wenn ich sechzig beisammen habe, kommst du dann wieder schwimmen mit mir?»

Ich sah ihn an.

Kevin verstummte. Er forschte in meinem Gesicht. «Wo ist Jeff?»

«Jeff kommt nicht.»

Er spürte, daß etwas nicht stimmte. Ich überlegte mir fieberhaft, wie ich ihm die Hiobsbotschaft am besten beibringen könnte. «Wir haben Schwierigkeiten, Kevin. Jeff wird nicht mehr mit uns zusammenarbeiten.»

«Hm? Was?» Kevin sah mich beunruhigt an. «Wie meinst du das? Ist ihm was zugestoßen?»

«Jeff hat sich entschlossen, nach Kalifornien zu gehen und dort in einer anderen Klinik zu arbeiten.»

Kevin runzelte die Stirn. «Warum? Hab ich etwas falsch gemacht? Er hat mir nie gesagt, er wolle anderswohin.»

«Oh, Kevin», seufzte ich und legte ihm den Arm um die Schulter, «es hat nichts mit dir zu tun. Niemand kann etwas dafür. Jeff wollte nicht weggehen; es ist nicht wegen uns. Nicht wegen irgend etwas, was du oder ich getan haben, oder wegen etwas, was hier geschah. Der Grund ist ein ganz anderer. Die Leute in der Klinik haben beschlossen, es sei besser, wenn er an einem andern Ort arbeitet.»

Kevins Augen füllten sich mit Tränen. Er versuchte nicht einmal, sie zu verbergen. «Das sind *dumme* Leute!»

«Ja, das finde ich auch.»

Kevin schluchzte.

«Es tut mir so leid, Kevin. Ich weiß, wie gern du Jeff hattest. Wir haben ihn beide sehr gern gehabt. Er war einer unserer besten Freunde, nicht wahr? Und eine Zeitlang wird er ein riesengroßes Loch hinterlassen. Aber ich möchte, daß du verstehst, daß sein Weggehen mit dir überhaupt nichts zu tun hat. Es war eine Entscheidung, die nur Jeff betraf.»

«Aber warum hat er mir nicht gesagt, daß er weggeht?»

«Ich glaube, er wußte es bis vor kurzem selbst nicht. Er hat es mir auch nicht gesagt. Aber ich bin sicher, er hätte es uns gesagt, wenn er gekonnt hätte.»

Schweigen senkte sich über uns, es glitt von den Wänden herunter wie Schleim. Der verrückte Larry lag auf seinem Bett und beobachtete uns. Er hatte flache Gesichtszüge, und ich fragte mich, ob er mongoloid sei. Als keiner mehr etwas sagte, fing er an, leise, piepsende Geräusche zu machen, um die Stille zu durchbrechen. Larry war total verrückt.

Kevin starrte auf sein Kreuzworträtsel. Ich hörte seinen Atem, und das Geräusch rührte mich. Es war so menschlich, weil man die Tränen darin spürte.

«Warum ist er gegangen? Wie kommt es, daß diese Leute entscheiden, er müsse anderswohin, wenn doch du und ich ihn hier brauchen?»

Ich seufzte und wägte ab, was ich ihm sagen sollte. Es mußte die Wahrheit sein, aber wie konnte man sie einem Jungen wie Kevin beibringen, so daß Jeff im richtigen Licht erschien, nicht besser und nicht schlechter, als er wirklich war?

«Jeff ist homosexuell, Kevin. Weißt du, was das ist?»

«Ja, so ungefähr.»

«Es bedeutet, daß jemand lieber sexuelle Beziehungen mit Menschen des eigenen Geschlechts hat. Also ein Mann zieht Sex mit einem Mann und eine Frau mit einer andern Frau vor.»

Kevin seufzte.

«Und das stört gewisse Leute, sie verstehen es nicht. Die meisten Leute haben Angst vor Dingen, die sie nicht verstehen. Sie haben Angst vor Leuten, die anders sind als sie, und deshalb versuchen sie, sie wegzuschicken.»

«Also darüber weiß ich Bescheid», sagte Kevin.

«Nun, siehst du, Jeff ist auf seine Art anders, wie du auf deine. Und die Leute haben vor ihm Angst bekommen und haben beschlossen, er müsse weg.»

Kevin ließ wieder den Kopf hängen. *Zirp*, machte der verrückte Larry hinter meinem Rücken. Es klang wie ein Vögelchen.

Mit gerunzelter Stirn sah mich Kevin wieder an: «Was ich aber nicht verstehe, Torey, ist, *warum*? Warum ist so etwas wichtig? Es hatte nichts damit zu tun, was er mit mir oder mit dir tat. Wen kümmert denn so etwas?»

Nach dem Besuch bei Kevin ging ich nicht nach Hause, sondern kehrte in die Klinik zurück. Es war beinahe sechs, aber ich wußte, daß ich Dr. Rosenthal noch antreffen würde. Es war die Zeit, die er ganz für sich hatte, wo ihn kein Telefon und kein Piepser störte. Dann erledigte er die meisten seiner Schreibarbeiten.

Er erwartete mich. Ich hatte mich nicht angemeldet, doch er mußte gewußt haben, daß ich kommen würde. Die Tür zu seinem Büro stand offen, und noch bevor ich sie erreicht hatte, drehte er sich schon in seinem Bürostuhl herum. Er wies mir einen Stuhl an. Ich setzte mich, ohne die Jacke auszuziehen.

Auf seinem Bürostuhl hin und her schaukelnd, betrachtete mich Dr. Rosenthal lange. Er kannte meine Fragen, bevor ich sie stellte. Ich kannte seine Antworten. Dann zog er die Pultschublade heraus und nahm die Teekanne und die Teebeutel hervor.

«Ich möchte nichts, danke», sagte ich.

Er lächelte. «Doch, doch. Leisten Sie mir Gesellschaft.» Er stand auf und holte Wasser.

Ich saß auf einem seiner «Therapiestühle», einem riesigen, weich gepolsterten Schaukelstuhl, in dem sich seine Patienten entspannen sollten. Das Kinn hatte ich auf die Faust gestützt. Als er die dampfende Tasse vor mich hinstellte, stiegen mir die Tränen hoch und liefen die Wangen hinunter. Ich machte mir gar nicht die Mühe, sie zu verbergen. Das hatte keinen Sinn. Er wußte, daß er mich verletzt hatte. Ich hoffte nur, daß ihm meine Tränen genauso bitter schmeckten wie mir.

«Warum konnten Sie es mir nicht wenigstens sagen?» fragte ich. «Ich wußte nicht das geringste.»

«Es ging Sie eigentlich auch nichts an», erwiderte er.

«Doch. Wir haben an den gleichen Fällen gearbeitet.»

«Dann wäre es an Jeff gewesen, es Ihnen zu sagen, nicht an mir. Es war eine persönliche Sache.»

«Er hat mir aber nichts gesagt.»

Wir schwiegen. Dr. Rosenthal trank seinen Tee in großen, durstigen Schlücken. Dann schenkte er sich eine zweite Tasse ein. In der Klinik war es um diese Zeit ganz still, ich hörte ihn sogar schlucken.

«Warum haben Sie das getan?» fragte ich.

«Ich hab's nicht getan. Es war eine Entscheidung des Verwaltungsrats.»

«Aber Sie hätten es verhindern können, nicht? Warum haben Sie zugelassen, daß so etwas Blödes, das nichts mit Jeffs Arbeit zu tun hatte, so wichtig genommen wird?»

«Es ist wichtig.»

«Nein. Nicht mehr als mein eigenes sexuelles Verhalten, das hat auch keinen Einfluß auf meine Arbeit. Jeff würde sich niemals an ein Kind heranmachen. Sie wissen das genau. Er würde einem Kind ebensowenig etwas antun wie Sie oder ich.»

«Ja, das ist wahr. Aber für den Verwaltungsrat macht es einen Unterschied.»

«Warum haben Sie sich nicht für ihn eingesetzt? Es sind dumme, engstirnige Leute, denen das Wohl der Kinder gleichgültig ist.»

Dr. Rosenthal senkte den Blick und betrachtete den Stoff seines Anzugs. Er nickte. «Ja, das stimmt. Aber manchmal sind die Dummen am Ruder. Öfter als nicht. Weil die Gescheiten, Weitblickenden, denen das Wohl der Kinder am Herzen liegt, mit andern Dingen beschäftigt sind.»

Einige Augenblicke sprach keiner von uns. Er schaukelte auf seinem Bürostuhl, zündete sich eine Pfeife an und betrachtete seine Fingernägel. Ich sah ihn an und versuchte, in dem schmerzlichen Chaos einen Sinn zu entdecken.

Dann blickte Dr. Rosenthal auf. Er sagte zuerst nichts, forschte nur in meinem Gesicht. «Waren Sie in ihn verliebt, Torey?»

«Nein», sagte ich, und es war die Wahrheit. Jedenfalls mehrheitlich die Wahrheit. Ich hatte eigentlich noch nie darüber nachgedacht, und folglich war es wahrscheinlich nicht, was man Liebe nennt. Aber was ist Liebe überhaupt? Ich hatte mir Jeff nie als Liebhaber vorgestellt, und er hatte mir auch nie Anlaß dazu gegeben. Doch hatten wir eine leidenschaftliche geistige Affäre gehabt, und in Ermangelung eines besseren Wortes konnte man deshalb wohl sagen, daß ich ihn geliebt hatte. Ich war fürs Lieben ohnehin sehr begabt. Ich liebte eine unglaubliche Anzahl von Menschen, groß und klein, jung und alt, Männer und Frauen. Ich schwelgte in dem Gefühl; es ließ mir alles hell und schön erscheinen, wenn ich auch wußte, daß es dem harten, kalten Tageslicht nicht standhalten konnte. Aber ich gab mich immer damit zufrieden, diese Schönheit zu spüren.

«Ich war nicht in ihn verliebt», sagte ich, «aber ich liebte ihn.»

Dr. Rosenthal lächelte traurig und senkte den Kopf.

«Sie haben mir etwas Hundsgemeines angetan», sagte ich, «mir und den Kindern. Und vor allem Jeff.»

«Ich weiß», sagte er, und ich spürte, daß es ihm ernst war.

Am schlimmsten war es vielleicht für Charity.

Sie kam später als gewöhnlich. Ihre Mutter hatte in letzter Zeit Sorgen; deshalb mußte Charity öfter ihre kleinen Brüder hüten. Sie kam, als ich schon gegessen hatte. Ich hörte, wie sie den Gehsteig entlanghüpfte. Es war eine dunkle, frostige Nacht, doch Charity sang aus voller Kehle «Stille Nacht».

«Ratet, was ich heute getan habe!» rief sie schon unter der Tür. «Hans? Bist du da, Hans? Rate mal, was ich heute in der Schule getan habe!»

Ich trat aus der Küche in den Flur.

«Wo sind sie? Wo ist Hans?» fragte sie mißtrauisch. Sie spürte schon, daß etwas nicht stimmte.

«Komm in die Küche, Charity. Möchtest du eine Tasse heiße Schokolade?»

«Wo sind sie? Sie kommen sonst am Montag immer. Warum sind sie nicht hier?»

Behutsam versuchte ich ihr zu erklären, daß Hans und Jeff nicht mehr herkommen würden. Charity saß neben mir auf einem Hocker, und ich bereitete ihr die Schokolade zu. Als ich ihr die Tasse reichte, starrte sie hinein und lächelte verkrampft. Dann sah sie mich an, ohne den Kopf zu heben. Ihre dunklen Augen blickten mich durch die Fransen an.

«Sie haben sich von uns scheiden lassen, nicht?»

Ich lächelte mitfühlend. «Nein, Charity, das ist was anderes.»

«Doch, doch. Genau wie sich mein Papa von mir hat scheiden lassen.»

«Eltern lassen sich nicht von ihren Kindern scheiden. Erwachsene lassen sich von Erwachsenen scheiden. Nicht Eltern von Kindern. Auch Freunde lassen sich nicht scheiden.»

«Wie willst du das wissen?»

Ich betrachtete ihr Gesicht. Sie hatte einen harten und wissenden Ausdruck. «Scheidung ist nur für Erwachsene», sagte ich. «Nur Erwachsene lassen sich scheiden. Aber für Freunde gilt das nicht, und Jeff und Hans waren doch unsere Freunde, Charity. Unser Verhältnis kann sich zwar ändern, aber man nennt es nicht Scheidung.»

«Es ist dasselbe.»

«Nein.»

«Doch. Dein Papa geht weg, und du siehst ihn nie wieder. Ich meine, er gehört nicht mehr zur Familie, er badet dich nicht mehr, und er spielt nicht mehr Verstecken, wenn deine Freunde zu Besuch kommen. Genau wie Hans mich nie mehr zum Eislaufen mitnimmt. Es ist aus, und ich sehe ihn und Jeff nie wieder. Vielleicht ist es nicht Scheidung, aber es kommt auf dasselbe heraus.»

Ich ließ sie aus meiner Umarmung los und versuchte, ihr eine ehrliche Antwort zu geben. Charity, der die Tränen die Wangen hinunterliefen, merkte, daß ich es mir überlegte, und lächelte mir bitter zu.

«Es ist dasselbe, Torey», sagte sie mit sanftem Nachdruck. «Ich habe recht. Ich weiß es. Glaub mir, es ist dasselbe.»

27

Am Dienstag kamen Jeff und Hans zu mir, und wir saßen da und redeten und redeten. Interessanterweise gelang es uns, das Thema, über das wir eigentlich sprechen wollten, zu vermeiden, und so drehte sich unsere Unterhaltung meistens um die Zukunft und die Vergangenheit. Was die Gegenwart betraf, hatten wir alle Gedächtnisschwund.

Am Mittwoch kam Jeff ins Büro und räumte seine Sachen zusammen. Als ich an diesem Abend Kevin besuchte, sagte er mir, daß Jeff dagewesen sei und mit ihm gesprochen und sich verabschiedet habe.

«Was soll ich mich aufregen?» sagte Kevin mürrisch. «Es ist mir ganz egal, was mit Jeff geschieht. Von mir aus kann er in Kalifornien geradewegs in den Pazifischen Ozean springen, das juckt mich nicht, aber er würde nur das Meer verschmutzen.»

«So so», sagte ich.

«Ich hoffe, es gibt ein Erdbeben. Ich hoffe, der ganze blöde Staat Kalifornien fällt ins Meer.»

Ich saß auf der Kante von Kevins Bett und öffnete meine Kiste. Ich suchte ein neues Buch mit Bildergeschichten, das ich ihm mitgebracht hatte. Ich kam mir vor wie eine Wochenendmutter, die sich die Zustimmung ihres Kindes mit einem Geschenk erkauft. Mit gespannten, ungeduldigen Bewegungen wühlte ich in der Kiste herum. Plunder. Alles in der Kiste war Plunder. Eine Menge unnützes Zeug. Warum räumte ich sie nicht einmal aus, damit ich wieder mehr Überblick hatte?

Kevin sah mir zu. Ich begriff plötzlich, daß er mich bei meiner hektischen Suche ertappt hatte, und wir beide erkannten, wie verwundbar ich war. Genauso wie er.

Ich sah Jeff nur noch einmal, ganz zufällig. Am Freitag ging ich nach der Arbeit mit ein paar Freunden in ein Lokal. Es war einer dieser geselligen Orte, wo sich die Leute trafen, aber meine Kollegen von der Klinik gingen nicht hin. Genau das suchte ich. Jeff hatte offenbar den gleichen Gedanken gehabt. Als ich schon mein Bier trank und dazu Erdnüsse aß, sah ich ihn auf der andern Seite drüben sitzen. Ich stand auf und ging zu seinem Tisch.

Er saß mit einigen Leuten zusammen, die ich nicht kannte, doch als er mich sah, erhob er sich und kam mir entgegen. Wir stellten uns an die Bar, und er spendierte mir ein Bier. Da standen wir nun stumm und hilflos nebeneinander.

«Weißt du, diese Welt ist schon komisch», sagte er zuletzt. «Wäre ich ein Nazi, würde jemand mein verfassungsmäßiges Recht, die Juden zu hassen, verteidigen. Wäre ich ein Mitglied des Ku-Klux-Clans, würde jemand mein Recht, die Neger zu hassen, verteidigen. Ein komischer Ort, diese Welt. Der Haß hat Rechte. Die Liebe nicht.»

Das war's. Er reiste ab.

Das Telefon klingelte nachts um zwanzig vor drei. Ich hatte tief geschlafen; erst nachdem ich aufgehängt hatte, war ich endlich wach genug, um zu verstehen, worum es ging.

Eine Krankenschwester von Mortenson hatte angerufen. Kevin war in einen Absonderungsraum gesperrt worden, und nicht einmal das hatte ihn beruhigt. Er klammerte sich an die Tür und hatte ein Stück Metallrohr in der Hand.

Fröstelnd saß ich in der Dunkelheit auf der Treppe, das Telefon auf den Knien. Langsam bekam ich einen klaren Kopf. Müde stand ich auf, drehte das Licht an, ging wieder nach oben und zog mich an. Das Haus war ziemlich kalt, und ich fror. Ich zog mir einen wollenen Pullover über die Bluse, einen, den ich sonst nur zum Wandern trug.

Der Wagen sprang in der dunklen Winterkälte hustend an, und ich fuhr Richtung Zentrum ins Mortenson-Krankenhaus. Seit dem Anruf waren nur zwanzig Minuten vergangen, aber mir, die ich mitten aus dem Schlaf gerissen worden war, kam es wie eine Ewigkeit vor.

Ich hörte Kevin schreien. Bevor ich noch durch das Sicherheitssystem der psychiatrischen Abteilung gegangen war, hörte ich seine hohen, schrillen Schreie. Laßt mich raus, laßt mich raus, laßt mich raus, rief er. Es war ein unheimliches Geheul, das in weitem Umkreis zu hören war.

Während ich darauf wartete, daß mich eine Krankenschwester durch die zweite Tür einließ, hörte ich, wie Pfleger und Krankenschwestern auf dem Flur aufgeregt durcheinanderschwatzten.

Kevin befand sich in einem Absonderungsraum, einem kahlen, kleinen Zimmer. Es war aber nicht wie der Raum im Garson-Gayer-Heim mit Gummimatten ausgekleidet. Draußen im Flur stand Kevins Bett; da lagen die Leintücher, sein Morgenrock, sein Pyjama und eine Ansammlung anderer Dinge, die er vom Bettgestell, von den Wänden und dem Fenster gerissen hatte.

Er wolle sich umbringen, sagte eine der Krankenschwestern und zeigte mir Dinge, mit denen Kevin versucht hatte, sich aufzuhängen. Sie machte vor, wie er sich hatte erstechen wollen.

Drei Pfleger standen an der Tür der Einzelzelle und spähten durchs Fensterchen. Kevin hielt immer noch das Rohr in der Hand, ein Stück des Bettgestells. Er hatte so heftig um sich geschlagen, daß sie es ihm nicht hatten wegnehmen können. Nun schauten sie hilflos durch das unzerbrechliche Glas und waren nicht sicher, ob Kevin eher sie oder sich selbst umbringen würde.

Mein Adrenalinspiegel stieg. Ich hörte das Blut in meinen Ohren rauschen. Meine Hände zitterten noch nicht, doch fühlte ich ein Kribbeln unter der Haut. Und wie immer in solchen Situationen fiel jede Furcht von mir ab. Alles um mich herum wurde unwichtig; ich konnte nur noch an Kevin denken.

«Kev? Ich bin's, Kevin. Hörst du mich?» rief ich durch die

Tür. Ich zog den Riegel und trat ein; dann hörte ich, wie der Riegel wieder geschoben wurde.

Er hatte sich in die hinterste Ecke gedrückt. Als er mich sah, erstarrte er einen Augenblick, dann schrie er. Er geriet in Panik und rannte kopflos in der Zelle herum. Die ganze Zeit schrie er wie ein Verrückter. Ich stand an der Tür und beobachtete ihn.

Kevin war außerstande zu reden. Er konnte mir wahrscheinlich nicht einmal zuhören. Seine Angst hatte alle seine Sinne ausgeschaltet. Er schrie nur ohne Worte, warf sich gegen die Betonwände, zerkratzte sich die Haut und riß sich die Haare büschelweise aus.

Aber er kam nie in meine Nähe. Er bedrohte mich nicht. Ich hätte ebensogut unsichtbar sein können. Mit der einen Hand umklammerte er eine wohlbekannte Waffe: ein Stück Bettgestell. Kevin hatte offensichtlich eine Vorliebe für Messer; aus allem konnte er sich eins machen. Bisher hatte er es nicht benützt. Er hielt es nur in der Hand und fuchtelte wild damit herum.

Ich hatte mich so eilig angezogen, daß ich meine Uhr vergessen hatte. Deshalb wußte ich nun nicht, wieviel Zeit verging. Mir kam es vor wie eine Ewigkeit, als ich so unbeweglich dastand. Erst als meine Beine ermüdeten und mein Rücken zu schmerzen begann, wurde mir bewußt, daß sich die Minuten zu Stunden ausgedehnt haben mußten. Aber ich blieb stehen, ohne mich zu rühren. Ich wagte nicht, mich zu setzen, denn Kevins Bewegungen waren so unberechenbar, daß er mich sogar unabsichtlich hätte schlagen können, wenn ich nicht schnell genug auswich. Er hatte seine Sinne zuwenig beisammen, um wahrzunehmen, was um ihn herum vorging. Wer weiß, wie er es aufgefaßt hätte, wenn ich mich von meinem Platz bewegt hätte. So blieb ich stehen, und stand und stand.

Kevin hatte die Kraft und die Ausdauer, die einem die Angst verleiht. Trotz all seinem Schreien und Toben schien seine Energie nicht nachzulassen. Der Januarhimmel im Fensterviereck wurde schon hell, als Kevin endlich Anzeichen von Erschöpfung zeigte. Doch auch dann hörte er nicht auf. Er stolperte immer noch ruhelos von Wand zu Wand und heulte mit heiserer, gebrochener Stimme.

Schließlich brach er zusammen. Wie im Kino, wenn ein Kamin in Zeitlupe gesprengt wird. Zuerst gaben die Knie nach, dann schwankend der ganze Körper. Er fiel vornüber auf den Linoleumboden. Dort blieb er liegen wie ein weggeworfenes Spielzeug. Vorsichtig kniete ich mich nieder. Er bewegte sich nicht. Ich rutschte näher zu ihm heran. Er lag nicht weit von der Tür.

«Kevin?» flüsterte ich. «Hörst du mich, Kevin?»

Ich kroch auf Händen und Füßen zu ihm hin und legte ihm die Hand auf die Stirn. Er bewegte sich. Sanft strich ich ihm das Haar zurück. Als ich ihn berührte, war ich tief bewegt. Ein sehr ursprüngliches Gefühl stieg aus meinem Innern, und ich hätte weinen mögen.

Kevin bewegte sich wieder, sein Atem wurde zu einem Wimmern. Ich befürchtete, daß er sich in seiner Raserei weh getan hatte. Er öffnete die Augen und sah mich an.

Ich lächelte, weil mir nichts anderes einfiel.

Langsam, voll Schmerzen, stützte er sich auf den Ellbogen und schob sich ein wenig vorwärts, bis er seinen Kopf an mein Knie legen konnte. Er griff nach meinem Pullover, dann zog er sich wie ein kleines Hündchen hinauf und vergrub das Gesicht in der weichen Wolle. Er begann zu weinen, er schluchzte tränenerstickt, aber leise. Weil der Pullover sehr weit war, hatte er ihn von mir weggezogen, so daß ich seine Körperwärme nicht spürte. Alles, was ich spürte, war sein Schluchzen.

Behutsam faßte ich seine andere Hand und öffnete sie. Ich entwand ihm das Metallstück und legte es neben mir auf den Boden. Die Tür ging auf, und ein paar Krankenschwestern kamen herein, aber sie blieben in einem gewissen Abstand stehen. Nur eine trat näher, eine winzige Frau mit kurzgeschnittenem Haar und einer Stupsnase wie ein Kobold. Sie trug ein kleines Tablett mit einer Spritze drauf. Rasch ging sie um Kevin herum, kniete sich nieder und gab ihm eine Spritze in den Oberschenkel. Kevin zuckte nicht einmal zusammen.

Sie legte die Nadel weg und sah mich an. Ich saß auf dem Boden, und der Pullover erwürgte mich fast. Sie lächelte aufmunternd.

«Wir sind Ihnen sehr dankbar für Ihre Hilfe», sagte sie.

Steif und müde, wie ich war, starrte ich sie nur an. Dankbar wofür? Ich hatte ja gar nichts getan.

28

Kevin zog sich wieder einmal in sich zurück. Er sprach nicht mehr, diesmal auch nicht mit mir. Er reagierte auf nichts mehr. Er zog die Leintücher über den Kopf und weigerte sich, das Bett zu verlassen. Die Depressionen wurden jetzt manchmal von Tobsuchtsanfällen abgelöst. Dann heulte er stundenlang und rannte im Absonderungsraum von Wand zu Wand, von einer Ecke in die andere, hin und her wie ein gefangenes Tier. Wir konnten ihn nicht beruhigen. Nur eine Spritze konnte ihm den Frieden geben.

Zum ersten Mal, seit Kevin im September ins Krankenhaus eingeliefert worden war, traf ich den Psychiater, der offiziell für Kevins Behandlung verantwortlich war. Vorher hatten wir nur kurz am Telefon miteinander gesprochen. Aber nun standen wir plötzlich wie Verbündete vor dem Absonderungsraum.

Dr. Winslow war ein hagerer Mann, viel jünger, als ich ihn nach der Stimme am Telefon geschätzt hatte, und er sah auf eine konventionelle Art sehr gut aus. Er besaß auch eine große charismatische Ausstrahlung; die Krankenschwestern fielen rund um ihn in Ohnmacht, wenn er sich auf der Abteilung zeigte. Es war schwierig, sich nicht unsterblich in den Mann zu verlieben. Falls ich jedoch in dieser Richtung irgendwelche dummen Gedanken gehabt hätte, trieb er sie mir rasch aus, denn trotz all seiner hochkarätigen Eigenschaften litt Dr. Winslow nicht unter einer Überdosis von Mitgefühl.

Er war dankbar für alles, was ich für Kevin getan hatte. Das sagte er mir, als wir zusammen vor dem Absonderungsraum standen und Kevin beobachteten. Zum Eingang des schmalen Zimmers führte ein langer, gewölbter Korridor, in den fast kein Licht fiel. Wir standen also in einer vertraulichen Dämmerung, die uns das Reden erleichterte, da wir uns nicht in die Augen sehen mußten. Ja, er sei froh, sagte er, und dankbar, daß ich den Fall übernommen hätte. Er selbst habe zuwenig Zeit. Er seufzte und legte die Stirn in Falten. «Schließlich», meinte er, «hat es keinen großen Sinn, sich mit diesem Jungen abzugeben, nicht wahr? Ein trauriger Fall, aber wo wird er noch enden? Wird er den Rest seines Lebens in der geschlossenen Abteilung eines Staatskrankenhauses dahinsiechen? Höchstwahrscheinlich. Niemand will ihn. Niemand kümmert sich um ihn. Warum sind Sie eigentlich hier?» fragte mich Dr. Winslow unvermittelt. War dies ein Teil meiner Forschungsarbeit? Wollte ich über diesen Fall einen Zeitschriftenartikel schreiben?

Ich zuckte die Achseln.

«Ein hoffnungsloser Fall», meinte Dr. Winslow. «Es gibt nichts, was auf eine Besserung hindeutet; nicht einmal für die Forschung ist der Fall interessant.»

«Er ist ein Mensch», erwiderte ich und war mir bewußt, daß ich wie eine erstsemestrige Psychologiestudentin argumentierte. Aber die Gesprächspause hatte sich schon zu lange ausgedehnt, und mir fiel nichts Gescheiteres ein.

«Ja», pflichtete Winslow bei, «er ist ein Mensch. Und das ist ja nicht so bemerkenswert, oder? Je öfter man mit solchen Fällen zu tun hat, mit solchem menschlichen Abfall, um so immuner wird man dagegen. Sie berühren einen einfach nicht mehr. Mensch hin oder her.»

Wie himmeltraurig, dachte ich, als ich durchs Sicherheitsfenster in den kleinen Raum blickte, daß man sich gegen solche Schicksale, solche menschlichen Tragödien derart abhärten kann. Da steckte mehr Menschenverachtung als Selbstschutz dahinter.

Nachdem ich Dr. Winslow einige Male vor dem Absonderungsraum getroffen hatte, ging ich ihm aus dem Weg. Er wirkte auf mich wie ein rotes Tuch, und ich spürte, daß ich meine Zunge irgendwann nicht mehr im Zaum halten könnte. Ich mußte aber schweigen, denn ich erreichte nichts, wenn ich Winslow vor den Kopf stieß, und im übrigen hatte ich Besseres zu tun. Für eines war ich ihm jedoch dankbar. Seine Bemerkungen machten mir erst bewußt, was ich gegenüber Kevin empfand. Vielleicht mochte ihn sonst niemand besonders, aber zum ersten Mal begriff ich, daß er *mir* tatsächlich sehr viel bedeutete.

Ich besuchte ihn weiterhin im Krankenhaus. Nachdem Jeff gegangen war, konnte ich es mir zeitlich nicht leisten, wieder jeden Tag hinzugehen, denn man hatte mir neben meinen eigenen Fällen und denen, die ich mit Jeff gemeinsam bearbeitet hatte, noch einige von Jeffs Fällen aufgebürdet. Außerdem kamen immer wieder Notrufe von Mortenson, und ich mußte mitten in der Nacht hingehen. Aber ich besuchte Kevin auch sonst, so oft ich konnte.

Unsere Aktivitäten hatten sich auf ein Minimum reduziert. Kevin war in ein kleines Zimmer neben dem Büro der Krankenschwestern verlegt worden. Es wies keinen der Vorteile von Kevins früheren Zimmern auf: kein Fenster, kein verrückter Larry. Die meiste Zeit lag Kevin einfach auf dem Bett und zog die Decke über den Kopf, und ich saß auf dem Bett und plauderte etwas daher, ins Leere hinaus. Wenn er in der Zelle war, tat ich noch weniger. Ich ging nur hinein und blieb stehen, bis er sich beruhigt hatte oder bis ich gehen mußte. Es waren traumatische Wochen für uns beide, aber ich versuchte trotzdem, ihn regelmäßig zu besuchen. Jemand mußte es tun. Und es sah so aus, als sei ich dieser jemand.

Nach einer Weile hatte ich genug davon, einseitige Gespräche zu führen. Um das Schweigen zu vertreiben, brachte ich nun Bücher mit und las ihm vor, während er zusammengerollt unter der Decke lag. «Was für eine kluge Idee», sagte Dr. Winslow eines Tages, als er mich dabei überraschte, «Bibliotherapie.» Bibliotherapie, was für ein Blödsinn! Mir waren nur die Ideen ausgegangen, was ich mit dem Jungen sonst noch tun sollte. Mit Lesen konnte man wenigstens die Zeit herumbringen. Es hatte funktioniert, als ich noch Lehrerin war; deshalb dachte ich, es wäre auch jetzt eine Möglichkeit. Es war ohnehin belanglos, *was* ich tat, solange ich es überhaupt tat.

Ich las ihm also vor. Ich hatte eine von C. S. Lewis' phantastischen Geschichten ausgewählt. Wir stürzten uns in eine Welt, die mit Wilden, Riesen und Prinzen bevölkert war. An einer Stelle dieses Buches fängt eine Hexe die Helden und zwingt sie zu sagen, es gebe keine Sonne. Es gibt keine Sonne. Es ist alles nur ein Traum. Die Sonne ist nur ein Traum.

Kevin bewegte sich. «Es gibt vieles, was nur ein Traum ist», sagte er. Es war seit fast zwei Wochen das erste Mal, daß er mit mir sprach.

Ich sah vom Buch auf.

«Es gibt so viele Dinge, die nur ein Traum sind», wiederholte er, «und es gibt Dinge, die kein Traum sind.»

Ich nickte.

«Und manchmal kann man beides kaum auseinanderhalten.»

Er lag immer noch auf der Seite und hatte die Decke bis über die Schulter hinaufgezogen. Er starrte geradeaus, nicht in meine Richtung. «Manchmal möchte ich die beiden Dinge gar nicht auseinanderhalten.»

Wieder nickte ich.

«Vielleicht habe ich nur geträumt. Vielleicht kommt Jeff zurück. Vielleicht ist er gar nicht fort. Vielleicht habe ich es nur geträumt, und ich wache irgendwann auf.»

«Ich glaube nicht, daß es ein Traum war, Kevin.»

Er sah mich über den Rand der Decke hinweg an. «Du bist doch kein Traum?»

«Nein, ich bin wirklich.»

«Das dachte ich mir», sagte er, und ich wußte nicht, ob ihn das freute oder bedrückte.

Wir saßen beisammen, in zähes Schweigen gehüllt.

«Aber ich will es eigentlich nicht wissen», sagte er. «Ich wünschte, ich wüßte es nicht. Ich wünschte, ich könnte einfach glauben, was ich will. Ich wünschte, ich wüßte den Unterschied nicht.»

Ich sagte nichts.

«Ich will verrückt bleiben. Es ist besser so.»

Die Stille wickelte mich ein bis über die Ohren, wie ein Seidenkokon. Minutenlang war kein Laut zu hören.

Dann blickte mich Kevin wieder über den Rand der Decke an. Zum ersten Mal sah er mir in die Augen. Er mußte sich dazu auf den Ellbogen erheben. «Du glaubst mir wohl nicht?»

«Ich will es nicht glauben.»

«Es ist besser, verrückt zu sein. Das habe ich dir schon einmal gesagt, und ich habe recht. Es ist besser, verrückt zu sein, denn wenn es einem hier nicht gefällt, kann man träumen. Und wenn dir die Träume nicht gefallen, kommen sie und geben dir eine Spritze, und du fühlst nichts mehr und läßt dich einfach so treiben. Tot. Halbtot. Lebend, aber wie wenn man tot wäre. Man läßt sich einfach lebend treiben, doch eigentlich ist man tot. Nach einer Weile kommt alles aufs gleiche heraus.»

«Das ist kein Leben, Kevin.»

«Wer will schon leben? Was für ein Leben habe ich denn?» Er ließ sich aufs Kissen zurückfallen und starrte an die Decke. «Verrückt zu sein ist nicht so schlimm, Torey. Die Leute lassen einen zufrieden.»

«Ich glaube nicht, daß du verrückt bist, Kevin. Ich glaube, du spielst uns nur was vor. Vielleicht tust du es schon so lange, daß dir dein Spiel wirklicher erscheint als das Leben. Du hast vielleicht vergessen, wie es ist, nicht zu spielen. Ich glaube aber nicht, daß du verrückt bist, Kevin. Larry ist verrückt. Du nicht.»

«Ich bin genau wie der verrückte Larry.»

«Nein, das ist nicht wahr, Kevin. Du bist ein Fuchs. Ein Fuchs, der in der Falle sitzt.»

«Ich habe gesehen, wie er's getan hat.»

Verwundert sah ich ihn an.

«Ich habe ihn gesehen. Er sagt: ‹Kevin, komm her.› Er sagt: ‹Siehst du, was deine Schwester getan hat? Sie hat auf den Boden gepinkelt.› Er sagt: ‹Du putzt das auf.› Ich hatte nichts damit zu tun.»

«Kevin, was redest du?»

Er sah mich an. «Willst du wissen, warum ich verrückt bin? Willst du wissen, warum ich hier drin bin? Du weißt doch immer alles.»

Ich gab keine Antwort.

«Ich hatte nichts, womit ich es aufwischen konnte. Ich stand da, weil ich mich fürchtete, wegzurennen. Er hätte mich eingeholt. Er sagte: ‹Mach's mit den Händen.› Also versuchte ich, es mit den Händen aufzuwischen. Er fragte: ‹Wie soll ich sie bestrafen, Kevin, weil sie auf den Boden gepinkelt hat?› Mama stand dabei, und er sagt zu ihr: ‹Josie› - so hieß meine Mutter -, ‹Josie, hol mir die scharfe Sauce aus dem Schrank.› Meine Mutter tut's. Dann packt er Carol am Haar. Er schleppt sie hinüber und sagt: ‹Das trinkst du jetzt, weil du auf den Boden gepinkelt hast. Das wird dir eine Lehre sein.›»

Die Decke glitt von Kevins Schulter. Er packte sie mit einer Hand, aber er zog sie nicht hoch. Sein Gesicht war blaß.

«Carol öffnete den Mund nicht. Da klemmte er sie zwischen seine Beine und riß ihr den Kopf zurück, bis sie aufheulte. Und er goß ihr die scharfe Sauce in den Mund. Carol schrie, und ich schrie ebenfalls. Ich schrie, weil er das tat, und er lachte. Er sagte zu mir: ‹Das bringt dich zum Reden, nicht wahr? Du kannst ruhig reden, wenn dir danach zumute ist. Ich möchte dich gern ein wenig reden hören.› Und er bog ihr den Kopf zurück und schüttelte die Flasche und schüttelte und schüttelte. Ich schrie. Ich schrie, er solle aufhören. Ich schrie meine Mutter an. Ich sagte zu ihr: ‹Warum machst du nicht, daß er aufhört?› Ich schlug ihn und schrie, und er lachte. Er ließ Carol los und sagte, sie solle jetzt auf den Boden pinkeln. Er sagte: ‹Du pinkelst, wenn ich es dir befehle.› Er befahl ihr, sich auszuziehen, und er sagte: ‹Pinkle.› Und als sie sich niederkauerte, um zu pinkeln, stieß er sie mit dem Fuß grob zwischen die Beine. Und er sagt: ‹Ich habe dir doch verboten, auf den Boden zu pinkeln.› Carol weinte. Ich flehte, er solle aufhören. Ich kniete nieder. Ich sagte, ich würde zu ihm sprechen. Alles, was er wolle, wenn er nur aufhöre. Ich bettelte. Ich betete zu Gott. Ich war auf den Knien und betete.

Dann erbrach sich Carol. Er hielt sie und flößte ihr die scharfe Sauce ein, und sie erbrach sich auf ihn. Er wurde wütend. Er brüllte sie an. ‹Das hättest du nicht tun sollen›, schreit er. ‹Das wird dir noch leid tun. Mehr als das Pinkeln.› Er riß sie an den Haaren hoch und schleuderte sie durchs Zimmer. Ich rannte ihr nach, und er stieß mich um und trat mich mit dem Fuß. Er trat mich so hart, daß ich in die Hose machte, und der Urin war ganz blutig. An meiner Hose war ein Blutfleck. Ich hatte Angst, daß er mich deshalb schlagen würde, aber er war mit Carol beschäftigt. Sie waren beim Schaukelstuhl. Er saß auf ihr und riß sie am Haar und stieß ihren Kopf gegen den Boden. Immer wieder. Gerade neben dem Schaukelstuhl.

Ich weinte und schrie ihn an, aber Mama stand nur da. Dann schrie ich sie an, ich sagte zu meiner Mutter: ‹*Hilf* ihr doch! Sag ihm, er soll aufhören!› Doch Mama stand nur da. Sie sagte: ‹Misch dich nicht ein, es geht dich nichts an.›

Als er aufstand, rührte sich Carol nicht. Sie lag einfach da, und er sagte: ‹Das wird dich lehren. Das zeigt dir, wer Herr in diesem Haus ist, bestimmt nicht ein kleines Mädchen, das auf den Boden pinkelt. Ein kleines Mädchen, das nicht einmal lesen kann.› Er sagte das, um sie zu beschämen. Sie war zum zweiten Mal in der ersten Klasse und konnte immer noch nicht lesen. Dafür haßte ich ihn am meisten, daß er das sagte, damit Carol sich schämte. Ich wollte ihn umbringen.

‹Steh jetzt auf›, sagt er zu Carol. Aber Carol rührt sich überhaupt nicht. Sie liegt einfach da. Ich sehe, daß sie blutet. Blut fließt ihr aus den Ohren. Ich bete, daß er's nicht sieht, denn sonst wird er wieder wütend, weil sie den Boden schmutzig gemacht hat. Er brüllt sie an, weil sie nicht aufsteht. ‹Steh auf, Carol›, sagte ich, ‹tu, was er sagt.› Und ich betete zu Gott, daß sie sich beeilte und aufstand, damit er nicht noch wütender wurde, als er schon war. Ich betete immerfort. Zu Gott und zu Jesus, sie sollten mich anhören. Ich sagte immer wieder: ‹Bitte, Jesus, mach, daß sie aufsteht.› Aber sie blieb liegen. Dann nahm er die Heizplatte vom Herd. Und er sagte: ‹Steh auf, Carol, sonst tu ich dir wirklich weh.› Aber sie stand nicht auf. Dann warf er die

Platte nach ihr. Und er warf sie noch einmal.»

Kevin machte eine Pause. Steif wie der Tod lag er auf dem Bett, mit angespannten Muskeln, mit weißen Fingern, die immer noch die Decke umklammert hielten.

«Ich sah, wie ihr Gehirn herauskam und über den Boden floß. Ich hätte es berühren können, wenn ich die Hand ausgestreckt hätte. Ich hätte Carols Gehirn berühren können.»

Kevin drehte sich ein wenig zur Seite, als wolle er mich ansehen, tat es dann aber nicht. «Und Mama sah zu. Meine Mutter sah alles, und sie stand einfach dabei. Sie sagte: ‹Laß ihn in Ruhe, es geht dich nichts an.› Und sie rührte keinen Finger.»

29

Als ich wieder im Büro war, ging ich das Telefonverzeichnis durch und suchte Marlys Menzies' Nummer. Ich rief sie an.

«Torey Hayden», sagte ich. «Erinnern Sie sich an mich? Ich bin Kevin Richters Therapeutin. Im Mortenson-Krankenhaus.» Vermutlich erinnerte sie sich nicht an mich. Sie tat zwar so, als wisse sie genau, wer ich sei, aber ihre Stimme klang falsch.

Ob es in Kevins Vorgeschichte eine Kindesmißhandlung gegeben habe, fragte ich sie. Etwas ganz Schlimmes, bei dem ein Kind entweder schwer verletzt oder getötet worden war.

«Kevin Richter. Hmmm. Ich muß mal nachdenken.» Nach einer langen Pause fragte sie, ob sie zurückrufen könne.

«Ja», sagte ich und hängte wütend auf.

Um halb drei, als ich im Empfangsbüro unten war, einen Kaffee trank und mich mit Shirley und den andern Mädchen unterhielt, klingelte das Telefon. Es war für mich, und ich ging an den Apparat.

«Torey?»

«Ja?»

«Hier Marlys von der Fürsorge. Ich habe die Richter-Akte gefunden und hab nachgeschaut. Es gab da etwas. Es ist schon ziemlich lange her, neun Jahre. Eine Carol Marie Richter, sieben Jahre, zwei Monate alt, wurde während eines Familienstreits von ihrem Stiefvater zu Tode geprügelt. Er war offenbar betrunken. Er saß dafür im Gefängnis, vier Jahre.»

«Vier Jahre für den Mord an einem Kind?»

«Ja nun, Sie wissen selbst, wie das so geht.»

«Gibt es sonst noch was in dieser Akte? Ich meine, kommen sozusagen noch mehr Leichen im Keller zum Vorschein?»

Sie fand die Bemerkung sehr witzig. Es war aber nicht so gemeint gewesen. «Nein, nein», sagte sie kichernd, «nichts Besonderes. Sie können die Akte sogar selbst durchsehen, wenn Sie ganz sicher sein wollen.»

Es war eine uralte, schlimme Geschichte; schlimm nicht nur wegen der Hauptakteure, sondern auch wegen der Pfuscherei der Bürokratie, die sie inszeniert hatte. Immer wieder hatte Kevins Stiefvater die Kinder mißhandelt. Immer wieder wurden die Kinder zu ihm und seiner Frau zurückgeschickt, sogar nach Carols Tod. Von den fünf Kindern waren nur drei für immer aus dem Haus verschwunden.

«Wie kommt es eigentlich», fragte ich, «daß die Familienfürsorge so viel über die Richters weiß und doch nichts von allem – weder von den Mißhandlungen, die Kevin durch seinen Stiefvater erlitt, noch von Carol – in Kevins Akte steht? Ich beschäftige mich seit fast achtzehn Monaten mit ihm und habe nichts von alldem gewußt.»

Sie antwortete nicht sofort. «Nun», sagte sie zögernd, «ich glaube, wir waren damals der Meinung, es sei besser für Kevin, wenn er im Garson-Gayer-Heim ganz neu anfangen könnte. Er hatte nicht gerade eine gute Kindheit gehabt. Er hatte schon so manches erlebt, was die Leute gegen ihn einnahm. Ich meine, es gab kaum ein Kind, bei dem so vieles falsch gelaufen war. Nach einiger Zeit wollte sich niemand mehr mit ihm abgeben. Es war hoffnungslos. Also schien es das beste, einfach zu vergessen, daß er eine Vergangenheit hatte, bevor er ins Heim kam.»

«Das schlimme ist, Marlys, daß Kevin selbst seine Vergangenheit nie vergessen hat.»

«Ja, nun . . .»

«Wer hat die Entscheidung gefällt, niemandem im Garson-Gayer-Heim zu sagen, was er schon alles durchgemacht hat?»

«Es war ein allgemeiner Beschluß.»

«Von wem?»

«Unserer, nehm ich an.»

«Sie wissen natürlich, daß es mir meine Arbeit sehr erleichtert hätte, wenn ich das alles von Anfang an gewußt hätte. Es erklärt vieles.»

«Ja, aber . . .»

«Gibt es sonst noch Überraschungen?»

Sie seufzte. «Wenn Sie diese Geschichte kennen, dann wissen Sie wohl das Schlimmste.»

Es war kein großer Trost.

Zwischen Kevin und mir veränderte sich nicht viel. Wir machten weiter, wie in der Zeit bevor er mir jene kleine Geschichte erzählt hatte.

Ich glaube, ich hatte mehr davon erwartet. Ich hatte erwartet, daß ich, da ich endlich über alle Teilchen des Zusammensetzspiels verfügte, es nun zusammensetzen könne. Aber da täuschte ich mich. Statt dessen wurde Kevin wieder schweigsam und sprach kaum mehr, und seine und meine Tage verliefen ereignislos.

Ich las immer noch vor. Jeden Tag, jede Stunde, die wir zusammen verbrachten, las ich vor. Ich glaube, Kevin hörte gar nicht zu. Er kauerte auf dem Bett oder auf dem orangeroten Plastikstuhl, hatte die Arme auf die Knie gestützt, das Kinn darauf, und starrte ins Leere. Gelegentlich kam ein Gedanke an die Oberfläche, und er redete ein paar Augenblicke mit mir. Gewöhnlich hatte es mit dem, was ich gerade vorlas, nicht das geringste zu tun. Da er offensichtlich nicht zuhörte, erschien mir das Vorlesen ein wenig lächerlich, und ich fragte mich, warum ich es überhaupt tat. Die Bücher rechtfertigten aber irgendwie meine Anwesenheit. Und wie das Fenster im andern Zimmer nahmen sie uns die Befangenheit vor jenen Dingen, wegen denen wir eigentlich zusammen waren.

«Ich glaube nicht, daß es einen Gott gibt», sagte Kevin eines Nachmittags zu mir, als ich ihm wie üblich vorlas.

Ich sah auf, froh über die Unterbrechung. Das Buch war wunderbar, aber es hätte von jemandem wie Richard Burton vorgelesen werden sollen.

Kevin wandte den Kopf und sah mich an. «Glaubst du, daß es einen Gott gibt? Ich habe eben darüber nachgedacht, und ich glaube nicht, daß es einen gibt.»

«Warum nicht?»

«Kein Gott würde eine Welt machen, in der es so viele ungeliebte Menschen gibt. Wenn die Welt nach einem Plan geschaffen worden wäre, gäbe es genug Menschen, die die andern lieben.»

«Es gibt sehr viele Menschen, Kevin. Vielleicht gibt es genug.»

«Nein, das ist nicht wahr. So viele Menschen in der Welt werden von niemandem geliebt.» Er hielt ein und betrachtete seine Hand. «Ich meine richtige Liebe, bei der man dich liebt, ganz gleich, was du bist.»

«Nun, ich glaube, da ist nicht unbedingt Gott daran schuld. Ich glaube, Gott hat uns allen die Fähigkeit gegeben, die andern Menschen zu lieben.»

«Hmmm.» Er lächelte spöttisch. «Du weißt nicht einmal, wovon ich spreche, Torey. Keine Ahnung hast du. Du bist immer geliebt worden, nicht wahr? Du hast immer Menschen um dich gehabt, die dich liebten.»

Ich antwortete nicht.

«Das stimmt doch, oder etwa nicht?»

«Ja.»

«Dann hast du nicht die geringste Ahnung, keinen blassen Schimmer, wovon ich spreche. Du kannst dir nicht vorstellen, wie es ist, wenn einen niemand liebt.»

«Vielleicht nicht.»

«Weißt du, woran die meisten Leute sterben?»

Ich schüttelte den Kopf.

«Herzfäulnis. Es ist eine Art unsichtbarer Krebs. Er befällt das

Herz. Man spürt es, es zerfrißt einen innerlich. Das bekommt man, wenn man in diese Welt einfach so hineingeboren wird, und niemand will einen. Das Herz wird dann nie gebraucht, darum verfault es. Manchmal lange bevor der Körper fault. Aber das spielt auch keine Rolle, denn wenn man im Herzen tot ist, ist man richtig tot.»

Ich blieb stumm.

«Wie ich es sehe, kann es darum keinen richtigen Gott geben. Kein Gott würde eine so lausige Welt wie unsere erschaffen.»

Als ich immer noch schwieg, wandte er sich zu mir um. «Hast du eine Ahnung, wie das ist? Weißt du, wie einem zumute ist, wenn man daran denkt, daß es auf der Welt vier Milliarden Menschen gibt, und nicht einer von ihnen kümmert sich einen Dreck um dich?»

«Ich kümmere mich um dich, Kevin.»

«Aber wer bist du? Jetzt bist du hier, und später verschwindest du. Du bist nur hier, weil es dein Beruf ist. Du wirst dafür bezahlt, daß du kommst und dich um mich kümmerst. Sonst wärst du nie gekommen. Du hättest dich nicht gekümmert, wenn man dich nicht bezahlt hätte.»

«Ich bin oft ohne Bezahlung gekommen.»

«Ja. Aber am Anfang bist du nur gekommen, weil man dich bezahlt hat. Aus keinem andern Grund. Du wärst damals nicht gekommen, wenn es nicht deine Arbeit gewesen wäre. Stimmt doch? Sag die Wahrheit.»

«Jedenfalls bin ich gekommen.»

«Aber du wärst sonst nicht gekommen. Ich meine, wenn man dich nicht bezahlt hätte, Torey. Sag mir die Wahrheit. Du wärst nicht gekommen.»

«Das ist nicht fair, Kevin. Ich kannte dich damals nicht. Wie hätte ich da kommen können?»

«Also hab ich recht.»

Ich seufzte resigniert. «Ja, du hast wahrscheinlich recht. Ich wäre nicht gekommen. Aber ich kannte dich damals nicht, Kevin. Du kannst mir doch nicht vorwerfen, daß ich dich damals nicht kannte. Das war wirklich nicht meine Schuld. Es gibt Millionen von Leuten, die ich nicht kenne, und man kann mir nicht vorwerfen, daß ich mich nicht um sie kümmere. Wenn man jemand nicht kennt, kann man nicht viel tun. Aber das ist ohnehin ein falsches Argument, Kevin. Es kommt nicht darauf an, ob ich gekommen bin, weil ich dafür bezahlt werde. Wichtiger ist, daß ich *wieder* gekommen bin. Immer wieder. Ich habe schon mit vielen Kindern gearbeitet, aber du bist derjenige, zu dem ich immer wieder zurückgekommen bin. Natürlich werde ich dafür bezahlt, klar, es ist mein Beruf, und wenn ich nicht dafür bezahlt würde, hätte ich gar keine Zeit, herzukommen, weil ich anderswo arbeiten müßte. Aber trotz allem muß ich nicht herkommen. Es gibt viele andere Kinder, mit denen ich mich abgeben könnte, wenn es mir nur ums Geldverdienen ginge. Die meisten von ihnen sind nicht halb so schwierig wie du. Aber ich bin zu dir zurückgekommen. Freiwillig, vergiß das nicht. Der Anfang ist jetzt vorbei; wenn es nicht meine Arbeit gewesen wäre und mich niemand dafür bezahlt hätte, wäre ich damals bestimmt nicht gekommen und wäre auch jetzt nicht hier. Hör also auf mit deinem Gejammer, Kevin. Hör auf, mir immer wieder vorzuwerfen, ich käme nur, weil ich dafür bezahlt würde. Ja, ich werde bezahlt. Das wissen wir beide. Es ist ein alter Hut. Doch das hat absolut nichts damit zu tun, warum ich immer noch herkomme. Ich bin hier, weil ich es so will. Weil du mir nicht gleichgültig bist. Wie ich dazu gekommen bin, spielt keine Rolle.»

Er rieb sich müde das Gesicht und seufzte. «Jaaa. Vielleicht hast du recht, vielleicht spielt es keine Rolle. Vielleicht sollte ich mich zufriedengeben», sagte er. «Wahrscheinlich wollte ich einfach zuviel.»

30

Die Tage und Wochen vergingen. Nach einem Monat las ich ihm immer noch vor – wir waren nicht weitergekommen.

Es war eine unheimliche Zeit. Kevin sprach immer seltener mit mir, und wenn er sprach, war es in immer gereizterem Ton. Doch meistens saß er zusammengekauert auf dem orangeroten Stuhl und betrachtete mich oder brütete vor sich hin, während ich las. Ich merkte, wie sich in ihm Emotionen aufstauten, aber lange Zeit erfaßte ich nicht, worum es ging, vielleicht weil ich zu sehr ins Lesen vertieft war. Er wurde jeden Tag ein wenig finsterer und benahm sich mir gegenüber abweisender. Es war schwierig zu beurteilen, ob sich all dies gegen mich richtete oder ob er seine Gefühle gegenüber der ganzen Welt ausdrückte; er sprach kaum mehr mit mir, und natürlich sprach er auch sonst zu keinem Menschen. Was immer es war, es wurde bald so stark, daß man es beinahe mit Händen greifen konnte.

Wut. Haß. Endlich erkannte ich es. Es waren dieselben heißglühenden Emotionen, die Kevin schon im Garson-Gayer-Heim gezeigt hatte, bevor Jeff in die Therapiesitzungen gekommen war. Aber anders als damals sprach er nun nie darüber. Er steuerte es auch nicht. Es saß nur bei uns und wuchs mit jedem Tag.

Ich wurde angesichts dieser stummen Wut nervös. Sie war langsam aufgetaucht, hatte sich in den vergangenen Wochen unmerklich in unsere Gespräche eingeschlichen – wie zufällig, im Schatten anderer Empfindungen. Sie nährte sich vom Schweigen, das zwischen Kevin und mich getreten war, und bald war sie so stark, daß meine laute Stimme sie nicht mehr übertönen konnte. Aber Kevin ließ nie eine Bemerkung darüber fallen. So fürchterlich sein Haß in Garson Gayer gewesen war, hatte er doch wenigstens darüber geredet. Aber diesmal schwieg sich Kevin hartnäckig aus.

An einem Nachmittag kam ich zu spät. Ein anderer Junge hatte mich in Anspruch genommen, und ich hatte mich seinetwegen länger in der Klinik aufgehalten.

Als ich kam, ging Kevin in seinem kleinen Zimmer auf und ab, die Hände in den Taschen. So viel Bewegung hatte er sich schon lange nicht mehr verschafft, und ich fragte mich, ob man ihm wieder einmal ein starkes Medikament verpaßt hatte. Er schien nervös und zerstreut.

«Du bist spät dran», warf er mir vor, als ich eintrat. «Warum kommst du so spät?»

«Ich konnte nicht eher von der Klinik weg.»

«Es ist fünf Uhr. Du solltest um halb fünf hier sein. Du bist eine halbe Stunde zu spät.»

«Tut mir leid, Kev. Ich hatte Probleme mit einem andern Jungen. Es ging nicht früher.»

«Ist mir egal. Was geht mich ein anderer Junge an? Du bist zu spät. Halb fünf ist *meine* Zeit. Hat der andere Junge das nicht gewußt? Du sollst um halb fünf bei mir sein und nicht sonst irgendwo. Ich mußte eine halbe Stunde auf dich warten.»

«Es tut mir leid, wenn ich dich verärgert habe.»

«Ich ärgere mich nicht. Es ist deine Schuld, wenn du zu spät kommst.» Er ließ sich aufs Bett fallen.

Ich suchte in meiner Kiste nach dem Buch und blätterte darin. «Willst du heute lesen, Kevin?» schlug ich vor. Ich war nicht in der richtigen Stimmung zum Vorlesen. Dieser Tag war sehr ermüdend gewesen. Außerdem schien Kevin gereizt. Ich dachte, es würde ihn vielleicht beruhigen. «Da, lies. Ich höre zu. Einverstanden?»

Kevin nahm mir das Buch aus der Hand und studierte die Seite, bei der wir stehengeblieben waren. Dann lächelte er plötzlich. «Das ist wie am Anfang. Weißt du noch? Als du das erste Mal zu mir kamst und sagtest, ich solle lesen. Erinnerst du dich, wie ich damals war?»

Ich lächelte auch. Du lieber Himmel, das war lange her. Ein ganzes Leben schien dazwischen zu liegen.

Dann warf er genauso plötzlich das Buch aufs Bett. «Ich will nicht lesen. Warum sollte ich?» Ruhelos ging er eine Weile auf und ab.

Dann kniete er sich vor meine Materialkiste und hob den Deckel ab. Hastig ging er den Inhalt durch. Zuletzt kehrte er die Kiste um und leerte alles aufs Bett aus. Dann legte er Stück für Stück zurück. Er zog sich die Puppentheaterfiguren über die

Hand, bewegte sie, streifte sie wieder ab und warf sie in die Kiste. Er öffnete die Schachtel mit den Kreiden, probierte ein paar der Farben am Rand der Kiste aus, besah sich das Resultat und war damit nicht zufrieden. Er angelte sich die farbigen Holzwürfel heraus, wußte aber nichts damit anzufangen und schmiß sie in die Kiste zurück. Er nahm das Papier, die Farbstifte, die Filzstifte, alle Zeichenblöcke in die Hand und legte sie wieder weg. «Es gibt hier drin gar nichts Interessantes mehr», murrte er. «Du bringst mir nie etwas Brauchbares.»

«Was möchtest du denn?»

«Ich weiß nicht. Etwas Interessantes. Du läßt mich nie etwas Interessantes tun.»

«Nun, dann sag schon, was du tun möchtest.»

Er zuckte die Achseln und überlegte einen Augenblick. «Ich möchte malen. Ich habe schon lange, lange nicht mehr gemalt. Ja, das möchte ich. Du hast aber nichts zum Malen.»

Darauf war ich nicht gefaßt. Ich überlegte. Nach so langer Zeit der Passivität erfüllte ich ihm gern jeden Wunsch, der anzeigte, daß er aus seiner Depression auftauchte. Außerdem machte mich seine Unrast nervös. Es war besser, irgend etwas zu tun.

«Vielleicht», schlug ich vor, «könnten wir aus dem Schulzimmer hier auf dem Stock etwas holen.» Von früheren Besuchen her wußte ich, daß sich das Schulzimmer ganz hinten im Flur befand und daß dort ein großer Wandschrank voll Material stand. Bestimmt würden wir auch Malutensilien finden.

Eine Krankenschwester gab uns sofort die Erlaubnis, ein paar Sachen zu holen. Mit dem Schlüssel in der Hand ging ich den Flur hinunter. Kevin kam mit; er wollte mir tragen helfen.

Ich schloß auf und machte die Tür hinter uns zu. Dann öffnete ich den Wandschrank hinten im Zimmer.

Er war so groß wie eine Vorratskammer, etwa zwei Meter fünfzig breit und einen Meter fünfzig tief. Auf beiden Seiten waren vom Boden bis an die Decke Regale angebracht, auf denen eine wunderbare Auswahl an Material lag, alle möglichen Arten von Zeichenpapier, Temperafarben, Wasserfarben, Schachteln mit Pastellstiften, Kreiden und Farbstiften. Da gab es Bücher,

Notizblöcke und Hefte. Die Kammer war gedrängt voll mit Dingen, die mein gieriges kleines Lehrerherz höher schlagen ließen.

«Hier», sagte ich, nahm einige Bogen Papier herunter und reichte sie Kevin. «Du kannst das tragen. Was für Farben willst du? Tempera? Oder willst du mit Wasserfarben malen? Da, sieh sie dir an.»

Er stand hinter mir, zwischen mir und der Tür, während ich im Kämmerchen herumstöberte und verschiedene Farbschachteln hervorzog.

«Kev, welche möchtest du?»

Er antwortete nicht.

«Kevin, komm her und entscheide dich. Willst du diese? Oder diese? Wir können auch beide mitnehmen. Was meinst du? Du bist der Künstler. Du mußt dich entscheiden.»

Das Licht ging aus.

Ich wandte mich in der Dunkelheit um. «Kevin?»

Kein Laut. Ich sah überhaupt nichts.

«Hast du versehentlich den Lichtschalter berührt? Oder ist es ein Stromausfall? Na, nicht gerade der beste Ort für einen Stromausfall!»

Ich hörte ihn, aber er antwortete nicht. Ich wurde argwöhnisch. «Was ist los, Kevin? Hast du das Licht ausgemacht?»

Ich hörte, wie er näher kam. In dem kleinen Raum brauchte er nicht weit zu gehen, bis sich unsere Körper berührten. Es war so dunkel, daß ich nicht einmal seine Umrisse erkennen konnte.

«Kevin, geh zurück!»

Er preßte sich an mich.

«Kevin, ich habe gesagt, du sollst zurücktreten. Ich mache keinen Spaß. Es ist mir ernst. Geh zurück!»

Er preßte sich noch enger an mich.

«Kevin, *zurück*, hab ich gesagt.»

Sein Körper lehnte sich schwer gegen mich, und sein heißer Atem streifte mein Gesicht. Angst schoß in mir hoch.

«Tu das nicht, Kevin. Tu's nicht. Nicht!»

«Ich hasse dich», flüsterte er. Die Worte waren kalt wie ein

Messer. Seine Hände waren auf mir. Auf meinen Schultern, auf meinen Brüsten.

«Komm schon, Kevin, gib's auf. Hör auf. Laß das!»

«Ich *hasse* dich.»

Ich hatte Angst. Noch nie im Leben hatte ich solche Angst gehabt. Sogar der fast leichtsinnige Mut, der mir in Augenblikken großer Anspannung sonst immer zu Hilfe kam, ließ mich im Stich. Es gab nichts mehr außer der Angst. Ihr eklig-süßer Geruch erfüllte die Luft um mich.

Kevins Hand riß an meiner Bluse, versuchte, die Knöpfe zu öffnen. Er hatte sich eng an mich gepreßt; er war so schwer, daß er mich an die Regale zurückdrängte. Die Bretter bohrten sich schmerzhaft in meinen Rücken.

Kleine Details verliehen der Szene eine gespenstische Realität: das Rascheln des heruntergefallenen Papiers, der Wachsgeruch der Pastellstifte, den ich bisher immer mit warmen, sonnigen Klassenzimmern und mit Kinderlachen in Verbindung gebracht hatte. Der Schweiß rann mir den ganzen Körper hinunter und durchtränkte die Bluse. Als ich mich ein wenig bewegte, um den Druck auf den Rücken zu verlagern, fühlte ich, wie mir ein Stück Zeitungspapier am Rücken klebte.

Gott sei Dank hatte die Bluse kleine Knöpfe. Er konnte sie in der Dunkelheit nicht öffnen, und ich wand mich unter seinen Händen, um es zu verhindern. Ich bewegte mich aber nur langsam, um ihn nicht noch mehr zu reizen.

Dann hörte ich, wie er den Reißverschluß an seiner Hose öffnete.

«Kevin, *hör auf*!»

«Ich bin nun ein Mann, Mama. Ich werde dir zeigen, daß ich ein Mann bin!»

«Kevin!»

In der Dunkelheit rangen wir ein paar Augenblicke heftig miteinander. Er drängte sich enger an mich. Ich versuchte, mich ihm zu entwinden. Es war ihm noch nicht gelungen, eines meiner Kleidungsstücke zu öffnen, und ich war dankbar für die guten alten Jeans und den soliden Büstenhalter unter der Bluse.

«Ich werd's dir zeigen, Mama», flüsterte er.

«Ich bin nicht deine Mama, Kevin.»

«Halt's Maul, du Hure! Halt's Maul, du.»

Schweigen. Vom Angstgestank wurde mir ganz übel. Es roch nach Jasmin oder Orangenblüten, aber viel zu süß, und dahinter schwebte ein Moschusgeruch wie nach Fuchs.

«Laß mich los, Kevin! Ich bin nicht deine Mama. Ich bin's nur, Torey. Ich bin nicht deine Mama.»

«Halt's Maul, Hure.» Mit der Hand packte er mein Kinn. «Ich werde dir weh tun. Ich werde dir zeigen, was weh tun heißt.»

«Du willst mir doch nicht weh tun, Kevin», sagte ich. Sein Körper war eng an meinen gepreßt; sein Atem streifte mein Ohr. Ich fühlte seinen Penis steinhart und warm an meiner Seite. «Ich bin's, Kevin. *Ich*. Niemand sonst. Du willst mir nicht weh tun.»

«Schweig, hab ich gesagt! Es ist mir ernst. Halt die Klappe!» Er drängte mich in die Regalecke und hielt mich dort fest. Ich hörte ihn atmen. Er wurde wütend.

«Zieh den Reißverschluß rauf, Kevin. Zieh ihn rauf und mach das Licht an, dann gehen wir hier raus.»

«Ich *hasse* dich! Du Hure, Hure, Hure! Ich hasse dich, ich hasse dich, ich hasse dich. Ich hasse dich unendlich.» Er schluchzte beinahe, seine Stimme war kaum zu verstehen.

«Ich bin nicht deine Mama, Kevin. Ich bin es nicht.»

«Halt's Maul!» Er holte gegen mich aus, um mich zum Schweigen zu bringen. In dem engen Raum konnte er mich nur voll treffen, und da ich nicht darauf gefaßt gewesen war, hatte ich mich nicht geduckt. Er schlug mich hart an die Schläfe. Mir brausten die Ohren.

Ich schlug zurück. Sofort. Dadurch gewann ich so viel Platz, daß ich den Lichtschalter erreichen konnte. Ich drückte darauf, und die Nacht, die eine kleine Ewigkeit gedauert hatte, löste sich in vierzig Watt Helligkeit auf.

Ich hatte fest zugeschlagen. Kevin war auf den Boden geglitten und hatte die Arme um den Kopf geschlungen. Ich sah Blut, wußte aber nicht, ob es seines oder meines war. Er weinte, entweder aus Schmerz oder aus Elend oder beides. Ich stand einen Augenblick da, meine Hand immer noch am Schalter, und betrachtete ihn. Ich konnte wenig Mitleid für ihn aufbringen.

31

Ich hatte keine Wahl, ich mußte das, was im Schulzimmer zwischen mir und Kevin vorgefallen war, melden. Es war zwar vorbei, und ich war mit dem Schrecken davongekommen, doch durfte ich es trotzdem nicht mit einem Achselzucken abtun.

Ich war aufgebracht und aus dem Gleichgewicht geworfen. Das Erlebnis war für mich demütigend gewesen, ganz gleich, wodurch es ausgelöst worden war und ob Kevin mich für seine Mutter gehalten hatte oder nicht. Aber es zu melden, war noch schlimmer. Ich hätte wahrscheinlich mit so etwas rechnen müssen, wenn ich mit einem Siebzehnjährigen arbeitete, doch bis dahin hatte ich kaum einen Gedanken an so was verschwendet. In meinen ausgebeulten Jeans und den unauffälligen Blusen war ich nicht provokativ gekleidet, und Kevins Sexualität war noch nie zum Problem geworden. Als sie sich bemerkbar machte, hatte Jeff sich damit befaßt und Kevin alles erklärt, was er wissen mußte.

Doch auch mitten im Wirbel, den man nun veranstaltete, konnte ich nicht glauben, daß Kevin die Tat vorausgeplant hatte. In den vorhergehenden Wochen hatten sich in ihm eine Menge Emotionen aufgestaut. Der große Durchbruch, den ich nach den Eröffnungen über Carol erwartet hatte, hatte sich nun vielleicht doch noch ereignet, wenn auch auf eine Art, die ich nicht vorausgesehen hatte.

Während Kevin aus seiner Abneigung gegen den Stiefvater kein Hehl gemacht hatte, brachte mich dieser plötzliche Gewaltausbruch zur Überzeugung, daß der wirklich tiefe Haß, den er nährte, eigentlich gegen seine Mutter gerichtet war. Es war einfacher, seinen Stiefvater zu hassen. Schließlich hatte er Carol umgebracht. Er hatte ihn, Kevin, mißhandelt. Und er war ein

Außenseiter in der Familiengemeinschaft. Das brachte eine direkte, unkomplizierte Art von Haß hervor. Doch Kevins Gefühle für seine Mutter wurden in meinen Überlegungen plötzlich viel wichtiger. Zur komplexen, schwer durchschaubaren Beziehung eines jeden Kindes zu seiner Mutter trat hier die Tatsache, daß Kevins Mutter ihren Sohn freiwillig für einen gewalttätigen, brutalen Mann hergegeben hatte. Diese Erfahrung mußte Kevin in einem Ausmaß verletzt haben, wie ich es mir kaum vorstellen konnte. Ich begriff auch plötzlich, wie sehr ihn das Verhalten seiner Mutter am Abend, als Carol starb, getroffen haben mußte. Sie hatte Carol verraten, als sie einfach danebenstand, ohne einzugreifen. Das war das Ende der Beziehung zu ihrem Sohn gewesen. Er hatte es nicht vergessen, und er hatte ihr bestimmt nicht verziehen. Als sie den Zwölfjährigen der Fürsorge überließ, hatte er sie wohl schon längst aufgegeben.

Deshalb konnte ich auch im schlimmsten Chaos, das auf den Vorfall im Kämmerchen folgte, nicht glauben, daß Kevin bewußt geplant hatte, mich in die Enge zu treiben. Es war einfach geschehen. In den Wochen zuvor waren seine Haßgefühle übermächtig geworden, so daß er sie nicht mehr unter Kontrolle hatte. In der Dunkelheit eines Wandschranks hätte jeder, der unglücklicherweise gerade da war, seine Mutter sein können.

Doch in der Hitze des Augenblicks half mir die klare Analyse nicht viel. Ich war immer noch sehr erregt. Es war etwas vorgefallen, was ich noch nicht kühl überdenken konnte. Ich war auch nicht in der Stimmung, zu vergeben und zu vergessen, als ich mich mit Dr. Rosenthal und Dr. Winslow und dann mit dem Pflegepersonal traf und ihnen auseinandersetzte, was sich ereignet hatte und was meiner Meinung nach der Grund dafür war. Ich mußte ihre Fragen beantworten. Ich war verlegen und verwirrt. Ich war über mich selbst wütend, weil ich mich in so eine kritische Lage gebracht hatte, und ärgerlich und mißtrauisch gegenüber den andern, ihren Andeutungen und Ausdeutungen. Es ärgerte mich, daß ich vier Wochen lang hinter einem Buch gesessen und gespürt hatte, wie sich diese Wut in Kevin aufbaute, und doch dumm genug gewesen war, nichts dagegen zu unternehmen. Ich empfand es als Demütigung, immer wieder über so persönliche Dinge sprechen zu müssen, und zwar mit jedem, der sich dafür interessierte. Schlimmer war, daß ich beruflich einen Rückschlag erlitten hatte.

Ich wußte, was zu tun war. Ich wußte, daß ich am folgenden Tag, als der Zeiger auf halb fünf rückte, ins Krankenhaus gehen und Kevin besuchen mußte. Es ist, wie wenn man vom Pferd fällt. Man muß sofort wieder aufsteigen, sonst tut man es nie mehr. Ich biß die Zähne zusammen, als ich am Büro der Krankenschwestern vorbeiging.

Kevin war in seinem Zimmer. Er lag unter den Decken im Bett. Er hatte sie so hoch gezogen, daß nicht einmal sein Scheitel zu sehen war. «Nun», sagte ich und setzte mich auf den orangeroten Stuhl, «das war's. Wir haben uns blöd benommen. Aber es ist vorbei, und am besten vergessen wir, was geschehen ist.» Ich sei nicht wütend, fuhr ich fort, als er immer noch nicht unter der Decke hervorkam, und gleichzeitig wurde mir bewußt, daß ich es doch war. Die Wunde war noch zu frisch. Als er einfach dalag und nicht mit mir sprechen wollte, nicht einmal unter der Decke hervorkam, explodierte ich. Er habe alles, was ich für ihn getan hätte, ruiniert, sagte ich. Er habe mich verraten, mehr im Herzen und im Geist als mit dem Körper.

Kevin hörte sich meine Schreitherapie schweigend an. Er lag nur da und zuckte mit keinem Muskel.

Als ich am nächsten Tag in die Klinik kam, ließ mich Dr. Rosenthal in sein Büro bitten. Er war nicht allein. Dr. Winslow saß schon da und lächelte freundlich wie ein alternder Adonis.

«Wir haben uns die Sache überlegt», sagte Dr. Rosenthal, «und sind zur Überzeugung gekommen, daß es am besten ist, den Fall Richter abzuschließen. Dr. Winslow und ich haben darüber diskutiert, und es scheint für alle das beste, wenn Sie und ich den Fall abgeben und den Leuten im Mortenson-Krankenhaus überlassen.»

Ich sah ihn an.

Schweigen.

«Ich komme schon über den Vorfall hinweg», sagte ich. «Ich habe mich ungeschickt angestellt. Ich weiß, es war mein Fehler. Aber es ist nun vorbei.»

«Nein», erwiderte er.

«Das Schlimmste ist überstanden», sagte ich. «Ich war gestern abend im Krankenhaus; Kevin und ich, wir können es verkraften. Ich bin ganz sicher. Wir brauchen nur ein wenig Zeit.»

«Nein», sagte Dr. Rosenthal.

«Warum?» Ich sah von einem zum andern. Plötzlich lösten sich alle meine Gefühle, die Wut, Verlegenheit und Demütigung, in Panik auf. Natürlich war es möglich, einen Fall aufzugeben, wenn etwas Derartiges geschah. Diese Möglichkeit gab es immer. Aber ich hatte nie im Ernst daran gedacht.

«Könnte ich es nicht noch eine Zeitlang versuchen?» fragte ich. «Wenn Sie vielleicht den Fall selbst überwachen wollten . . . Wenn Sie sich persönlich damit beschäftigen würden . . .» Ich hatte mich an Dr. Rosenthal gewandt, aber als er nicht reagierte, sah ich Dr. Winslow an. Verzweifelt versuchte ich in ihren Gesichtern zu lesen, ob sie das, was ich nun als unabwendbar erkannte, nicht doch noch aufhalten würden.

Dr. Rosenthal schüttelte den Kopf. «Es tut mir leid, aber dies ist einfach nicht der geeignete Fall für Sie, Torey. Kevin hat ein traumatisches Leben gehabt. Sie sind jung, Sie sind hübsch, und Sie wirken sehr weiblich, ob Sie's nun wollen oder nicht. Da geschehen solche Dinge eben leicht.»

Zum ersten Mal seit die ganze verrückte Episode angefangen hatte, weinte ich. War es nun aus? Sollten eineinhalb Jahre meines Lebens so enden? So plötzlich? Einfach so? Nur weil ich nach all den Millionen Malen, die ich bei diesem Jungen hatte raten müssen, was zu tun sei, dieses Mal falsch geraten hatte?

«Wir werden einen Mann als Therapeuten zuziehen», sagte Dr. Winslow. Er sprach in tröstlichem Ton und lehnte sich zu mir herüber.

«Ja», pflichtete ihm Dr. Rosenthal bei. «Es war erstaunlich, wie gut sich Kevin mit Jeff verstand. Das wäre besser. Meinen Sie nicht auch? Nun mal ehrlich. Sie selbst haben uns erzählt, was Kevin seiner Mutter alles nachträgt. Vielleicht ist eine Therapeutin nicht das richtige für ihn. Er ist zu unausgeglichen.»

«Er ist nicht unausgeglichen», widersprach ich. «Es war nicht, weil . . .»

Dr. Rosenthal hob die Schultern. Es war eine hilflose Geste. Dann wandte er den Blick ab. Er konnte mir nicht mehr in die Augen sehen. «Es ist tragisch, einen Fall so zu beenden, Torey, ich weiß», sprach er zu seinen Fingern, «aber vielleicht ist es besser so. Wenn man schon alles versucht hat.»

«Aber könnte ich nicht . . .?»

Ohne aufzublicken, schüttelte Dr. Rosenthal den Kopf, und ich wußte, daß es aus war. Achtzehn Monate. Und das war das Resultat.

Ich ging vollkommen zerschmettert nach Hause. Ich hatte eine Depression, konnte aber nicht mehr weinen und fühlte mich halb krank. War das das Ende? Waren die vielen Monate harter Arbeit durch die bedauerlichen zwanzig Minuten in einem Wandschrank zunichte gemacht worden? Der Schrecken, den mir Kevin dort eingejagt hatte, war mir als das Ärgste erschienen, was mir je ein Kind angetan hatte, aber nun wurde es von etwas noch Schlimmerem überschattet. Kevin und ich hätten es überwinden können. Schließlich war ich ja nicht ein unschuldiges Opfer. Solche Vorfälle gehörten zum Risiko, das man in diesem Beruf auf sich nahm. Ich hatte das immer gewußt, und ich hatte es an dem Tag akzeptiert, an dem ich freiwillig hinter die verschlossenen Türen gedrungen war.

Wir hätten das Erlebnis verarbeiten können. Doch was nun? Am Ende hatte Kevin doch recht behalten. Niemand wollte ihn, und früher oder später ließen ihn alle im Stich.

Spät an diesem Abend kreuzte ein alter Freund aus Universitätstagen auf. Ich hatte Hal lange Zeit nicht gesehen. Früher verbrachten wir unsere Abende zusammen in dunklen, verrauchten Kneipen und planten eine neue Welt zu den Liedern von Joan Baez und Peter, Paul und Mary.

Obwohl es schon spät war und ich mich hundeelend fühlte, nahm ich seine Einladung zum Essen an. Wir gingen in eines jener ungemütlichen, modischen Restaurants, wo die Musik zu laut ist und einem die Pflanzen in die Suppe hängen. Wir saßen im Halbdunkel und plauderten, aber wir konnten nicht zu unserer früheren Vertrautheit zurückfinden, da in diesen zehn Jahren soviel geschehen war und wir uns ganz verschieden entwickelt hatten.

Dann begann Hal plötzlich zu weinen. Er hatte mich nicht ohne Grund besucht. Er zog Bilder von seiner Tochter hervor und zeigte sie mir. Und dann von seinem Sohn, einem rothaarigen, sommersprossigen Knirps. «Das ist Ian», erklärte er. Ian war autistisch. Er war eben in ein staatliches Heim eingeliefert worden, weil er schon zwei Familien entzweigerissen hatte. Hal konnte ihn einfach nicht länger zu Hause behalten. Ian war sieben.

Im Halbdunkel des Restaurants pafften wir viel zu viele Zigaretten und stocherten lustlos in unsern Tellern herum, da wir beide nicht hungrig waren. Zuletzt erzählte ich ihm von Kevin und mir, um ihn von seinen Problemen abzulenken. Wir weinten beide in unser Bier hinein, weinten um eine Welt, die niemals existiert hatte außer in unseren Träumen.

Dritter Teil

32

Das Leben nahm seinen Gang. Die kalten Wintermonate wurden vom Frühling abgelöst. Der März bescherte uns in jenem Jahr keine Osterglocken; es war zu trocken. Der April kam mit den heftigen, nassen Schneestürmen daher, die eigentlich im Februar hätten stattfinden sollen. Doch der Mai brachte uns endlich die Sonne.

Ein neuer Arzt teilte mit mir das Büro, ein älterer Mann namens Jules. Er sah nicht besonders gut aus, er war klein und korpulent, ein Fünfziger mit dem Ansatz einer Glatze, aber er besaß ein so freundliches und bescheidenes Wesen, daß alle Frauen in der Klinik sich früher oder später ein wenig in ihn verliebten. In seiner Freizeit betätigte sich Jules als Bildhauer – er war ganz gut – und abends oder am Wochenende besuchte er oft Ausstellungen und Galerien. Jules war vermutlich eher ein Künstlertyp als ein Arzt. Die Gespräche, die wir im Büro führten, kreisten oft nicht um unsere Patienten, wie es bei Jeff und mir der Fall gewesen war, sondern um unsere künstlerischen Interessen.

Wenn es auch zwischen uns beiden nie funkte wie zwischen Jeff und mir, hatte ich Jules doch gern und war froh, daß wieder jemand mit mir das Büro teilte. Allein mit den drei Telefonapparaten hatte ich mich sehr einsam gefühlt. Von Jeff hatte ich einige Male gehört, seit er weg war, aber er schrieb nie einen Absender auf seine Briefe, so daß ich nicht antworten konnte. Am Sankt-Patricks-Tag erhielt ich eine Karte von ihm, ich weiß nicht warum, denn wir waren beide nicht irischer Abstammung. Und eine zweite Karte kam an meinem Geburtstag im Mai. Jeff schien sich an der neuen Stelle in Kalifornien gut eingelebt zu haben und glücklich zu sein. Genau konnte ich es nicht beurteilen. Karten sind nicht sehr aufschlußreich. Er erwähnte weder Kevin noch die Klinik. Ich wußte auch nicht, ob Hans immer noch bei ihm war.

Natürlich sorgte Charity immer noch für Aufregungen in meinem Leben. Sie machte jedoch eine Wandlung durch. Nach Weihnachten wurde sie in eine Parallelklasse versetzt. Ich erfuhr nie genau, weshalb. Ihre neue Drittklaßlehrerin, Mrs. Thatcher, gab sich alle Mühe, Charitys mangelhafte Schulkenntnisse zu verbessern, so daß sie nicht sitzenbleiben würde. Sie organisierte aber auch einiges, um Charity während ihrer Freizeit zu beschäftigen. Mrs. Thatcher war schon älter, verheiratet und hatte Kinder im Teenageralter. Sie wohnte auf einem kleinen Bauernhof westlich der Stadt. Am Wochenende nahm sie Charity mit, und das Mädchen durfte die Ziegen füttern, in der Scheune mithelfen und den Hühnerstall ausmisten. Mrs. Thatcher war nicht so nachsichtig wie ich; sie erwartete von Charity, daß sie sich ordentlich aufführte – nur dann durfte sie kommen. Aber sie verlangte nichts Unmögliches. Das hatte auf Charity einen guten Einfluß. Zum ersten Mal hatte sie echte «große Schwestern» und eine wirkliche «Mutter», die sie behandelte, wie eine Mutter ihr Kind behandeln sollte. Die Veränderung war erstaunlich.

Natürlich tauchte Charity während der Woche immer noch regelmäßig bei mir auf, doch war es nicht mehr die alte Charity. Sie hatte neue Kleider und sogar einen Overall, der das Etikett eines Modeschöpfers trug. Sie wurde sehr modebewußt, blätterte meine Frauenzeitschriften durch und zeigte mir, was sie als nächstes haben wollte. Sie hatte auch eine Schlankheitskur angefangen. Mrs. Thatcher führte in der Schule eine Tabelle, auf der sie jede Woche Charitys Gewicht vermerkte. Mir konnte das nur recht sein, denn Charity war zwar nicht eigentlich dick, hatte aber doch für ihr Alter etwas Übergewicht, und die andern Kinder neckten sie deswegen. Ich bewunderte die Lehrerin, die es fertiggebracht hatte, Charity zu einer Diät zu überreden, die das Kind sogar einhielt. Ich selbst hatte es mehrere Male versucht, doch ohne Erfolg. Nun ging Charity jedoch aufs Ganze. Sie wußte, was sie essen sollte und was nicht. Und weil Mrs. Thatchers Familie alles im Reformhaus kaufte, mußte ich von Charity bald allerlei kritische Kommentare über meine Vorräte anhören. Zu Hause ging sie ihrem Clan vermutlich mächtig auf die Nerven, denn dort bestanden die Mahlzeiten hauptsächlich aus Hamburgern und Popcorn.

Es freute mich, daß die Lehrerin sich so intensiv um Charity kümmerte und daß Charity so viel von ihr hielt. Aber gleichzeitig fühlte ich mich ein wenig ausgeschlossen, wenn mir Charity erzählte, was sie am Wochenende auf Mrs. Thatchers Hof so alles erlebte. Charity hatte immer einen natürlichen Charme ausgestrahlt, den sie nun nach und nach verlor, wie ich mit Bedauern feststellte. Sie fiel immer weniger auf. Das war zweifellos das beste – und trotzdem war es irgendwie traurig.

Um die Zeit meines Geburtstags im Mai ging ich nach New York, halb beruflich, halb für Ferien. Als ich nach Hause zurückkehrte, war es Ende Mai, und die schlimmste Hitzewelle seit fünfzig Jahren erwartete mich.

Unser kleines, fensterloses Büro stank in der unnatürlichen Hitze so sehr nach Nagetieren und Vögeln, daß wir beinahe erstickten. Jules schwitzte über seinen Fallberichten. Er hatte seine Jacke ausgezogen, die Ärmel hinaufgerollt und ein Taschentuch um die Stirn gebunden, damit ihm der Schweiß nicht auf die Papiere tropfte. Ein Zipfel des Taschentuchs hing ihm auf die Nase hinunter; er sah aus wie ein Mitglied der Jesse-James-Bande, das bei den Instruktionen über das fachgerechte Knüpfen des Gesichtstuchs gefehlt hatte.

«Schau dort, hast du das bemerkt?» Er wies auf das Anschlagbrett über seinem Schreibtisch, wo eine Auszeichnung von einer Kunstausstellung hing.

Ich hatte es nicht bemerkt. Etwas anderes hatte meine Aufmerksamkeit erregt, eine Notiz auf meinem Pult. Darauf stand nur «Kevin Richter» und eine Telefonnummer.

Ich setzte mich sofort hin und wählte die Nummer. Eine Sekretärin in Seven Oaks antwortete.

Ich wußte, was Seven Oaks war; ein paar meiner Kinder waren dort gewesen. Es war eine geschlossene Anstalt für Jungen im Teenageralter, eine Art Mini-Gefängnis. Dort wurden sie untergebracht, wenn ihre Straftaten ein eigentliches Gefängnis noch nicht rechtfertigten. Die Anstalt bestand aus mehreren niedrigen Gebäuden im Stil einer Ranch, die sich über ein Gebiet von fünf Hektar erstreckten. Vierzig Jungen wohnten dort. Für eine solche Institution war die Anstalt gut geführt, aber ich wußte, daß die psychiatrische Betreuung minimal war, und wahrscheinlich war man nicht dafür eingerichtet, Jungen mit großen psychischen Problemen zu helfen. Meines Wissens waren die meisten Jungen dort kriminell, nicht verhaltensgestört; es waren Jungen, die in der falschen Umgebung aufgewachsen waren und allzu schnell gelernt hatten, sich durchs Leben zu schwindeln. Das Hauptziel in Seven Oaks war, den Burschen zu helfen, schlechte Verhaltensweisen abzulegen und durch gesellschaftskonformere zu ersetzen. Es schien ein ziemlich ungeeigneter Ort für Kevin zu sein.

Doch dahin hatte man ihn geschickt. Er war, nachdem ich ihn nicht mehr besuchen durfte, noch zwei Monate im Krankenhaus geblieben. Dann mußte man sich entscheiden, was mit ihm zu geschehen habe. Seven Oaks war eine Verlegenheitslösung gewesen. Es gab nirgends einen passenden Platz für ihn, auch nicht in staatlichen Heimen, und so wollte man es einmal für sechs Monate mit Seven Oaks versuchen. Falls das Experiment scheiterte, würde er als chronischer Fall ins Staatskrankenhaus eingewiesen, da er bis dahin volljährig sein würde.

Aus dem, was mir der Erzieher sagte, entnahm ich, daß sich nicht viel geändert hatte. Kevin hatte seine alten Probleme nach Seven Oaks mitgenommen. Er sprach sehr selten; manchmal dauerte es Wochen, bis er wieder eine Bemerkung machte. Sein Äußeres war ungepflegt und vernachlässigt. Er weigerte sich, an den Spielen der andern Jungen teilzunehmen und wirkte im allgemeinen müde und depressiv.

Die Hauptschwierigkeit war einmal mehr das Sprechen. Sein Schweigen war so undurchdringlich, daß sie mit ihm nichts unternehmen konnten. Er schrieb nicht einmal kleine Notizen. In Kevins Akte war ich im Zusammenhang mit dem Sprachproblem erwähnt . . . Es entstand eine dieser vielsagenden kleinen Pausen, wie damals, als Dana Wendolowski mich zum ersten Mal vom Garson-Gayer-Heim aus angerufen hatte. Ob ich bereit sei, die Therapie wieder aufzunehmen, fragte der Erzieher.

Ich sagte ohne Zögern zu.

Wie der Große Bruder wußte Dr. Rosenthal schon, daß Seven Oaks angerufen hatte und warum. Wir begegneten einander vor dem Empfangsschalter. Ohne daß ein Wort gefallen wäre, war uns beiden klar, daß der andere Bescheid wußte.

«Darf ich?» fragte ich.

Ein Lächeln huschte über sein Gesicht. «Wenn Sie wollen.»

«Ich will schon.»

Er hatte seinen Teekrug in der Hand. Dr. Rosenthal schaute in die Tiefe des Krugs hinein, bevor er mich wieder ansah. «Sie haben hoffentlich gewußt», sagte er, «daß ich, wenn es nach mir gegangen wäre, Ihnen den Fall im Februar nicht weggenommen hätte. Es war Dr. Winslows Entscheidung. Ich hatte dabei nichts zu sagen. Kevin war Winslows Patient. Aber ich war eigentlich nie der Meinung, daß Sie aufhören sollten.»

Das hatte ich nicht gewußt, aber ich war froh, daß er es mir gesagt hatte.

Dann erschien auf seinem Gesicht ein verschwörerisches Lächeln. «Er ist ein Ekel, dieser Winslow, nicht wahr? Das war immer meine Meinung.»

In der folgenden Nacht war es heiß und schwül, eher wie im August als im Juni. Nur mit einem Leintuch bedeckt, lag ich im Bett und starrte in die Sommerdunkelheit. Ferner Verkehrslärm drang durch die Fensterläden. Ich machte mir keine Illusionen, warum man mich für Kevins Behandlung zurückhaben wollte. Wenn ich mich nicht zufällig mit dem Phänomen des Mutismus befaßt hätte, dem einzigen Gebiet, auf dem ich Expertin war, dann hätten sie mich wahrscheinlich niemals aus den Hunderten von Therapeuten in der Stadt herausgesucht. Dann hätte ich

Kevin an jenem sonnigen Maitag vor einem Jahr, als er Walzer tanzte, zum letzten Mal gesehen. Ich hätte nie mehr von ihm gehört. So spielte sich ein Fall meistens ab.

Es schien mir seltsam, daß das einzige, was uns nicht nur einmal, sondern gleich zweimal wieder zusammengebracht hatte, so etwas Zufälliges war wie meine weit zurückliegenden, erfolglosen Bemühungen um ein Kind, das ich kannte und das sich weigerte zu sprechen. Wäre damals nicht mein Interesse geweckt worden – der erste Funke zu meinen späteren Forschungen –, dann hätte mich nichts von jedem anderen Psychologen unterschieden. Es hätte keinen Grund gegeben, immer wieder gerade mich zu rufen. Die Ironie dabei war, daß Kevins Stummheit schon fünf Tage nach Beginn der Behandlung zwischen uns kein Problem mehr gewesen war.

Am Morgen stand ich auf, zog mich an und fuhr die lange Strecke nach Seven Oaks.

Kevin hatte mich offensichtlich nicht erwartet. Es war mir nicht einmal eingefallen zu fragen, ob sie ihm gesagt hätten, ich würde kommen. Anscheinend hatten sie es nicht getan, denn als ich den Aufenthaltsraum betrat, starrte mich Kevin mit großen Augen und offenem Mund an, als sei ich ein Geist.

«Möchtest du mit Fräulein Hayden gehen?» fragte der Erzieher.

Kevin nickte benommen und stand auf. Der Mann führte uns in ein kleines Besuchszimmer und ließ uns dort allein. Ich setzte mich, doch Kevin blieb an der Tür stehen und starrte mich an.

«Ich hätte nicht gedacht, daß du zurückkommst. Ich dachte, du seist böse auf mich. Ich dachte, du haßt mich jetzt vielleicht.»

Ich lächelte. «Ich war eine Zeitlang böse. Aber das hat nichts damit zu tun. Dr. Winslow und mein Chef meinten, es sei besser, wenn du und ich uns eine Weile nicht sehen. Aber nun ist es vorbei.»

Kevin lächelte. Es war ein ungläubiges Lächeln, das nur um seine Mundwinkel spielte. Er kam nicht näher, sondern blieb bei der Tür stehen und starrte mich weiter an, als ob ich eine Erscheinung wäre.

«Also, wie geht's dir? Warum erzählst du mir nicht, was in den letzten Monaten geschehen ist?»

Er wandte den Blick nicht von mir ab. Das Lächeln lag immer noch auf seinen Lippen. «Weißt du was?» sagte er leise.

«Was?»

«Ich wußte, daß du kommen würdest. Ich wußte, daß du kommen mußtest. Ich habe gebetet und gebetet, daß du wieder kommst. Ich dachte, wenn es einen Gott gibt, dann bitte höre mich. Bitte erfüll mir diesen einen Wunsch. Ich würde alles tun, was du willst, wenn Gott dich zu mir zurückschickt.»

Ich saß schweigend da.

«Ich wußte, daß du kommen würdest. Ich wußte, daß du mich nicht ganz im Stich läßt.»

Er hatte mehr Vertrauen zu mir als ich selbst.

Die vier Monate waren für Kevin hart gewesen. Es hatte ihn schwer getroffen, als ich nicht mehr kam. Ein anderer Therapeut hatte mich abgelöst, aber einige Zeit war Kevin überzeugt, daß ich zurückkommen würde. Er habe intensiv gearbeitet, sagte er, um mich mit seinen Fortschritten zu überraschen. Nach einer Weile wurde ihm jedoch klar, daß ich nicht mehr kommen würde. Jeff und ich hatten ihn beide verlassen. Das sei schlimm gewesen, sagte er, das sei das Schlimmste daran gewesen.

Der neue Therapeut muß jedoch gut gewesen sein, denn Kevin machte langsame, wenn auch etwas unberechenbare Fortschritte. Als eine Entscheidung über seine Zukunft getroffen werden mußte, setzte sich dieser Mann dafür ein, daß man ihn an einen weniger «lebenslänglichen» Ort schickte als in die Abteilung für Chronischkranke im Staatskrankenhaus. Man einigte sich auf Seven Oaks, weil dort die Sicherheitsvorrichtungen, die Dr. Winslow für wichtig erachtete, vorhanden waren. Die Tobsuchtsanfälle im Absonderungsraum mußten auf Dr. Winslow einen großen Eindruck gemacht haben, denn er fühlte sich nicht sicher, wenn Kevin nicht irgendwo hinter Schloß und Riegel saß. Kevin machte das nicht viel aus. Er hatte so viele Jahre hinter verriegelten Türen verbracht, daß er sich schon gar nichts anderes mehr vorstellen konnte.

So war er also hierhergekommen. Er konnte sich jedoch nicht in die Gemeinschaft von Seven Oaks einfügen. Die andern Jungen neckten und plagten ihn oft, weil er so naiv war. Da Kevin viele Jahre mit geistig behinderten Kindern verbracht hatte, wußte er kaum, wie es draußen zuging und konnte sich in dieser weniger geschützten Umgebung nicht wehren, wenn die andern Jungen ihre Späße mit ihm trieben. Dies galt für die guten Tage. An den schlechten blieb er in seinem Zimmer, und niemand konnte ihn unter der Decke hervorlocken. Er sprach dann nicht und zeigte keine Anteilnahme. Er verfiel in Apathie.

Bill Smith, der Erzieher, der mich angerufen hatte, sah Kevins Zukunft im Heim nicht rosig. Wenn der Junge sich nicht an das Leben dort gewöhnen konnte, wenn er sich sträubte, mitzumachen, konnte es Bill nach der sechsmonatigen Probezeit nicht verantworten, ihn dort zu behalten. Er wollte Kevin alle mögliche Unterstützung gewähren, wozu auch gehörte, daß er mich angerufen hatte. Aber er war nicht bereit, ihn als Ballast mitzuschleppen.

Ich mochte Bill. Er war ein gutherziger, redlicher Mensch, der kein Blatt vor den Mund nahm. Man wußte bei ihm, woran man war. Er tat für Kevin, was in seiner Macht lag – wie für jeden andern Jungen, nehme ich an –, aber er sah auch Grenzen.

Als ich mir berichten ließ, was in den vier Monaten meiner Abwesenheit geschehen war, mußte ich feststellen, daß sich nicht viel geändert hatte. Kevin lebte immer noch im Niemandsland zwischen der Außenwelt und der Abteilung für Chronischkranke.

«Kommt Jeff auch?» fragte mich Kevin. Er hatte sich endlich dazu durchgerungen, näher zu treten und sich auf einen der vinylbezogenen Stühle zu setzen. Die Junihitze drang ins Zimmer. Es war von einer goldenen Dunkelheit erfüllt, da die Nachmittagssonne durch die heruntergelassenen Stores gefiltert wurde.

«Nein.» Ich schüttelte den Kopf. «Du weißt doch, Jeff ist nicht mehr hier. Er wohnt jetzt in Kalifornien.»

«Ach ja», sagte Kevin traurig und wandte den Blick ab. «Ich hatte gehofft, es sei alles nur ein Traum. Ich habe oft geträumt. Ich wünschte mir, daß einige der schlechten Dinge sich als Träume herausstellen würden.»

Ich rutschte tiefer auf dem Stuhl und legte die Füße auf ein Tischchen. «Also, Kev, wollen wir's noch einmal versuchen?»

Er nickte.

«Aber es muß sich zwischen uns einiges ändern», sagte ich.

Er sah mich an. «Warum? Wegen dem, was ich im Krankenhaus getan habe? Bist du mir immer noch böse?» Er schwieg und nagte an der Unterlippe. «Es tut mir leid. Ich wollte es nicht. Es tut mir leid, daß es geschehen ist.»

«Ja, ich weiß. Aber damit hat es nichts zu tun. Ich finde nur, wir müssen gleich von Anfang an einiges ändern. Wir müssen uns Ziele setzen. Wir sind nun schon fast zwei Jahre beisammen, und ich weiß nicht einmal so recht, was wir erreicht haben. Manchmal kommt es mir vor, als trieben wir wie zwei kleine Boote ohne Anker auf dem Meer, von Wind und Wellen getrieben. Das geht manchmal gut, aber uns hat es nicht viel gebracht, glaube ich. Eine Menge Leute haben bisher über dich entschieden, Kevin – deine Familie, Sozialarbeiter, Ärzte, Krankenschwestern, Erzieher, Jeff und ich. Ich meine, es ist Zeit, daß du selbst ein paar Entscheidungen triffst.»

«Du bist immer noch wütend, nicht wahr?»

«Nein, nur entschlossen.»

Kevin sah zu mir her. In der dumpfen Dämmerung nahmen seine Augen die Farbe von sonnenbeschienenem Wasser an. «Torey, kann ich dich etwas fragen?»

«Was?»

«Magst du mich immer noch?»

«Nun ja, natürlich mag ich dich.» Ich lächelte. «Sonst wär ich doch nicht gekommen.»

«Aber magst du mich sehr? Wie vorher? Magst du mich immer noch gleich gut?»

Ich nickte.

«Okay», sagte er, «was wolltest du mir noch sagen?»

33

Und so fingen wir noch einmal an.

Da mir das fortwährende Auf und Ab mit Kevin nicht behagte, kam ich zum Schluß, daß uns bisher klare Ziele gefehlt hatten. Ich war nach Seven Oaks gefahren in der festen Absicht, uns Ziele zu setzen, was für mich eher ungewöhnlich war. Ich bin selbst kein sehr zielbewußter Mensch. Ziele legen zuviel Gewicht auf die Zukunft und auf Resultate, und das paßte mir normalerweise nicht.

Meine Arbeit und meine Lebensweise waren eher auf die Gegenwart und die Entwicklung der Dinge eingestellt als auf ihren Zweck. Wenn ich aber bei einem Fall das Gefühl hatte, es fehle ihm jede Richtung, nahm ich manchmal zu Zielen Zuflucht. Es war, wie wenn ich mich zu Hause aufregte, daß ich in meinem üblichen Durcheinander etwas Bestimmtes nicht finden konnte. Dann kam es vor, daß ich meine Schränke und Schubladen wieder einmal ausmistete.

Dasselbe mußte mit Kevin geschehen. Er mußte unbedingt ein paar erreichbare Ziele vor Augen haben. Ich brauchte sie genauso, als Rechtfertigung dafür, daß zwei Jahre Arbeit nicht verschwendet waren. Ich wollte, daß er von Punkt A zu Punkt B und Punkt C ging, und ich wollte von allem Anfang an wissen, was A, B und C waren. Kevin sollte das ebenfalls ganz genau wissen.

Außerdem schien es das vernünftigste Vorgehen, wenn man Kevins gegenwärtige Lage bedachte. Seven Oaks war auf einer streng strukturierten Verhaltenstherapie aufgebaut. Die Jungen bekamen für richtiges Verhalten und für gewisse Aufgaben, die man ihnen übertrug, Ersatzgeld, mit dem sie sich die alltäglichen Sachen kauften und das sie auch für ihre Freizeitbeschäftigungen brauchten. Wie bei allen Arten der Verhaltenstherapie kam den Zielen eine große Bedeutung zu, und die Jungen mußten regelmäßig ihr Verhalten beurteilen, ihre Fortschritte besprechen und sich neue kurzfristige und langfristige Ziele setzen. Es schien also logisch, Kevin in dieses System einzufügen. Auf diese Weise würden die Erzieher und Heimleiter verstehen, was ich tat, und ich würde wissen, daß Kevins Verhalten überwacht wurde, wenn ich nicht da war.

Kevins Reaktion auf meinen plötzlichen Organisationseifer war schwierig zu interpretieren. Ich war mir nicht im klaren, ob er nicht richtig begriff, was ich wollte, oder ob er passiven Widerstand leistete und mir einen Strich durch die Rechnung machte, ohne daß ich es merken sollte. Wann immer ich ihm meine Ideen auseinandersetzte, tat er begriffsstutzig. Ich konnte ihn nicht dazu bewegen, wirklich mitzuarbeiten, obwohl es den Anschein hatte, als versuche er es.

Mit ihm Ziele festzusetzen, war ein frustrierendes Unternehmen. Er kapierte nicht, warum ich gewisse Dinge für wichtig hielt, zum Beispiel, daß er sich mit den andern Jungen abgab. Statt dessen schlug er mir vor, nach Kalifornien zu gehen und Jeff zu besuchen.

Geduldig versuchte ich ihm zu erklären, daß das wohl schön wäre, aber wahrscheinlich kein erreichbares Ziel sei, schon aus dem Grund, weil wir beide nicht einmal seine Adresse kannten. Wir drehten uns also im Kreis, setzten Prioritäten und versuchten, seine und meine Ziele in Übereinstimmung zu bringen. Die meiste Zeit sah mich Kevin nur verständnislos an, und ich wußte nie genau, ob er wirklich nicht verstand oder ob er mich an der Nase herumführte.

Trotzdem bedeutete es mir viel, die Listen vor mir zu haben. Zu wissen, was man tat, oder wenigstens zu meinen, daß man es wisse (besonders wenn man es schwarz auf weiß hatte), gab einem ein unglaubliches Machtgefühl.

Kevin war davon weniger begeistert. «Warum kann es nicht sein wie früher?» fragte er mich eines Nachmittags.

«Weil es uns nicht weitergebracht hat.»

«Doch, es geht mir besser. Sieh mich an. Ich sitze nicht mehr unter dem Tisch. Ich habe fast keine Angst mehr.»

«Ja, aber du lebst immer noch hinter Schloß und Riegel wie ein Dieb!»

«Ja, aber . . .»

«Weißt du noch, wie du immer gesagt hast, du verstehest nicht, warum du eingesperrt seist, wenn doch dein Stiefvater der Verbrecher war? Nun, das versuche ich jetzt zu ändern. Ich versuche, dich hier herauszuholen und an einen Ort zu bringen, wo du hingehörst. Du willst doch hier herauskommen, nicht wahr?»

«Ja, aber . . .»

«So können wir es erreichen, ich weiß keinen andern Weg.»

«Ja, aber . . .» Er runzelte die Stirn und wandte sich von mir ab. «Ich meine, ich will hier schon raus, aber es ist nur . . . Ich wollte, es wäre wie früher. Es hat mir besser gefallen.»

«Es hat aber nichts eingebracht.»

«Ja, aber . . .»

Wie sich herausstellte, gab es nur ein Ziel, das sich Kevin wirklich vorgenommen hatte. Er sagte mir lange Zeit nichts davon, bis er eines Tages, als wir im warmen, goldenen Schatten des Besuchszimmers saßen, damit herausrückte.

«Du hast gesagt, wir brauchen Ziele – ich habe ein Ziel», sagte er zu mir.

«Oh? Und das wäre?»

Er zog verlegen einen Mundwinkel hoch. «Du lachst aber nicht, wenn ich es dir sage?»

«Nein, natürlich nicht.»

Ich merkte, wie er es sich gut überlegte und das Risiko, sich lächerlich zu machen, abwägte, bevor er endlich gestand: «Ich möchte mich in Bryan verwandeln.»

«Ich verstehe.»

«Ich glaube, ich weiß auch schon wie. Ist das ein blödes Ziel?»

Ich schüttelte den Kopf. «Nein. Und wie willst du es erreichen?»

«Ich lerne schwimmen. Ich glaube, Bryan würde schwimmen. Also werde ich schwimmen. Ich werde es tun. Ich habe mich dazu entschlossen.» Er lächelte. «Natürlich nur, wenn du nichts dagegen hast, es mir beizubringen.»

Also steuerten wir auf dieses Ziel los. Ich hängte in Kevins

Zimmer Tabellen auf, und wir malten mit farbigen Filzstiften Kurven und verfolgten Tag für Tag seine Fortschritte: persönliche Hygiene (Zähneputzen einmal, zweimal, dreimal, Haare kämmen, das Gesicht waschen, Händewaschen vor dem Essen, Unterwäsche wechseln, ein neues Hemd anziehen, je ein Pluspunkt), Teilnahme an Gruppenaktivitäten, individuelle Beschäftigung und so weiter und so weiter. Ich teilte Spielmarken und Goldsterne und anderes aus, was sich Kevin verdienen mußte; so versuchte ich ihn zu motivieren. Es gab zahlreiche und verschiedenartige Belohnungen: kleinere, die er sich während des Tages verdienen konnte, mittelgroße am Ende eines Tages und größere, die er sich im Laufe einer Woche oder über noch längere Zeit verdienen konnte, wie zum Beispiel einen Ausgang. Wir malten und zählten und notierten Punkte. Abends zog ich zu Hause auf Millimeterpapier Linien und bewahrte die Tabellen in einem Ordner auf meinem Pult auf. Im Büro verglich ich das, was wir gerade taten, mit alten Tabellen, die ich gemacht hatte, oder mit solchen aus Büchern.

Wir beschäftigten uns den ganzen Juni damit, und ich verbrauchte so viel Papier, daß ein kleiner Wald daran glauben mußte. Kevin, den ich so überrumpelte, wurde durch den Blitzkrieg mitten in den Kampf geworfen.

Merkwürdigerweise wurde das eine, was wir wirklich gemeinsam angingen, nämlich das Schwimmen, nie zu einem Druckmittel in Kevins Verhaltenstherapie. Es gab im Garten von Seven Oaks ein Schwimmbecken, und so brachte ich dreimal in der Woche meinen Badeanzug mit. Wenn wir die Sitzung beendet hatten, gingen wir in den Garten, und ich versuchte, Kevin das Schwimmen beizubringen. Es war ein schwieriges Unterfangen, aber es wurde zu einer geheimen Verständigung zwischen uns, wichtiger als alles, was wir mit Worten auf Papier zustande brachten. Was immer sich während des Tages ereignete, ob Kevin seine Ziele erreichte oder nicht, wir gingen doch schwimmen. Das Schwimmbecken entwickelte sich zu einer Waffenstillstandszone. Es war an keine Bedingungen geknüpft – wie die Liebe.

Als Mitte Juni das Schuljahr zu Ende war, lockerte sich Charitys Beziehung zu Mrs. Thatcher etwas, da das Mädchen nun nicht mehr ihre Schülerin war. Ohne den täglichen Kontakt mit ihr ließ Charity sich ein wenig gehen. Nachdem sie fast ihr Normalgewicht erreicht hatte, legte sie wieder ein paar Pfund zu, und ihre Manieren waren nicht mehr ganz so vorbildlich. Mrs. Thatcher bemühte sich jedoch, Charity nicht ganz aus den Augen zu verlieren und sich selbst zu überlassen. Das war eine große Hilfe. Charitys ausgedehnte Familie tat ein übriges: Sie kamen im Sommer besser mit ihr zurecht, denn sie besuchte nun oft ihre Vettern im Reservat. In der Freiheit der staubigen Hügel wurde sie ein wenig ruhiger. Aber in Zeiten, in denen sie einfach nichts mit sich anzufangen wußte, schlug sie ihre Zelte wieder bei mir auf.

Das warme Wetter hielt auch im Juli noch an, und so organisierte Mrs. Thatcher eine Grillparty bei sich auf dem Land. Charity war eingeladen und bat mich und Hugo, einen Freund von mir, sie zu begleiten. Ich hatte Mrs. Thatcher noch nie gesehen, und es versteht sich von selbst, daß ich sehr neugierig auf sie war. Ihr ging es wahrscheinlich ebenso. An einem heißen, dunstigen Juliabend stiegen wir also alle in Hugos Lieferwagen und fuhren zum Bauernhof hinaus. Wir nahmen noch Ransome, einen vierzehnjährigen Vetter von Charity, mit. Er wohnte in einem der Dörfer im Reservat, aber nachdem er dort ständig mit dem Gesetz in Konflikt geraten war, hatten ihn die Verwandten in die Stadt geschickt, damit er eine Zeitlang bei Charitys Familie verbrachte. Er war ein großer, hübscher, aber mürrisch dreinblickender Bursche mit langem Haar und einem Apachenband um die Stirn. Er trug nur Jeans, kein Hemd, keine Schuhe. Hugo und ich warfen uns Blicke zu, als wir ins Auto einstiegen. Ransome sprach mit keinem von uns ein Wort.

Die Familie Thatcher hatte ein wunderschönes Haus, einen kleinen Bauernhof mit verschiedenen Tieren. In ihrer Umgebung gab es sonst hauptsächlich ausgedehnte Viehranchs. Hühner stoben auseinander, als wir die lange, staubige Zufahrt entlangfuhren, und eine Ziege, die am Geländer der Veranda angebunden war, meckerte uns einen Gruß entgegen. Mrs. Thatcher rannte aus dem Haus, um uns willkommen zu heißen. Sie hatte eine Schürze umgebunden, und das graue Haar war unter einem Kopftuch versteckt. Ich schloß diese Frau sofort ins Herz; sie hatte die offene, natürliche Art der Frauen im Westen und begrüßte uns, als gehörten wir zur Familie. Dann führte sie uns hinters Haus. Wir unterhielten uns mit den andern Gästen, bis das Fleisch am Spieß fertig gebraten war.

Die Kinder rannten nach dem Essen auf die Wiese und spielten. Hugo und ich blieben eine Weile sitzen und plauderten mit den Gastgebern und einigen der Gäste. Außer Charity waren alles unbekannte Gesichter. Nach einer angemessenen Zeit entschuldigten wir uns und gingen spazieren. Ich machte mir Sorgen wegen Ransome, den ich seit dem Essen nicht mehr gesehen hatte, und Hugo war ganz einfach müde vom Herumsitzen und Plaudern und vom Rauch des Grillfeuers.

Es dämmerte schon, obwohl die Sonne noch am Horizont stand. Die Dämmerung zog sich in diesen Monaten lange hin. Gemächlich schlenderten Hugo und ich auf den schmalen Wegen rings um das Haus. Die meisten waren nicht viel mehr als Jeepspuren und verliefen zwischen Stacheldrahtzäunen.

Erst als wir die weiter enfernte Weide in der Nähe des Flusses erreichten, bemerkten wir Ransome. Die Thatchers hatten von der Landverwaltung zehn wilde Ponys bekommen, und mitten unter ihnen stand Ransome; der Schweiß glänzte auf seinem braunen Körper. Er war offensichtlich in seinem Element. Er lenkte die Ponys auf die eine Seite, dann auf die andere, als sie an ihm vorbeirannten. Eine kleine Stute brach mit ihrem Füllen aus der Gruppe aus. Er packte sie an der Mähne und schwang sich auf ihren Rücken. Sie war nur ein wildes Pony, klein und drahtig; seine Füße berührten fast den Boden. Doch sie war es nicht gewohnt, einen Reiter zu tragen, galoppierte aufgebracht umher und schlug aus. Ransome schmiegte sich mit fliegenden Haaren eng an ihren Hals und ließ sich nicht abwerfen.

Es war eine faszinierende Vorstellung. Ich war bezaubert und wünschte, sein tollkühner Ritt würde ewig dauern. Aber er bemerkte uns und ließ sich sofort auf den Boden gleiten. Einige Augenblicke blieb er stehen und überlegte sich wahrscheinlich, ob er vor uns wegrennen sollte. Aber er tat's nicht. Nach einer Minute oder zwei schlenderte er zu uns herüber.

«Ich hab ihnen nicht weh getan», sagte er.

«Nein», erwiderte Hugo, «das konnten wir sehen.»

«Es ist ganz leicht.» Ransome sah über die Schulter zu den Ponys hinüber, die immer noch aufgeregt waren. «Mein Großvater hat mir das gezeigt. Er hat es mir beigebracht, damit ich weiß, was es heißt zu leben, während andere nur überleben.»

Wir gingen zum Haus zurück, wo Charity und die andern Kinder über der Glut Bananen brieten. Mrs. Thatcher und ich saßen in der Dunkelheit und redeten miteinander. Ich genoß es, mich wieder einmal mit einer Lehrerkollegin zu unterhalten, und wir tauschten Erfahrungen aus, bis das Telefon klingelte. Ich erschrak, als ich hörte, es sei für mich.

Es war Jules. Seven Oaks hatte dringend in der Klinik angerufen. «Ich soll dir etwas ausrichten», sagte Jules. «Drei Jungs sind ausgebrochen. Einer von ihnen ist dein Kevin.»

Mein Kevin. Diese Worte dröhnten mir noch in den Ohren, als mich Hugo nach Hause fuhr. Ich stieg in meinen Wagen um und fuhr die sechzig Kilometer nach Seven Oaks. Mein Kevin.

Es war gegen halb elf, als ich in Seven Oaks ankam. Der sonst fast leere Parkplatz wimmelte von Polizeiwagen, und im Hauptbüro waren alle Lichter an.

Kevin und zwei andere Jungen waren nach dem Abendessen und vor der Gruppenbeschäftigung, die um halb acht anfing, ausgerissen. Niemand wußte genau zu sagen, wie sie das Areal verlassen konnten und welche Richtung sie eingeschlagen hatten, aber man nahm an, sie seien den Fluß entlanggegangen. Nach der langen Hitzeperiode war der Wasserstand niedrig, und das Flußbett war an vielen Stellen trocken und begehbar. Es stellte eine der wenigen Möglichkeiten dar, das Areal von Seven Oaks zu verlassen, wenn man so wendig war, daß man sich zwischen dem Zaun und dem Wasser hindurchzwängen konnte. Und die

Weiden am Ufer boten Schutz, wenn man die großen Steine dort nicht scheute.

Ich seufzte müde, als mir Bill das erklärte. Dies war also das Resultat meines Schwimmunterrichts. Kevin fürchtete sich nicht mehr vor dem Wasser.

Carlos war ein erfahrener Ausreißer. Es war nicht das erste Mal, daß er aus Seven Oaks ausbrach, und einmal war es ihm gelungen, beinahe zwei Wochen draußen zu bleiben. Er war vierzehn und ein zäher Gassenjunge. Troy, mit zwölf Jahren der jüngste unter ihnen, war ein gewissenloser kleiner Raufbold mit mehreren Vorstrafen wegen Brandstiftung und Diebstahl. Er wußte, wie man sich Drogen und Tabak beschaffte, und hatte wahrscheinlich eine gute Chance unterzutauchen, falls er es bis in die Stadt schaffte.

Und Kevin. Er paßte zu den andern wie die Faust aufs Auge. Es schockierte alle, daß er mitgegangen war, vor allem weil man es ihm nie zugetraut hätte. Weshalb sollte er wegrennen? Wohin sollte er gehen? Sie belästigten mich unablässig mit diesen Fragen. «Wissen Sie es? Haben Sie eine Ahnung?» Nein, ich hatte keine. Ich konnte mir höchstens vorstellen, daß er wieder hinter seinem Stiefvater her war, aber ich betete, daß es nicht so sei. Ich holte mir ein Cola aus dem Getränkeautomaten. Dann setzte ich mich ins Büro und machte mich auf ein langes Warten gefaßt. Sie bombardierten mich immer noch mit Fragen. Sagen sie uns dies. Sagen Sie uns das. Erzählen Sie uns mehr über Kevin. Und wieder wurde mir bewußt, wie wenig ich ihn eigentlich kannte.

Ich blieb bis fast halb drei Uhr morgens im Büro. Um diese Zeit konnte mich nicht einmal mehr das Koffein im Coca-Cola wach halten. Ich gab es auf und fuhr nach Hause. Es geschah ohnehin nichts mehr. Trotz der Bemühungen der Polizei, der Heimleitung und der Nachbarn kamen wir nicht weiter. Darum verabschiedete ich mich müde von all den Leuten, die so lange ausgeharrt hatten, und ging zum Wagen, um die lange Heimfahrt anzutreten.

Eine gleichgültige Melancholie überfiel mich, als ich nach

Hause fuhr. Zweifellos hatte es damit zu tun, daß ich erschöpft und doch von zuviel Koffein aufgeputscht war, aber mir ging nur das eine im Kopf herum: Kevin war noch einmal weggerannt, um seinen Stiefvater umzubringen. Ich *wußte* in meinem Innersten, daß es so war. Was nützte es? fragte ich mich. Warum sollte man sich um diesen Jungen bemühen? Hatte ich irgend etwas Positives bei ihm erreicht? Würde ich je etwas erreichen? Sichtbare Resultate waren mir gewöhnlich nicht so wichtig, aber jetzt, in dieser Sommernacht, sehnte ich mich wenigstens nach einem Anzeichen, daß ich in all den Monaten bei Kevin irgend etwas erreicht hatte. Es wäre viel leichter gewesen, dachte ich, eine richtige Niederlage einzustecken, als diese endlos lange Reise durchs Ungewisse.

Am folgenden Tag fand die Polizei Carlos. Er war in einem Dorf etwa dreißig Kilometer südlich der Stadt beim Ladendiebstahl erwischt worden. Carlos wurde nach Seven Oaks zurückgebracht, und wir befragten ihn über das Verbleiben der andern beiden. Sie hätten sich nach der Flucht aus dem Heim sofort getrennt, sagte Carlos. Sie hätten sich gestritten. Worüber sie sich gestritten hatten, konnten wir von ihm nicht erfahren.

Ich sprach später allein mit Carlos. Ich wollte herausfinden, ob Kevin eine Andeutung gemacht hatte, wohin er gehen wollte. Ob er seinen Sticfvater erwähnt habe, wollte ich wissen. Ob er eine Waffe bei sich habe. Carlos zuckte nur die Achseln und nickte vage, wie es Kinder oft tun, wenn sie das Gespräch nicht mehr interessiert.

Es vergingen weitere drei Tage, bis die Polizei Kevin und Troy fand. Sie waren immer noch beisammen. Sie hatten sich bis in die Außenbezirke der Stadt durchgeschlagen und hielten sich in einer alten Wellblechhütte unter der Eisenbahnbrücke versteckt. Beide waren halb verhungert und todmüde, als sie ein Polizeiwagen zurückbrachte.

Nachdem Kevin sich gewaschen und etwas gegessen hatte, ging ich ihn besuchen. Er lag mit dem Gesicht nach unten auf seinem Bett. Die Erschöpfung hatte ihn gezeichnet. Sie hatten nichts zu essen gehabt außer zwei Dosen Fleisch und Bohnen und einem Paket Kekse, die Troy aus einem Lebensmittelladen gestohlen hatte. Kevin hatte mindestens fünf Pfund abgenommen. Doch die Erschöpfung war das Schlimmste.

Ich setzte mich auf den Stuhl neben dem Bett. Zuerst betrachtete ich ihn nur, wie er so auf dem Bauch lag, das Gesicht im Kissen vergraben. Er hatte die Augen geschlossen, als strenge es ihn zu sehr an, sie zu öffnen.

Ich betrachtete ihn. Ich hatte gemeint, ich würde wütend auf ihn sein, da ich seinetwegen wieder so viele Sorgen gehabt hatte. Sobald wir allein wären, würde ich ihm gründlich meine Meinung über seinen kleinen Ausflug sagen.

Aber ich sagte gar nichts. Ich beugte mich über ihn und strich ihm das Haar aus der Stirn. Ich liebte den Jungen. Zum ersten Mal, seit ich Kevin kannte, wußte ich, daß ich ihn liebte. Die Gedanken, die ich in der Nacht auf der Heimfahrt gehabt hatte, fielen mir wieder ein, doch nun schienen sie unwirklich. Das hier war die Wirklichkeit. Ich liebte den Jungen und war dankbar und erleichtert, daß er wieder hier war.

«Warum bist du ausgerückt?» fragte ich.

Er gab keine Antwort. Er lag unbeweglich da, sein Gesicht war nur halb sichtbar. Ich berührte wieder sein Haar.

«Ich war sehr besorgt, als du wegranntest. Warum hast du's getan?»

Kevin bewegte sich. «Ich weiß nicht. Ich wollte einfach hinaus. Sie wollten gehen, da fragte ich sie, ob ich mitkommen könne. Die Sonne schien. Ich wollte nur wissen, wie es ist, wenn man frei ist.»

34

«Ich dachte, du wolltest vielleicht ins Gefängnis gehen und deinen Stiefvater töten», sagte ich.

«Wer hat dir das gesagt?»

«Niemand. Ich vermutete es, das ist alles. War es so?»

Kevin überlegte. Wir hatten uns vorgenommen, schwimmen zu gehen, aber man reinigte gerade das Schwimmbecken, also saßen wir in unseren Badeanzügen unter den Ulmen. Ich hatte das Badetuch um die Schultern gelegt, damit ich mich an den Baumstamm lehnen konnte, ohne von der Rinde zerkratzt zu werden. Kevin lag auf dem Bauch im Gras.

«Nun, Kev, war es so?»

«Ich weiß nicht.»

«Das müßtest du aber wissen. So etwas plant man, oder man plant es nicht. Also, wie war's?»

Er zuckte die Achseln.

«Heißt das ja?»

«Nein, eigentlich nicht.»

«Also nein?»

Er zuckte wieder die Achseln. «Ich hab dir schon gesagt, ich weiß es nicht.»

«Was heißt das, du weißt es nicht? Wie kann man so etwas nicht wissen?»

Noch ein Achselzucken. «Ich weiß es einfach nicht. Letztes Jahr war's anders. Letztes Jahr wollte ich es tun. Aber jetzt? Vielleicht ist er gar nicht mehr im Gefängnis. Vielleicht ist er irgendwo anders. Wer weiß. Letztes Jahr war ich sicher. Jetzt bin ich nicht so sicher.»

Ich zog eine lange Haarsträhne über meine Schulter und betrachtete sie. Ich mußte mir die Haare schneiden lassen; die Enden waren gespalten. «Was wollen wir in der Sache deines Stiefvaters unternehmen, Kevin? Und deiner Mutter, nicht zu vergessen.»

«Wie meinst du das?»

«Ich meine, wie können wir mit ihnen fertig werden? Deine Mama und dein Stiefvater waren Teil deines Lebens, Kevin. Was sie dir angetan haben, Recht oder Unrecht, ist ebenfalls Teil deines Lebens. Was geschehen ist, kann man nicht ungeschehen machen. Es ist da. Man kann nicht neu anfangen. Du oder ich oder die Erzieher, keiner von uns kann rückgängig machen, daß dich dein Stiefvater vor zehn Jahren schlug oder daß deine Mama nicht verhinderte, was mit Carol passierte. Es ist vorbei. Wir können nichts daran ändern. Wir können nur akzeptieren, daß es geschehen ist, und uns dann so gut wie möglich um die Zukunft kümmern.»

«Ich weiß.»

«Mir ist bewußt, daß du das verstehst. Trotzdem schaust du immer noch zurück. Und ich glaube einfach, du willst immer noch zurückgehen und rückgängig machen, was geschehen ist.»

Er sah mich nachdenklich an.

«Hab ich recht?» fragte ich.

Kevin zuckte die Achseln.

«Ich bin der Meinung, wir müßten in dieser Sache etwas unternehmen, du und ich. Weil es dich plagt, Kevin. Sie haben dich immer noch im Griff. Dein Stiefvater quält dich heute noch genauso wie vor vielen Jahren; dabei hast du ihn vor sechs Jahren das letzte Mal gesehen. Wir müssen mit ihnen fertig werden, damit du frei wirst.»

Kevin wickelte sich einen Grashalm um den Finger. Es war ein sehr heißer Tag, und der Wind strich warm über meine Haut. Rund um uns waren die Geräusche des Sommers, doch zwischen uns war es sehr still.

«Erinnerst du dich an Margaret», sagte er, «die Frau in Bellefountaine?»

Ich nickte.

«Weißt du, was sie einmal zu mir sagte?»

«Nein, was?»

«Sie sagte: ‹Du wirst nie wirklich normal sein, Kevin. Das macht aber nichts. Viele Leute sind nicht normal, du mußt dich nur daran gewöhnen. Es gibt eben Leute, die haben Chancen im Leben, andere nicht.› Sie sagte auch: ‹Es gibt Dinge, die man einfach akzeptieren muß.› Danach ging ich ins Zimmer hinauf und sah mich im Spiegel an. Ich fand, ich sähe eigentlich normal aus. Ehrlich. Vielleicht sehe ich nicht so gut aus wie andere Burschen. Aber ich sehe aus, als könnte ich normal sein. Da ging ich wieder hinunter und sagte ihr das. Ich sagte: ‹Margaret, ich finde, ich sehe normal aus. Warum kann ich nicht normal sein?› Sie gab mir keine Antwort.»

«Und dann hast du ihr den Arm gebrochen?»

«Nein», sagte er, «das war ein anderes Mal.»

«Was ist denn damals geschehen?»

«Einer der Jungs hat einen jüngeren geschlagen. Er hat richtig grob zugeschlagen. Ich kam herunter – ich war ja schon im Bett gewesen –, als ich den Lärm hörte. Und ich sagte: ‹Margaret, du mußt ihm helfen.› Aber sie stand nur dabei. Sie stand da und tat nichts. Und dieser Junge bekam immer noch mehr Prügel. Ich sagte: ‹Margaret, warum hilfst du ihm nicht? Du mußt ihm helfen. Du kannst nicht einfach dastehen und zusehen. Er könnte ihn umbringen.› Und sie sagte: ‹Laß sie das allein ausfechten. Es geht dich nichts an.› Dann packte ich sie am Arm. Ich wollte nur, daß sie eingreift. Ich hatte nicht die Absicht, ihr den Arm zu brechen, ehrlich. Ich wollte nur, daß sie etwas tut.»

«Gerade so, wie du wolltest, daß deine Mama etwas tut, als Carol geschlagen wurde, hm?»

«Ja, es war etwa dasselbe», sagte Kevin. «Aber diesmal war ich größer.»

Ein Käfer hüpfte auf mein Bein. Ich beobachtete einen Augenblick, wie er herumkroch, aber er kitzelte mich, und so streifte ich ihn mit dem andern Fuß ab. Er hüpfte wieder hinauf.

«Sag, Torey, was ist denn deine Meinung?»

«Worüber?»

«Darüber, ob ich normal bin. Meinst du nicht, daß ich aussehe, als ob ich vielleicht ein wenig normal wäre? Wenigstens ein bißchen? Ich habe darüber nachgedacht. Ich meine, als ich mit Troy und Carlos ausriß. Ich stellte mir vor, ich könnte auf der Straße herumgehen, ohne aufzufallen.» Er sah mich an. «Es stimmt doch? Ich meine, man sieht es mir nicht an, ich bin nicht irgendwie gezeichnet? Oder doch?»

Ich schüttelte den Kopf.

«Das wollte ich vor allem, als ich draußen war», sagte er. «Ich wollte nur auf der Straße gehen und so tun, als sei ich wie alle andern.»

Ich lächelte. «Ich glaube, du bist normal, Kevin. Ich sehe nicht ein, warum du nicht auf der Straße gehen und dich wie jeder andere benehmen sollst.»

«Warum bin ich dann hier?»

«Weil . . .» Ich zögerte. Das war eine Frage, auf die es kaum eine Antwort gab. Er saß da, auf mein Schweigen lauschend. Dann wandte er sich müde von mir ab.

«Ich sagte zu Carlos und Troy, sie sollten mich Bryan nennen. Ich sagte zu ihnen: ‹Eigentlich heiße ich Bryan, nennt mich von jetzt an so.› Aber weißt du, Torey, ein Name macht es nicht aus. Es muß mehr dahinterstecken. Ich mag innerlich Bryan sein. Ich mag durch und durch Bryan sein, aber äußerlich werde ich immer Kevin bleiben. Genau wie Margaret sagte.»

Die heißen Julitage zogen sich hin, und langsam bemerkte ich doch, daß Kevin Fortschritte machte. Das Auf und Ab war nervenaufreibend, aber langsam wurden die Auf höher und die Ab weniger tief. Die Entwicklung ging im Schneckentempo voran, so langsam, daß wir beide es anfangs gar nicht bemerkten, doch nun wurde es immer offensichtlicher. Kevins Zorn, seine Ängste, seine Gewalttätigkeit und seine Depressionen wurden in sein Wesen integriert; diese Emotionen stecken ja in jedem von uns. Er hatte immer noch gelegentlich Rückfälle in alte Gewohnheiten, aber sie dauerten nie lange.

Warum nach so langer Zeit die Dinge für ihn endlich ins Lot fielen, war eine der Fragen, auf die es letztlich keine Antwort gab. Man konnte es nicht wissen und brauchte es eigentlich auch nicht zu wissen. Die Veränderung bemerkten wir jedoch alle. Zum ersten Mal sprachen wir im Büro von Seven Oaks ernsthaft darüber, wo man Kevin später unterbringen könnte. Aber wohin sollte er gehen? Sollte er in Seven Oaks bleiben? Vielleicht. Vielleicht gab es aber eine Alternative, die ihm mehr Freiheit einräumte.

Kevin selbst war sich bewußt, daß er Fortschritte machte.

«Weißt du, was ich tun möchte?» fragte er mich eines Tages. Wir saßen im Aufenthaltsraum beim Fenster am Boden und waren in warmes, sehr gelbes Sonnenlicht getaucht. Es beschien auch die Millionen von Staubfäserchen in der Luft, die dem substanzlosen Sonnenschein Substanz gaben. Die Stäubchen und das Licht formten eine Art Heiligenschein um Kevin, wie die goldenen Heiligenscheine auf den Ikonen. «Ich möchte in die Realschule.»

Ich sah ihn erstaunt an. «Realschule?»

«Ja. Wenn ich hier rauskomme. Ich bin nun sicher, das ist es, was ich tun sollte. In die Realschule gehen.»

«Warum?» fragte ich.

«Einfach so.» Er zuckte die Achseln. «Ich weiß nicht. Einfach hingehen. Mit andern jungen Leuten zusammen sein. Sehen, wie es ist, wenn man wirklich ist.»

Es war sehr warm im Zimmer. Ich legte mich auf dem Teppich zurück, die Arme unter dem Kopf. Ich fühlte mich in die heißen, trockenen Sommertage meiner Kindheit zurückversetzt; da lag ich oft so auf dem Dachboden, preßte die Wangen an den rohen Bretterboden und beobachtete die Spinnen, die dort lebten. Die Sonne schien durch die Ritzen des Ventilators und beleuchtete die kleinen Kreaturen. Die Luft um mich herum war immer fühlbar staubig, und es war jeweils sehr heiß.

«Woran denkst du?» fragte Kevin.

«Es wäre schwierig für dich, Kev. In der Realschule muß man hart arbeiten, und du bist schon lange nicht mehr in eine richtige Schule gegangen.»

«Ja, es ist schon lange her. Ich weiß. Aber ich könnte es schaffen. Mein Lehrer im Krankenhaus hat mit mir Tests gemacht. Er sagte, ich läse wie ein Schüler im zehnten Schuljahr, und in den andern Fächern sei ich fast ebenso fortgeschritten. Sogar in Mathe.»

«Aber das zehnte Schuljahr bedeutet immer noch, daß du zwei Jahre hintendrein bist. Schüler des zehnten Schuljahrs sind fünfzehn, und du bist fast achtzehn. Und es gibt neben den Schulfächern noch andere Schwierigkeiten. Die Fächer wären eigentlich das kleinste Problem. Du könntest das schaffen, wenn du dir Mühe gibst.»

«Was ist es dann?»

«Das ganze Drum und Dran.»

«Was denn genau?»

«Oh, der Schulweg, zum Beispiel. Du wärst ganz auf dich selbst gestellt. Und die andern Schüler. Sie würden dich hänseln, weil du anders bist. Es ist ein schwieriges Alter für alle, und deshalb sind sie nicht sehr tolerant. Sie könnten dir das Leben zur Hölle machen, ohne es eigentlich zu wollen.»

Kevin sah mich nachdenklich an. Er hatte einen Kaugummi im Mund, kaute geistesabwesend und zog manchmal einen Teil davon aus dem Mund wie eine lange Schnur. Ich hatte ihn wohl verletzt, als ich rundheraus sagte, er sei anders als die andern, obwohl wir dies ja beide wußten. Er wollte mir wahrscheinlich widersprechen, war aber zu ehrlich mit sich selbst.

«Ich sage nur, es wäre nicht leicht, Kevin, das ist alles. Die andern Schüler würden dich necken. Das tun sie oft, ohne daß sie grausam sein wollen. Kinder denken nicht lange nach, bevor sie etwas tun oder sagen. Sie würden wahrscheinlich sagen, du seist sitzengeblieben, deshalb seist du soviel älter. Obwohl es gar nicht wahr ist.»

«Ich bin Schwierigkeiten gewohnt, Torey.»

«Ja, aber diesmal wäre es anders. Du wärst ganz allein. Es wäre niemand da, der dich unterstützt, und es würde nur an dir liegen, ob du das durchhältst.»

Er sah mich immer noch unverwandt an. Dann ließ er die Schultern hängen und sah auf seine Hände hinunter. «Verstehst du denn nicht, Torey? Ich muß es tun. Ich muß wissen, ob ich wirklich bin, wenn ich hier rauskomme. Wenigstens einmal im Leben muß ich es wissen.»

Ich hätte ihm gern beigestimmt, aber ich konnte es nicht. Es war mehr ein Traum als ein Plan oder eine Hoffnung. Er hatte vermutlich keine Ahnung, was ihn in einer öffentlichen Schule erwartete. «Es wäre so schwierig, Kev. Du müßtest eine Menge einstecken. Es gibt andere Möglichkeiten für dich. Genauso gute, wenn nicht bessere. Vielleicht Kurse an der Volkshochschule oder etwas Ähnliches.»

«Aber es *muß* schwierig sein, Torey, verstehst du das nicht?»

Ich antwortete nicht.

«Ich habe auch schon schwierige Sachen gemacht.»

«Ja, das weiß ich.»

«Ich kann es», sagte er leise. «Ich kann mehr, als du denkst. Nicht einmal du weißt, was alles in mir steckt. Ich muß es tun. Ihr seid nicht die einzigen, vor denen ich mich bewähren muß. Du darfst *mich* nicht vergessen. Ich muß es mir selber einfach einmal beweisen.»

35

Er verdiente sich endlich genügend Punkte für eine Ausgeherlaubnis. Er hatte sie im Hinblick darauf gesammelt und war nun ganz aufgeregt, da er seit seiner Flucht vor fünf Wochen Seven Oaks zum ersten Mal verlassen durfte.

Er wünschte sich, daß ich ihn ins mexikanische Restaurant mitnehmen sollte. Kevin liebte dieses Essen über alles, und ich hatte ihm vor längerer Zeit versprochen, ich würde ihn zum Essen einladen, sobald er eines der Hauptziele erreicht und genügend Punkte erworben habe.

Also zogen wir an einem Nachmittag los; Kevin hatte die Ausgeherlaubnis bei sich. Es war Anfang August, und die Tage und Nächte waren gleichermaßen heiß, wie es für diese Jahreszeit typisch ist. Die Nächte waren so kurz und die Dämmerung so lang, daß die Hitze auf dem Land lag wie ein schlafender Löwe.

Wir verließen Seven Oaks etwas nach ein Uhr nachmittags, vermieden die Autobahn und fuhren meistens auf Landstraßen. Ich glaube, wir wußten beide, daß für uns der Anfang vom Ende gekommen war, wie auch immer die Zukunft sich gestalten würde; wir hatten das unausgesprochene Gefühl, wir sollten solche Gelegenheiten noch ausnützen, solange wir konnten. Es war schon so lange her, daß Kevin draußen und frei gewesen war, daß ich mich bemühte, ihm diesen Nachmittag so schön wie möglich zu gestalten, damit er ihn in guter Erinnerung behielt.

Wir fuhren gemächlich auf Nebenstraßen, die von Bäumen gesäumt waren, dem Fluß entlang. Die Augusthitze machte uns schläfrig. Als wir an einem kleinen Safaripark vorbeikamen, fuhr ich hinein. Es war ein großes, umzäuntes Gebiet mit verschiedenen Wildarten, die in dieser Gegend vorkamen. Es gab da Elche, Hirsche und Antilopen nebst kleineren Tieren. In einem eigenen Gehege bettelte ein Bär um leckere Sachen, obwohl ein riesiges Schild mit roten Buchstaben das Füttern verbot. Kevin war fasziniert, er drückte das Gesicht an die Scheibe, als der Bär vorbeitrottete. Ich erzählte ihm Geschichten aus meiner Kindheit. Ich war in einem Dorf am Eingang zum Yellowstone-Park aufgewachsen; dort gehörten Bären zu den ersten Eindrücken jedes Kindes. Beim Ausgang hielten wir an und besuchten den kleinen Laden und das Museum, und Kevin gab sein spärliches Taschengeld für einen Plastikhirsch und sechs Postkarten aus, die er in seinem Zimmer an die Wand hängen wollte. Der Rest reichte nicht mehr ganz für eine Tafel Schokolade, aber ich lieh ihm den fehlenden Zwanziger.

In der Nähe der Stadt hielten wir noch bei einem kleinen Picknickplatz neben einem Bach. Ich stellte den Wagen in den Schatten, und wir gingen ein wenig spazieren. Ich zog die Schuhe aus und watete in den nicht sehr tiefen Bach hinein. Das Wasser gurgelte um die Steine herum. Kevin sah vom Ufer aus ängstlich zu; er traute den glatten Steinen, dem Moos und den kleinen Dingern, die sich darunter verbargen, nicht recht, vom Wasser selbst ganz zu schweigen. Er hatte den Sommer über ganz gut schwimmen gelernt, aber dieser Bach war doch etwas anderes als das vertraute Schwimmbecken. Als er endlich überzeugt war, daß nichts passieren konnte, zog er Schuhe und Socken aus und trat vorsichtig wie ein kleines Kind an den Rand des Wassers. Er stützte sich auf meine Schulter und tauchte die Zehen hinein. Kevin hatte nicht erwartet, daß das Wasser so kalt war, und sprang überrascht zurück. Wir lachten zusammen, suchten farbige Kieselsteine und wedelten mit Weidenzweigen im Wasser, bis es schäumte. So verging ziemlich viel Zeit, bis wir die Stadt erreichten, wahrscheinlich gegen drei Stunden. Im Westen ballten sich gewaltige, amboßförmige Gewitterwolken zusammen, und ein heißer Wind wehte sanft, aber drückend und warm wie der Atem eines Tieres.

Der Plan, ins mexikanische Restaurant zu gehen, war sehr alt, er reichte bis in die Zeit im Krankenhaus zurück, vielleicht sogar bis zum letzten Frühling im Garson-Gayer-Heim. Wir näherten uns der Stadt von Süden, und ich bog von der Straße ab, als ich ein Einkaufszentrum bemerkte. Ich kannte mich in diesem Teil der Stadt überhaupt nicht aus. So weit südlich hatte ich beruflich nie zu tun gehabt. Es gelang mir trotzdem, eine Straße voller Restaurants zu finden, und ich war überzeugt, daß auch ein mexikanisches in der Nähe sein mußte.

«Ich glaube», sagte Kevin, als wir in eine Seitenstraße einbogen, «ich war schon mal hier.»

«Ja? Ich kenne dieses Viertel überhaupt nicht.»

«Doch, ich glaube schon. Vor langer Zeit.» Er runzelte die Stirn und starrte aus dem Fenster. «Dort drüben. Siehst du? Wenn du dort abbiegst, siehst du eine Wäscherei. Fahr mal dort vorbei.»

Ich bog ab. Es stimmte, da gab es tatsächlich eine schäbig aussehende Wäscherei.

«Ja», sagte er mehr zu sich selbst als zu mir, «nun dort hinüber.»

Also kurvte ich um die nächste Ecke. Die Häuser sahen immer vernachlässigter aus, und viele Ladentüren waren mit Brettern vernagelt.

«Ich erinnere mich! Jetzt weiß ich, wo wir sind. Wir wohnten hier in der Nähe. Ich habe nicht gewußt, daß es in diesem Viertel war. Aber jetzt fällt es mir wieder ein. Auf dem Schulweg bin ich hier entlanggegangen. Fahr hier links, ich will dir zeigen, wo meine alte Schule ist.»

Ich drehte das Steuerrad herum und fuhr in die Richtung, die mir Kevin gewiesen hatte. In wenigen Augenblicken sahen wir ein niedriges, langgestrecktes Schulgebäude. Der Pausenplatz war mit Wellblechbaracken übersät.

«Hier bin ich zur Schule gegangen», sagte Kevin. «Halt mal

an, bitte. Ich zeige dir, wo mein Klassenzimmer war. Schau dir das an. Damals standen diese Baracken nicht hier. Nur das Backsteingebäude. Aber halt doch an, dann kann ich es dir zeigen.»

Ich stellte den Wagen auf dem Schulparkplatz ab, und wir stiegen aus. Kevin sprang auf das Backsteingebäude zu. Er bog um die Ecke und rannte die Fensterreihe entlang.

«Hier», sagte er und spähte durch ein Fenster, indem er mit den Händen einen Schild ums Gesicht bildete. «Hier ging ich in die erste Klasse. Das Zimmer von Mrs. Hutchinson. Siehst du's, Torey? Ich möchte bloß wissen, ob Mrs. Hutchinson immer noch hier unterrichtet.»

Es war ein ziemlich typisches Schulzimmer. Da immer noch Sommerferien waren, hatte man an allen Türen und Schränken die Schlüssel abgezogen. Die Pulte waren hochkant gestellt, und der Boden war frisch gebohnert und glänzte.

«Würde sich wohl Mrs. Hutchinson noch an mich erinnern?» fragte sich Kevin. «Ich erinnere mich gut an sie. Ich mochte sie. Aber ob sie sich noch an mich erinnert?»

Dann wandte er sich um. «Komm, wir gehen», sagte er und berührte meinen Arm. «Ich zeige dir, wo ich wohnte.» Als ich in Richtung Parkplatz marschierte, packte er mich am Arm. «Wir brauchen den Wagen nicht. Es ist nicht weit. Wir können zu Fuß gehen.»

Wir bogen in eine kleine Seitenstraße ein. Kevin war mir immer ein paar Schritte voraus, er beugte sich erwartungsvoll vor. Es war eine ziemlich heruntergekommene Gegend, und mir war nicht ganz geheuer, hier zu Fuß herumzuwandern, selbst bei Tageslicht. Viele Häuser schienen leer zu stehen, und auch diejenigen, die offensichtlich bewohnt waren, sahen verwahrlost aus.

Wir gingen um eine Ecke und stießen auf eine Reihe von Holzhäuschen, die in einem furchtbaren Zustand waren. Sie waren alle in häßlichen Farben angemalt: rosa, violett, grün. Die Fenster fielen heraus, die Türen hingen schief in den Angeln, Autowracks, ausgeweidete Waschmaschinen und die Überreste von alten Kochherden und Kühlschränken lagen in den Gärten herum. Die meisten Häuser sahen aus, als seien sie unbewohnt, obwohl am anderen Ende der Straße ein kleiner Junge herumstrolchte. Ein ganzes Rudel Köter, die noch am ehesten Schäferhunden glichen, sonnten sich auf dem Gehsteig.

Kevin blieb stehen. Er sagte ein, zwei Minuten kein Wort, sondern stand nur da und starrte geradeaus.

«Dort», flüsterte er. «Das ist mein Haus.» Er zeigte auf ein Haus, von dem die dunkelgrüne Farbe abblätterte.

Langsam ging er auf das Haus zu. Es schien mir unbewohnt zu sein, aber ganz sicher war ich nicht. «Mama», hörte ich Kevin leise flüstern.

«Kev», sagte ich und legte ihm die Hand auf die Schulter, «vielleicht wohnen jetzt andere Leute drin. Wir sollten lieber nicht hineingehen.»

«Aber es ist *mein* Haus», sagte er in bestimmtem Ton.

«Das war vor langer Zeit, Kevin. Jetzt wohnt vielleicht jemand anders hier.»

Er stieß meine Hand beiseite. Ich sprang ihm voraus und klopfte an die Tür, bevor er sie einfach aufstoßen konnte, aber ich hatte mir unnötige Sorgen gemacht. Die Tür gab in ihren verrosteten Angeln ganz leicht nach. Es war klar, daß hier schon lange niemand mehr wohnte. Wir traten ein, und die Fliegennetztür fiel hinter uns zu.

Kevin blieb stehen und schaute sich um. Ich fühlte mich unbehaglich, da ich in fremdes Eigentum eingedrungen war, und wollte wieder hinaus. Es war ohnehin kein sehr einladender Ort. Stadtstreicher hatten in einer Ecke des größten Zimmers ihr Lager aufgeschlagen. Ratten, Mäuse und Vögel hatten den Rest des Raums übernommen und den Boden mit Exkrementen übersät. Der Lärm der zuschlagenden Tür scheuchte ein paar Fledermäuse auf; wir hörten, wie sie aufgeregt im Kamin herumflatterten.

«Mama?» sagte Kevin wieder ganz leise. Zwei Welten flossen für ihn ineinander. Er war sich bewußt, daß ich da war, fühlte sich aber anderseits in die Vergangenheit zurückversetzt. «Dies ist das Wohnzimmer», erklärte er, «und da geht man in die Küche. Dort drüben haben Mama und Daddy geschlafen. Und dort ist mein und Carols und Barbaras Zimmer. Aber als Ellen kam, hat mich Mama auf die Couch umgebettet, da wir in dem einzigen Bett keinen Platz mehr hatten.»

Wir gingen durch das Haus. Kevin untersuchte alles mit der Gründlichkeit eines Häusermaklers. Er sah sich die Wände, die Böden und die Türrahmen an, als sähe er sie zum ersten Mal. Da ich von Erinnerungen unbelastet war, fielen mir hauptsächlich das Vogelnest im Küchenschrank und der Haufen alter Lumpen und leerer Dosen auf, den die Stadtstreicher zurückgelassen hatten. Ich hörte nichts anderes als das Geräusch schläfriger Fledermäuse, die sich in den dunklen Winkeln bewegten.

Kevin stiegen in jedem Zimmer neue Erinnerungen auf. «Die Toilette funktionierte nie. Manchmal mußte ich aus dem Schlafzimmerfenster pinkeln, und einmal sah mich eine Nachbarin und drohte, sie würde die Polizei rufen, wenn ich an ihr Haus pinkelte. Meine Güte, wie hätte ich an ihr Haus pinkeln können! Siehst du, wie weit es entfernt ist? Nicht einmal mein Vater hätte so weit pinkeln können. Aber ich hatte trotzdem immer Angst, ich könnte zufällig ihr Haus treffen, deshalb streckte ich von da an den Hintern zum Fenster raus wie Carol.» Kevin lehnte sich aus dem zerbrochenen Fenster. «Wir warteten immer, bis wir es nicht mehr länger aushielten, und probierten dann, ob wir ein Loch in den Staub pinkeln konnten. Aber», sagte er traurig, «die Löcher sieht man jetzt wohl nicht mehr.»

Dann zog er den Kopf zurück und lächelte mich an. «Als wir klein waren, Carol und ich, spielten wir nachts immer Chinese. Wir schlüpften mit beiden Beinen in ein Bein unserer Pyjamahose, zogen die Augen mit den Händen zu Schlitzen, hüpften herum und riefen: ‹Ah so! Ah so!›, bis Mama hereinkam und schimpfte, wir würden eine ordentliche Tracht Prügel kriegen, wenn wir nicht sofort ins Bett gingen. Dann gingen Carol und ich ins Bett und lagen mäuschenstill unter der Decke, und alle paar Minuten hörte ich, wie sie ‹Ah so! Ah so!› piepste, und ich flüsterte ‹Ah so!› zurück. Dann zogen wir die Decke über den

Kopf und stellten uns vor, wir seien in den Bergen von China.»

Er lächelte wieder. «Carol war sehr lustig. Sie brachte mich ständig zum Lachen. Ich denke immer noch daran, wie wir Chinese spielten. Es tut jetzt noch gut, mich daran zu erinnern.»

Als ich seinen Erinnerungsfetzen aus längst vergangener Zeit zuhörte, mußte ich ihn bewundern. Es war ihm gelungen, in diesem Haus nicht nur zu überleben, sondern, wie Ransome es ausgedrückt hatte, zu leben. Trotz der traumatischen Kindheit war er manchmal auch glücklich gewesen.

Im Wohnzimmer blieb er stehen und schob nachdenklich die Unterlippe vor. Er starrte auf den Boden. Mit seinem Tennisschuh rieb er an einer gewissen Stelle den Dreck auf den Holzdielen weg. Er besah sich das Holz, kniete nieder und wischte den Staub beiseite.

«Komm her, Torey», sagte er, «und sieh dir das an.»

Ich trat zu ihm und sah hinunter.

«Siehst du? Das ist Blut. Ein Blutfleck. Hier. Siehst du ihn? Beug dich nieder und sieh ihn dir an.»

Ich zögerte.

«Komm. Knie dich nieder und schau es an.»

Ich ließ mich auf die Knie nieder.

«Fühl es.»

Ich zögerte. Ich wußte nicht, was er gefunden hatte. Der ganze Boden starrte vor Schmutz, der sich in all den Jahren, als das Haus unbewohnt gewesen war, angesammelt hatte. Vogeldreck, Rattenspuren und Fledermausexkremente bedeckten die Holzdielen. Ich hätte sie lieber nicht berührt. Kevin bestand jedoch darauf.

«Fühl es, Torey. Es ist Carols Blut.»

Da berührte ich die Stelle, ließ meine Finger über das rauhe, alte Holz gleiten und fühlte nichts außer der Holzmaserung. Ich sah auch nichts anderes. Der Boden war voll Flecken, Schmutz und Schutt; für mich sah er überall gleich aus.

Draußen begann es zu regnen. Das Geräusch überdeckte einen Augenblick alles andere, sogar mein Herzklopfen.

Kevin wischte den Staub an einer anderen Stelle des Bodens

beiseite. «Was ist das?» fragte er mehr zu sich. «Ist das auch Blut?» Er hob den Kopf und betrachtete alles ringsherum.

«Ich glaube, es ist nur irgendein Fleck, Kevin.»

Er schüttelte den Kopf.

«Nur eine Stelle, wo ein Vogel oder sonst etwas war. Nur ein Fleck im Holz.»

Er ging zur Stelle zurück, die ich berührt hatte, beugte sich vor und untersuchte sie. Dann erhob er sich und wandte mir den Rücken zu. Er trat ans Fenster. Die Scheibe war in der unteren Hälfte herausgebrochen, das Fenster mit Brettern zugenagelt, doch im oberen Teil war die Scheibe noch ganz. Kevin wischte den Staub mit der Hand weg und blickte hinaus. Das Schweigen wuchs um uns trotz des Gewitters, das draußen tobte. Aber es war kein Schweigen, das uns trennte; es verband Kevin und mich wie zwei Geiseln.

Mich fröstelte.

Kevin drehte sich zu mir um und setzte sich auf den Rand des Fenstersimses. Er schwieg.

Ich kniete immer noch auf dem Boden, und meine Finger ruhten auf dem vermeintlichen Blutfleck.

Sein Blick wanderte über mich, meine Augen, mein Gesicht, meinen Arm hinunter, bis er auf dem Holz, das ich berührte, einhielt. Lange, lange starrte er nur auf diese Stelle.

Der Regen drang durch den Fensterrahmen, rann über den Sims und die Wand hinunter und bildete auf dem Boden eine Lache. Kevin bemerkte es erst, als das Wasser die Stelle erreichte, wo er saß. Er tauchte die Hand in das Rinnsal. Dann starrte er auf das Muster, das das Wasser auf seinen Fingern bildete.

«Sie sind weg», sagte er zu seiner Hand. Ein seltsamer Ausdruck trat auf sein Gesicht. Er legte die Stirn in Falten. Dann entspannte er sich und sah zu, wie das Regenwasser von seinen Fingern tropfte. Er sah mich an. «Es ist vorbei, nicht wahr?»

Ich nickte.

«Ja», sagte er und tauchte noch einmal die Finger ins Wasser auf dem Fensterbrett. «Ich glaube, ich habe das irgendwie gewußt.»

36

Es war vorbei. In der Stille des unbewohnten Hauses – während eines Augustgewitters – war Kevin vieles klargeworden, was ich ihm monatelang zu erklären versucht hatte. Die Geister seiner Vergangenheit ließen ihn endlich in Ruhe.

Wir sprachen nie über jenen Nachmittag, nicht auf der Rückfahrt nach Seven Oaks und auch nicht später in unseren Sitzungen. Nie. Ich besprach den Vorfall ausführlich mit Bill Smith und besonders mit Dr. Rosenthal, aber mit Kevin zerredete ich das Erlebnis nicht. Es war nicht nötig. Wir hatten es zusammen erlebt, das genügte.

Bill Smith und ich bemühten uns nach wie vor, für Kevin einen andern Platz zu finden. In ein paar Wochen war sein achtzehnter Geburtstag, und Bill fand, Seven Oaks sei auf die Dauer für Kevin nicht geeignet. Nicht nur waren die meisten Jungen dort viel jünger, sie waren auch charakterlich ganz anders als er. Da Kevin nun aus sich herausgegangen war und Kontakt suchte, fürchtete Bill, daß einige der verschlageneren Jungen seine Freundschaft ausnützen oder – noch schlimmer – ihn in ihre Tricks einweihen würden. In diesem Fall hätten wir nur erreicht, daß bei Kevin ein unerwünschtes Verhalten gegen ein anderes ausgetauscht würde.

Kevin sollte nun die Gelegenheit erhalten, sich zu bewähren. Für Pflegeeltern war er allerdings kein guter Kandidat, denn wenige Familien wären bereit, es mit einem Jungen in seinem Alter und mit seiner äußerst belasteten Vorgeschichte zu versuchen.

Aber Bill fand doch Pflegeeltern. Mr. und Mrs. Burchell schienen ein sehr nettes Paar zu sein, freundlich und eher schüchtern. Sie waren ziemlich jung, Ende Zwanzig wahrscheinlich, und seit einigen Jahren verheiratet, hatten aber keine eigenen Kinder. Als sie nach Seven Oaks zu einer Besprechung kamen, saßen wir alle in Bills Büro und tranken Limonade. Als ich sie fragte, warum sie sich entschlossen hätten, ein Pflegekind anzunehmen, und warum gerade einen Halbwüchsigen mit vielen Problemen, sagte Mrs. Burchell, sie wollten etwas tun, was der Gesellschaft nütze. Sie hätten beide eine glückliche und wohlbehütete Kindheit gehabt und wollten sich deswegen um weniger Begünstigte kümmern.

Es klang so abgedroschen. Ich muß auch ein entsprechendes Gesicht gemacht haben, denn sie entschuldigten sich beide überschwenglich, daß sie ihren Wunsch nicht besser ausdrücken konnten. Ich mußte lachen, und Bill Smith riet ihnen, nicht auf mich zu achten, ich sei schon zu lange in diesem Geschäft und schaute immer so skeptisch drein. Ich entschuldigte mich und sagte, Worte zählten ohnehin nicht. Einzig auf die Taten komme es an.

Seitdem ich erfahren hatte, daß sich die Burchells für Kevin interessierten, hatte ich den Jungen noch nicht gesehen. Als er ins Zimmer trat, lachte er schon übers ganze Gesicht. Man hatte es ihm am Morgen mitgeteilt, und nun konnte er seine Begeisterung einfach nicht verbergen. Mama und Daddy. Er hätte sie am liebsten sofort Mama und Daddy genannt, diese Leute, die vielleicht nur zehn Jahre älter waren als er selbst. Kevin hatte jedoch sein altes Ich noch nicht ganz abgelegt, die Aufregung war zuviel für ihn. Als ihm Bill eine Frage stellte, ließ er den Kopf hängen und blieb die Antwort schuldig. Er fand aber seine Sprache wieder, nachdem wir lange genug gewartet hatten, und die Burchells schienen wirklich an ihm interessiert zu sein. Zuletzt ging ich mit Kevin hinaus, und die Burchells blieben mit Bill allein.

«Ich werde eine Familie haben», flüsterte mir Kevin zu, als wir den Korridor hinuntergingen. Kaum traten wir aus dem Gebäude, brach er in Jubel aus. «Jupiiii! Ich werde endlich eine Familie haben!»

Ich lachte. Eigentlich wollte ich ihn warnen, er solle sich nicht zu große Hoffnungen machen, falls doch noch etwas dazwischenkäme. Aber als ich sein Gesicht sah, konnte ich unmöglich so herzlos sein.

Die folgende Woche überlegten sich die Burchells die Sache

noch einmal gründlich. Kevin war ganz aus dem Häuschen. Er sprach nur noch von «seiner Familie». Schließlich entschied man, er solle versuchsweise ein verlängertes Wochenende bei ihnen verbringen. Kevin war außer sich vor Freude. Wir sprachen nur noch darüber, was er anziehen und mitnehmen sollte. Er hatte für die vier Tage großartige Pläne. Einer davon war, schwimmen zu gehen. Kevin war inzwischen ein leidlich guter Schwimmer geworden, was jedermann als beachtliche Leistung anerkannte. Er konnte es kaum erwarten, bis er den Burchells seine Schwimmkünste vorführen konnte, obwohl ich ihm zu erklären versuchte, daß sie vielleicht die ungeheure Anstrengung, die dahinter steckte, nicht richtig erfassen konnten. Aber es war ihm egal. Würde es dort ein Schwimmbecken geben? fragte er. Konnte er seine Badehose mitnehmen? Würden sie ihm zusehen? Und so weiter, bis zum Überdruß. Als das ersehnte Wochenende schließlich da war, stand ich mit Bill auf der Auffahrt vor dem Heim und sah dem zerbeulten alten Kombiwagen der Burchells nach, der mit Kevin und seinem braunen Köfferchen auf dem Rücksitz zum Tor von Seven Oaks hinausfuhr. Ich hätte weinen können.

In den letzten beiden Monaten jenes Sommers sah ich Charity sehr selten. Zuerst verbrachte sie nur die Wochenenden bei der Familie ihrer Mutter im Reservat, dann blieb sie die Woche über dort und kam einzig am Wochenende in die Stadt zurück, und zuletzt blieb sie die ganze Zeit dort.

Am 15. August war Charitys zehnter Geburtstag gewesen. Ich hatte ihr versprochen, ich würde sie in die Stadt mitnehmen und ihr ein Geschenk kaufen, wenn sie vom Reservat zurückkomme. Am Wochenende, das Kevin mit den Burchells verbrachte, kreuzte sie nun zum ersten Mal seit Wochen wieder bei mir auf.

«Kannst du mir heute ein Geburtstagsgeschenk kaufen?» rief sie aufgeregt durch die Fliegennetztür, als sie sie verschlossen fand.

Ich war in einem andern Teil der Wohnung und räumte die

Wandschränke aus, eine Arbeit, die ich fürchterlich haßte. Aber ich hatte mich endlich dazu aufgerafft, weil ich keinen Schrank mehr öffnen konnte, ohne in Lebensgefahr zu geraten.

«Kannst du heute kommen?» fragte sie, als ich ihr die Tür öffnete. Sie folgte mir ins Schlafzimmer. «Nimmst du mich mit? Weißt du, was ich möchte? Ich möchte ein Discokleid. Weißt du, so ein glänzendes.»

«Ein Discokleid?» fragte ich verwundert und setzte mich wieder auf den Boden, um das Durcheinander, das ich aus dem Schrank geholt hatte, zu sortieren. Als ich zehn war, wünschte ich mir ein Pferd, ein kleines Zelt und eine Pelzmütze.

«Ja, du weißt schon. So eins wie in ‹Friday Night Fever›.»

«Du meinst wohl ‹Saturday Night Fever›.»

«Ja, ist ja Wurst, welcher Tag. Ich möchte jedenfalls so eins.»

«Willst du in die Disco tanzen gehen?»

Sie zuckte die Achseln. «Man kann nie wissen. Vielleicht.»

«Ja, man kann nie wissen.»

«Krieg ich eins? Ich hab eins gesehen. In der Boutique ‹Salvador›. Es ist im Schaufenster.»

«Charity, das ist ein Laden für Damenkleider. Die haben keine Kindergrößen.»

«Könnten wir wenigstens hingehen und es uns ansehen? Wir haben in letzter Zeit nichts zusammen unternommen. Könntest du mich mitnehmen und es dir ansehen? Bitte!»

Ich seufzte. Es war der ungünstigste Tag zum Einkaufen. Ein Feiertagswochenende und Samstag dazu, da würde es in der Innenstadt wie in einem Irrenhaus zugehen.

«*Bitte!* Hast du mich eigentlich diesen Sommer nie vermißt? Ich bin fast nie hier gewesen.»

«Also gut, von mir aus. Wenn du mir zuerst hilfst, dieses ganze Zeug in den Schrank einzuräumen.»

«Klar!» jauchzte sie und hob sofort einen Armvoll meiner Sachen auf. Alles landete schwungvoll in einem Haufen auf dem Schrankboden.

Statt uns mit dem Wagen in den Verkehr zu stürzen, nahmen wir den Bus und gingen zu Fuß in die Innenstadt. Charity gab mir die Hand, für sie eine ungewohnt vertrauliche Geste.

«Es macht dir doch nichts aus, oder?» fragte sie, als ich zu ihr hinuntersah.

«Nein, natürlich nicht.»

«Gut», erwiderte sie mit einem Lächeln. «Es gibt Erwachsene, die das nicht mögen, weißt du. Es macht sie verlegen, einem die Hand zu halten, da sie meinen, sie seien zu groß dafür.»

«Aha.»

Wir schlenderten mitten unter den vielen Leuten an den größten Warenhäusern der Stadt vorbei, bogen ab und gingen auf die Boutique «Salvador» zu.

«Weißt du was?» fragte Charity.

«Was?»

«Rate mal, was ich tun werde.»

«Ich weiß nicht. Du wirst dich in ein grünes Monster verwandeln und in einer Rakete zum Mond fliegen. Stimmt's?»

«Nee. Erzähl keinen Blödsinn. Nein, ich ziehe weg.»

«Ja?» Das war wirklich eine Überraschung.

«Ja, nächstes Wochenende. Onkel Myron kommt von Bitter Creek und hilft uns, die ganzen Möbel und alles übrige dorthin zu bringen. Wir werden eine Weile bei ihm und Tante Lila und ihren Kindern wohnen. Ich habe noch viel mehr Verwandte dort.»

«Das sind ja tolle Neuigkeiten.»

«Weißt du, wo ich zur Schule gehen werde? In die Missionsschule. Ich habe sie gesehen. Ransome geht auch dorthin. Und Jennifer. Und Tara. Es ist richtig schön dort. Sie haben eine ganz neue Turnhalle angebaut. Ich werde wahrscheinlich in Taras Klasse sein, sie kommt nämlich auch in die vierte.»

«Das ist phantastisch. Es scheint, daß du dich wirklich darauf freust.»

«Ja, ich freue mich», erwiderte Charity. «Es wird bestimmt schöner sein als hier. Mein Großvater wohnt in der Nähe, und ich mag ihn sehr. Und viele andere Verwandte. Jennifer hat einen Esel. Sie sagte, ich könne ihn manchmal reiten. Es wird schon besser sein als hier, glaube ich.»

Wir hatten die Boutique «Salvador» erreicht und blieben vor der Auslage stehen. Da war tatsächlich ein bemerkenswertes Kleid ausgestellt: eine unglaubliche Mischung aus feurigen orangeroten Pailletten und schimmerndem Flatterstoff. Genau das richtige für eine billige Nutte.

«Siehst du, das ist es! Ist es nicht schön?»

«Mm-hmm.»

«Wirst du's mir zum Geburtstag schenken? Ich möchte es so gern haben.»

«Charity, das ist für erwachsene Frauen.»

«Ich werde aber schon bald erwachsen. Ich bin zehn. Und guck, ich habe auch ein wenig Brüste.» Sie preßte ihr T-Shirt eng an den Körper.

Ich sagte nichts, denn da gab es nichts, worüber man etwas hätte sagen können.

«Oh, bitte, Torey? Bitte-bitte-bitte. *Bitte?* Könnte ich es wenigstens anprobieren? Bitte!» Sie wand sich und hüpfte auf und ab, bis es aussah, als müsse sie dringend aufs Klo.

Ich beugte mich vor und sah mir das Ding im Fenster genau an. Es war ganz und gar unbeschreiblich. «Siehst du, Charity, man sieht nicht einmal das Preisschildchen. Sie haben es versteckt, damit man nicht weiß, was es kostet. Und das bedeutet, daß es nicht soviel wert ist, wie es kostet.»

«Bitte!»

Ich sah sie an. «Na, dann komm schon.» Ich gab nach und zog sie hinter mir in den Laden hinein.

Ich kam mir vor wie ein Idiot, als ich mich nach dem grellen Kleid erkundigte. Die Verkäuferin meinte begreiflicherweise, es sei für mich; als ich mit meinen 60 Kilo die Größe 34 verlangte, zuckte sie zusammen. Ich blickte über die Schulter und vergewisserte mich, daß sich keine Bekannten von mir im Laden befanden. Dann nahm ich ihr das Kleid aus der Hand und schob Charity vor mir her in eine der engen Umkleidekabinen.

Sie riß sich hastig die Kleider herunter und schlüpfte in das glitzernde orangerote Discokleid. Größe 34 war viel zu groß für sie, obwohl sie ein Pummelchen war. An den Spaghettiträgern hing ihr das Oberteil bis unter die Brustwarzen hinunter. Die Taille saß ihr auf den Hüften, wenn man das Hüften nennen konnte. Der Rock reichte ihr bis auf die Knöchel.

Nachdenklich betrachtete sich Charity im Spiegel. «Na, es ist tatsächlich ein wenig zu groß», konstatierte sie traurig.

Ich nickte, da ich keinen Kommentar abzugeben wagte. Sie sah irrsinnig komisch aus; ich mußte mir das Lachen verbeißen.

«Aber hübsch ist es, nicht wahr?»

Sie stand versonnen vor dem Spiegel. Ein Lächeln lag auf ihren Lippen, und ihre Augen schimmerten von der geheimen Schönheit ihrer Träume. Sie strich zärtlich über das Kleid, und ich bemerkte, wie sie die Hüfte ein wenig schwang, als habe die Musik gerade eingesetzt.

Ich fragte mich, was sie wohl sah. Für mich war sie nur ein kleines Mädchen, barfuß und dunkelhäutig. Die Umrisse ihres Höschens waren durch den dünnen Stoff zu erkennen. Ihr langes schwarzes Haar war zurückgekämmt und zu zwei ungleichen Zöpfen geflochten, und obwohl sie abgenommen hatte, waren ihre Pausbacken nicht verschwunden. An den Ellbogen hatte sie Grübchen wie eine Zweijährige.

Ich lächelte ihr zu, und sie blickte mich im Spiegel an. «Ich finde es wunderschön», flüsterte sie.

«Ja, es ist schön.»

Sanft strich sie mit der Hand über den Stoff.

«Wieviel kostet es, Charity?» fragte ich und griff nach dem Preisschildchen. 16 Dollar – viel mehr, als ich für ihren Geburtstag hatte ausgeben wollen. Charity wußte es. Sie sah mich an, dann das Kleid und noch einmal ihr Spiegelbild. Darauf beugte sie sich wortlos vor, um es auszuziehen.

«Halt, wart einmal, Schatz. Komm her.»

Sie kam zu mir, so daß ich sie von meinem Stuhl aus erreichen konnte. Ich strich mit der Hand über den Stoff. «Weißt du», sagte ich, «ich könnte es dir doch kaufen. Dieses eine Mal. Als Geburtstags- und Abschiedsgeschenk in einem.»

Doch sie hatte alle Hoffnung aufgegeben. «Es ist zu groß», sagte sie traurig.

Ich drehte sie um, so daß sie sich im Spiegel sah, und trat hinter sie. Ich zog das Kleid an den Trägern bis unter ihr Kinn hoch. «Ich könnte die Träger kürzen», sagte ich leise. Es war immer noch viel zu lang, aber Charitys Augen glänzten schon wieder. Das Lächeln kehrte zurück.

«Es ist *so* schön, Torey. Ich glaube, es ist das Schönste, was ich in meinem ganzen Leben gesehen habe.»

«Ja, und es macht dich auch schön, nicht?»

Sie nickte.

Mehr brauchten wir nicht zu sagen. Sorgfältig schlüpfte sie aus dem Kleid und glättete es auf meinem Schoß. Bevor sie ihre Shorts wieder anzog, zögerte sie und sah mich prüfend an.

«Wirst du mich vermissen, wenn ich nicht mehr da bin?»

«Ja», sagte ich, «gewiß werde ich dich vermissen.»

«Du wirst mich nicht vergessen?»

«Nein, bestimmt nicht.»

«Sag: ‹Hand aufs Herz und großes Ehrenwort, ich werde dich nie vergessen.› Sag es, ja?»

«Hand aufs Herz und großes Ehrenwort», wiederholte ich.

«Nein, nein. Du hast die Hand nicht aufs Herz gelegt, als du es sagtest. Tu's noch mal. So.» Sie machte es vor. Ich tat es ihr gleich. «Gut. Hand aufs Herz und großes Ehrenwort, ich werde dich nie vergessen, Torey Hayden. Weil du wirklich meine beste Freundin bist. Von allen bist du die beste.» Dann beugte sie sich nieder und zog die Shorts an. «Torey, kann ich dich noch etwas fragen?»

«Was denn?»

«Kann ich dir einen Abschiedskuß geben, wenn ich weggehe?»

«Natürlich.»

Sie lehnte sich sachte vor und küßte mich. «Für den Fall, daß ich dich nicht sehe, wenn ich gehe.»

Sie muß es gewußt haben. Ich sah Charity nach diesem Tag nie wieder. Wir gingen nach Hause, ich machte uns etwas zu essen, und sie nahm ihr neues Kleid aus der Schachtel. Nach dem Essen zog sie es an, und ich steckte ihr die Träger ab. Ich nähte sie mit weißem Faden, da ich keinen orangeroten hatte. Dann tanzte Charity für mich, während ich vor dem Wandschrank auf dem Boden saß und putzte. Ich sah sie zum letzten Mal, als sie an diesem sonnigen Samstagnachmittag nach Hause ging. Unter dem Arm trug sie das schimmernde Discokleid, das so schön war wie ein Sonnenuntergang in Las Vegas.

37

Als ich am Montag nach Seven Oaks kam, war Bill in Katastrophenstimmung. Er verdrehte die Augen, als ich an ihm vorbeiging. «Hoffnungslos», rief er mir nach. «Dieser Junge ist einfach hoffnungslos!»

«Na», sagte ich zu Kevin, als ich mich auf einen Stuhl neben seinem Bett setzte, «ein kleines Vögelchen hat mir gezwitschert, daß etwas schiefgegangen ist.»

Kevin lag im Bett. Er war zwar angezogen, hatte sich aber unter dem Bettüberwurf verkrochen und ihn bis über die Ohren hinaufgezogen.

«Was ist geschehen?» fragte ich.

Kevin zuckte nur die Achseln und zog den Bettüberwurf noch höher hinauf.

«Na, komm schon, Kevin. Sprich mit mir. Wenn du dich einfach unter einer Decke versteckst, kannst du deine Probleme nie lösen.»

Er schüttelte den Kopf.

«Die Welt ist doch nicht untergegangen, oder? Es gibt noch andere Familien.»

Er schüttelte den Kopf.

«Doch, bestimmt. Nun erzähl mir, was geschehen ist. Vielleicht war es gar nicht so schlimm.»

Aber er blieb stumm. Der Rückfall in diesen alten Trick machte mich wütend. Ich stand auf. «Hör zu, ich komme in einer Viertelstunde wieder. Entweder sprichst du dann mit mir, oder ich gehe wieder. Verstanden?» Ich marschierte aus dem Zimmer.

In Bills Büro vernahm ich die offizielle Version. Bill hielt eine Tasse kalten Kaffee in den Händen und schüttelte den Kopf. «Dieser Junge ist unmöglich. Ich sag Ihnen, ich habe noch nie einen Burschen getroffen, der ein solches Talent zum Versager hatte. Du heiliger Strohsack, er ist eine wandelnde Katastrophe!»

«Aber was ist denn geschehen? Was hat er getan?»

«Nichts. Das ist es, was der Dummkopf tat – nichts. Er kam zu diesen Leuten nach Hause und erstarrte. Er bewegte sich überhaupt nicht. Er sprach nicht und blieb einfach im Auto sitzen. Und stellen Sie sich vor: Die Burchells hatten sogar ein Picknick organisiert, damit er die Verwandten treffen konnte. Aber dieser Bursche stieg nicht einmal aus dem Auto.»

«Oh, aber Bill, das muß Kevin erschreckt haben. Denken Sie mal nach. Eine Menge Leute, die er noch nie gesehen hatte, wo er doch noch nicht einmal die Leute kannte, mit denen er gekommen war.»

«Er hat sich blöd benommen, basta. Wissen Sie, wie schwierig es war, jemanden zu finden, der ihn aufnehmen wollte? Verdammt noch mal, ich mußte die ganze Gegend abklopfen, bis ich die beiden fand. Und nun wollen sie ihn nicht. So ein unmöglicher Bursche. Er ist verrückt, das ist er, ein verdammter Spinner. Warum hat man ihn bloß hierhergeschickt? Er ist ein Spinner, das ist alles.»

«Nun machen Sie keinen solchen Wirbel. Es ist schon lange her, seit er in einer richtigen Familie lebte. Am nächsten dran war er noch letzten Sommer in jenem Gruppenheim. Er war einfach verängstigt. Ich finde, das ist zu verstehen. Er kannte die Leute nicht. Es war alles so neu für ihn. Da hat es ihm ganz einfach die Sprache verschlagen.»

«Na ja», sagte Bill, «ein hoffnungsloser Fall.»

Als ich wieder in Kevins Zimmer trat, versteckte er sich immer noch unter dem Bettüberwurf.

«Steh auf, Kevin! Steh auf, sonst ziehe ich dich eigenhändig aus dem Bett.»

Keine Antwort.

«Ich mache keinen Spaß. Ich komme und zieh dich raus. Nun steh schon auf.»

Schweigen.

Ich tat einen riesigen Schritt aufs Bett zu.

Widerstrebend setzte sich Kevin auf; er hatte den Bettüberwurf immer noch um die Schultern.

«Nun steh auf, und zwar richtig. Leg die Decke hin. Du siehst aus wie eine Großmutter, um Himmels willen.»

Langsam kroch Kevin unter dem Bettüberwurf hervor, legte ihn aufs Bett zurück und schlurfte zu einem Stuhl.

«Also, was ist passiert?» fragte ich. Ich zog die Decke glatt und setzte mich aufs Bett.

Kevin ließ sich auf den Stuhl fallen und starrte auf den Boden.

«Schau, Kevin, ich weiß, daß du enttäuscht bist. Ich weiß, daß du unglücklich bist. Es war ein schreckliches Erlebnis für dich. Aber es ist nun geschehen und vorbei, und die Welt dreht sich weiter. Wir wollen jetzt darüber sprechen, damit es nicht mehr vorkommt.»

Er gab immer noch keine Antwort.

Ich stand auf. «Ich gehe jetzt. Dieses unhöfliche Benehmen lasse ich mir nicht bieten. Du hast die Wahl: entweder sprichst du, oder ich gehe. Was willst du lieber?»

Er hob müde die Achseln. «Ich rede schon.»

«Gut. Also, was war los?»

Achselzucken.

«Warum hat es nicht geklappt?»

«Die Toilette dort war komisch.»

«Was?»

Er zog den Kopf zwischen die Schultern, als stehe eine unsichtbare Person vor ihm, die ihn schlagen wollte. «Ich habe gesagt, die Toilette dort war komisch. So groß. Ich hatte Angst, sie zu benützen.»

Mir schwand der Mut. Würde er je alle seine Ängste verlieren? Sein erneutes Versagen setzte mir genauso zu wie Bill oder ihm selbst. Ich mußte mich zusammenreißen, um das nicht auszusprechen.

«Kev, vielleicht war es einfach nicht der richtige Platz für dich.»

«Doch, doch», sagte er niedergeschlagen. «Ich bin an allem schuld. Ich habe alles verdorben. Ich habe mich so davor gefürchtet, etwas falsch zu machen; ich glaube, ich habe mich so sehr zusammengerissen, daß ich alles verdorben habe.»

«Nein, es ist nicht deine Schuld, Kevin. Es sind die Umstände. Diese Leute hatten noch nie ein Pflegekind und waren wahrscheinlich genauso nervös wie du. Dann geschah es eben. Es ist natürlich nicht lustig, wenn es auf diese Art geschieht, aber es kommt vor. Es war nicht deine Schuld. Mach dir keine Vorwürfe.»

Er starrte finster auf seine Hände.

«Es wird andere geben.»

Er schüttelte den Kopf. «Nein. Wer will schon einen wie mich?»

«Ich glaube, viele Leute. Sie wissen es nur noch nicht.»

Der Pflegeplatz war nicht die richtige Wahl gewesen. Jenes mißlungene Wochenende erwies sich am Ende als ein Segen, denn wir erfuhren später, daß die Burchells nicht waren, was sie zu sein schienen. Da sie keine eigenen Kinder haben konnten, hatten sie sich entschlossen, welche zu adoptieren. Die Adoptionsstellen waren jedoch übereinstimmend zum Schluß gekommen, daß sie sich als Adoptiveltern nicht eigneten. Ihre Ehe war nicht glücklich. Sie setzten übertriebene Erwartungen ineinander und auch in die Kinder. Beide hatten große persönliche Probleme mit in die Ehe gebracht. Auf den abschlägigen Bescheid der Adoptionsstellen hin hatten sie sich entschlossen, ein Pflegekind anzunehmen; das schien ihnen die einzige Möglichkeit, ihre Ehe zu retten.

Es waren jedoch nicht ihre persönlichen Schwierigkeiten gewesen, die sich am Wochenende mit Kevin ausgewirkt hatten. Sie hatten einfach nicht begriffen, was ein Mensch wie Kevin verkraften konnte. Die Burchells meinten es gut, waren jedoch unerfahren und hatten den Besuch bis ins letzte geplant und überorganisiert. Kevin war es nicht gewohnt, so vielen unbekannten Leuten gegenüberzustehen, die ihm alle neugierige Fragen stellten. In diesem Durcheinander verlor er den Kopf. Darauf reagierten die Burchells überängstlich, und zusammen mit ihren eigenen Schwierigkeiten kam es auf eine Katastrophe hinaus. Doch es war wahrscheinlich besser so. Kevin hätte es nur geschadet, labile Pflegeeltern zu haben.

Als wir all dies erfahren hatten, machten sich Bill und ich daran, für Kevin eine andere Lösung zu suchen. Es war eine unangenehme Aufgabe. Wer hatte schon die Erfahrung und Überlegenheit, die nötig waren, um einen Achtzehnjährigen aufzunehmen, der zehn Jahre in verschiedenen Anstalten verbracht hatte? Solche Leute fand man nicht auf der Straße.

Am Ende war es Jules, der einen brauchbaren Vorschlag machte. Warum nicht eine Wohngruppe für geistig Behinderte, die schon volljährig waren, schlug er mir an einem Nachmittag im Büro vor. Zuerst dachte ich, er sei verrückt geworden. Was hatte Kevin dort zu suchen? Er war nicht geistig behindert. Außerdem hatte ich die Nase voll von Wohngruppen.

Aber Jules ließ nicht locker. Kevin sei zwar nicht zurückgeblieben, doch auch nicht auf der Höhe seiner Altersgenossen. Er sei wohl normal intelligent, doch fehle ihm die Lebenserfahrung. Und außerdem war er ein Mann, auch wenn ich ihn meistens nicht als solchen betrachtete. Unterdessen war er achtzehn geworden, und er war eins fünfundachtzig groß. Zwischenfälle wie der im Wandschrank, erklärte Jules, zeigten deutlich, daß er kein Kind mehr sei. Wer sollte ihn also in der Rolle eines Kindes wollen? Was war überhaupt die beste Rolle für ihn? Kevin konnte die Zeit nicht zurückdrehen und eine verlorene Kindheit nachholen. Wäre es also nicht besser, ihn in die Welt der Erwachsenen zu entlassen?

Jules' Argumente leuchteten mir ein. Ihm schwebte eine bestimmte Wohngruppe vor, mit der er beruflich zu tun gehabt hatte, bevor er die Stelle in unserer Klinik antrat. Das Heim wurde von einem alten Freund von ihm geleitet, einem ehemaligen Arzt, und dessen Frau. Sie waren beide etwas über fünfzig und hatten das Heim vor einigen Jahren gegründet, damit sie ihren eigenen zurückgebliebenen Sohn bei sich behalten konnten.

Es war für acht geistig Behinderte konzipiert, die selbständig genug waren, daß sie nicht mehr bei ihren Familien wohnen wollten und auch einer einfachen Arbeit nachgehen konnten, die aber doch nicht in der Lage waren, ganz auf sich selbst gestellt zu sein. Das Heim war in einem riesigen alten Haus untergebracht, und jeder der acht hatte ein eigenes Zimmer, das er für eine bescheidene Summe «mietete». Sie hatten ein gemeinsames Eßzimmer, teilten sich in die Hausarbeiten und gingen zusammen ins Kino. Die Behinderten, die im Augenblick dort wohnten, waren alle zwischen zwanzig und dreißig Jahre alt und arbeiteten entweder in speziellen Werkstätten oder sonst an einer anspruchslosen Stelle. Am Abend lernten sie zu Hause alles, was sie zum «Überleben» brauchten, zum Beispiel Geld zählen oder die Wäsche besorgen, und daneben blieb noch genügend Zeit für Spiel und Spaß. Vier Angestellte unterstützten den Arzt und seine Frau in ihrer Aufgabe, darunter ein Lehrer, der die Behinderten im Lesen unterrichtete, und ein junger Mann, der nur am Wochenende kam und ihnen handwerkliche Fähigkeiten beibrachte. Das Ziel ihrer Arbeit war, die geistig Behinderten schließlich ganz auf eigene Füße zu stellen, aber sie waren in dieser Hinsicht nicht stur. Zwar hatte schon manch ein Schützling die Gruppe verlassen, aber ein paar würden wahrscheinlich für immer dort bleiben. Bevor ich aber den Vorschlag Bill unterbreitete, nahm ich mir an einem Abend frei und ging hin, um mir das Heim anzusehen.

George und Nancy MacFarlane, die das Heim führten, sahen noch jung und sehr tüchtig aus. Ich kam gerade zur Zeit des Abendessens, und Mrs. MacFarlane führte mich durch die Küche ins Eßzimmer, dann in die Waschküche und zu den Schlafzimmern in den oberen Stockwerken. Als wir in die Küche zurückkamen, waren die «Mädchen» gerade dabei, Kartoffelbrei zuzubereiten. Sie waren an der Reihe zu kochen, und die Küche dröhnte von ihrem Schwatzen.

Nach dem Essen ließ Mrs. MacFarlane die «Jungen» zum Abwaschen antreten, während Dr. MacFarlane mir den Rest des Hauses zeigte. Ich sah das Spielzimmer und die kleine Küche im oberen Stock, wo die acht jungen Leute ohne Aufsicht Tee oder Suppe kochen konnten, wenn sie Lust hatten. Er zeigte mir auch das Zimmer, das Kevin bewohnen könnte, falls er kommen würde.

Wie Jules vorausgesagt hatte, gefiel mir die Atmosphäre dieses Hauses sehr gut. Die MacFarlanes kümmerten sich um alles und widmeten sich den Behinderten, ohne herablassend zu sein. Sie sahen es als ihre Aufgabe an, ihre Schützlinge selbständig zu machen. Sogar ihr eigener Sohn hatte den Sprung nach draußen geschafft und lebte nun in einer eigenen Wohnung nicht weit vom Heim; er hatte eine Stelle mit einem regulären Achtstundentag. Obwohl viel Wert aufs Lernen gelegt wurde, wirkte der Tagesablauf in diesem Haus nicht institutionalisiert. Es war ein richtiges Zuhause.

Mein einziger Einwand war nach wie vor, daß alle andern Bewohner eindeutig geistig behindert waren. Ob das für Kevin keine Probleme mit sich bringe, fragte ich.

«Nein», erwiderte Dr. MacFarlane, «nach allem, was ich von Kevin gehört habe, glaube ich das nicht. Wenn Kevin so lange in Heimen gelebt hat, benimmt er sich wohl in mancher Hinsicht wie ein Zurückgebliebener, und hier wird er bei aller Freiheit behutsam überwacht und kann viel dazulernen.» Dr. MacFarlane führte mich ins Wohnzimmer. Zwischen den großen Fotos der jetzigen Bewohner, die auf dem Klavier standen, zog er ein Album hervor und zeigte mir Bilder. «Sehen Sie, das ist Benny. Jetzt wohnt er in Mississippi und arbeitet als Lastwagenfahrer. Und das ist Norma; sie arbeitet in einem Kinderhort.» Lauter Behinderte, die den Weg ins Leben hinaus gefunden hatten.

Ich fragte, ob es auch solche gebe, die draußen versagten.

Lächelnd schüttelte er den Kopf. «Nein. Wenn sie es allein nicht schaffen, kommen sie zurück. Und das kann man nicht Versagen nennen.»

Wir setzten uns und tranken eine Tasse Kaffee. «Sind Sie sich bewußt, daß Kevin emotionell gestört ist?» fragte ich Dr. Mac-

Farlane. «Obgleich er schon große Fortschritte gemacht hat, tauchen die Geister aus seiner Vergangenheit immer wieder auf und verfolgen ihn.»

«Ich weiß», sagte er, «es geht uns ja allen so, nicht?»

Bill Smith war nicht begeistert, als ich dieses Heim als Möglichkeit für Kevin erwähnte. Er stellte die gleichen Fragen, die ich gestellt hatte. Kevin selbst war sogar noch mißtrauischer. «Wer sind diese Leute?» fragte er. «Was für ein Haus ist es?»

Ich erklärte es ihm.

«Ich will nicht dorthin», sagte er kategorisch.

«Warum nicht? Es sind sehr nette Leute. Ich bin selbst hingefahren und hab alles angesehen. Ich finde es eine ausgezeichnete Gelegenheit.»

«Ich will nicht dorthin», sagte er starrköpfig. «Hier gefällt's mir ganz gut.»

Als Kevin das nächste Mal eine Ausgeherlaubnis erhielt, nahm ich ihn mit in die Stadt, um einen Hamburger zu essen. Natürlich hätten wir dafür nicht sechzig Kilometer fahren müssen, aber ich hatte einen Hintergedanken.

«Willst du am Haus der MacFarlanes vorbeifahren?» fragte ich, als wir in einem McDonald-Restaurant unsern Hamburger aßen.

Er zuckte die Achseln.

«Komm, wir fahren einfach daran vorbei, bevor wir nach Seven Oaks zurückgehen.»

Als wir am Haus vorbeifuhren, streckte Kevin den Kopf aus dem Fenster. «Es ist groß, nicht wahr? Halt einmal an, damit ich es mir richtig ansehen kann.»

Ich fuhr um den Häuserblock und hielt dann dem Haus gegenüber an. Kevin starrte aus dem Fenster. «Es ist riesig. Wie viele Leute wohnen da? Es könnten hundert sein, so wie es aussieht.»

«Nein, nur acht. Acht Leute etwa in deinem Alter und die MacFarlanes und ein paar junge Leute, die ihnen helfen. Zehn oder zwölf Personen im ganzen.»

«Nun», sagte er spöttisch, «es ist aber kein richtiges Zuhause. Es ist ein Gruppenheim wie in Bellefountaine.»

«Es ist nicht genau dasselbe. Es gibt hier keine Hauseltern. Nur die MacFarlanes. Und alle haben ihr eigenes Zimmer. Es ist eher wie eine Familie, im Gegensatz zu Bellefountaine. Außerdem ist es kein Kinderheim. Es ist für Erwachsene, du bist ja jetzt erwachsen.»

Dieser Gedanke war ihm offenbar noch nicht gekommen. Er saß da und überlegte. «Ja, das bin ich wohl, hmm.» Er schwieg und unterzog das Haus einer genauen Prüfung. Ich ließ den Motor an. «Na», sagte er, «es schaut gar nicht so übel aus. Ich überleg's mir noch mal.»

Als die MacFarlanes nach Seven Oaks herauskamen, entschloß sich Kevin, ins Besuchszimmer zu gehen und sie zu begrüßen. Es war eine ganz andere Begegnung als die mit den Burchells. Kevin war offenbar fest entschlossen, nicht noch einmal eine Enttäuschung zu erleben. Er war höflich und schüchtern, aber er stellte Fragen. Diesmal wollte er aber nicht wissen, ob er die MacFarlanes Mama und Daddy nennen dürfe.

Am folgenden Wochenende sollte er sich das Haus ansehen. Bill Smith und ich wagten nicht einmal, einander unsere Befürchtungen einzugestehen. Es war schon Mitte Oktober, und Kevins sechs Monate in Seven Oaks waren beinahe abgelaufen. Das mußte nun einfach gutgehen. Wo sollte er sonst hingehen? Als ich an diesem Freitag nach Hause kam, legte ich den Hörer neben das Telefon. Ich wollte es nicht wissen, wenn etwas schiefging.

Ich glaube, Kevin wußte so gut wie ich, daß das Ende für uns nahte. Wir sprachen zwar nicht davon, doch als er von seinem ersten Wochenende zurückkam und wir Pläne für das folgende Wochenende schmiedeten, war mir klar, daß unsere gemeinsame Zeit bald vorbei sein würde.

Eines Abends kam ich später. Kevin saß in seinem Zimmer und machte Hausaufgaben. Er wandte sich sofort um, als ich eintrat.

«Du kommst spät», sagte er. «Sehr spät. Es ist bald Zeit fürs Abendessen.»

«Es tut mir leid. Ich konnte nicht früher weg.»

«Warum?»

«Ich habe einen kleinen Jungen in der Therapie. Ich glaube, er ist schizophren, aber sicher bin ich nicht. Sie wollen ihn in ein Heim einweisen, und deshalb müssen wir uns eingehend mit dem Fall beschäftigen.»

«War er aufgeregt?» fragte Kevin.

«Das kann man wohl sagen. Er fürchtet sich. Er wohnt jetzt bei einer Pflegefamilie und will von dort nicht weg.»

«Wie alt ist er?»

«Zehn. Er hat ganz große Probleme. Na, du weißt schon.»

«Gestern warst du auch nicht hier», stellte er fest.

«Sie haben es dir doch ausgerichtet? Ich rief an, damit sie dir Bescheid sagen.»

«Ja», sagte er, «sie haben es ausgerichtet.»

«Hör zu, Kevin. Es tut mir leid. Ehrlich. Aber wenn du diesen Jungen sehen könntest . . .»

Er lächelte mir zu. Es war ein sanftes, geheimnisvolles Lächeln, das ich nicht erwartet hatte. Er betrachtete mich einen Augenblick, ohne etwas zu sagen. «Du hast das auch für mich getan, nicht wahr?» meinte er dann.

«Was getan?»

«Als ich Schwierigkeiten hatte, hast du dich weniger mit andern Kindern beschäftigt, um bei mir zu sein, nicht wahr? Wie jetzt. Jetzt braucht dich der andere Junge mehr als ich.»

Ich nickte.

«Es geht mir besser, nicht wahr?»

«Viel besser.»

Er sah auf seine Hausaufgaben, dann wieder zu mir hinüber. «Ich habe mich entschieden zu gehen. Zu den MacFarlanes.»

«Wirklich?»

Er nickte. «Ich habe Dr. MacFarlane gefragt, ob ich die Realschule besuchen könnte, wenn ich käme. Und weißt du, was er gesagt hat?»

«Was hat er gesagt?»

«Er sagte: ‹Ja, mein Sohn. Ich glaube, das ist eine gute Idee.›»

38

Der Umzug zu den MacFarlanes vollzog sich reibungslos. Während Kevin am nächsten Wochenende sein Zimmer einrichtete, versuchten Dr. MacFarlane und ich in der Umgebung eine Schule zu finden, die bereit war, einen schwierigen Fall wie Kevin aufzunehmen.

Zuerst schien mir der Gedanke immer noch unrealistisch, denn in einer öffentlichen Schule gab es so viele Gelegenheiten, wo Kevin versagen konnte. Doch Dr. MacFarlane hielt den Schulbesuch für eine ganz vernünftige Idee, und Kevin sprach Tag und Nacht davon. Also tat ich mein Bestes und setzte meine Unterrichtserfahrung ein, um eine geeignete Schule zu finden und zu helfen, für Kevin einen Stundenplan zusammenzustellen. Bald bewegte ich mich auf wohlbekanntem Territorium, setzte mich mit Schulberatern zusammen, sprach mit Rektoren, besuchte Sonderklassen und Orientierungsstellen, alles im Bemühen, einen Jungen, der seit zehn Jahren keine öffentliche Schule mehr besucht hatte, ins Bildungssystem einzugliedern.

Gott sei Dank, es gab eine Schule, die es mit ihm versuchen wollte. Zwei Wochen später schrieben wir Kevin in die zehnte Klasse ein. Er sollte vier Fächer belegen: Englisch, Mathematik, Gesellschaftskunde und Zeichnen. Den Rest des Schultages würde er im Gemeinschaftsraum der Sonderklassen verbringen, wo ein Lehrer ihn bei seiner Arbeit überwachen und dafür sorgen würde, daß er in der Schule mithalten konnte und seine Aufgaben machte.

Am ersten Schultag – es war ein dunkler, nebliger Novembertag – holte ich ihn ab und fuhr ihn zur Schule. Er wartete schon auf mich. Er trug ein Cowboyhemd und neue Jeans. Sein Haar war ihm über die Ohren gewachsen. Ich versuchte mich zu erinnern, wann er mir zum ersten Mal nicht mehr häßlich erschienen war. Er roch nach Rasierwasser, als er zu mir in den Wagen stieg.

«Hier, sieh dir mein Heft an, Torey», sagte er. «Mrs. Mac kam gestern mit, als ich es kaufte. Und schau, ich habe auch Farbstifte und drei Kugelschreiber. Ich möchte gern noch einen Füller. Dale – der wohnt auch bei uns – hat einen. Aber sie hat gesagt, ich krieg später einen. Siehst du, Torey? Schau nur, was ich alles habe.»

Er blätterte das Heft auf dem Vordersitz neben mir durch. Er sprach schnell und war vor Aufregung ganz heiser. Dann schwieg er. Die Stille war fast unheimlich nach all dem Geplauder.

«Und wenn sie mich nicht mögen? Ich könnte mich verirren. Es ist ein ziemlich großes Gebäude. Was ist, wenn ich mich verirre?»

Ich lächelte ihm zu.

«Ich muß zugeben, ein bißchen Angst habe ich schon.» Dann lächelte er mich an. «Aber ich gehe hin, nicht wahr? Ich gehe wirklich in die Realschule.»

Kevins neues Leben paßte ihm. So oft hatten ihn die kleinsten Veränderungen völlig aus dem Gleis geworfen, doch dieser große Wechsel vollzog sich ganz natürlich.

Daß er im MacFarlane-Haus der einzige nicht geistig Behinderte war, erwies sich als Segen für ihn. Zum ersten Mal in seinem Leben war er der Beste bei fast allem, was er anpackte. Die andern respektierten ihn und bewunderten seine Tüchtigkeit. Ihre Achtung war für Kevin sehr wichtig. Rasch lernte er die Buchhaltung. Mathematik war nie seine Stärke gewesen, doch verglichen mit den andern lernte er sogar das sehr rasch und hatte sich bald die nötigen Kenntnisse angeeignet, um sich ein Scheckbuch und ein kleines Sparkonto zuzulegen. Kochen gab ihm noch weniger Probleme auf. An einem Samstagabend lud er mich zum Essen ein. Er hatte es, zusammen mit den anderen Männern im Haus, selbst geplant und gekocht. Es gab Spaghetti, und ich fragte mich, ob er sich erinnerte, was für eine Bedeutung Spaghetti einmal für ihn gehabt hatten.

Er hatte die Erlaubnis erhalten, sein Zimmer in einer andern Farbe zu streichen. Er wählte ein scheußliches Blaßlila und war entzückt darüber.

Dr. MacFarlane nannte er bald nur noch «Pop» – Mrs. MacFarlane blieb «Mac» –, und die beiden behandelten ihn mit der Liebe, die man dem eigenen Sohn entgegenbringt.

Sein größter Stolz hingegen war sein «Job». Da Kevin die Schule besuchte und alle andern Bewohner arbeiteten, fand er bald, daß er verglichen mit ihnen sehr wenig Geld zur Verfügung hatte. Das gab Probleme, besonders am Wochenende, wenn die andern ins Kino oder kegeln gingen oder sonst etwas unternahmen, was sich Kevin nicht immer leisten konnte; dann mußte er die MacFarlanes um Geld bitten. Doch Dr. MacFarlane fand eine Lösung. Kevin hatte die wichtigsten «Überlebenstricks» so rasch und gut gelernt, daß ihn Dr. MacFarlane als «Lehrer» anstellte und ihn auch dafür entlohnte. Jeden Abend setzte sich Kevin für eine Stunde mit einem andern seiner Mitbewohner zusammen und unterrichtete ihn im Rechnen und Lesen. Kevin war begeistert davon. Seiner Selbstachtung nützte es noch viel mehr als seinem Geldbeutel.

Was mich aber am meisten freute, war eine andere Hausbewohnerin namens Sally. Kevin gefiel ihr. Bald fand auch Kevin, daß Sally gar nicht übel sei, und unter dem wachsamen Blick der MacFarlanes durchlebte Kevin die Freuden und Leiden seiner ersten Liebe.

Die ersten paar Wochen in der Schule waren, gelinde gesagt, traumatisch. Er konnte sein Pensum fast nicht bewältigen. Er hatte keine Ahnung gehabt, worauf er sich einließ. Nach der Schule war er jeweils so erschöpft, daß er die Abende verschlief. Der Unterricht war viel schwieriger, als er es sich vorgestellt hatte, sogar das Zeichnen. Viel von dem, was durchgenommen wurde, verstand er gar nicht, da ihm die Grundkenntnisse fehlten. Als er das erste Zwischenzeugnis bekam, war er sehr enttäuscht: Seine Noten waren nicht die besten. Aber ungenügend waren sie auch nicht, und das war schließlich das Wichtigste. Es gab noch anderes, was ihn aus dem Gleichgewicht warf. Er war der einzige im Haus, der Schulaufgaben machen mußte, und das bedeutete, daß er oft nicht mit den andern spielen oder ausgehen konnte. Und wie wir befürchtet hatten, neckten ihn einige seiner Mitschüler.

Aber das Experiment gelang trotz allem. Mrs. MacFarlane saß jeden Abend mit Kevin zusammen, bis er wußte, wie er die Arbeit anpacken mußte. In der Schule unterstützte ihn ein sehr guter Sonderklassenlehrer. Und er selbst war voll guten Willens. Nicht ein einziges Mal blieb er stumm, wenn er in der Schule etwas gefragt wurde. Er hatte auch keine Wutanfälle mehr. Die Kinder neckten ihn, weil er älter und Mädchen gegenüber schüchtern war. Anscheinend fanden sie ihn aber nicht irgendwie sonderbar, außer daß er neu und etwas schwer von Begriff war. Im Grunde genommen war Kevin wie alle andern. Schließlich mußte auch ich zugeben, daß Kevins Idee, in die Realschule zu gehen, gut gewesen war. Wegen der besonderen Verhältnisse bei den MacFarlanes hatte die Schule die wichtige Funktion, ihn mit normalbegabten jungen Menschen zusammenzubringen. Normal wie er selbst.

Ich mußte mich immer wieder wundern, wie reibungslos die Verpflanzung von Seven Oaks zu den MacFarlanes vor sich gegangen war.

Als ich noch Lehrerin war, gab es immer ein klar abgegrenztes Ende. Am Schluß eines Schuljahrs hieß es Abschied nehmen. In der Klinik hingegen war das anders. Wenn man an einem Fall arbeitete, vergaß man nach einer Weile die Zeit und kümmerte sich nicht mehr um Anfang oder Ende. Ich hatte bei Abschluß einer Therapie selten ein ungutes Gefühl, denn das Ende kam, wenn sowohl das Kind wie ich dazu bereit waren. Es war ein natürlicher Abschied, langsamer und weniger schmerzhaft.

Nun war das Ende für Kevin und mich gekommen. Er hatte in der Schule Freunde gefunden und war zu Hause beschäftigt. Im Januar hielten wir nur noch sporadisch eine Sitzung ab. Seit einiger Zeit hatten wir einander ohnehin nur noch einmal in der Woche gesehen, und Kevin war jeweils in die Klinik gekommen. Ich hatte ihn seit vier oder fünf Wochen nicht mehr im Gruppenheim besucht, außer einmal an Weihnachten, als ich ihm ein Geschenk brachte.

Wir saßen in meinem Büro. Gewöhnlich benutzten wir das Therapiezimmer, das größer war, aber Jules hatte dort gerade eine Unterredung mit einem Patienten. Kevin saß auf Jules' Bürostuhl und drehte sich im Kreis herum.

«Weißt du», sagte ich, «vielleicht ist es jetzt Zeit, daß wir aufhören.»

«Was meinst du? Es ist erst Viertel nach vier. Ich bleibe bis zehn vor fünf hier.»

«Das meine ich nicht.»

Er war unglücklich, als er verstand, worauf ich hinauswollte. Er war mir sogar böse, erhob sich und ging im Zimmer hin und her, bevor er sich wieder setzte.

«Siehst du?» sagte er. «Es ist genauso, wie ich immer sagte. Ich bin dir gleichgültig. Du hast mich nur besucht, weil du dafür bezahlt wirst. Und nun willst du aufhören.»

Ich versuchte es ihm zu erklären, ich verteidigte mich. Doch dann ließ ich es bleiben; Kevin wußte selbst, wie ungerecht seine Anschuldigungen waren.

Er schwieg. Es war ein zorniges Schweigen, das sich in Stirnrunzeln ausdrückte. Er drehte mir den Rücken zu. Ich konnte ihn für den Rest der Sitzung für kein anderes Thema interessieren und auch seine Wut nicht besänftigen. Wir mußten einfach bis zur nächsten Woche warten, damit er sich beruhigen konnte.

Doch Kevin wußte so gut wie ich, daß die Zeit gekommen war. Als er wegging, blieb er an der Tür stehen. «Das bedeutet wohl, daß ich jetzt gesund bin», sagte er, ohne zu lächeln. «Ich nehme an, das hat auch Nachteile.»

Unser letzter Tag war ein kalter Donnerstag im Februar. Kevin kam atemlos und mit roten Wangen aus der Kälte herein. Er setzte sich auf Jules' Stuhl, ohne den Mantel oder die Stiefel auszuziehen. Nur die Skimütze riß er vom Kopf, und sein Haar stand ihm wirr zu Berg. In dieser Woche hatte er Kontaktlinsen bekommen, und obwohl ich darauf vorbereitet war, war es seltsam, ihn ohne seine dicken Brillengläser zu sehen. Gegen seine rosigen Wangen schimmerten die grauen Augen wie Quecksilber.

Wir plauderten über seine Pläne, über das Leben in der Gruppe, über die Zukunft. Ich konnte nicht erraten, was Kevin hinter seinem fröhlichen Äußeren verbarg. Wir hatten einige Wochen zuvor beschlossen, dies würde unser letzter Tag sein, und waren also beide darauf vorbereitet.

Als sich eine unerwartete Pause in unserem Gespräch ergab, füllten sich Kevins Augen plötzlich mit Tränen. Er sprang auf. «Ich muß gehen. Es ist ziemlich spät, und ich gehe mit Denny heute abend schwimmen.»

Ich nickte.

Er trat einen Schritt zurück und betrachtete mich. Ich sah immer noch die Tränen, sah, wie er den Kopf senkte, um sie zu verbergen. Die Sekunden, Minuten und Stunden der letzten zweieinhalb Jahre falteten sich wie eine Ziehharmonika zusammen, und der Raum zwischen uns füllte sich mit Dingen, die wir nie ausgesprochen hatten. Ich sah auf meine Finger hinunter und lauschte auf das Schweigen.

«Torey, kann ich dich etwas fragen?»

«Klar.»

«Aber gib keine Antwort, bitte. Laß mich nur fragen.»

«In Ordnung.»

«Nun, ich möchte wissen, ob du . . . ich meine, wenn ich je wieder Schwierigkeiten bekomme . . . ich meine, wirklich große Schwierigkeiten, würdest du wieder kommen? Würdest du für mich dasein?» Dann, als ich mich vorlehnte, hob er die Hand. «Gib keine Antwort!»

«Warum nicht?» fragte ich.

«Weil . . .» sagte er, machte eine Pause und lächelte mich dann an. «Weißt du, ich will von hier weggehen und immer glauben, daß du mir wieder helfen würdest. Ich will nicht wissen, ob du es tun würdest oder nicht. Ich will nur wissen, daß ich dich gefragt habe und daß du nicht nein gesagt hast.»

Ich nickte.

«Ich werde dich nicht vergessen», sagte er.

«Ich dich auch nicht, Kev.»

«Besuchst du mich manchmal?»

«Natürlich.»

«Und ich ruf dich manchmal an. Nur um zu fragen, wie es dir geht. Einverstanden? Ich werde dich nicht vergessen.»

«Das weiß ich», sagte ich.

«Nun muß ich aber gehen. Denny wartet unten auf mich. Er wird sich schon wundern, wo ich bleibe. Hab ich dir erzählt, daß ich vielleicht in die Schwimmannschaft unserer Schule aufgenommen werde? Wenn ich nicht doch zu alt bin, nehmen sie mich auf.»

«Ja, du hast es mir gesagt.»

Erneut traten ihm Tränen in die Augen. Ich stand auf und begleitete ihn zur Tür. Ich lächelte. Er lächelte. Ich lächelte wieder.

«Nun, ich muß jetzt los. Wir sehen uns, ja?»

«Ja, Kev, wir sehen uns.»

Er drehte sich um und lief den langen Flur hinunter, der an diesem Winternachmittag hell erleuchtet war. Und so begleitete ihn kein Schatten. Ich stand regungslos unter der Tür und sah ihm nach. Als er am andern Ende des Flurs angekommen war, blieb er stehen, wandte sich um und winkte. «Wiedersehn, Torey», rief er, bevor er verschwand.

Wiedersehn, Bryan.